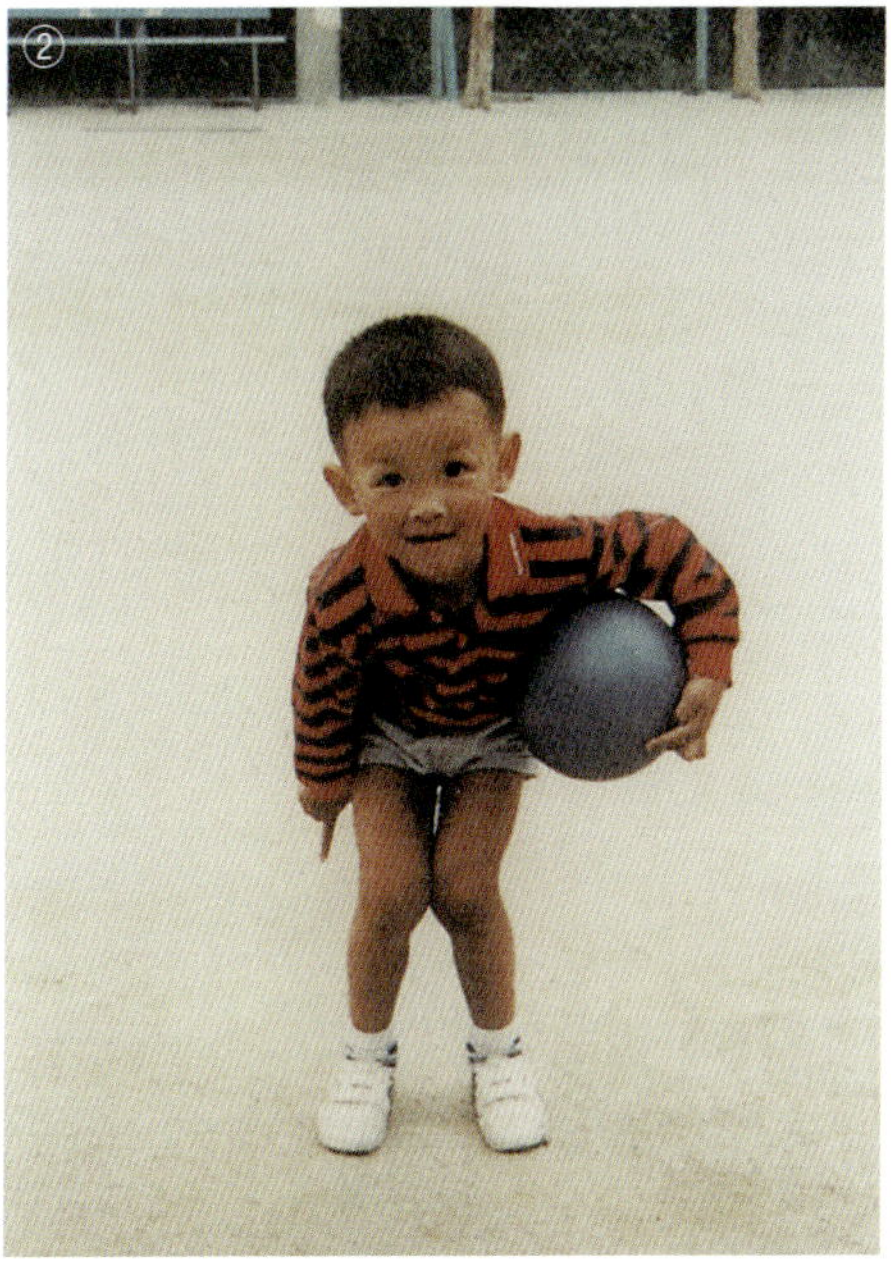

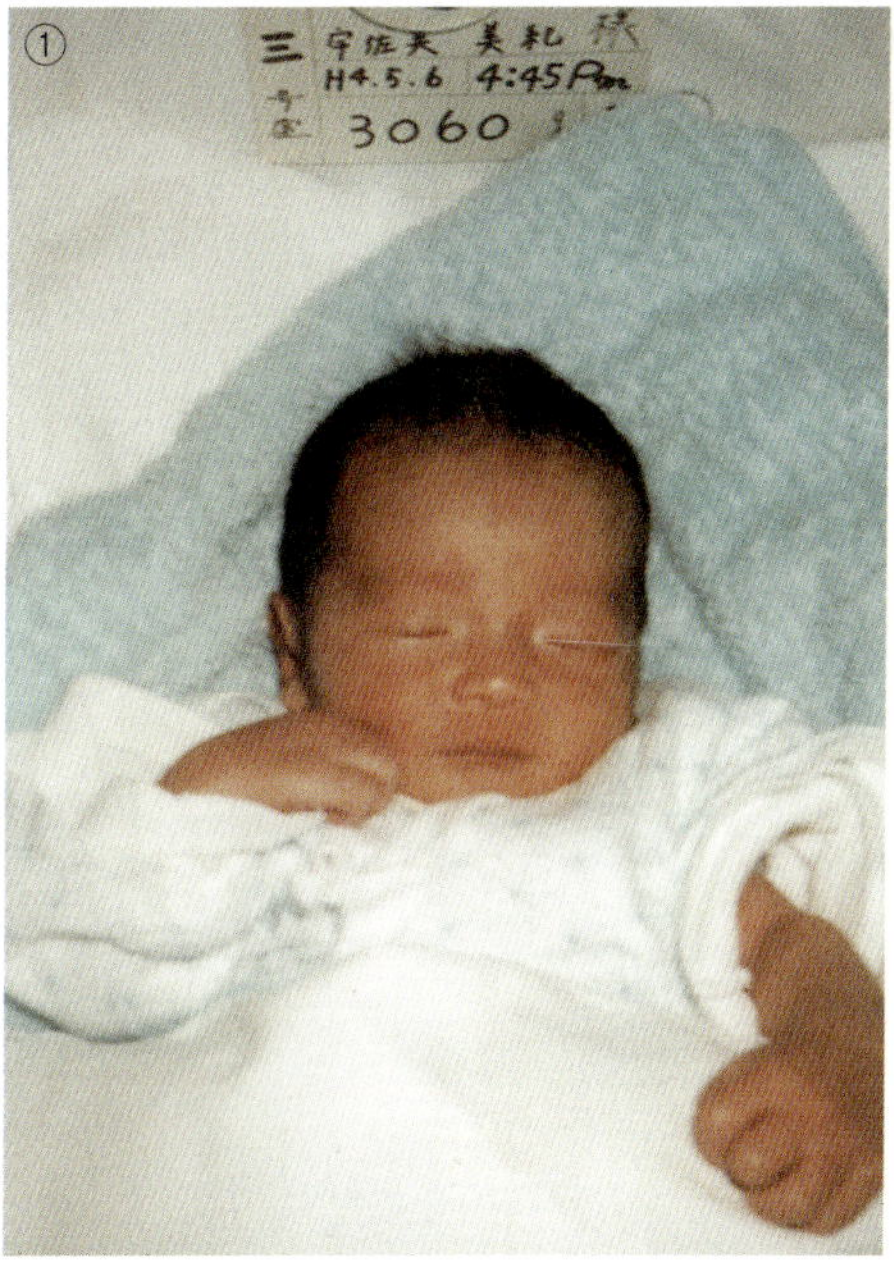

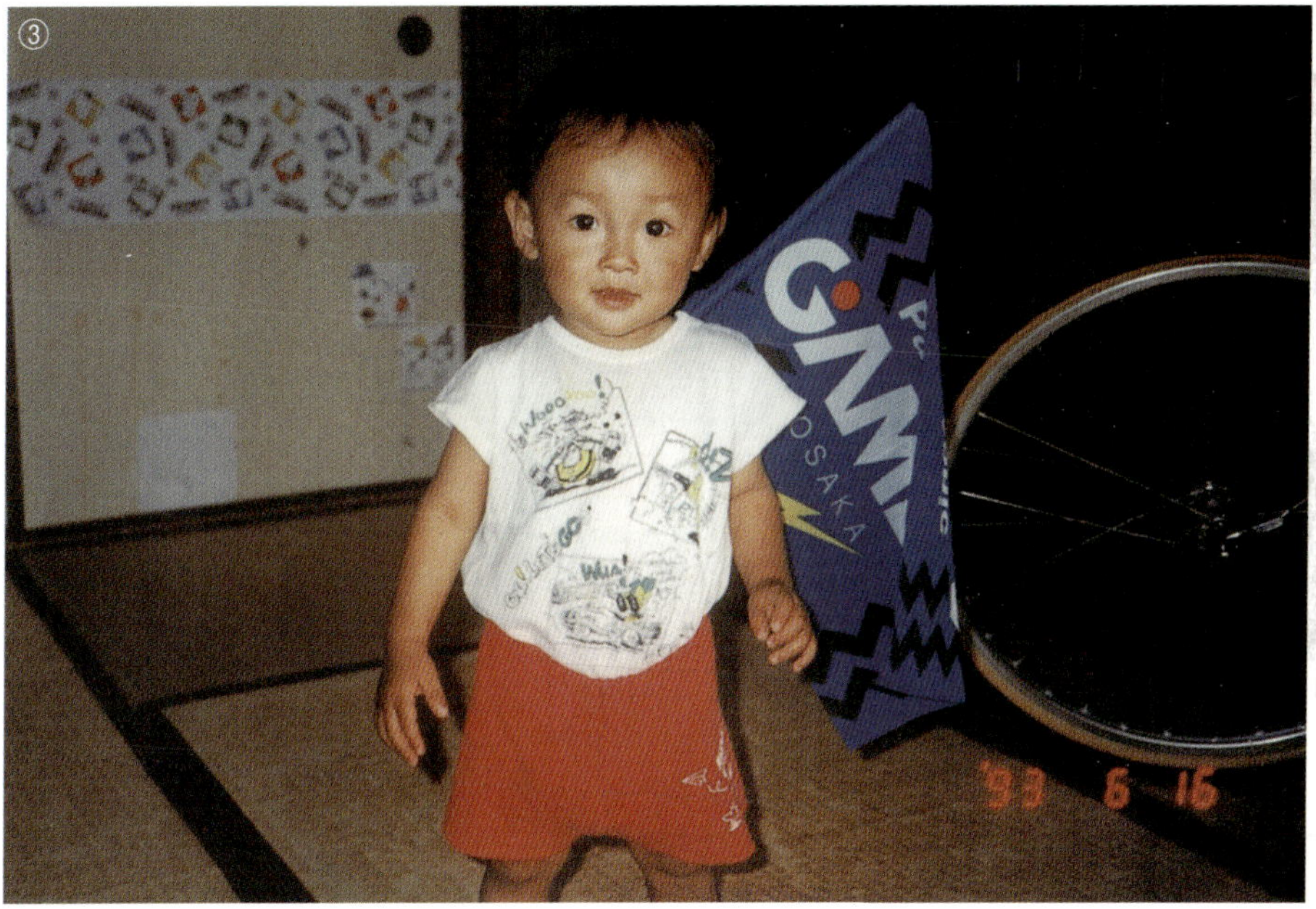

① 1992年5月6日に宇佐美家の三男として誕生。体重は3060グラムだった

② 自宅近くの馬場公園にて。ここで毎日のようにボールを蹴った

③ Jリーグ元年の1993年の写真。ガンバ大阪サポーターの両親のもとで育つ

photo by GAMBA OSAKA, USAMI Takashi, Getty Images, AFLO

④

⑤

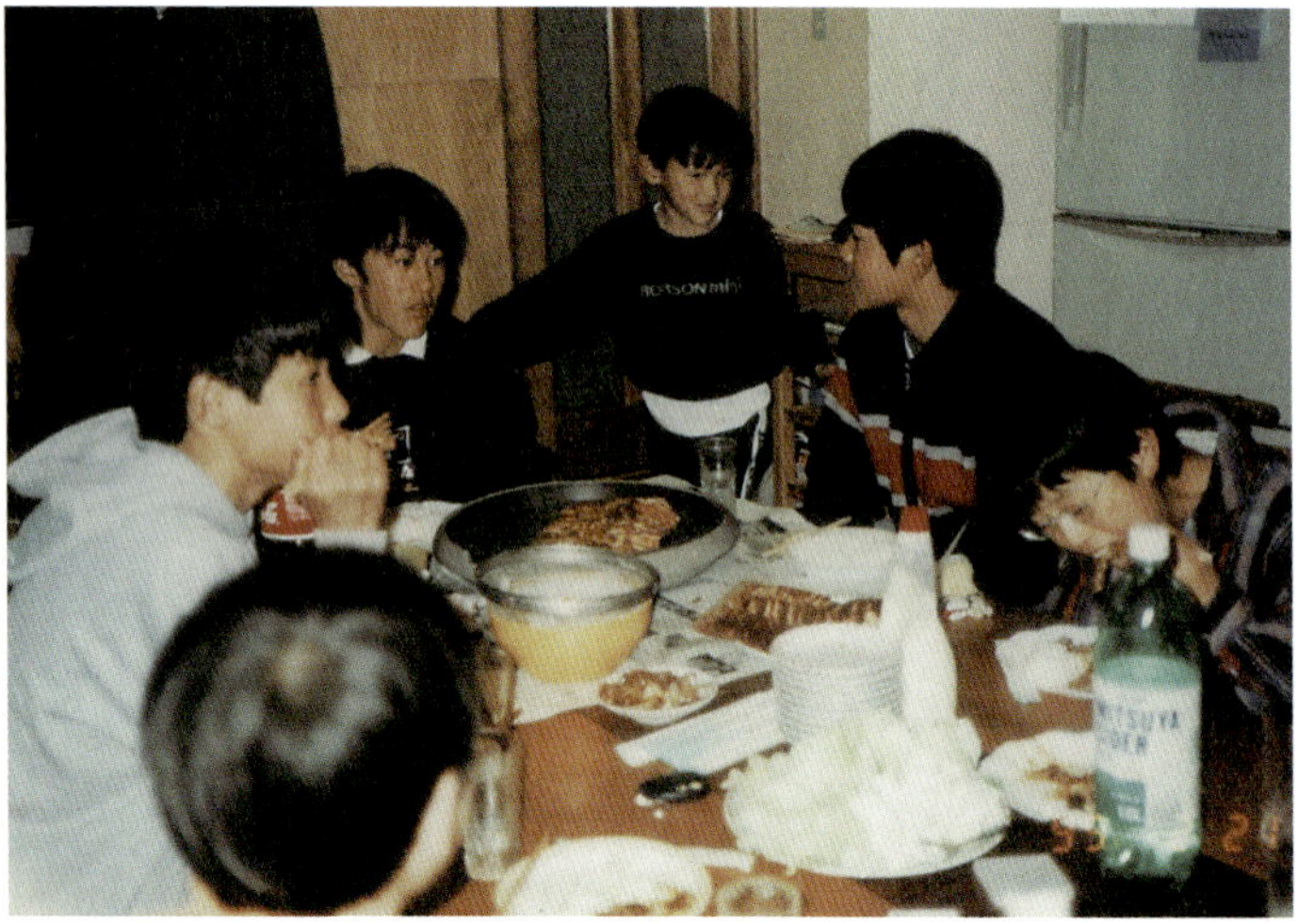

⑥

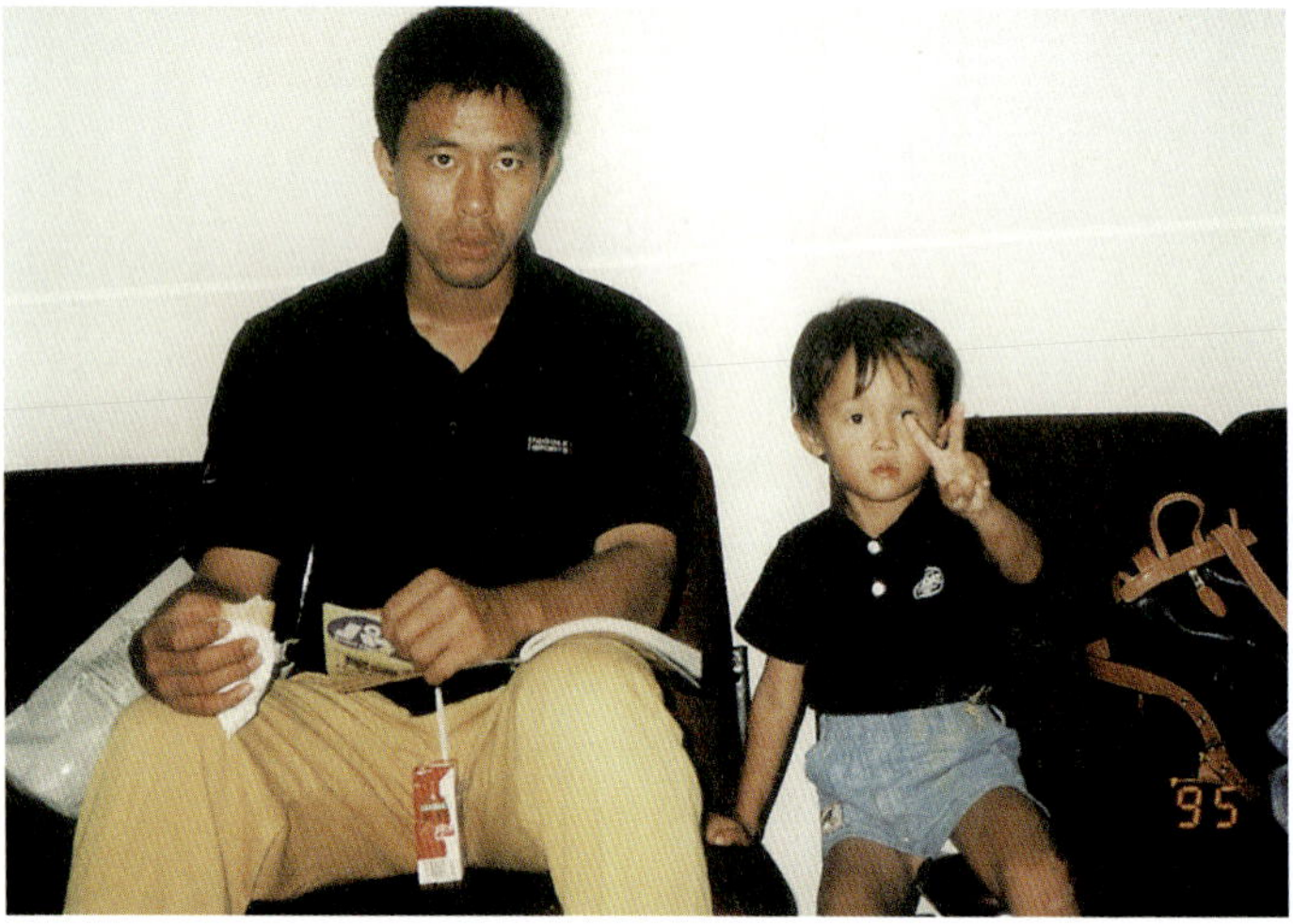

④ 幼稚園の年長時に“選手”として初めて試合に出場した

⑤ 自宅での食事会。中央が当時6歳の宇佐美。
その左は「僕の中でアイドルだった」という家長昭博

⑥ 1995年、当時G大阪の中心選手だった礒貝洋光との2ショット

⑦ 1列目左から2人目が宇佐美。G大阪ファンクラブ会員の特典を利用して記念撮影に参加

⑧ G大阪の必勝祈願に来ていた松波正信と。母・美紀は松波の大ファンだった

⑨ 試合に出発する松波正信をつかまえての2ショット。のちに監督と選手として仕事をした(P.388)

⑩

⑫

⑪

⑩ 遠征に向かう選手たちを駅で見送ることも多かった。
当時は「き〜やん」と呼んでいた木山隆之と

⑪ 飛び級でトップチームに昇格した稲本潤一と

⑫ 長岡京SSの激励会に訪れた家長昭博と(P.233)

⑬ 長岡中学校1年時のクラス写真。1列目右から5人目が宇佐美

⑭ G大阪ジュニアユースに加入した2005年。背番号は7番だった

⑮ 中学2年時に出場したクラブユース東西対抗戦で敢闘賞を受賞

⑯ 2006年の全日本ユース選手権で優勝。国立競技場で決勝を戦った

⑬

⑭

⑮

⑯

2009年5月のACL・FCソウル戦で
プロデビューを飾り、初ゴールも記録

2010年4月のFC東京戦でJリーグ初得点。アシストしたのは遠藤保仁

バイエルン移籍前の神戸戦に勝利し、試合後は仲間から胴上げされた

2011年7月にバイエルンに加入。写真はフランス代表のリベリーと(P.98)

Alex Grimm/Bongarts/Getty Images

2011-12シーズン開幕前のアウディ杯・バルセロナ戦に先発出場

Alex Grimm/Bongarts/Getty Images

Jリーグ復帰戦となった2013年7月の神戸戦で2得点をマーク。親友・大森晃太郎と(P.172)

2013年のJ2優勝セレモニーにて。19得点を挙げてJ1復帰に貢献した(P.186)

G大阪の中心選手として手にした
「タイトル」に大粒の涙を流した（P.242）

ナビスコ杯、J1に続いて天皇杯（写真）
も制し、2014年は三冠を達成（P.246）

2015年3月のウズベキスタン戦で代表初ゴールを決め、柴崎岳と喜ぶ（P.280）

Atsushi Tomura/Getty Images

二度目の海外挑戦を決意した2016年。退団セレモニーでは涙を浮かべた(P.298)

フォルトゥナ・デュッセルドルフ時代の2018年3月に4試合連続ゴールを記録。この年、最終節でもゴールを奪い、逆転でのブンデス2部優勝を決めた

Maja Hitij/Bongarts/Getty Images

日本代表として戦った2018年ロシアW杯。ポーランド戦に先発出場した（P.360）

Carl Court/Getty Images

2023年から遠藤保仁がつけていた背番号7を継承し、G大阪のキャプテンに就任

2024年10月の札幌戦で奪った逆転弾は「全キャリアを通してもベストゴールだと胸を張れる一撃」。
この年の最優秀ゴール賞に輝いた(P.518)

2024年からG大阪コーチに就任した遠藤保仁と

AFLO SPORT

18歳でJリーグベストヤングプレーヤー賞を受賞し、32歳となった2024年には自身3度目のベストイレブンに選出された

フットボーラー　宇佐美貴史

はじめに

僕がプロ3年目、2011年から綴ってきた『宇佐美日記』が一冊の本になりました。高校2年生でガンバのトップチームに昇格し、プロサッカー選手としてキャリアを送る中で、知らず知らずのうちに自分の心に残っている『言葉』をキーワードに、その時々の心情を日記という形で残そう、というのが連載の始まりでした。

プロデビューをした2009年はまったく活躍できなかったけど、2010年は試合に絡めるようになり、ありがたいことにJリーグベストヤングプレーヤー賞などを受賞しました。それで世間に認知してもらえるようになったことも、連載が始まった理由だったと思います。

当時は18歳。連載の話をいただいた時は、自分のことを取り上げてもらうのが嬉しくて、キラキラした目で「え！ 連載!? やりたい!!」と二つ返事で引き受けました……多分(笑)。なんせもう14年ほど前の話なので記憶は定かでないですが、正直、こんなにも長く続くとは思っていませんでした。

僕は、サッカーにしても趣味にしても、好きなこと、興味があるものには長く付き合っていける耐性を備えています。ですが、いいのか悪いのか、興味がないこと、好きじゃないことは一切、長続きしません。自分が惹かれて購入した本なのに、1ページ目に書かれている内容で一気に興味をなくし、二度と開かなくなったということも珍しくないです。
(この話はAnother episodeにも載っているから探して！)

じゃあ、なぜ『宇佐美日記』は続けられたのか？

おそらく、その時々の胸の内を明かすことで、「あぁ、俺はそんなことを考えていたんや！」と頭の中を整理することができ、常に自分と対話しているような感覚になれたからだと思います。実際、書籍化にあたって過去の日記を読み返しましたが、これだけ時間が経っても、まったく違和感なく読み進められたのは、その時々で嘘偽りなく、飾ることもなく、赤裸々に思いを明かしていたから。そう考えても、この本を手に取っていただく皆さんには、ありのままの宇佐美貴史を知ってもらえるんじゃないかと思っています。

もっとも、上がったり、下がったりと浮き沈みが激しいキャリアを送ってきたこともあって、楽しい話ばかりではありません。自分でもびっくりするくらいイケイケな時期もありましたが、もがき苦しんでいる時間のほうが圧倒的に多いです。そう考えても、ほとんどが『苦しさ』で形作られてきたサッカー人生です。どんなに自分が追い求めても、実現できていないこともたくさんあります。

それでも、僕は32歳になった今もこうしてプロサッカー選手としてピッチに立ち続けています。その理由がどこにあるのか。長い、長い日記を通して、皆さんなりに紐解いてもらえたら幸いです。

目次

※本書は 2011 年から現在も『サッカーダイジェスト』（日本スポーツ企画出版社）で連載中の『宇佐美日記』に加筆修正を加えています。p.158-161,p.260-265,p.298-301 は、当時、特別版、拡大版などとして掲載されたものを special edition として収録しています

※各ページに掲載されている手書きのフレーズは宇佐美貴史の直筆です

※本文の傍線部分に関する『Another episode 〜取材ノートより〜』は各年の最後にまとめて掲載しています

※登場人物の所属は、当時の所属チームを記載しています

※所属が記載されていない選手は、当時のチームメイトです

デザイン：nimayuma ／ 編集協力：多賀祐輔 ／ 協力：ガンバ大阪
編集：森 哲也（エクスナレッジ）／ 印刷：シナノ書籍印刷

構成
高村美砂

2011

ガンバ大阪

宇佐美貴史が初めてガンバ大阪のユニフォームに袖を通したのは、中学1年生の時。2005年にガンバジュニアユースに加入すると、中学3年時の2007年にガンバ大阪ユースに『飛び級』で昇格を果たす。

「小学5年生になり、『中学生になったらどのチームでプレーしようかな』と考えた時に、ガンバに入りたい、入らなアカンと思った。当時のガンバジュニアユースは関西でも群を抜く強さやったし、エリートの集まりやったから。どうせならレベルが高いところでやりたかった。といっても、加入してみたらスーパーな選手の集まりすぎて衝撃やった」

さらに2009年には、クラブ史上初めて高校2年生での『飛び級』でトップチーム昇格を実現。プロキャリアをスタートさせた。

プロ初ゴールは、同年5月20日のAFCチャンピオンズリーグ・グループステージ第6節のFCソウル戦。当時のクラブ史上最年少出場記録を更新する17歳14日でピッチに立ち、64分にゴールネットを揺らした。

「僕にとってのデビュー戦は、言うなれば、AKB48に憧れていた女の子が、AKBの一員になって武道館でライブをするようなもの。めちゃめちゃ緊張していました。ゴールの場面は、抜け出した瞬間から足がつっていて……でも、ここでこけたらアカンと踏ん張ったらうまくトラップできた。もっと喜びたかったのに、足がつっていてそれどころではなかったです。デビュー戦で決められることなんて、そうそうないし、ACLの最年少ゴールという記録を作れたのも嬉しか

第1章

った。僕にとってはプロになって初めての『もってる』でした」

その直後に戦ったJ1リーグ第13節・鹿島アントラーズ戦でJリーグデビューを飾ったのち、レギュラーに定着したのは2010年。J1リーグ第6節・大宮アルディージャ戦で初スタメンを飾った宇佐美は、第8節・FC東京戦で、Jリーグ初ゴールを挙げる。以降もコンスタントにピッチに立ち、26試合出場7得点。クラブ史上初の『Jリーグベストヤングプレーヤー賞』を受賞した。

背番号を『11』に変更した2011年は、キャリア初の開幕スタメンの座をものにする。序盤は点が取れずに苦しんだが、J1リーグ第11節・アビスパ福岡戦でシーズン初ゴールを挙げたのを機に一気に加速。その勢いのままに、6月には日本代表に初選出された。

そうした活躍がドイツの名門、バイエルンに評価され、6月27日に自身初の海外移籍が決定。旅立つ直前に戦ったラストマッチ、J1リーグ第4節・ヴィッセル神戸戦では1得点1アシストを記録してチームの勝利に貢献し、彼が愛した『聖地』万博記念競技場に別れを告げた。

「日本にはたくさんの素晴らしいスタジアムがあるけど、僕にとって万博はどこにも勝る聖地。今日も万博がゴールを取らせてくれた」

19歳。大粒の涙を流しながらも「ガンバの名を世界に知らしめる」との決意を胸に、新たな一歩を踏み出した。

2
0
1
1

はじめまして、ガンバ大阪の宇佐美貴史です。今年からコラムを連載させていただくことになりました。やるからには、テンションアゲアゲで、素の自分を出していこうと思います。

僕はガンバの先輩たちに口の悪さを指摘されていて、ミチくん（安田理大／フィテッセ）には「貴史ほど口の悪い奴に出会ったことがない」と言われたくらいやけど、そんなことは……ちょっとだけ気にして、だけど自分らしさは失わずに、その時々で心に響いた言葉を通して、皆さんに僕の頭の中を紹介していければと思っています。

さて、コラムの1回目に紹介するのは、小学生の時に所属していた長岡京SSの小嶋重毅監督に言われた言葉。現在、マジョルカでプレーする家長くん（昭博）と比較され「家長は天才

お前は天才じゃない!!

——小嶋重毅（長岡京SS監督）

やけど、お前は天才じゃない」と、はっきり伝えられた。

同じ経歴をたどってプロになった8歳年上の家長くんと僕は、小さい頃から周りに「似ている」と言われることが多かった。プロになってからは僕も家長くんのように『天才』と評されることが増えたしね。でも、僕らがサッカーを始めた頃からプレーを見ていて、小学生時代には指導にあたってくれた小嶋監督に言わせれば、小学生時代の家長くんは「特別な努力をしなくても、100％で練習をやり切らなくても、とびきりのプレーができる選手」。それに対して僕は「常に100％、120％でやり切って、出し切って、ようやくまともにいろんなプレーができるようになる選手」だったらしい。

もちろん、これは当時のチーム力も関係していたとは思う。家長くんの代は他にもうまい

選手が多かったことを思えば、特に家長くんが頑張らんでも……って部分もあったはずやしね！

　実際、家長くんと僕の兄貴が同い年だったことから、子どもの頃から僕はよく長岡京ＳＳの練習を見に行っていたけど、当時から家長くんのうまさは群を抜いていたし、いつも小嶋監督に「１００％でやらんなら、サッカーなんかやめてまえっ！」って怒鳴られていた（笑）。

　それに対し、僕の代はそこまで能力の高い選手が揃っていたわけではなかったから、手を抜くなんて考えられへんかったというのが正直なところ。それに加えて、小嶋監督にはいつも「お前は天才じゃない!!」って言われていたから。常にぶっ倒れるまで走って、ボールを追い回して奪い、ドリブルで仕掛けて点を取る……そんな感じで、とにかく必死でプレーしていた記憶がある。

2011 Jan.

「家長くんには神から与えられた才能があるけど、僕にはそれがない」と思っていたからこそ、理想に描くプレーは、練習で何回もやり込んで、ようやくものにできるとも思っていたしね！　だから、練習もめっちゃしたし、どんな時もサッカーのことを考えて過ごしていた気がする。おかげで勉強はできんかったけど（笑）、念願のプロにはなることができた。

　そんな小嶋監督の言葉は、今も心に留めている。実際、プロになって一度だけ、家長くんと同じピッチでプレーした時にも圧倒的な差を感じたしね。プレーの迫力も全然違ったし、「相手にとって怖い選手」であるかの度合いも、家長くんのほうがはるかに上やと痛感した。だからこそ、僕はこれからも練習をやり込める選手でいたい。天才にはなれなくても、練習した分だけうまくなると信じているから。

サッカーがうまくなるために必要なことは？　と聞かれたら、僕は「頭」と答える。もちろん、技術があるに越したことはないけど、それを身につけるには「頭」、つまり「考えること」が欠かせないから。

　実際、僕は子どもの頃から常にいろんなことを考えてプレーしてきたけど、それが間違いじゃなかったと確信したのが、ガンバジュニアユース時代に鴨川幸司監督に言われた言葉やった。

「アホはサッカーうまならんぞ!!」

　当時、僕らの一つ上の世代にめっちゃ一生懸命に練習をする選手がいた。周りから見ても「あの頑張り方は尋常じゃないやろ」ってくらい。でも、ある時、鴨川さんが急に練習を止めて、その先輩に言った。

「お前は、確かに一番よく頑張ってる。でも、頑張るだけでは、サッカーはいつまで経ってもうまくならん。もっと頭を使え！」

アホはサッカーうまならんぞ!!

——鴨川幸司（元ガンバ大阪ジュニアユース監督）

　これは衝撃やった。その時に「やっぱり、ただ頑張ってるだけではアカンねんな」って思ったし、それによって考えてプレーすることの必要性をより感じるようになった。

　先に書いた通り、僕は小学生の頃から考えることが嫌いじゃなかった。というか必然的に考えるようになった感じ？　だって、同じ関西でプレーする同世代には宮吉拓実や駒井善成（京都サンガF.C.）ら、僕よりうまい選手がゴロゴロいたから。「彼らと渡り合うにはどうしたらいいねん？」ってところから始まって、ただボールを蹴っていてもアカンと思うようになり、プレーから練習内容までとことん考えて取り組むようになった。

　例えば、1対1の練習をすることになっても、実際の試合ではそんな場面は滅多にないからね。

「どうせなら、1対7でやろうぜ」とチームメイトに提案し、7人に守備をしてもらって「ボールを取られたら交代」というルールで練習したこともある。これは「7人抜けたら、一人を抜くのなんて楽勝やろ」というガキらしい単純な発想から。それにボールさえ取られなければ、永遠に僕が練習できるからオイシイ（笑）。そもそも一人のDFを抜く練習ばかりするから、目の前のことしか見えなくなるのであって、最低でも3人以上の敵を置いて、それをどう抜くかを考えるようになったら、目の前の一人なんて眼中になくなるしね。

それに一人を抜くのと3人を抜くのとでは、求められるプレーの質が全然変わってくる。敵が一人なら、スピードに頼ってポンと蹴って走

2011 Feb.

ればいいけど、さらにその後ろに二人が控えているとなれば、細かいタッチを刻みながら抜くことを考えなアカン……というようなことを、いつも想像していた。

これは、昔からスピードやフィジカルだけに頼る選手にはなりたくないって思っていたのもある。それだけだと同世代には通用しても、いつか壁にぶつかるのが目に見えていたしね。それに、鴨川さんに限らず、ユース時代の島田貴裕監督や松波正信コーチにも「考えること」は繰り返し求められてきたから。そのおかげで考えることが、自然と自分に染みついてきた。

おかげでプロになった今も「考えること」は続いている。というか、頭を使えないと、プロでは通用しない。これ、間違いないっす！

今振り返っても、去年の世代別代表の試合では、悔しさしか残らんかった。U－19日本代表の一員として出場したAFC U－19選手権で韓国に敗れ、今年、コロンビアで開催されるU－20ワールドカップ※の出場権を逃してしまったから。

その時に布啓一郎監督に言われたのが「次の世代で借りを返せばいい」という言葉。これを聞いた瞬間、一昨年のU－17ワールドカップがフラッシュバックしてきた。

あの時の僕らは初戦でブラジルに敗れ、2戦目のスイス戦も2－0のリードをひっくり返されて逆転負けし、最後のメキシコ戦も負けた。実はスイス戦のあと、「点も取れんかったし、3戦目はスタメンから外されるやろな」と覚悟していた。というのも、練習でもイライラしていて、紅白戦後にビブスを地面に投げつけ

次の世代で借りを返せばいい

——布啓一郎（元U-19日本代表監督）

たり、完全にふてくされた態度をとっていたから。当時はホンマにまだガキで……って今もガキやけど（笑）。

それにもかかわらず、メキシコ戦もスタメンで使ってもらえた。なのに、チャンスでことごとく外して、ゴールも挙げられずに終戦やから。自分に対する情けなさと悔しさがごちゃまぜになって、宿舎に帰っても泣いていたら、池内豊監督に「次の世代で借りを返してくれ」と言われた。

なのに、U－19代表でもまたしても同じことを言われてしまい……。布監督の言葉を聞いた時に「俺は一体、何回、同じ過ちを繰り返すねん」と猛省した。だからこそ、2012年のロンドン・オリンピックでは、今度こそ絶対に借りを返してみせる！　と思っている。

まだ出場を決めたわけではないけど、アジア

予選を控えたU－22日本代表の今年最初の遠征メンバーに招集された今、改めてこの言葉を噛みしめている。ちなみに、同世代から選ばれたのは僕と裕二（小野／横浜F・マリノス）だけやけど、年齢なんてまったく関係ないから。ポジション争いを勝ち抜いて、結果を残すことしか頭にない。

そのためには「ボールを引き出す能力」をもっと備えなアカンと思っている。海外チームと対戦するたびに痛感するのがプレッシャーの速さ。本来なら通るはずのボールが中盤あたりで潰されてリズムが狂い、それによって足元に入るはずのボールが入ってこなかったり、入ってきても厳しいボールだったりするからね。結果、コントロールに苦心している間に相手に体を寄せられ、ボールを奪われてしまう……みたいな

2011 Feb.

ことも多いから。

その経験からも、世界を相手に戦おうと思うなら、ボールを待つのではなく、自分から引き出せる能力を身につけなアカン。日本とは違って、ピッチコンディションが良くないスタジアムで試合をすることも多いから、思うようにボールが走らないこともあるやろうけど、それも計算して自分からアクションを起こしてボールを引き出せるようになりたいし、精度も追求していきたい。

それもすべてはロンドン・オリンピックで同じ過ちを繰り返さないため。U－22代表としての戦いは、世界の舞台で自分が通用するかしないかを確かめるためではなく、自分のプレーを出し切って、自信や力に変えていく場所にしたいと思っている。

※宇佐美が出場した2010年のAFC U－19選手権で日本は準々決勝で敗退。11年にコロンビアで開催されたU－20ワールドカップには、アジア上位4ヶ国が参加した

ご存じのとおり、今シーズンから背番号が軽くなった。『11』。これまで背番号に特別な感情を抱いたことはないし、何番だろうが気にしたことはないけど、さすがに『ガンバの11』はいつもと違う重みを感じている。

なんといっても、「ミスターガンバは誰？」と聞かれた時に、必ず思い浮かべる松波正信さん（ガンバ大阪コーチ）がつけていたのが大きい。昨シーズンはペドロ・ジュニオール（FC東京）がつけてややケチがついたけど（笑）、最近ではバンさん（播戸竜二／セレッソ大阪）が背負うなど、基本的にガンバ愛が強くて、クラブに対する忠誠心がある人たちが背負っていた印象もあるしね。

しかも、松波さんもバンさんも、サポーターにめちゃめちゃ愛されていたし、松波さんに至っては、ガンバ一筋で現役を終えて、今もクラブのために尽力してくれている偉大なレジェンド。そんな偉大な番号を背負わせてもらう以上、気持ちの部分でもしっかりと先輩たちの歴史を受け継いでいこうと、決まってすぐにバンさんに連絡したら、「11の価値を上げてくれ」って言ってもらえた。これは嬉しかった。「なんでお前が11やねん！」って言われなくてよかったわ（笑）。

11の価値を上げてくれ

——播戸竜二（セレッソ大阪）

そういえば、始動日にチーム全員で集合写真を撮った時に、なぜか西野朗監督には「その番号でいいの？」って尋ねられた。なので「これでいいっす。いや、これがいいっす！」って答えてんけど、今はとにかく1日も早く「11＝宇佐美」というイメージを定着させるために、早くユニフォームを着て試合をしたい……と思っていたら、AFCチャンピオンズリーグの初戦はすでに1週間後に迫っている。早っ！

今シーズンの目標は、スタメン定着と二桁得点。トップに昇格して3年目を迎えたことや、昨シーズンはある程度試合に使ってもらったせいか、周りからは勝負のシーズンと言われることが多いけど、僕にしてみたら、毎シーズンが勝負やから。例年のこの時期と同じように、前のシーズンのことをすべてリセットした上で「やったる！」っていう気持ちになっている。プロの世界において、前のシーズンに活躍したとか、何点取ったかは、はっきり言って意味がないし、僕くらいの年齢でブレイクした選手って、次のシーズンはほとんど活躍できてない現状もあるしね。

それはおそらく、前のシーズンでのプレーのイメージやいい成績が邪魔をしているから。実際、自分の能力を過信したり、うまくいかない

2011 Mar.

時に「昨シーズンはうまくいったのにな……」って比べてしまうと、次のシーズンは決まって結果を残せない気がする。と常々考えているからこそ、僕は昨シーズンのことを一切忘れて、また一からスタメンを勝ち取る気持ちで今シーズンをスタートしている。

ちなみに、ガンバのロッカーは背番号順に並んでいて、「番号が変わったから引っ越しやな」と思っていたら、チームが並び方を変えたことで奇跡的に今までと同じロッカーを使うことになった。両脇はスンヨン（キム）とフタさん（二川孝広）。フタさんの隣がアドリアーノという並びやけど、彼はまだ加入したばかりでおとなしいからね。フタさんはそもそも話さんし、スンヨンは日本語わからんし……というわけで僕らの列はかなり静か。それが不気味。

常に変化を求める

——パク・チソン（マンチェスター・ユナイテッド）

サッカーでも、サッカー以外のことでも、自分を変えるのってホンマに難しい。実際、監督やコーチ、周りの人たちに問題点を指摘されて、自分では修正したつもりでも、何度も同じ注意をされることはよくある。頭の中ではわかっているし、やっているつもりやのに、実はぜんぜんできてへん、みたいな。

例えば、僕は小さい頃から、よくコーチたちに「オフ・ザ・ボールの動きが少ない」と指摘されてきた。

「貴史は、左サイドに張っていてボールがどんどん入ってくるような展開ならいいプレーができるけど、ボールが入ってこなかったら何も仕事ができん。もっと動き回って、自分からボールを引き出すことを考えろ」

そう言われるたびに「やらなアカン」とは思いつつも、基本的にユース年代までなら、今まで通りにプレーしているだけで、ボールを持てば活躍できた。それもあって、「それなりに気持ちよくプレーできているし、動かなくてもボールが来たら、やれるからいいやろ」と都合よく考え、正直、そこまで真剣に意識していなかった。

でも、プロになってからは、ボールを持っていない時の動きがマジで重要やと思うようになった。オフ・ザ・ボールの動きの質が上がらないと、思うようなプレーもさせてもらえないしね。それを改めて痛感してからは、ポジショニング、緩急、相手との距離感や関係性などを意識してプレーすることが増えた。そうしたら、思いどおりのタイミングで前を向けたり、相手をうまくかわす場面が増えてプレーの幅が広がった。

もちろん、まだ完璧にはほど遠いけど、オ

フ・ザ・ボールの動きを意識し始めてからJリーグでも少しずつ余裕を持ってプレーできるようになってきたのがわかる。でもって、今さらながら「小さい頃から言われてきたのは、こういうことやったんやな」と、気づかされてもいる。

そうした経験からも、固定観念を取り払って自分を変えるのってホンマに難しいなって思う。でも、常に変化を求め続けることがサッカー選手としての成長にもつながるからね。

……って、パク・チソンさんの自伝『名もなき挑戦——世界最高峰にたどり着けた理由——』(小学館集英社プロダクション刊)に書いてあった(笑)。

その通りやと思う。試合に出て活躍すれば、相手のマークが厳しくなるのは当然やけど、大事なのはそこでオフ・ザ・ボールの動きの質を

2011 Mar.

高められるか。自分のプレーを変化させて相手を上回ろうと考えられるか。もしくは、自分の武器をもっと磨くために、どんな工夫をすればいいのかを考えられるか。この先、壁にぶち当たった時に、落ち込むのではなく「変化が必要な時なんや」と思えるか。そうやって現状に満足せずに変化を求め続けられる選手だけが、右肩上がりに成長を続けられるんやと思う。

その一方で、変えたらアカン部分もあると思っている。その一つが気持ち。自分で言うのもなんやけど、これまで僕はホンマに人一倍練習をしたし、ボールに触ったし、「もっとうまくなりたい」と思ってプレーしてきた。だから、今の自分があると自負している。

この気持ちはこれからも大事にしながら、パク・チソンさんみたいに世界最高峰を目指したい。

日本中が悲しみに包まれた東日本大震災から4日が過ぎた3月15日。僕たちガンバは、中国に乗り込んでAFCチャンピオンズリーグの天津泰達戦に臨んだ。ピッチに立つ以上、これまでのどの試合もそうだったように、120%の力を出し切るつもりでいたけど、正直、練習をしていても、心の隅に言葉にはできないモヤモヤがあるようで、複雑な思いは拭えなかった。

サポーターが掲げてくれていた横断幕『日本に勇気と希望を!!』と同じ気持ちを僕らも胸に刻んでピッチに立ったけど、僕自身はあまりいいプレーができなかったし、チームとしても勝つことができなかった。それが悔しくて、ホンマに自分が情けない。

もちろん、ガンバが勝ったからといって、それがホンマに被災地の方々の力になるのか、

日本に勇気と希望を!!

——ACL・天津泰達戦で掲出された横断幕より

「サッカー選手が頑張っているから、自分たちも頑張ろう」と思ってもらえるのか、僕にはわからない。今、被災地の人たちはサッカーどころじゃないやろうし、結果を押しつけるつもりもない。ただ、例えば消防士には消防士としての仕事や使命があるように、僕が今やるべきなのは、プロのサッカー選手として、サッカーを一生懸命やることに他ならないと思っている。

それに普通の高校生なら、自分の想いを外に向かって発信する機会は、なかなかないかもしれんけど、幸いプロとしてサッカーができている僕はそうじゃないから。メディアを通して自分が懸命にプレーする姿を示すことによって、もしかしたら誰かの力になれることもあるかもしれない。

だからこそ今は、サッカー選手として自分ができることを精一杯やることで、ほんの少しで

もいいから、震災で苦しんでいる人たちにエネルギーを届けられればいいなと思って、毎日ボールを蹴っている。

　そんなふうに今、一人ひとりが大事にすべきなのは、被災地の方々のことを思い、たとえ小さくても自分ができることに取り組み、行動に移そうとする姿勢じゃないかと思う。18歳の僕でもわかるくらいのことやから、すでに多くの人が行動に移しているとは思うけど、節電をしたり、シャワーの時間を短くしたり、暖房を我慢したり、ガソリンを無駄に使わないようにしたり、買い占めをしないのもその一つ。そういえば、震災直後に近所のスーパーで買い占めをしている人を見かけたけど、自分さえ良ければいいという考え方は寂しいし、なんだか心が痛む。

　中高生や小学生も「自分はまだ子どもやから」と諦めないでほしい。できることは絶対にあるし、そのためにも、まずは行動する勇気を持つことから始めてほしい。たとえ一人ひとりの力は小さくても、そういう行動があちこちで生まれれば、絶対に大きな力になっていくはずやから。

　そんな中、僕はU－22日本代表に選出され、ウズベキスタン遠征に出発することになった。そのため、万博で行なわれるヴィッセル神戸とのチャリティーマッチ※には出場できない。ただ、どの試合に出るのかは問題ではないと思っている。プロとして目の前の試合をしっかりと戦い、勝つこと。それによって、被災地や日本中に勇気や希望を届けたい、ただ、それだけ。

　最後になりましたが、今回の震災で亡くなられた方々のご冥福をお祈りするとともに、被災された方々に一日も早く心休まる穏やかな日々が訪れるよう願っています。

※東日本大震災の影響でJリーグが中断していた2011年3月27日、ガンバ大阪とヴィッセル神戸は万博記念競技場で被災地支援チャリティーマッチを開催した

毎年、4月になると新入社員っぽい人をよく見かける。真新しいスーツをバシッと着込んでいるのに、スーツに着られている、みたいな（笑）。やっぱり環境が変わると、誰もが苦労したり、難しさを感じるんやろうね。

僕も子どもの頃はサッカーでも、サッカー以外でも、環境が変わるのがあまり好きじゃなかった。新しい場所で新しい友達を作ることや、新しいチームで違うサッカーをすることをちょっと面倒に感じていたから。でも、時間が経つにつれて、環境が変わることによるプラス要素に目が向くようになった気がする。

特にサッカーでは、その必要性を痛感することが多い。実際、新しい環境には新しい発見がある。それまで通用していたことが通用しなくなって、その理由を考えるようにもなるし、自分に何が足りていないか、気づくこともある。

郷にいれば、郷に従え

——地元の先輩

そう思えるようになったのは、僕が常に『飛び級』でプレーさせてもらってきたからかもしれない。実際、ジュニアユースでもユースでも「ようやく自分の居場所が見つけられたなぁ」って思い始めると、だいたい2年周期で、一つ上のカテゴリーに放り込まれた。加えて、チームと世代別代表を行き来することが多かったことで、自然と環境が変わることに抵抗を覚えなくなったような気もする。

そういえば、小学6年生の時、兄貴にくっついて、中学生のサッカークラブの初蹴りに参加したことがあった。そこで僕は、中学生を相手にめちゃくちゃ点を取ってんけど、試合が終わって、それを見ていた先輩に「郷にいれば郷に従え」というアドバイスをされた。先輩の言葉を覚えている限りで再現すると、確かこんな感じやった。

「今日は中学生相手に点を決められたけど、お前が4月から入るガンバのジュニアユースはもっとレベルが高いし、そう思い通りにはいかん。でも、ちゃんとガンバに馴染む努力を続けたら、お前はもっとサッカーがうまくなると思うで！　つまり、郷にいれば郷に従え、じゃ！」

確かにその通り。新しい環境に馴染む努力をすることは、サッカーだけでなく人生でも大切なこと。言われた時は、初めて聞いた言葉すぎて、意味がまったくわからんかったけど（笑）。要するに、自分から馴染めるように努力しろってことよな、と受け止めた記憶がある。

ただし、プロになった今は「郷に従う」だけではダメやと思っている。

もちろん、選手は監督に求められるプレーを第一に考えるべきやと思うけど、それだけでも

2011 Apr.

アカン。自分の色、個性を表現できなければ成長はないし、ポジションだって掴めないから。実際、監督に選んでもらうことばかり考えるのではなく、「僕はこれで勝負する！」っていう自分だけの武器をアピールし、それを認められて、必要とされるのがプロのサッカー選手やとも思う。

これはサッカーに限った話ではないはず。サラリーマンだって、上司に言われたことだけ、人と同じことをやっているだけでは、いつか必要とされなくなる。もちろん、新入社員が新しい環境で最初から人と違うことをするのはめっちゃ難しいし、勇気がいると思う。でも、少しでも早く自分の色を出せたなら、その分、確実に人よりリードできる。その意識が大事じゃないかな。

先日、インターネットを見ていたら『スポーツ選手の名言集』というサイトを見つけた。この連載コラムを始めてから、いろんな人の『言葉』を意識することが増えていたこともあって、そのサイトを覗いてみたら印象深い言葉が次から次へと出てきた。

思わず「カッコええ〜っ！」と声に出したのが、元アルゼンチン代表FWのバティストゥータの言葉。

「ゴールがあるからそこに蹴るんじゃない。俺が蹴るから、そこにゴールがあるんだ」

これは深い！ カッコいい！ 渋すぎる！

でも、そんなふうに人の心を動かせる言葉を残せるのって、きっと、それだけのキャリアを積んできたから。つまり、その人の努力の証やと思う。だって名言ってそこに込められた想いや内容だけではなく、誰が言っているのかもめちゃ大事やん？ それってすなわち、その人のキャリアや存在を認めて、リスペクトしているってことやん？ だから、周りに認められるだけのキャリアを積んできた人の言葉は、名言として後世に残るんやと思う。

ゴールがあるから、そこに蹴るんじゃない
俺が蹴るから、そこにゴールがあるんだ

——ガブリエル・バティストゥータ（元アルゼンチン代表）

ちなみに、サイトには他にも多くの名言が載っていて、その中で自分に置き換えて想像し、自分ならどうするやろう？ って考えた言葉があった。

「ワールドカップの決勝でPKのチャンスを得た時に、緊張するから蹴りたくないと思うようなメンタリティならサッカーをやめたほうがいい。私なら、迷わず蹴りに行く」

そういえば、ジャンルは違えど、2009年のWBC（ワールド・ベースボール・クラシック）の決勝・韓国戦で、イチローさん（シアトル・マリナーズ）は3－3で迎えた延長10回表2アウトの状況で打席に立ち、2点タイムリーヒットを打った。しかも後日、テレビのインタビューで当時の心境について尋ねられて、「ここで打ったら『もってるな』って思いながら打ちました」とすら答えていた。

つまり何を言いたいかというと、結果を残す人は、メンタルもずば抜けて強いよねってこと。いや、それ以前に、失敗した時のことを考えないし、そもそも『失敗』なんて言葉や発想が頭の中にない気がする。なぜなら、「もってる」と言い切れるだけの努力を日頃から積み重ねているから。あの瞬間に「結果を出せないはずがない」と自分を信じられるだけの蓄積があるから。そのことからもやっぱり、スポーツの世界で努力に勝る武器はないと思う。ただ、これはあくまで持論やけど、「努力」ばかりに気を取られて、楽しむことを忘れてしまったら、何も

2011 Apr.

残らないんじゃないかと思っている自分もいる。特にサッカーの場合は、遊び心や楽しむ気持ちが、プレーの面白さや創造性につながるはずやから。

話が逸れたけど、僕がワールドカップの決勝でPKを蹴るかについての答えね。はい、蹴りません（笑）。だって想像して！　ワールドカップの決勝で、0－0で迎えた延長後半、アディショナルタイムに手にしたPKのチャンスやで！　しかもキッカーが決まっているのに、そこに割って入って自分が蹴りに行く？　いやぁ、行かん。自信がないこともないけど、足をつったフリをするわ（笑）。

つまり、今の僕なんて、そんなレベルってこと。一流選手の名言にその事実を突きつけられて、まだまだ努力が足りんと痛感した宇佐美でした。

いやぁ、本田圭佑さん（CSKAモスクワ）はマジでいいことを言う！「最後に成功すれば、挫折は過程に変わる」よ！

漠然とならイメージできても、こんなに的確には言えないでしょ！　というか、いろんな苦労をしたからこそ言える言葉なんやろうね。もちろん、この世の中になんの苦労もなく順風満帆にステイタスを築いた人なんておらんと思うけど。

そう書くと、「宇佐美は今、挫折を味わっているのか？」と思われるかもしらんけど、そうじゃない。ただ、うまくいっていないのは間違いない。いや、いっていなかった、かな？　なんていうか、すっきりとサッカーをやれていなかったという感覚。スタメンにせよ、途中出場にせよ、与えられた時間で結果を残せない自分に苛立ちを感じていたし、プロになって初めて

挫折は過程

──本田圭佑（CSKA モスクワ）

味わう感覚をうまく消化できない自分もいた。

これは、昨シーズンとは自分の置かれている状況が違うのも要因の一つかもしれない。今シーズンは、最初からスタメンで使ってもらっていたし、背番号11を背負って、これまで以上に責任も感じていた。それだけに、結果を出せない……特に点を取れない自分にイラついていた気もする。僕はもともと考えすぎるとハマっていくタイプやから、できるだけ深く考えないようにはしていたけど、僕なりにしっくりいかないと感じる理由はいくつかあって、その一つが、今のポジションをものにできていないことやった。

というのも、4－4－2の左サイドMFは、ユース時代にもやっていたし、周りにも、慣れ親しんでいるポジションだと思われがちやけど、実はトップチームで求められている役割は当時

とはまったく違う。しかも、昨シーズンはFWで使われることが多かったので、ボールを受けたら前を向いて仕掛け、シュートまで持ち込むことだけ考えていればよかったけど、今のポジションはそうじゃない。

サイドに張って、相手が嫌がるところを狙って動き出すことはもちろん、中盤のパスワークに参加して攻撃を作らなアカンし、動き回って味方にスペースも作り出さなアカン。つまり、これまで以上に体力を使うし、考えてプレーすることを求められる。そのことに対して、戸惑いとまではいかないまでも、難しく考えすぎていた自分がいて、本来の持ち味を見失っていた気がする。

それもあって、現状を打破するには思考やプレーにちょっとした変化を加えるしかないと思っていたけど、さっきも言った通り、僕は考えすぎたらハマっていくタイプやから。頭で考えすぎるのは良くないと、たくさんボールに触って、一生懸命に走り、無心でサッカーに向き合うことを続けていたら、ようやくAFCチャンピオンズリーグの天津泰達戦で今シーズン初ゴールを決められた。ヤットさんが譲ってくれたPKでのゴールやったけど、1点は1点やから。実際、それで気持ちが落ち着いたのか、続くアビスパ福岡戦でもゴールを決められた。

とはいえ、これですべてを乗り越えられたとは思っていない。本田さんが言うように、今を『過程』と思えるようになるには、まだまだやらなければいけないことはたくさんある。ただ、サッカーに限らず、何かを達成したり、乗り越える時には必ず生みの苦しみを味わうはずやから。この状況を楽しむくらいの気持ちでやっていきます。

以前、U－19日本代表のチームメイトだった六平光成（中央大）のお父さんで、俳優の六平直政さんと食事をする機会があった。昨年末、光成と一緒に戦ったAFC U－19選手権に六平さんが応援に来られていて、そこで知り合ったのがきっかけ。その際、「舞台をやるから見に来てよ」と言われ、「ぜひ行きたいです！」と伝えたら、後日、本当に招待してもらい、共演されている役者さんたちと一緒に食事をする機会を設けてくれた。

僕は日常生活でまったくと言っていいほど、芸能人との接点がない。おまけに、六平さんは名の知れた俳優さんなので、めっちゃ緊張もしたけど、六平さんが最初に「俳優もサッカー選手も一緒だと思うよ」と言ってくれたことでかなり気持ちが楽になり、知らない世界の人たちと楽しい時間を過ごすことができた。

俳優もサッカー選手も一緒

――六平直政（俳優）

俳優の世界は、演出家、役者、スタッフの全員が一つになって、「いい舞台、楽しい舞台を見てもらおう」という意気込みで成り立っていると聞く。一方、サッカーの世界も監督、選手、スタッフが一つになって戦い、「面白いサッカーを見せよう、いい結果を届けよう」と努力を重ねる。また、役者さんが若い時に飯も食べられないような時期や辛い日々を経験し、ようやく一人前として認められるように、サッカー選手も若い時から誰もがいい環境を約束されているわけではなく、そこで努力を続けた人間だけが選手として大成できる。

食事の席で、六平さんはそんな話をしてくれたけど、本当にその通りやなと思ったし、いろんなことに気づかされた。実際、表舞台に立つチャンスをもらえない若い時に、いかに努力し、いかに理想の自分をイメージしながら毎日に向き合えるかという点で、役者さんとサッカー選手はすごく似ている気がする。そこでの時間の過ごし方次第で、その後の役者人生、サッカー人生が大きく変わっていくところも。と同時に、六平さんやいろんな役者の方々と話をしながら、自分の大好きなサッカーで飯を食えていることに対して、改めて「こんな幸せなことはないな！」とも実感した。

それに、サッカーはミスが許されるスポーツやから。仮に試合中、ミスが出てもそれを取り返せるチャンスはたくさんあるけど、舞台はそうじゃない。初めて舞台を鑑賞して思ったけど、もしもあの場でセリフが飛んでしまったら、それこそ一生を揺るがすことにもなりかねない。そう考えるとサッカー選手で良かった……ではなく、常にミスを恐れず、どんどんチャレンジ

※2011年5月27日、キリンカップを戦う日本代表メンバーが発表され、宇佐美は19歳で初招集された

2011 Jun.

する選手でいたいなと思いました。

それは、初選出された日本代表※でもね！　一番年下の僕のプレースタイルを知らない人はたくさんいるやろうし、ザッケローニ監督も会見で言っていた通り、今の僕はまだJリーグでめっちゃいいプレーを見せているわけではない。でも、せっかくもらったチャンスを活かさない手はないから。性格上、自分からグイグイと周りに絡んでいくタイプではないけど、周りに暑苦しく思われるくらい自分から輪の中に飛び込んで、サッカーでもそれ以外の場面でもチャレンジしていこうと思っている。

この世界はチャンスをもらって終わりではなく、それをしっかり掴める選手が上に登っていける。だからこそ、日本代表でも縮こまらず、積極的に自分らしさを出して、勝負してきます。

以前、このコラムでも書いたように、僕は中学生の頃からオフ・ザ・ボールの動きについて指摘されてきた。

「ボールがない時の動きの質と量を高めろ！」

正直に言うと、当時はそれを考えすぎてオン・ザ・ボールの感覚が鈍るのが嫌だったし、ボールを持ちさえすればなんでもできたから、特に意に介していなかった。なので、その言葉を真剣に受け止めるようになったのは、トップチームに昇格する頃やったと思う。ユースの監督だった松波正信さん（ガンバ大阪コーチ）に「オフ・ザ・ボールの動きを増やさないと、プロでは通用しいひんぞ」と言われて、真剣に考えるようになった。

プロの世界で結果を残してきた松波さんの言葉には重みがあったし、まだプロとは何かを明確に理解していなかった僕にとって、すごく心

ON・OFF 両方の質を上げればもっと良くなる

――アルベルト・ザッケローニ（日本代表監督）

に響いた。にもかかわらず、いまだにトップチームでは西野朗監督から同じことを言われ続けている（笑）。しかも、初めて招集された日本代表でもザッケローニ監督に同じことを指摘された。

「貴史はボールを持った時は技術もあるし、能力も高い。ただ、それを活かすためにはオフ・ザ・ボールの動きの質をもっと上げる必要がある。そうすれば、今持っている技術や長所がもっと強い武器になる」

それを聞いて、どんだけ成長してへんねん！と自分にツッコミたくなったけど……きっとそうではなく、おそらくは自分がプレーするステージやレベルが高くなるにつれ、それに応じた質を求められているってこと。そう考えると、改めて自分が置かれた環境を幸せに思う。

僕はジュニアユース時代から常に飛び級で上

のステージでプレーさせてもらってきたし、今回の代表初招集も、ザッケローニ監督曰く「将来的な成長を考えて」の判断やから。そうやって環境を引き上げてもらっていることを考えても、ホンマにいろんな人に感謝せなアカン。

それにしても、今回の代表での経験は刺激的やった。レベルが高いことは合流前から想像していたけど、実際に思考のスピード、プレー精度、一つのミスの重さを体感できたのは大収穫やったし、自信を手にできたのも良かった。

日頃の練習で培った力や自分の武器をピッチで表現するには、間違いなく自信が必要になる。戦う前から「僕じゃ無理やな」って怖気づいている選手が結果を残せるはずがないしね。たとえ、自信が過信にすぎなくても、「僕が一番うまいんや」って感覚が勘違いだったとしても、

2011 Jun.

選手ってそう思い込むことでいいプレーができるようになっていく。つまり、いい意味での勘違いをしながら努力を続けていれば、いずれ結果は出せる。少なくとも僕はそう信じているし、実際に日本代表の誰もが自信をみなぎらせてプレーしていた姿からも、自信が生む力というものを再確認できた。

ちなみに、今野さん（泰幸／FC東京）はワールドカップ後の帰国会見で完全なイジられキャラになっていたけど、今回もヤバいくらいみんなにイジられまくっていた。ガンバではいろんな人をイジってきた僕なので、そこに便乗しようかとも思ったけど、さすがにハードルが高く……。遠目から眺めているだけで終わったので、これからもっと努力をして代表の常連になって、今野さんをイジろうと思います（笑）。

この度、キャスターの田井中蘭さんと結婚しました。19歳で結婚するにあたっては、周囲から数え切れないくらい「早っ！」という意見をいただきましたが（笑）、「一緒になりたい」というタイミングで結婚に至った次第です。というより、相手が蘭やから、そう思えたんやと思う。

正直に白状すると、中学で付き合い始めた時から「もし結婚するなら、彼女がいいな」と思っていた。当時はまだ中学生やから、お互いにガキな部分もあり、一度別れも経験したけど、なぜかその後も想いは変わらなかった。だから彼女と再会し、もう一度付き合うことになった時には、「結婚を前提にした付き合いをしていきたい」と、はっきり伝えた。

そういう意味で、今回の結婚は僕らにとっては自然の流れやったと思う。世間には「ガキが

彼女を幸せにできる自信があれば結婚すればいい

——宇佐美和彦（父）

盛り上がって結婚しただけやろ」と思われているはずやけど（笑）、僕らは年齢や周囲の目に関係なく、いろんなことを考えた上で、素直に「今やな！」という気持ちを大事に、行動に移した。

もちろん、お互いの親にもちゃんと報告して、気持ちを理解してもらって、背中も押してもらった。そもそも、うちの両親は蘭にベタ惚れで、「蘭ちゃんなら安心や」っていつも言っていたし、僕以上に彼女の幸せを願っていたから（笑）。僕が結婚したいという話をした時も、親父は「彼女を幸せにできる自信があれば、結婚すればいい。彼女に『幸せだな』という気持ちを常に持たせられるなら、結婚すればいい」と言ってくれた。でもって、僕自身もその言葉に対して、頷ける自分がいたから結婚を決めた。幸せにする、二人で幸せになろうって。

蘭は、一人暮らしが長かったこともあり、僕とは違って、驚くくらいにしっかりしている。しかも、自分でも「謎に高いな」と感じる僕のプライドを、いい意味でことごとくへし折ってくれる（笑）。もともと子どもの頃から周りの人に何かを言われても、プライドが邪魔して素直に聞き入れられへんことが多かったのに、彼女の言葉だけは、なぜか自然にバシッと入ってきたしね。それは、彼女への深い信頼があるからやと思う。

そういう意味では、「蘭に任せておけば大丈夫！」と思える自分がいるのも正直なところ。実際、バイエルンへの移籍を決断※するにあたっても、彼女の存在はかなり大きかったし、今も日々、食事のことを勉強したり、準備してくれる姿を見ていると力が湧いてくる。と同時に気持ちの芯の部分がシャキッとするのを感じるわ。「なにをあらたまって語ってるねん！」って感じやけど、人生一度きりやから。こんな時くらいはいいでしょ（笑）。

ちなみに、理想の家族は加地家。今も変わらず奥さんを愛し、3人の子どもを愛している加地さん（亮）は僕の憧れ。いつかパパになった暁には、加地家に弟子入りして学ばせてもらおうとも考えている。

というか、もしも女の子が生まれて、10代で嫁に行かれたら……って想像するだけで虫酸が走る（笑）。いや、それ以前に絶対に蘭に似てくれたほうがいいから、子どもができたら、まずはめっちゃ祈ることにする。「男でも女でも、顔は蘭に似て、サッカーセンスは僕に似ますように」って。

※２０１１年6月27日、ブンデスリーガの強豪・バイエルンへの期限付き移籍が発表された宇佐美。同日、田井中蘭さんとの結婚を発表した

万博でのラストゲームは感無量やった。連戦の疲れからか、チームも僕自身も前半はなかなかキレがなかったけど、こういう状況で何ができるのかを冷静に考えてプレーしたら、後半にゴールもアシストもできた。率直に、俺はもってるな、と思う（笑）。

ゴールシーンだけを見れば、ごっつぁんゴールやけど、一連の流れを考えると、あの瞬間にしっかりゴール前まで走り込めていたのは良かったし、周りのみんなが取らせてくれたゴールやからこそ、仲間や応援してくれた人たちに感謝したい。

子どもの頃から大好きだった万博記念競技場にも「ありがとう」を伝えたい。日本にはたくさんの素晴らしいスタジアムがあるけど、僕にとって万博はどこにも勝る唯一の聖地。ガンバファンの僕は1歳の頃から観戦のために何度も

信じよう!!

――宇佐美蘭（妻）

足を運び、いろんな思い出を作ってきた。モノレールの万博公園駅からスタジアムまでの道のりを歩くだけでワクワクしたし、スタジアムに到着すると「美味G横丁」の裏手にある木をゴールに見立てて、友達とボールを蹴った。ガンバジュニアユースに加入してからは……正直、あまり洗練されてはいないけど（笑）、大好きな場所であるロッカールームに入るだけで奮い立った。トップの試合はいつもチケットをもらって観戦していたけど、スタンドから見渡すピッチの雰囲気も大好きやった。

そんな僕が、ピッチで見られる側になったのは2009年。万博でのデビュー戦、AFCチャンピオンズリーグのFCソウル戦は緊張しまくりやった。だから、初めて「もってる」を実感したプロ初ゴールも、実は興奮しすぎてあまり覚えていない（笑）。そこから、今日までの

2年半は、毎日が楽しくてたまらんかった。1年目はほとんど試合に出られない……どころか紅白戦にすら入れてもらえないことも多かったけど、レベルアップのためにやることはたくさんあった。

試合経験を積めた2年目は、一つひとつの経験が身になっていくのを感じながらサッカーができた。そして、3年目の今年は、歴史ある『11番』をもらえたのが嬉しくもあり、初めて「チームを背負わなければ」っていう自覚も芽生えた。

そんな時にバイエルンからオファーが届いた。ずっとガンバでプレーして、レジェンドになるのもアリやなと考えていたからこそ、迷わなかったと言えば嘘になる。でも、最後は「サッカー選手は夢に向かってチャレンジすべき」という思いが僕を奮い立たせた。背中を押してくれ

2011 Jul.

たのは嫁。彼女は実にあっけらかんと、だけど、それまで僕が言われたどの言葉よりズキンと胸に響くことを言ってくれた。

「どうせバイエルンからは戦力として考えられてないって。それでもお金をかけて獲得しようとしてくれたのは、貴史を成長させようと思っている証拠だと思う。それを、信じよう」

とはいえ、出発が目前に迫った今は言葉にできない寂しさもある。やっぱり僕はガンバが大好きやから。自分が生まれた年にガンバの歴史が始まって、兄弟のような愛着を感じていたからこそ、別れるのも悲しい。

でも、だからこそ強い決意でドイツに旅立とうと思う。自分が活躍することで、ガンバの名を世界に知らしめることができれば、それが育ててもらった恩返しになると思うから。そう信じて、頑張ってきます!

→2013
バイエルン／ホッフェンハイム

19歳でのバイエルンへの移籍は、2011年当時の日本サッカー界では異例中の異例とも言うべき出来事で、大きなニュースとなって世間を賑わせた。

背番号14を背負い、ブンデスリーガデビューを果たしたのは、アウェーでの第2節・ヴォルフスブルク戦だ。右サイドハーフとして69分からの出場だった。

その後もメンバー入りは続けながらも、思うように出場機会を掴めずにいた中で、移籍後初ゴールを決めたのは、DFBポカール2回戦のインゴルシュタット戦だ。途中出場ながらドイツの地で初めての『1』を刻む。さらに12月7日のUEFAチャンピオンズリーグ・グループステージ最終節、マンチェスター・シティ戦では日本人最年少で同大会に出場したが、年が明けた2012年1月にはクラブから「完全移籍では買い取れない」と通達を受けた。

「当初は完全移籍で買い取ってくれる方向で話が進んでいましたが、1月31日に再び話し合いの席に着いた際に、方針が変わったと伝えられ、クラブからは『もう1年、期限付き移籍を延長し、他のクラブに出すなどしながらプレーをチェックをして、その活躍次第で買い取るか、買い取らないかを再検討したい』と言われました。

僕自身は、バイエルンは僕のプレーを評価していないという事実を真摯に受け止めた上で、ヨーロッパでのプレーを模索しようと思っています」

ブンデスリーガでの初先発は、2012年4月のブレーメン戦。数字こそ残せなかったものの「この10ヶ月で培ってきた自信が、過信ではなかったと確認でき

第2章

2011—

た」と手応えを掴むと、5月19日のCL決勝・チェルシー戦で、日本人として初めて決勝でのメンバー入りを実現する。大舞台に心を震わせながら出番を待ったがピッチに立つことはできず、チームもPK戦の末に敗戦。結果、2011－12シーズンの公式戦出場はわずか5試合に終わった。

2012年5月には同じブンデスリーガのホッフェンハイムに期限付き移籍が決定。夏にはU－23日本代表としてロンドン・オリンピックを戦い、4位の成績を収めたものの、本人は4試合に出場しながらフル出場は1試合のみと、不完全燃焼で大会を終える。

その悔しさを胸にチームに合流すると、ブンデスリーガ開幕戦からメンバー入りを果たし、初先発を飾った第3節・フライブルク戦でブンデスリーガでの初ゴールを決める。それを機にレギュラーに定着したが、チームの成績が振るわない中、宇佐美の起用に積極的だったマルクス・バッベル監督が途中解任。以降、監督交代が相次ぐ中で出番が激減していく。

そうした状況を受けて、4月には2012－2013シーズン限りでのホッフェンハイム退団の意思を固めた。

日本のみなさん、バイエルンの宇佐美貴史です。引っ越しなどでバタバタしていて少し間隔が空いたけど、ドイツでもこれまで通り、心に響いた言葉を伝えていきます。引き続きよろしくお願いします!

ミュンヘンに来てからあっという間に3週間が経ったけど、ホンマに充実した楽しい毎日を送っている。もっと試合に絡めたら楽しさも増すはずやけど、周囲のレベル、自分の置かれている立場を冷静に受け止めて、時間をかけてアピールしていかなアカンと思っている。控えメンバーにもスター選手が揃っているチームだけに、割って入るのも簡単ではないしね。

ただ、初めてフル出場したバルセロナとのカップ戦を含めて、普段の練習から「やれる」という手応えは感じられている。合流するまでは、ガンバでの1年目のように「こんなレベルの中

情熱を持ってプレーしろ!!

——ユップ・ハインケス(バイエルン監督)

で、すぐに試合に出るのは絶対に無理や」って気持ちをまた味わうかもなって覚悟していたけど、全然そんなことはない。

もちろん、フィジカル、運動量、戦術眼、言葉の壁など、改善すべきことはいろいろある。でも、一方で自分の武器であるドリブルや仕掛けについては、通用するという手応えも掴めている。だからこそ、その手応えを大事にしながら、課題を克服することでよりパワーアップしていきたいと思う。

なかでも早急に克服しないとアカンと思っているのが『言葉』。バイエルンには様々な国の選手が所属しているけど、基本的に全員、ドイツ語を話せるし、チーム内で飛び交う言葉もすべてドイツ語。通訳を付けてもらっているからコミュニケーションが取れないわけじゃないし、基本的にピッチではなんとかなっているけ

ど、普段の会話は、通訳を介すとどうしてもワンテンポ遅れてしまう。実際、ピッチ外でみんなと雑談をして、冗談を言い合っているような時、訳してもらっている間に周りは笑い終わっていることもしょっちゅうあって、マジで雰囲気に乗りにくい（笑）。

それに、ここではホンマにアピールしたもん勝ちやから。選手それぞれに自己主張が半端なく強いし、そうしないとパスも来ない！　僕自身も、合流したばかりの頃から毎日のように、監督から「情熱を持ってプレーしろ!!」と言われているしね。実際、ここではどんなにスーパーな選手でも、ボールが欲しい時は怒鳴るような声を出すし、口笛や指笛を鳴らして要求する。そうやって常にみんなが熱く、執拗にアピールしまくっている。

2011 Aug.

なので、僕も負けずに「ツー、ミア！（僕のところへ！）」って叫びまくっているけど、やっぱり周囲とのコミュニケーションをより深めるためにも、ドイツ語の習得は不可欠だと日々感じている。チームメイトのブラジル人DFラフィーニャによれば、「覚えるのに1年はかかった」らしいから先は長そうやけど、そこはできるだけ早く克服したい。

最後に、松田直樹さんの訃報をインターネットで知った。直接の面識はないけど、Jリーグで対戦したことはあるし、ドイツに来たばかりの頃に偶然、ネットで松田さんのドキュメント番組を見た。サッカーに対してめっちゃまっすぐで、熱い心を持った人やと尊敬していたので、同じサッカー選手としてすごく寂しい。心よりご冥福をお祈りします。

ドイツに来た時から「日本人選手もたくさんプレーしているし、みんな連絡をくれるんやろうなー」と淡い期待を抱いていたけど、もう1ヶ月近く経とうとしているのに、誰一人として連絡をくれへん！　シーズン開幕前で忙しかったはずやし、同じドイツとはいえ、お互いの街を行き来するには遠すぎるのも事実やけど、電話くらいくれてもいいのに……。

と思っていたら、今、気づきました。僕、ドイツにいる日本人選手の連絡先をまったく知りません（笑）。ということは、相手も僕の連絡先を知らんやろうから、連絡の取りようがない。ドイツでプレーする日本人選手の中では僕が一番年下と考えても、今さらながら、自分から連絡を取ろう働きかけるべきやったんか!?　と自問自答を繰り返しています。

それでも僕に連絡をくれた選手がいる。ミチくん（安田理大／フィテッセ）。ガンバ時代からお世話になりっぱなしの先輩は、海外でも相変わらず優しく、僕のデビュー戦となったプレシーズンマッチのマインツ戦後にも、携帯にメールが届いていた。

困難を困難と思わず楽しめ!!

——安田理大（フィテッセ）

しかも、その内容がまた泣かせてくれる。デビューを祝う言葉のあとに「もしこの先、試合に出られないことがあっても、困難を困難と思わず楽しめ!!　最初から困難なんてあって当然のものやと思って努力していたら、お前なら絶対にポジションを取れる！」やからね！

マジで、ジーンときたわ。おまけに「何か困ったことがあれば、俺がいつでも教えてやるから、なんでも言ってこい！」やから。その言葉をありがたく受け止めつつ……でも、嫁の手厚いサポートのおかげで、快適で幸せな生活を送れていて、困るような出来事には一つも遭遇していないから、ミチくんにはまったく連絡していません（笑）。

実際、ミュンヘンの街は驚くほど綺麗で過ごしやすく、住み心地もいい。観光地としての要素はほとんどないので旅行に来るにはどうかと思うけど、住んでこそ楽しめる街という感じはすごくある。街全体にゆったりとした時間が流れているし、とにかく人が穏やかで優しい。ついい先日、街中で道に迷ってしまった時も、ドイツ語をまったく話せない僕らのために足を止めて、一緒になって電子辞書で調べてくれたからね。親切すぎるでしょ。

そんなミュンヘンの唯一の難点を挙げるとしたら、人柄は悪くないのに、謝らない人が多いこと。例えば、家の工事をお願いしていた業者が、恐ろしく遅刻をしてきた時も「このくらいの時間の余裕をみて出発したから、間に合うと思った」と言うだけで、まったく謝る気はなし。

サッカーでもそう。練習中、ある選手が明らかに指示とは違う動きをしたのに、絶対に謝らないし、指摘されてもまずは言い訳を並べ立てる。それにはさすがにキレそうになったけど、そこは穏便に、穏便に……って自分に言い聞かせて我慢していたら、自分がめっちゃ日本人っぽいことに気がついた（笑）。

でも、だからといって、僕も謝るもんか……とは思わない。日本人気質の僕は、自分がミスをしたり、間違っていると思ったら、すぐに謝りまくっている。自分が共感できないことまで、ドイツ人の真似をすればいいってことでもないと思うしね。そこは、自分という軸をしっかり持ってやっていこうと思います。

2011 Aug.

ドイツに来て、やたらと聞かれることがある。特に天気のいい日。練習や試合のあと、着替えを済ませて帰宅しようとすると「今日はこのあと、どうするんだ？」って。先日のハンブルク戦のあとも、15時半キックオフだったこともあり、帰宅する時はまだ明るかったからか、クラブスタッフが「このあとの予定は？」と聞いてきた。

　しかも「家に帰るよ」と返事をすると、憐れむような眼差しで僕を見てくる（笑）。そこで、以前から「なんでそんなに僕がどこに行くのか気になるんやろ？」と不思議に思っていたので、そのクラブスタッフに質問の意図を尋ねてみた。すると、彼はにっこり笑って「貴史、『天気がいい日は出かけよう』だよ」と教えてくれた。なんでもドイツでは、「天気がいい日は外に遊びに出かける」という習慣があるらしい。

天気のいい日は出掛けよう

――バイエルンのクラブスタッフ

「天気のいい日は家にこもっていないで、外に出かけてたくさんの日差しを浴びなきゃダメだ。貴史も今日は出かけろよ」

　僕にしたら、毎日、散々グラウンドで日差しを浴びてるやん！って感じやけど、それとは意味が違うらしい。太陽の下でのんびりした時間を過ごすことは、体だけではなく心の休息にもなる、と。

　その話を聞いてから、最近は天気のいい日は外に出かけるようにしている。以前は出かけたくても車がなかったから、街中をうろつくのが精一杯やったけど、今は違う。車が納車されてからは天気がいい日はもちろん、休みの日には必ず遠出の計画を立てている。ドイツの交通ルールに慣れるためにドライビングスクールで運転の練習もしたしね！

　ちなみに、次の休みには家から車で30分ほどのところにある湖に出かける予定。以前、クラブ関係者に連れて行ってもらったことがあるので初めて行く場所ではないけど、その時は湖のほとりで食事をしただけでゆっくり過ごせなかったから。今回は湖で、文字通り太陽の光を浴びて、しっかりと光合成をするつもり。

これは、嫁のためでもある。僕は普段から遠征であちこちに行けるけど、嫁はどうしても家で過ごすことが多いから。ドイツに来て、本当にいろいろと助けてもらっていることへの感謝も込めて、納車されたらどこかに連れて行ってあげようと思っていたのでめちゃ楽しみです。

思えば、僕は日本にいる時からオフは家にいることが多かった。もちろん、気分次第で出かける日もあったけど、ゆっくり休みたい気持ちのほうが強かったから。でもドイツに来て、そういう習慣があることを知り、外出を心がける

2011 Sep.

ようになったら、改めてそういう時間も必要かもなって思うようになった。実際、同じぼーっとするにしても、家にいるより太陽の下で自然に囲まれていたほうが、気持ちが穏やかになるし、体もいつも以上にリラックスしているような気もする。

ただ一方で、速度制限がないアウトバーン（高速道路）を走っていると、みんなが恐ろしいくらいスピードを出しているのにビビる。でもって、それにつられて自分も気づいたら170キロくらい出していて、さらにビビる。なかには風を浴びたいのか、オープンカーで250キロ近く出している人も……顔周りが髪の毛でグチャグチャになっていて、どう見ても気持ち良さそうじゃない。リラックスとも程遠い気がする。まあ、感じ方は人それぞれやからいいけど（笑）。

ミュンヘンでの生活は、毎日のんびりしているようで、あっという間に過ぎていく。ふと自分がドイツにいることが不思議に思える時もあるし、前から住んでいるような親しみを感じる時もある。

実際、街を歩いていたら、よく通りすがりの人に「ミスター！　宇佐美！」と呼ばれたり、自転車に乗った若者から「貴史！」って声をかけられる。それがあまりに自然すぎて、一緒にいる人に「友達？」って聞かれるけど、ほとんどが赤の他人。しかも初対面やからびっくりする（笑）。

そのことにも代表されるように、こっちの人は人との接し方がうまい。相手の懐に嫌味なくスッと入っていくし、しつこくない。写真を撮りたいから撮る。応援したいから声をかける。ただそれだけ。しかも誰もが穏やかで優しく、

タレントになると思っている

——ユップ・ハインケス（バイエルン監督）

地元で近所の人と接する時と似たような空気を感じる。

そんな空気に影響されてか、僕も人と接することに積極的になった気がする。説明が難しいけど、日本にいる時は、話せることが当たり前やったせいか、意識して人とコミュニケーションを取ることがなかったし、正直、会話するのが面倒な時もあった。

でも、ドイツで自分が話すことを諦めたら、誰とも話せなくなるからね。「なんとしても伝えなければ！」という時は、ジェスチャーを交えてでも伝えようとするし、中途半端なドイツ語と英語を駆使して必死にコミュニケーションを取ろうとしている。しかも、チームメイトやスタッフがそれを一生懸命、受け止めようとしてくれているし、いつの間に覚えたのか、時には日本語で会話しようとしてくれることもある。

たまにいいプレーをした時に、「いいぞ!」と日本語で言われることもあるしね（笑）。お互いが会話しようと努力することで、距離が近づくこともあるねんなって思う。

それに仮に言葉が通じなくても、表情やジェスチャーで大半は伝わるから。それもあって自分も日本にいる時より表情豊かに会話をしているような気がする。実際、以前は他の選手からウインクされると「なに!?　気持ち悪っ!」って思っていたのに（笑）、今は自然に返すことも多い。冷静に考えたら恥ずかしくなるし、こっちからすることはまだないけど、このままいくと自分からどんどん、ウインクするようになるかもね（笑）。

さて、サッカーのほうは、試合にはなかなか絡めていないけど、19番目の選手として常に遠

2011 Sep.

征には帯同させてもらっているし、その中で感じ取れることも多い。開幕からベンチ入りして、試合に出してもらったけど、そんな簡単に試合に出続けられるようになるとも思っていなかったしね。自信がないということでもないし、こっちに来て「やれる」という手応えも掴めているけど、単純に上半身のバランスや体力面で足りないところがあるのもわかっていたから。

それに、ハインケス監督には常に「他人がなんと言おうと、私は貴史の才能を買っている。素晴らしいタレントになると思っている」と言葉をかけてもらっているし、他ならぬ僕自身が、自分を信じているから。これまでやってきたこと、決断したこと、今感じ取っていること、ドイツでやっていることを信じて、前を向いて進んで行くのみです。

初めてのUEFAチャンピオンズリーグ、ビジャレアル戦はベンチ入りしたけど出番はなかった。生でアンセムを聞いた時は鳥肌が立ったし、「こういう重要な試合で使ってもらえる選手にならなアカン」って改めて思っただけに、やっぱり出場したかった。サッカーには見て学べることもたくさんあるけど、それだけでは感じられへんこともいっぱいあるしね。

ちなみに、ビジャレアルのイタリア代表FWロッシは、半端なくすごかった。基本的に前で張っているだけでほぼ動かへんのに、ボールが入れば、そのほとんどをチャンスにつなげていた。しかも、ボールタッチ一つをとっても、利き足の左足で触る時はまずミスをしない。ゴールまで持ち込む一連の流れも常にパーフェクトで、僕がこれまで見た対戦相手の中で一番うまかった。

がんばるんを続けたもん勝ち

——宇佐美貴史

「ミスをしたら、次のプレーで取り戻せ」ってよく言うけど、ドイツにしろスペインにしろ、世界のトップリーグの、さらにトップレベルにある選手は、そもそもほとんどミスをしない。決してセーフティーなプレーを選んでいるわけではないのに、的確かつ効果的なパフォーマンスでチームに貢献している。

そう考えると、僕はまだまだ物足りん。90分を通したプレーにしても、監督に指摘されている守備力にしても。「やろう!」と思っても、今日明日で身につくものではないから、積み重ねるしかないけどね。「がんばるんを続けたもん勝ち」や!

これは先日ふと、「ガンバでの1年目、試合に出られなかった時は、どんなことを考えていたっけ?」と思い返していた時に蘇ってきた言葉。あの時の僕はレベルの差を突きつけられ、

「試合に出られへん時期が長くなりそうやな」と自覚していた一方で、向上心をなくしたり、努力しなくなったら、選手生命が終わってしまうと思っていたから、いつもこの言葉を自分の中で繰り返していた。それは今も同じで……だから、最近はバイエルンBの試合にも出場している。Jリーグでいうところのサテライトチームみたいなもんやけど、ちょっと違うのは、バイエルンBとして4部リーグに所属し、毎週、公式戦を戦っていること。なので、今はトップチームに帯同しながら、Bでも試合経験を積んでいる。

正直、監督から「Bのレベルはそんなに高くないけど、試合経験を積むには絶好の場になる。オフを返上することになるけど出てみるか？」と聞かれた時は、「知らない選手ばかりのチームで、また一からコミュニケーションを取るのか」と、面倒に感じたりもした。でも、よくよく考えたら、そんなことを言っている場合じゃないな、と。それに、最近はオフも必ずクラブハウスに行って自主トレをしていたからね。それなら公式戦を戦ったほうがいいなと思い直し、自分から「ぜひ、Bで試合に出たいです」とお願いした。

2011 Oct.

そのバイエルンBは、確かにレベルは高くないけど、トップと同じシステムで試合をするし、U－17ドイツ代表のキャプテンをはじめ、若くて将来性のある選手が何人も在籍している。Bの監督が僕を中心選手に考えてくれているからボールに触る回数も多いし、試合勘を取り戻す上でもプラスになっている。というか、今はとにかくやれることを全部やって、すべてを自分の力にするだけ。やっぱり、がんばるんを続けたもん勝ちや！

先日、久しぶりに晃太郎（大森／ガンバ大阪）と電話で話した。僕がドイツに来てからも時々連絡を取っている友達？　元チームメイト？　ライバル？　あいつは僕にとってなんなんや？　いまだにわからんけど、言えるのは、小学生の頃からの付き合いで、ガンバのジュニアユースでチームメイトになった同級生ってこと。当時は晃太郎がプロになるなんて思ってもいなかったけど（笑）、気がついたらトップチームに昇格するまで同じ道を歩んでいた。

アカデミー時代の晃太郎はとにかく不思議な存在やった。「それは恥ずかしすぎるやろ！」ってことをカッコいいと思ってやっていたり「それは間違っているやろ！」ってことを正しいと信じていた（笑）。でも、あいつなりにいろんなことに気がついたのか、途中から明らかに取り組む姿勢が変わり、ちゃっかりトップチームにも昇格していた。

俺らの立ち位置は同じ お互い頑張ろう

——大森晃太郎（ガンバ大阪）

同期といっても、僕は常に飛び級でプレーしてきたから、同じチームにいた期間はそう長くはない。それなのに晃太郎はいつも僕にとって一番身近な存在やった。プロとして初めて出場した時、プロ初ゴールを決めた時、いつも最初にメールをくれたのは晃太郎やったし、僕もよく晃太郎の相談に乗った。

今年、あいつがトップチームに昇格してからは、寮でもよく話をした。練習前はいつもサテライトのロッカーで喋ってたなぁ。僕もプロ1年目はなかなか試合に出られなかったから、晃太郎がどんな気持ちでプロ1年目を過ごしているのか痛いほどわかったし、そんな話をしたこともあった。かと思えば、サッカーの話題には触れずにバカ話で盛り上がったり、オフには単なる友達として遊ぶことも多かった。

ドイツに旅立つ時も早朝で、練習前やったのに、しれ～っと空港まで見送りに来てくれた。おまけにびっくりするほど汚い字で、だけど「心しかこもってないやん！」という直筆の手紙を手渡してくれた。

「誰がなんと言おうが、俺は一平のことをライバルだと思ってやってきたし、これからも一平をライバルだと思ってる。いつか絶対に追いついて、追い抜けるように俺も頑張るから、一平もマジで頑張れよ」

どんだけ熱いねん……。でも、めっちゃ嬉しかった。ちなみに、俺のことを『一平』と呼ぶのは晃太郎だけ。理由は長くなるから、あいつに聞いて！（笑）

前置きが長くなったけど、晃太郎とはドイツに来てからも唯一、連絡を取り合っていて、先日も電話をしていた時にサラッと言われた。

2011 Oct.

「チームは違うけど、今の俺らの立ち位置は同じ。お互い頑張ろう」

確か、晃太郎が大阪ダービーでプロデビューを飾り、そのあと何試合かベンチに入ったけど、また外れた頃やったんちゃうかな。いつもはしょうもない報告をし合うだけやのに、僕の状況を考えて気を遣ったのか……っていうと、晃太郎がめちゃめちゃいい奴みたいに思われそうで悔しいけど（笑）、多分そうやったはず。

もちろん、あいつに言われるまでもないから「当たり前やん！」って軽く返したけど、なんか心にズキンときた。晃太郎もガンバで戦っているんやろうな。

……って、晃太郎の人気が急上昇しそうな内容になったけど、僕に言わせたらあいつは昔も今もただのスカポンタン（笑）。あんなスカポンタンに負けるわけにはいかねぇ！

バイエルンでは、ガンバでプレーしている時以上に守備の仕方について指摘されている。しかも、指示する時の言葉の激しさと強さが半端ない！　例えば日本だと「ボールを持った選手にしっかりアプローチしろ」というような言葉をよく聞くけど、こっちではそれが「ボールを持った選手に攻撃しろ」という言い方になる。

　最初は「通訳さんの訳し方の問題か？」と思っていたけど、そうじゃない。最近は少しずつドイツ語も理解できるようになってきたけど、コーチは明らかに「攻撃しに行け！」と言っている。練習でボール回しをしている時も、紅白戦の時も、自分では攻撃的な守備を意識しているつもりが、監督やコーチには「もっとボールホルダーに対して攻撃しなきゃダメだ」「親切心はいらないから、潰しに行け！」と繰り返される。

ボールを持っている選手に攻撃しろ

——ペーター・ヘアマン（バイエルン・アシスタントコーチ）

　先日も、練習中にヒートアップして、マッチアップした選手に足の裏を向けてボールを取りに行ってしまったことがあって。さすがに相手も痛そうにしていたから「大丈夫か？」と声をかけに行ったら、コーチに「謝る必要はない！　そんな優しさは捨てろ！」と怒られた。これは、決して悪質なファウルがOKということではなく、本当の意味で「気持ちを見せて戦え」ってこと。最近は、そんなふうに胸の内に秘めた気迫をパフォーマンスで表す難しさを改めて感じている。

　ただ、普段の練習からどれだけ「ボールを持った選手に攻撃をしよう」と意識していても、紅白戦でマッチアップするのはほとんどラームやから、全然ボールを取れない。それどころか、体にすら触れられない。知っての通り、彼は恐ろしいほどの技術を備えたドイツ代表のサイドバックで、いろんな仕掛けの選択肢を持っている選手やから、僕もできるだけ多くの可能性を想像して体を寄せようとするのに、一向に寄せ切れた感触がない。実際、どれだけ寄せたつもりでも、ひらひらとかわされてしまう。

例えば「FWに速いパスを当てようとしているな」と、先読みして狙いに行っても、あっさりクライフターンでかわされる、みたいな。必死についていったところで、リベリーとのワンツーで簡単にゴール前まで行かれてしまう。でも、これは僕に限ってのことではない。ブンデスリーガの試合でも、彼とマッチアップした相手選手は、大抵ラームに翻弄されまくっているし、必死に圧力をかけにいってもボールを奪えないことがほとんどやから。

そんなラームのパフォーマンスは、技術の高さに支えられている。体はそんなに大きくないのに、トップレベルのチームでずっとスタメンを張っていられるのも技術があるから。だから、相手が寄せてきてもボールを失わないんやと思う。

2011 Nov.

って話が逸れたけど、ラームと毎日のようにマッチアップしていても今のところ、レベルの差を認めざるを得ない状況が続いている。でも、あれだけの技術を持ったサイドバックは世界を見渡しても少ないから！　そんな選手と毎日のように競り合えることを幸せに思って、できるだけ距離を縮められるように、攻撃的な守備を意識し続けるしかない。

と思って、この前の紅白戦でも攻撃的に体を寄せにいったら、ラームのビブスを引っ張って破ってしまった。なのに、やっぱりボールは取れんかった……。

少し前のDFBポカール※のインゴルシュタット戦で、移籍後初ゴールを決めることができた。点差が開いた中での途中出場だったけど、チャンスをもらえたからには何かしら結果を残したいと思っていただけに、素直に嬉しかった。こっちに来てからずっと「がんばるんを続けたもん勝ち」と思ってやってきて、ゴールもその成果の一つやと思うけど、勝負はまだまだここから。とにかく前を向いて、頑張り続けようと思います。

さて、バイエルンは開幕戦こそ落としたものの、以降はほとんどの試合で完封勝利を収め、首位を独走中。それも関係しているのか、クラブスタッフやファンの方を含めて、バイエルンに関わるすべての人々から繰り返し、同じ言葉を聞く。

「ここはバイエルンだから」

ここはバイエルンだから

――バイエルンに関わるすべての人々

まるで「サッカー絡みの話をする時には、必ず使わなアカン決まりでもあるんか？」ってくらいに（笑）。

例えば、監督なら「君は間違いなくドイツの1部でプレーできるポテンシャルを持ち合わせている。他のチームに行けば、先発で試合に出られるだろう。ただ、ここはバイエルンだから」。クラブ関係者も同じで、「君がここでプレーを続ければ、試合に出なくても間違いなく成長できるよ。だって、ここはバイエルンだから」。この前の試合の時なんて、当日にベンチメンバーから外れた僕とペーターゼンに向かって、マネージャーみたいな仕事をしている人が「ここはバイエルンだからな」って僕らの肩をポンポンと……。さすがに、それにはニルス（ペーターゼン）も「お前が言うな！」ってキレていたけど（笑）。

何が言いたいかというと、バイエルンで仕事をする人間は、選手もスタッフも、掃除のおじさんまで、みんながクラブに対して誇りを持っているってこと。応援してくれるファンや街の人たちも同じで、ホンマにバイエルンのことを好きなのがヒシヒシと伝わってくるし、応援している自分にも誇りを持っている。

これってすごいことよね！　ガンバでプレーしていた時も、ホームタウンの人たちに応援してもらっていることに心強さを感じていたけど、ここではその何倍ものパワーで……ミュンヘンに住んでいる人全員がバイエルンの一員みたいな感覚で、自分たちの街を代表して戦っている選手のことを応援してくれている感じがある。

そういえば、バイエルンの選手が乗っている車って、ナンバープレートを見ればすぐに「選手の車だ」とわかる。というのも、日本のナンバープレートで『地名』にあたるところが、ミュンヘンの『M』に、ブンデスリーガで一番多く優勝していることを意味した『レコードマイスター』の略で『RM』を合わせて『MRM』になっているから。もちろん、それに続く数字は選手によってバラバラやけど、『MRM』の車＝バイエルンの選手が乗っている車だと浸透しているから、渋滞している時とか、すんなり前に入れてくれることも多い。しかもバックミラー越しに後ろの車を見ると、手を振っていたりもして微笑ましい（笑）。

それもあって、ピッチに限らず、ピッチ外のところでも、バイエルンの一員であることを自然と意識するようになったし、それがいい意味で自分のプライドにもなっている。いやぁ、やっぱりここはビッグ……を通り越して、メガクラブやわ。

2011 Nov.

※ドイツにおけるカップ戦。優勝クラブには、翌シーズンのUEFAヨーロッパリーグ（当時の名称はUEFAカップ）の出場権が与えられる

一つのゴール、一つのアシストで人生が……なんていうと大げさやけど、それまでの流れが一変することは、この世界ではよくある。

途中出場でチームを勝利に導く決勝点を奪ったサブの選手が、次の試合でスタメンになるとか。紅白戦や練習試合で活躍してポジションを手に入れたとか。勝負の世界は『結果がすべて』な部分が多いだけに、目に見える結果は、ここで生き残っていく上で大事な要素の一つやと思っている。

そう考えても、前回も少し触れたDFBポカールのインゴルシュタット戦で移籍後初ゴールを決められたのは良かった。だけど、ここはバイエルン。残念ながら、たった1試合、1ゴール1アシストという結果を残したくらいで、立ち位置が変わることはまずない。

頑張ってて良かったね

——宇佐美蘭（妻）

事実、その後のリーグ戦にはベンチ入りできたけど、それはケガ人や累積警告による出場停止の選手がいたからやったし、周りからも、もっと高いレベルの活躍を要求されているのを感じる。実際に結果を『信頼』に変えるには、もっと大きな結果を継続的に残していかなアカンしね。

ただ気持ちの面では正直、少しホッとした部分はあるかも。ゴールを決めた日も、帰宅して一息ついたあたりで嫁の蘭がサラリと一言、「頑張ってて良かったね」と声をかけてくれたけど、僕が頑張り続けてきたのは、そばでずっと一緒に戦ってくれている蘭に恩返しするためでもあったから。彼女に目に見える結果をプレゼントできて良かったし、蘭の言葉もシンプルなようで「僕の戦いをずっと見守ってくれていたからこそ言える、中身の濃い一言やな」と思って、胸に響いた。

とはいえ、現時点では十分な出場時間をもらえているわけではないからね。インゴルシュタット戦も「もしかしたら、後半から出場できるかも」的な予感はあったけど、なかなか出番が回ってこなくて……。「短い時間でも絶対にゴールを決めてやる」と気持ちをメラメラさせながら待っていて、ようやくチャンスが来たか！と思って時計を見たら、残りはわずか17分やったから（笑）。

そういう意味では、限られた時間で1ゴール1アシストという結果を残せたのは大きかったし、自信にもなった。チームとしては、6点目のゴールやったのに、ベンチにいるみんなが飛び出してきて一緒に喜んでくれたのもめっちゃ嬉しかった。

そういえばゴール後には、感謝の想いを込め

2011 Nov.

て薬指の指輪にキスをするパフォーマンスをしてんけど、蘭曰く「ゴールの瞬間、一緒に試合を見ていた人たちとハイタッチをしたり、抱き合ったりして喜びまくっていたから見逃した！」らしい。なので後日、一緒に映像で確認して「ホンマや！　ありがとう！」と言われた次第。ゴール直後は照れもなく自然とあのパフォーマンスが出せたのに、改めて映像で見返すと意外と恥ずかしいもので……。

ヨーロッパでは結構いろんな選手がやっているパフォーマンスやからイジられることはなかったけど、日本なら間違いなくイジられていたやろうな。まぁ、ゴール後にお祝いのメールをくれたのは、バンさん（播戸竜二／セレッソ大阪）とミチくん（安田理大／フィテッセ）の2人だけやったから、誰も注意して見てへんかったやろうけど（笑）。

今年はたくさんの日本人サッカー選手が海外に飛び出した年やった。以前なら海外組の名前を全員言えたのに、今では把握し切れないくらいの数の選手が海外でプレーしている。

そのほとんどが20代前半で、平均年齢も随分若くなったけど、10代の選手はまだまだ少ない。すぐに名前を挙げられるのは、僕と高木善朗（ユトレヒト）、宮市亮（アーセナル）くらい。もしかしたら他にもいるかもしらんけど、日本でもある程度、名前の知られた選手となれば、その数は限られているんじゃないかな。

それもあってか、同世代の海外組とはよく連絡を取り合っている。特に善朗はU－13日本ユース選抜に選ばれた中学1年の時から知っている仲やからね！

昔も今もめっちゃ仲がいいし、特に二人とも海外でプレーするようになってからは、やたら

でっかくなって
この借りを返そうぜ!!
——高木善朗（ユトレヒト）

とスカイプを利用して話しまくっている。もともと気が合うことに加えて、善朗とはサッカーに対する考え方がめっちゃ似ているし、最近はお互いにチーム内で同じような立場に置かれているのもあって、日本にいる時以上に、素直に胸の内を明かすようになった。

話し始めたら止まらなくなるのがサッカーの話題。プレーしている国は違うし、サッカーのスタイルも少し違うけど、ポジションが似ていることもあって、日々の練習で感じる疑問や難しさなどをお互いにぶつけ合うことが多い。

例えば、前線からの守備の難しさや攻守のバランスについて。日本では守備の時に、ゾーンに応じて味方の選手にマークを受け渡すことが結構あったけど、こっちは基本的に「受け渡す」という発想がないからね。以前、守備の際には相手に攻撃しろと言われている、って話を

紹介した通り、たとえサイドMFでも「とりあえず、ついていけ」という守備を求められる。それはオランダも同じらしい。なので、そこから攻撃に転じる時の切り替えの難しさや、どんな工夫をすればいいのか、なんて話を延々としている（笑）。

もちろん、そんな深い話ばかりじゃなくて、無邪気な話もするよ。お互いに気持ちが落ちそうになった時は励まし合うこともある。僕は嫁がいるから一人じゃないけど、善朗は孤独との戦いもあるみたいで大変そう。というか、いつも僕が結婚していることを羨ましがっていて、「結婚したい」と言っている。善朗曰く「こっちに来てから、これまで味わったことのない喪失感を味わっている」らしい。だから、誰か善朗と結婚したって！（笑）

ちなみにお互いにいつも言っているのが、

2011 Dec.

「周りには早いと言われたりもしたけど、やっぱり海外に出てきて良かったよな」ってこと。決して簡単なことばかりじゃないけど、だからこそ自分が成長できているのもすごく感じる。それに、日本にいたら誘惑に負けてサッカーに集中できなかったかもしらんけど、こっちでは遊びに行く場所さえわからんから、常にサッカーのことだけを考えて過ごすしかない。その経験も、いつか、この先のサッカー人生で活きてくるんじゃないかな。

……なんてことを話していると必ず、U－17ワールドカップで負けた時に善朗に言われた言葉が脳裏に蘇ってくる。

「もっとうまくなって、でっかくなって、いつかこの借りを返そうぜ！」

その日は必ず来ると、僕らはいつも信じている。

前回のコラムにも書いたように、相変わらずスカイプにハマっている。世界中の人たちとこんなに手軽に、しかも顔を見ながら会話ができるなんて、まさに文明の利器。といっても、話す相手はいつも同じ顔ぶれで、思いの外、僕の世界は狭い（笑）。

前回紹介した善朗（高木／ユトレヒト）に加え、宮市亮（アーセナル）も大事なスカイプ仲間の一人。先日、3人でスカイプで話していたら、食生活について、宮市の口からまさかの言葉が飛び出した。

「小松菜とマッシュルームのパスタを作った」

え～っ！　宮市が自分でパスタを作った!?　しかも、「栄養を考えて、ネットでレシピを探し、スーパーに小松菜とマッシュルーム、パスタを買いに行って、さっき作って食べたところ。でも、まだ洗い物が残ってる」やって。それを

小松菜とマッシュルームのパスタを作った

——宮市亮（アーセナル）

聞いてさらに、え～～っ！　あの宮市が!?　自分が男前だという自覚がまったくなく、どちらかというと『不思議くん』キャラの宮市が!?　そんな高い意識で毎日を過ごしていたんや！

もちろん、18歳であのアーセナルでプレーしようと決意しただけのことはあって、宮市はいい意味で普通じゃないと思っていたよ。実際、サッカーもうまいしね。ただ、そうは言っても10代やから。そんなにしっかりしているわけないやん……と思っていたら、知らん間にめっちゃしっかり者になってたわ。

しかも掃除、洗濯、日々の買い物、生活に関する一切のことを全部一人でやっている上に、週に3回、英語も勉強しているらしい。おかげで、すでに英語はペラペラの領域。僕の質問に英語で答えてと言ったら、さくさく返してきやがった！　まあ、英語が苦手な僕には、それが

正しいのかすらわからんかったけど（笑）。

いずれにしても、その意識の高さは見習うべき部分。僕は結婚して、嫁の蘭と一緒にドイツに来たから、食事も家事もほとんど全部、彼女が頑張ってくれているけど、これが当たり前になったらアカンな、と。そう思い直して、先日、初めて一人で買い物に出かけた。チームメイトに招待されたクリスマスパーティーに正装で行くことになって、ジャケットを買わなアカンかったから。

いや……実際は、ちょうど蘭と喧嘩をしていて「一人で買いに行ってくるわ！」と啖呵《たんか》を切って、家を出た次第（笑）。でも、ドイツに来てからどこに行くにも蘭と一緒やったからね。街を歩いていてもかなり心細く……。それでも「宮市がパスタを作るくらいやから」と自分に

2011 Dec.

言い聞かせて、無事にジャケットと靴を購入できました。

つまり、なにが言いたいかというと、当たり前に思っていたことが、実はそうじゃないと気づいて、改めて周りの人たちに感謝したって話。食事一つをとっても、蘭が栄養面をすごく考えて作ってくれるから、僕は出された物をただ食べていればよかったけど、宮市の言葉を聞いてからは、食事に興味を持つようになったし、食材の効能も意識して食べるようになった。

そういえば以前、長谷部誠さん（ヴォルフスブルク）に「その年で結婚して、それだけしっかり食生活を管理してもらっていたら、絶対にプロサッカー選手として長持ちするよ」って言われたけど、その通りになるように、蘭への感謝の気持ちを忘れずに頑張ります！

2011 Another episode
～取材ノートより～

取材・文／高村美砂

今回の代表での経験は刺激的やった（P47）

初招集された日本代表で宇佐美はたくさんの刺激を受けた。なかでも本田圭佑（CSKAモスクワ）や岡崎慎司（シュトゥットガルト）のプレーからは「ゴールに向かっていく姿勢など、ヒントを得たことも多かった」そうだ。加えて日本代表を取り巻く環境や人気ぶりにも驚いた。

「ファンの数やキャーキャー言われる感じもすごかったし、世代別代表とは全然、人気も、注目度も違うなと思いました。なのに、いざピッチに立つと『俺に近寄るな』的なオーラを出している人は一人もいなくて。みんなが喋りかけてくれて、優しかった」

このときは試合に出場できなかったものの、日本トップクラスの選手たちと時間をともにした効果は、チームに戻ってから実感したという。

「すごい選手たちと一緒にプレーできて自信がついたのか、Jリーグの試合でもすごくアグレッシブに動ける感覚があった。ただ、なんかしらんけど、僕がボール持つたびに、スタジアムが盛り上がるのは……やめてほしい（笑）。応援してもらえるのは嬉しいけど、まだ代表で試合に出たわけでもないだけに、普通に応援してもらえたら十分です」

――2011年6月取材

彼女の言葉だけは、なぜか自然にバシッと入ってきた（P49）

妻である蘭さんに驚かされたことがある。ホッフェンハイムに取材に訪れた時のことだ。当時の宇佐美は、監督が交代して思うように試合に絡めず、苦しんでいた時期。蘭さんに「宇佐美選手はドイツに来て変わりましたか？」と尋ねたのをきっかけに、二人のやりとりが始まった。

蘭「周りの人とコミュニケーションを取るようになったとか、そういう姿はよく見るようになって、そこは変わったなって思います。ただ、今もめちゃめちゃ苦しんでいるのはわかります」

貴史「本心では、苦しむほどのことじゃないやろ、って思ってるやろ？（笑）」

蘭「そんなことはないよ。でも、貴史はまだまだ甘いし、弱いなって思う。変えようともがいているのはわかるけど、正直、本当の意味では変われていないというか。私がもっといい奥さんだったら、もっとアドバイスできるはずだし、うまく転がせるのになって思うだけに（笑）、それをできない自分も歯がゆいわ。実際、私もどうしたらいいのかわからなくて……放っておくべきか、元気づけてあげるべきか悩んでる」

貴史「俺は基本、何を言われても、聞かへんしな」

蘭「まあね。自分の殻に閉じこもって考えるタイプやからな。でも言えるのは、今のままの貴史じゃ日本に帰ってもアカンってこと」

貴史「それは俺も思ってる。このまま帰ったところで、日本でも大して活躍できひんやろうなってことだけはわかる」

蘭「でも貴史は絶対にうまいから。私に言われても嬉しくないやろうけど、試合を見ていても絶対にうまいし、ポテンシャルもある。だからこそ、このチャレンジをこのまま終わらせてほしくない。どんな選択をしてもいいけど、こっちがダメだからこっち、というネガティブな選択じゃなく、こっちがいいからこれを選ぶって選択をしてほしい」

頼れるのはお互いだけという海外での生活は「日本にいる時以上に、近くにいすぎて大喧嘩になることもある」と笑っていた二人。それでも海外の地でともに戦い続ける姿はたくましくもあり、その絆をより強くしているように見えた。

——2012年1月取材

仲間や応援してくれた人たちに感謝したい（P50）
――バイエルン移籍に際し、チームメイトから届いたメッセージ――

・明神智和

「1年目に試合に出られない経験をしたからか、2年目からは明らかに目の色が変わったし、年齢は関係のない世界とはいえ10代で、練習態度や取り組む姿勢、考えて行動する力みたいなものをポジティブに変換できるのもすごいなと思って見ていました。そういう向上心を常に持てるのが貴史のいいところ。今回の移籍も向上心があってこそで、貴史をまた大きく成長させるんじゃないかな」

・遠藤保仁

「高校1年生の時にも何度か練習に来ていたらしいけど、僕は基本的に貴史が来る時は日本代表でいないことがほとんどだったし、サテライトの試合などで一緒にプレーすることもなかったから、他の選手より貴史との接点が少なく……。なので、正式に加入した2009年も最初はどれが貴史かわからんかったくらいでしたが（笑）、一緒にプレーするようになって、ずば抜けた技術はもちろん、その年齢でできることの多さに驚かされました。この先、ヨーロッパで揉まれて、90分間ファイトできるフィジカルを備えればもっと『怖い選手』になっていくはず。最初からすべてがうまくいくことはないやろうけど、どんどんチャレンジして失敗して、それを経験値にしていってほしい。そのためにも、とにかくケガだけはしないように！」

・山口智

「貴史について一番印象に残っているのは、入ってきた時から物怖じしなかったこと。プレーも考え方も、ドンと肝が据わっているのはすごいなと思っていました。いずれは海外に出ていく選手だとは思っていたけど、まさかこのタイミングとは、という驚きもあります。僕らの時代には考えられなかったことですしね。本人に「どういう気持ちなん？」って尋ねたら、すぐに「楽しみです！」って返ってきたので、あいつの性格なら大丈夫だと確信しました。貴史のことだから仮にうまくいかないことが出てきても、チャレンジを続けるはず。それをいずれ成功につなげられるのも貴史ですしね。年齢的にも決して簡単なチャレンジではないと思うけど、そういう選択ができた自分に自信を持って戦ってほしいです」

・加地亮

「成功や失敗は自分で決めること。自分が成功だと思う道をひたすら進んでほしい。あとは、まだまだ若いからこそ国を知るとか、人を知るなど、異文化交流はどんどんやっていかなアカン！うまくいかないかないからといって殻に閉じこもるのも禁止！「こいつ、大丈夫か？」ってくらい、ガシガシ自分から入っていって、勝負してほしいです。プレー面では、まずは貴史の武器であるドリブルでしっかり勝負するのはもちろん、監督の意向やスタイルを踏まえて、その武器だけではなく他の武器を備えるべきなのかを自分でしっかりジャッジするのも大事やと思う。あとは、1日も早く食事、生活リズムに慣れて、自分の空間にしていくことも、自分らしく戦う上では大事なこと。そして、アイラブユー！」

・内田達也

「一つ年下ながら、アカデミー時代から一緒にプレーした期間も長かったので寂しさもあるけど、最近はめちゃめちゃイジってくるし、それに絡むのが面倒になってきたので、いなくなってくれて少し嬉しいです（笑）。ジュニアユース時代は僕らの学年を差し置いてキャプテンをして……プレーでは引っ張ってくれたけど、キャプテンシーはなかったな（笑）。良くも悪くも、貴史は周りより自分というタイプだから。でも、だからこれだけの結果を残せてきたんだと思います。プレーヤーとしてはドリブルが持ち味だけど、パスも出せて……いろんな選択肢を持った選手だけに、ディフェンダーとしては突っ込みにくかったし、対峙にしにくかったです。そのへんは海外でも武器として存分に発揮してほしい。もし貴史が簡単に止められたら僕がショックを受けるから！」

――2011年6月取材

FCソウル戦は緊張しまくりやった（P50）

2009年5月20日のAFCチャンピオンズリーグ・グループステージ第6節のFCソウル戦でプロデビューを飾った宇佐美は、「新聞記事を見て、FCソウル戦で先発のチャンスが来ると知った」という。

「『西野監督、宇佐美先発を明言』って見出しを見て、そうなん!?　と。おかげで、その日からソウル戦までの20日間くらい、ずっと緊張しっぱなし（笑）。なのに点が取れて……試合後にはユース時代の1年目の監督だった島田貴裕さんに『お前、あんな動きできた？』って言われた通り、あんな動きで点を取ったことはないし、なんであそこに動いたのかも謎。万博の雰囲気に背中を押されたのかもしれない」

ただ、試合は引き分けに終わったため「勝ちたかった!」とも言葉を続けた。

——2009年5月取材

なかでも早急に克服しないとアカンと思っているのが『言葉』(P54)

日本では周囲と言葉を交わすことが当たり前で、コミュニケーションを取る必要性を感じていなかったが、ドイツでの生活を始めてからは話すこと、話そうとすることの大切さを実感したという。

「基本的にドイツは陽気な人が多く、選手だけじゃなくて、スタッフも、みんながすごく笑顔で話しかけてくれるせいか、僕もコミュニケーションを取ることに積極的になったし、人と話すことに対して自分自身が優しい気持ちになれている感覚もある」

そうしたトライの中でチームの主軸であるスター選手との会話も増え、ロッベンには「ドイツ語がわからなくても、ドイツ語にトライしてみろ」と言われたことも。

「ドイツ語は今、勉強している最中だけど、すごく難しい……とドイツ語で伝えたら『話せているじゃねえか!』ってツッコまれた(笑)」

——2011年9月取材

俺のことを『一平』と呼ぶのは晃太郎だけ(P65)

大森晃太郎との最初の出会いは、小学5年時のナショナルトレセン。当時、放送されていたテレビドラマ『キッズ・ウォー』に一平役で出演していた俳優の浅利陽介に似ていたことから、大森は宇佐美を『一平』と呼ぶようになった。

「赤髪の一平と、茶髪で短髪のあいつがめっちゃ似ていて。笑ったらエクボができるのもそっくりやった」

その後も「たまに僕が『宇佐美』とか『貴史』って呼ぶと、気持ち悪いからやめろって言われる」と大森。以来、『一平』呼びが定着したそうだ。宇佐美の海外移籍に際しても、彼らしい言葉で送り出した。

「ジュニアユースで初めて会った時は特別うまいと思わなかったのに、気がつけば常に僕の数歩先を行っていた。ただ、僕にとってはいつの時代も変わらない永遠のライバル。バイエルンへの移籍も一平なら当たり前やと思ったし、あいつなら世界一になれると信じています。一平はどちらかというとオラオラ系で人と関わるのがあまり好きじゃないように見えるけど、基本はめちゃ寂しがり屋で家族想い。バイエルンに行って孤独にならないか心配してたけど結婚したし、奥さんは一平よりしっかりしているから心配ない。ただ、二人でいる時の一平はデレデレすぎて、バリきしょい（笑）。まあ、とにかく仲良く二人で頑張れってことです」

――2011年6月取材

2
0
1
2

石の上にも3年

――宇佐美和彦（父）

昨年末に放送されたMBS（毎日放送）の特番「関西アスリートーク2011」を観た人なら知っていると思うけど、同番組のサプライズ企画で、オカンがドイツにやってきた。

　簡単に説明すると、ペナルティのワッキーさんがドイツまで取材に来てくれて、一緒にミュンヘンを散策し、最後に我が家で対談をするという流れやってんけど、そこで突如、オカンが登場した。オカンは三半規管が弱く、長時間、飛行機に乗るのは厳しいため、絶対にドイツには来ないと思っていたから、かなりびっくりした。

　だって、考えて！　ワッキーさんの「宇佐美くんにプレゼントがあります」のかけ声で部屋のドアが開いた瞬間、オカンが泣きながら「来ちゃった」って入ってきてんで！　しかも、普通の女の子なら間違いなく最高に可愛く、グッと来るであろうシーンで、涙で顔をくしゃくしゃにした不細工なオカンが（笑）、声を震わせながら「来ちゃった」やからね。さすがにビビった……。

　という話ではなく、今回はその番組中に読み上げられた親父からの手紙に感動した、という話です。収録中はあまりにもオカンが泣きすぎていたのと、それにつられて僕や嫁はもちろん、ワッキーさんまで泣くという訳がわからん状況になっていたから（笑）、正直、親父の手紙どころじゃなかったけど、収録が終わって改めて読み直したらグッと来た。

　ドイツに来てからというもの、そんな頻繁に実家に連絡をすることはなかったし、大して深い話もせずに電話を切ってしまうことも多かったからね。なのに、多くを語らずとも僕が今どんな気持ちで戦っているのか、その僕にどんな言葉が必要かを考えてくれたんやと感じて嬉しかった。

それは、今回ドイツに来てくれたオカンも同じ。収録後は、我が家に泊まって蘭の手料理を嬉しそうに食べまくりながら、サッカーについては一言、「貴史はようやってる」としか言わなかった。うん、ようやってるよ。やってるよ。だけど、僕自身は、その言葉の奥にある想いを感じ取れた気がしている。だって、知らん間にチームメイト全員の名前も覚えていたし、チームの情報もかなり知っていたからね。普段からどれだけ僕のことを心配してくれているのかがよくわかったし、その気持ちがこもった一言になんか救われた気もした。

でもって、改めて今はやっぱり「石の上にも3年」なんやって思っている。ドイツに来てから公式戦に出場した時間を全部足しても、1試

2012 Jan.

合分にも満たない状況やけど、これも自分で選んだ道。いろいろと悔しいことはあるけど、今はとにかく自分を信じてやり続けるしかない。多くは語らずとも僕のことを心配し、遠い日本から応援してくれる家族のためにも、ドイツで一緒に戦ってくれている蘭のためにも、しっかり腰を据えて頑張る時なんやと思っている。

ちなみに、苦手な飛行機に乗って、はるばるドイツまでやってきたオカン。ゆっくりしていくんやろうなと思っていたら、我が家にたった1泊しただけでバイエルンのホームゲームが行なわれる日の朝に帰国……。さすがにそれには監督も「え!?　お母さんは試合を見て帰らないの?」って引いていたけど(笑)。オカン曰く「息子の出ていない試合なんて興味がない!」らしい。

わかった、オカン。僕、頑張ります。

ウインターブレイクによる束の間のオフが終わり、リーグ戦が再開しました。といっても、その オフには久しぶりに帰国。12月23日に日本に着いてから、のんびりしているようで慌ただしく毎日を過ごし、元日にドイツへ発ちました。

その元日には、僕が小学生の時に所属していた長岡京SSの初蹴りに参加。毎年、初蹴りに参加している僕のためを思ってか……というか「お前のために元日にしたんやで」という大伴さん（雅章／長岡京SS）の言葉からも間違いなく僕のために（笑）、今年は異例の元日開催になったとか。遠くドイツの地にいる僕のことを気にかけてくれている長岡京SSの人たちに感謝するとともに、自分が初心に返れる場所で元日からサッカーができて素直に嬉しかった。

しかも、この初蹴りではハットトリックを達成。4月から4人もガンバジュニアユースへの加入が決まっている6年生チームと対戦してんけど、奴らは先制した途端、調子に乗ってきたからね！「余裕やぞ」と言われると、さすがの僕もカチンと来て（笑）……というか、プロはそんなもんちゃうわ、としっかり見せつけるべきやと思い直し、ガツンと点を取って黙らせておきました。公式戦でもないし、小学生相手やから大して嬉しくもなかったけど（笑）、ゴールはいつどんな時に取っても気持ちがいいものでした！

お前のために元日にしたんやで

——大伴雅章（長岡京SS代表）

そんなふうに幸先のいい新年のスタートになったせいか、リーグ再開前に行なわれたアスパイア・アカデミーU－19選抜との練習試合で5点取った。バイエルンの場合、リーグ戦が始まってしまうとガンバ時代のように、公式戦の翌日にサテライトが練習試合をするようなことはないからね。試合に出ていない選手がアピールする場は少ないだけに、プレシーズンの練習試合で点を取れたのは良かった。

ただ、それがホンマにアピールにつながるかといえば、全然そうじゃない、というのがここ最近ずっと感じていること。リーグ再開前の練習試合でも、途中出場でPK獲得につながるスルーパスを出したけど、「それはそれ」的な雰囲気がこのチームにはある。つまり、結果がすべての世界ではないというか。これだけのビッグクラブになると、監督は目に見える結果より、どうしても『代表選手』であることや、ネームバリューを優先している気がしてならない。

これは以前から薄々感じていたことでもあるけど、加入したての頃は、周りへのリスペクトも、自分が日本から来た新参者という自覚もあ

2012 Jan.

ったからね。「出番がなかなか回ってこないのはしゃあない」と思っていたけど、時間が経つにつれて、自然と気持ちが変化したところもあって、最近は「なんで僕のほうが結果を出しているのに、この選手が試合に出てるねん」と怒っている自分がいる。

でも僕としては、そういう気持ちが自然と湧いてきたのはすごくいいことやと思う。もちろん、謙虚さはなくしたらアカンけど、現状に対する怒りを反骨心にしてやっていくのも僕らしくていいんちゃうか、と。考えてみたら、これまでのサッカー人生もそういう反骨心が自分の原動力になってきた気もするしね。そう思うからこそ……今年は、この自分の気持ちを素直に受け入れ、「なんでやねん!」という気持ちを大事にしながら努力を続けます。

日本でも報道されている通り、バイエルンへの完全移籍がなくなった。それを受けて、いろんな人がメールや電話をくれたりしている。ありがたいことやね。

特に落ち込んでいることもないけど、多少なりとも残念な気持ちはあっただけに、周りの人たちの声を温かくも、心強くも感じるわ。たむらけんじさんもその一人。バイエルンの意向がニュースで流れた直後にメールをくれた。

「残念なニュースを報道で知ったけど、宇佐美やったら大丈夫やろうし、心配してないよ。だから……帰ってくるなよ（笑）」

いかにも、たむけんさんらしいメール。「宇佐美やったら心配していない」っていうのも嬉しかったし、「帰ってくるなよ」も、すごくありがたく受け止めた。

残念なニュースを見たけど心配してないよ

——たむらけんじ（お笑い芸人）

今回の件について、簡単に説明すると、1月に入ってから代理人も同席のもとで話し合いを重ね、1月25日の段階では完全移籍で買い取ってくれる方向で話が進んでいた。でも、こればっかりは僕がとやかく言えることではないから、僕としては「ああ、そうしてくれるんや」という感じで思っていたら、31日になって再び呼び出され、話し合いの席に着いたら話が変わっていたというか。「契約の話を詰めるんかな」と思っていたら、クラブの方針が変わったと伝えられた。

バイエルン側から言われたのは、「来年6月で1年間の期限付き移籍の契約期間が切れる。クラブとしては、もう1年、期限付き移籍を延長した上で、他のクラブに出すなどしながらプレーをチェックし、その活躍次第で買い取るか、買い取らないかを再検討したい」ってこと。この話をされた直後は、やや腹立たしくも感じたけど、要するに「現時点で、バイエルンは僕のプレーを評価していない」ってことやから。その事実を真摯に受け止めた上で、僕としては、残りの数ヶ月、このバイエルンで吸収できることをすべて吸収しまくって、以降もヨーロッパのチームで勝負したい、と考えている。

なぜなら、ここには『海外』に挑戦することでしか得られない、自分の成長を促してくれる要素がたくさんあるから。それに、ほとんど試合に出られないまま、ここを去りたくないという思いもある。試合に出て、自分がどれほどのものなのか、やっぱり今はそれを体感したいという気持ちが強い。

もちろん、そのためには今のままの自分でいいとは思っていない。自信は持ちながらも「日本なら簡単にやれていたことが、ここではそう

2012 Feb.

簡単に通用しない」と痛感する日々も続いているしね。例えば、日本では評価されていた『止めて、蹴る』の基本も、今の自分のレベルでは、まったく足りていない。もっと、もっと絶対的で揺るぎない『止めて、蹴る』能力を備えなアカン。

……ってことを、感じるために僕はここにいると思うからこそ、立ち止まっている暇はない。練習がない日もグラウンドに行って、自分の基礎能力を向上させるための練習をずっと続けてきたのも、そう思えばこそ。

僕のサッカー選手としてのゴールはまだまだ先で、そのためにやらなアカンことは山ほどある。今はその現実から逃げずに、ただひたすら、サッカーがうまくなるために頑張るのみ、と思っています。

最近、めちゃめちゃ欲しいなと思っているのが、子ども！（笑） 結婚したての頃は、もう少し蘭と二人の時間を楽しみたいと思っていたけど、兄貴に子どもが生まれてから、やたらと子どもが欲しくなった。

この間のオフも、日本に帰って兄貴のところに生まれた甥っ子の公基《こうき》に初めて会ってんけど、これがかなり可愛い。なんかわからんけど、めっちゃいい匂いがするし、柔らかいし、全部がふわふわしていて見ているだけで幸せになる。公基の手の平に自分の指をそっと置いたらギュって握ってくる、あの感じもたまらん。兄貴には「甥っ子でそんなに可愛い、可愛いって言ってたら、自分の子どもが生まれた時は相当ヤバいな」って言われたけど、想像しただけで、だいぶヤバい気がする（笑）。ましてや、女の子が生まれようもんなら大変なことになるわ！

俺がちゃんと背中見せていかなあかん

——宇佐美卓也（兄）

でも、そういう兄貴もよっぽど自分の子が可愛いんやろうね。こっちは久しぶりの帰国やのに、話題は公基のことばかりで、僕の話なんてそっちのけ（笑）。しまいには「もし公基が誰かにさらわれるようなことがあったら、俺は本気で犯人をぶっ殺す！」っていう妄想まで始めてたもん（笑）。

でも、そんな兄貴がポロっと言ったんよね。公基を見つめながら「俺がちゃんと背中を見せていかなアカン」って。これにはグッと来た。きっと兄貴も自分が親になって初めて親のありがたみを知り、いろんなことに感謝してるんやろうなぁ。親父の背中を思い出して、きっと自分もそうありたいと思ったんやわ……って！ まさか、そんなことを口に出して言う兄貴じゃないから、これは僕の妄想です（笑）。

そんな兄貴もすごいけど、もっとすごいと思ったのが義理の姉。すっかり『ママ』になっていた姉は、公基が毎晩、夜泣きをするから全然寝ていないらしいのに一生懸命、公基を育てていた。そういえば実家にいる時、姉が寝ているのを知らずに部屋に入って起こしてしまったことがあって。あとで「さっきはせっかく寝てたのに、起こしてごめんな」って言ったら、全然覚えてなくて（笑）。僕も遠征とかで疲れ果てている時にたまに記憶をなくすけど、きっと、姉もそんな状態やったんやろうなぁ。なのに、そんなことはまったく苦にしていない様子でニコニコと公基に接している姿を見て、こっちが泣きそうになったわ。

ところで、『公基』って名前は、実は僕につけられるはずやったらしい。宇佐美家では代々、

2012 Feb.

姓名判断で名前を決めていて、僕が生まれた時に「抜群にいい名前や！」と言われたのが『公基』と『成基《せいき》』やったとか。ところが、『公基』にほぼ決まりかけていた時に『貴史』もいいと言われ、結局は貴史に決まったらしい。

つまり、その時から『公基』は宇佐美家で温められていた名前ってこと！　そして今回、男の子が生まれたから無事、日の目を見た次第。ちなみに、兄貴は公基の耳元でずっと「お前のサンタクロースはドイツにいるからな。大きくなったらドイツに行けよ」って言い続けている（笑）。しかも「貴史の家にホームステイさせて、子どもの時から海外サッカーを経験させる」らしい。というわけで、僕もビッグサンタになれるように頑張るわ。

日本のスポーツ界ではよく『心技体』という言葉を耳にする。強いメンタルと、高い技術、そしてそれを発揮するための体力。確かにどれも欠けたらアカンものやけど、子どもの頃は正直、そんなふうには思っていなかった。「サッカーがうまかったら、それでええやん！メンタルなんて関係ないやろ！」って。今になって思えば、ある意味それも僕の『心』の強さかもしらんけど（笑）。

ただ、今はそんなふうには考えてない。ヤットさん（遠藤保仁／ガンバ大阪）が以前、自分の本だったか、雑誌のインタビューだったかで「サッカーは単にうまいだけじゃダメ。気持ちの強さが絶対に大事。『うまけりゃいいでしょ』という感覚でサッカーをしている選手を見ると、ふざけるなって思う」みたいな話をしていたけど、まさにその通り。サッカー選手は『心』、

サッカーは単に巧いだけじゃだめ

――遠藤保仁（ガンバ大阪）

つまり、強いメンタリティを持っていないと活躍できないと思う。

なぜなら『心』がない奴には、技術も体力も備わらないから。実際、敵を前にした時も「よし、かかって来い！ 絶対にボールを取られへんぞ」と思う気持ちが、プレーを加速させてくれる。壁にぶち当たった時に「こんなことで落ち込んでたまるか！ もっとうまくなって見返したる！」っていう気持ちが技術を向上させる。あるいは、疲れがピークの試合終了間際、気持ちが体を走らせてくれる。

実際、ヤットさんの『心』の強さは半端ない。自分がこれだけやってきたとか、こんな努力をしてきたとか、口に出して言うことは一切ないのに、過ごしてきたサッカー人生がすべて体からにじみ出ているというか。自信がみなぎりまくっていて、近寄りがたいくらいの圧倒的なオ

ーラがある。あれはきっと、子どもの頃から時間をかけて培ってきた『心』の強さの表われやろうね。だから、あの人は「日本の顔」と言われる存在なんやと思う。

ドイツでも、『心』がいかに大事かということを感じまくってる。なぜなら、ここはミスが許されへん場所やから。実際、これはドイツに来た時から感じていることやけど、バイエルンの選手、スタッフ、関係者、ファンというのは総じて、ミスをする選手を見慣れていないからやろうね。どんなに小さくても『ミス』に対する罵倒がものすごい。

かといって、ミスを恐れた消極的なプレーをしようもんなら、それはそれであっさり見抜かれ、同じく罵倒される。そういうプレッシャーの中でいかに自分を出して、全力でプレーできるかを考えると、やっぱり大事なのは『心』。

2012 Mar.

周りの声に気持ちが揺れることなく、自分のプレーを貫くための『心』がなければ、絶対に結果は残せない。

というか、見方を変えれば、ここでは技術や体力なんて、あって当たり前のものやから。それを備えていなければ、そもそもバイエルンにはいられないしね。となると、あとはそれを発揮するための『心』をより強く持てるか。その『心』を従えて、いかに技術、体力を向上させられるか。今、僕が悪戦苦闘しているのは、まさにそこ。10年、15年……もしかしたら20年と、この先続いていくサッカー人生を想像しながら、その将来に影響するであろう今の時間をいかに有意義に使えるか。

そんなことを考えながらサッカーをしていたら、毎日がホンマにあっという間に終わってしまって困ります（笑）。

当たり前のことながら人間は、体を動かしたら腹が減るし、腹が減ったら食事を取る。摂取したものが体を動かすためのエネルギーになる。ただ、子どもの頃は単に腹が減るから飯を食べていただけやったけど、今は違う。体を動かすため、いいプレーをするために、食事を取る。そういう意味では、嫁の蘭が毎日、バランスを考えて作ってくれている食事を残さずに食べることも、仕事のうちだと考えるようになった。

思えば、僕は昔からよく食べる子どもやった。親に聞いても、基本的に好き嫌いはほとんどなかったらしい。唯一、苦手だったのが野菜。オカンによると、「今日は野菜を食べない!」って堂々と宣言して残す日もあったとか。でも今は、その野菜もバクバク食べている。これは「食事=仕事」の意識が芽生えたから……と言いたいところやけど、現実は蘭に強制的に食べさせられるから（笑）。ピーマンやパプリカをこっそり残しておくと、「はい、口を開けて!」と言われて、ポンっと突っ込まれる。その罠にハマっているうちに、今では自分から進んで食べるようになった。

バランスの良い食事を続ければ
選手として長持ちするよ

——長谷部誠（ヴォルフスブルク）

宇佐美家の食卓には毎回、たくさんの品数が並ぶ。蘭のブログを見た人にはよく驚かれるけど、こっちで売っている食材を駆使して、和食から洋食、デザートまで、まさに「なんでもこい!」の状況（笑）。しかも、いつの間に覚えたのか、やたらと栄養に関する知識も豊富で「この食材はこういうのに効く」と教えてくれるのもありがたい。それによって、自分がクラブハウスで食事をする時も、意識的にメニューを選んで食べるようになった。

そういえば以前、長谷部誠さん（ヴォルフスブルク）と一緒に食事をした時に、長谷部さんがふとした会話の中で「若い頃からバランスのいい食事をしっかり続けていれば、間違いなく選手として長持ちするよ」って言っていたけど、その言葉に照らし合わせても蘭のサポートはホンマにありがたい。

だからこそ、毎回、残さず食べないとアカンなって思っているけど、問題はそれだけおいしい料理が出てくると、残さずに……どころか、食べすぎてしまうこと。実際にドイツに来てすぐの頃は、おかずがおいしくてご飯が進むから、制限なくご飯を食べまくり、わかりやすく太ってしまった。チームの人に「このままいけば、貴史は力士になるぞ」と言われたくらい（笑）。というか、そもそも僕はガンバでプレーしていた時から「貴史は成長期だからしっかり

2012 Mar.

食べろ」と言われていたこともあって、体脂肪はチームで3番目くらいに多い12・4％くらいあったからね。でも、バイエルンでは11％以下にしろと言われて……ってことを、蘭に伝えてからは特にご飯の量を厳しく管理してくれるようになり、今では体脂肪率は7％前後をキープできるようになりました！

ただし、体脂肪は減ったのに、体はめっちゃでかくなった。日本でプレーしていた頃は「ペラペラな、薄い体やな」って言われることも多かったけど、ドイツに来てから筋トレをするようになって、ゴツさが増した。毎日きちんとご飯を食べ、決まった時間に寝て起きるという規則正しい生活もしているしね。その生活リズムと愛情のこもったご飯が、僕を強くしてくれている。

ガンバの監督に松波正信さんが就任したというニュースを嬉しく見ました。松波さんといえば『ミスター・ガンバ』。子どもの頃からガンバファンだった僕は、スタジアムで松波さんのプレーを見ては興奮し、練習場で写真を撮ってもらってはテンションが上がっていました。それもあってユースチームに昇格し、松波監督のもとでプレーすることになった時はマジで興奮して……というか、僕以上に熱烈なガンバファンだったうちの両親が盛り上がりまくっていた（笑）。

そんな松波さんの監督就任は、僕だけではなく、きっとガンバを応援する誰もが歓迎していること。現役時代はガンバ一筋でプレーし、Jリーグ初優勝にも貢献したレジェンドが引退後にコーチになって、監督になるなんて筋書き、ある!? しかも、ヘッドコーチには同じく元ガンバのノリさん（實好礼忠）もいるしね！ 二人ともガンバ愛や、ガンバが目指す攻撃サッカーへの理解が深いだけに、ここからガンバをどう進化させてくれるか、マジで楽しみです。

継続は力なり!!

——松波正信（ガンバ大阪監督）

そういえば、僕が所属するバイエルンは、クラブ代表のルンメニゲも、会長のヘーネスも元バイエルンの選手。もっといえば、ネルリンガーGMもそうやし、来シーズンからは下部組織のGMに現バイエルンのGKブットが就任するとも聞いている。これってクラブが歴史を築いていく上で実はめっちゃ重要なことやと思う。元所属選手が、かつて自分もプレーした愛着のあるクラブを強くしたいって思うのは自然な流れやし、ファンに愛された選手が引退後もそのクラブにいるだけで、ファンのクラブに対する愛着度も強まるはずやから。

僕はユース時代、1年だけ松波監督のもとでプレーした。印象に残っているのは「選手をよく見ている監督」だったこと。普段から選手をよく観察していたし、調子のいい選手を使う、どれだけうまくても状態が悪ければ使わないという判断もはっきりしていた。実際、僕が高校1年生だった夏のクラブユース選手権では、3年生より調子が良かった1、2年生を中心にスタメンが構成されていたしね。かと思えば、12月のJユースカップでは、クラブユース選手権のあとに盛り返してきた3年生を中心にメンバーが組んで優勝した。

そういう僕も、Jユースカップの1、2回戦で人生初のスタメン落ちを経験した。その時は厳しいことを言われて、正直「なんやねん！」って思っていたけど（笑）、それによって気づかされたこともあったし、あの経験は今もいい教訓として残っている。その後、調子を取り戻

2012 Apr.

したら試合で使ってもらえるようになってスタメンの座を奪い返し、決勝ではゴールを決めたしね！

そんな松波さんの印象は、トップチームに昇格しても変わらんかった。当時の松波さんはコーチという立場やったけど、普段からサテライトの選手ともしっかりコミュニケーションを取っていたし、選手の心理状態を察して、その時々で必要な言葉をかけてくれた。ただ、毎年送ってくれる年賀状に、直筆で書き添えられた言葉だけは変わらんかった。

「継続は力なり」

きっと、僕に一番必要だと思って毎年書いてくれていたはずやから、今も心に留めている。うまくいくことも、いかないことも、続けることで何かを見出せたり、自分の力になっていくはずやって。

言うまでもなくサッカーは11人で戦うもの。だけど、プロの世界で生きる選手は、ある意味、個人商売なところもある。『11人』に選ばれるには、ライバルを蹴落としてポジションを取りにいかなアカンわけで、「チームメイトに悪いな……」みたいな生っちょろいことを言っていたら、生き残れない。

バイエルンでは、日々それを痛感している。選手はまさに「俺が、俺が」というタイプばかりで、全員が自分中心（笑）。自分がいいプレーをするためなら、周りにも平気で文句を言う。いや、文句を通り越して、もはや罵倒？　練習や試合では容赦なくいろんな言葉が飛んでくる。

しかも、こっちは上下関係の意識が希薄やから。日本なら先輩の言うことに対して「違うな」と思っていても一応は聞くやん？　でも、ここではそれがない。年上の選手が「こうした

周りが言ってる事なんてくそくらえだと思え!!

――フランク・リベリー（バイエルン）

ほうがいいんじゃないか」と言っても、年下の選手は「いや、俺はこうだ」とはっきり言い返す。「俺が信念を持ってやっていることに口出しするな」みたいな。

だから、選手から選手へのアドバイスなんて滅多にない。良くいえば、年齢に関係なく相手をプロとして認めているからこそ、あえて口出ししないというか。個人商売ゆえ、自分が良ければそれでいいし、極端な話、クロスボールに対してＦＷがシュートミスをしたとしても、そのＦＷにしてみれば「クロスが悪い」ということになる。

先日の練習でもまさにそんなことがあった。僕が右サイドから「誰が見てもいいボールやろ！」っていう質のクロスボールを上げたのに、決められなかったＦＷが「集中しろよ！」みたいなことを平気で言ってきた。まあ、そんな罵

倒にも慣れたから、僕としては気にせずプレーしていたら、リベリーが珍しく大声で一言。

「貴史はいいクロスボールを上げているぞ！　気にするな！　今のはすげえ、いいボールだったぜ！」

しかも、練習後には再びリベリーが僕のところに来て、「周りが言ってることなんて、くそくらえだと思え!!」と言ってくれた。

「選手や監督、そしてファンの言うことも、何一つ気にするな。俺はそういう気持ちで戦っている。チームのために頑張ろうという気持ちはもちろんあるが、基本は自分のため、そして何より家族のために頑張っている。お前にも家族がいるだろ？　だから、家族のために頑張ることだけを考えればいい。周りにどれだけ罵倒されても、くそくらえ！　自分は家族のために頑

2012 Apr.

張っているんだ！　と思ってプレーしろ。お前は十分に能力がある。だからプレーに自信を持って、くそくらえ！　と思って戦えばいい」

いやぁ、しびれた！　僕はもともとそういうメンタリティを備えていたほうやったし、「最後は自分次第」と思っていたから、周りに何かを言われても、正直、聞かないことのほうが多かった（笑）。もちろん、指導者のアドバイスには耳を傾けてきたけど、最後のところは……つまり、それを自分に還元するかどうかは自分次第やと思っていたしね。

そのことをリベリーの言葉で思い出した。やっぱりサバイバルを生き残るには、周りが言うことなんて、くそくらえ！　どれだけ罵倒されても、くそくらえ！　もちろん、そう言い切れるだけの努力をしてこその話やけど。

4月21日のブレーメン戦で、ブンデスリーガで初めてフル出場できました。とりあえず、めちゃめちゃ楽しかった！　できれば後半、リベリーやクロース、ゴメスたちが出場してからのメンバーでスタートからやりたかったけど。というのも、彼らが出揃った時に、僕は完全に酸欠状態で、ゴメスが出てきた70分あたりには足もつっていたから（笑）。それもあって、最後はフルに力を出し切れない状態で戦っていただけに、やや残念。万全の状態で彼らと絡みたかった！

　でも、90分を通して初めてリーグ戦を戦って、「やれる」と確信を持てたのは収穫やと思う。もともと、試合に出られなかった時から「出してくれさえすれば絶対にやれる。結果を残せる」という自信はあったけど、その「やれる」がどのくらいのレベルか、それを確認する

初めての90分おめでとう

——ウリ・ヘーネス（バイエルン会長）

チャンスがなかったから。ハインケス監督も「お前は試合に出たら間違いなくやれる」と言い続けていた割には、全然使ってくれへんかったし（笑）。でも実際に試合に出てみて、自分がこの10ヶ月で培ってきた自信が過信ではなかったと思ったし、フィジカル面や相手とのコンタクトという点でも、自分なりに積み上げてきたものがしっかり身についていることも確かめられた。

　実際、これまでは自分から体を当てに行くプレーをあまりしたことがなかった。でも、体を作ってきたという自信があったから、どのくらい通用するのか確かめたくて、試合中、自分から当たりに行ったというか……相手に体を預けてみたり、当てられるのを待ってみたりしながらプレーしていたけど、その時々で思っていた以上に踏ん張れたし、そこまで相手の強さに圧

倒されることもなかった。

ただ、出たからには何かしら爪痕を残したかったね。終盤、リベリーのパスからゴールを決めるチャンスもあったけど……あそこはむしろ、リベリーにやられました、はい。

僕から見たら、「そこはまさか抜けへんやろ。僕に出すコースはないやろ」という感じやったのに、なんと相手の股を抜く絶妙なパスを出してきたから。あれは予想外。敵以上に味方の僕が一番騙された。

というか、あの試合のリベリーのすごさは半端なかった！　64分にピッチに立って鬼の存在感を示した上に、後半アディショナルタイムには決勝ゴールやから。あまりのすごさに、ゴールの瞬間は思わず笑っている自分がいた。ああ、これこそリベリー、これぞスーパースターやって。

2012 May.

というわけで初めてフル出場し、試合にも勝ち、試合後には監督から「俺が言った通り、十分戦えただろ」と言われ、おまけにヘーネス会長にまで「初めての90分、おめでとう」って握手を求められたけど、まったく嬉しくないし！　たった1試合フル出場したくらいで、何も満足していない。ようやくこれでスタートを切れただけで、勝負はまだまだ、ここからやから。

ただ、夏の移籍に向けて、たくさんのスカウトが見に来る公式戦でフル出場できたのはアピールになったかなと思っている。もちろん、子どもの頃から「誰かにアピールしよう」とか、人の目を気にしてサッカーをしたことはない僕なので、試合終了のホイッスルが鳴るまではただひたすら、自分がどれだけやれるかってことしか頭になかったけど。

5月6日で20歳になった。つい、この間まで高校生だったのに、ついに大人の仲間入り。だからといって、特別な感情はないけど、20歳になればいろいろとできることも増えるからね。お酒も飲めるし、周囲の僕を見る目にも変化があるやろうし……って、そのくらい？（笑）。プロサッカー選手になってからは、年齢に関係なく自覚を持って過ごしてきただけに、特別な変化はなさそうな気がする。

ただ、子どもの頃に思い描いていた20歳と、今の自分を照らし合わせて考えると、想像以上の自分にはなれている気がする。子どもの時は「20歳の僕はきっと、まだガンバでの下積み生活が続いていて、レギュラー獲得にも至っていないやろうな」って思っていたけど、現実は、もっと早くガンバで試合に出られるようになって、今やバイエルンにいるわけやから。自分が思っていた以上に早いサイクルでいいことが巡ってきている人生になっているわ。もちろん、これは結果論で、そんなことを考えて生きてきたわけじゃないけど。

貴史がプロになるまで死なれへんわ

――田村せつ子（祖母）

そもそも、僕は自分の誕生日を意識することはほとんどない。子どもの頃に、母方のおばあちゃんに「貴史がプロになるまで死なれへんわ」って言われて嬉しいような、でも「僕がプロになったら、ばあちゃんは死んでしまうんか？」と思って寂しいような、複雑な気持ちになったのは覚えているけどね（笑）。それ以外は、周りがお祝いしてくれるのを嬉しく感じながらも、どこか冷静やった。

ただ、去年の誕生日だけは特別な1日として、僕の記憶に刻まれた。なぜなら、この日に僕は蘭と結婚し、家族になったから。二人の地元である長岡京市の市役所に行き、職員にじろじろと見られながら、二人で婚姻届を出した日が懐かしい。

あれから今年の誕生日までの1年はホンマに早かった。1年の大半が慣れない海外生活で、頼れる人がお互いしかいないことから、ぶつかる時もあったし、苦労も……僕以上に蘭がしたと思う。でも、それ以上に楽しいことのほうが多かった。

ホンマに結婚して良かったし、蘭には感謝の気持ちを伝えたいとも思う。苦労したり、逆境に立たされたり、人生いろいろあるけど、そういう中でこそ、そばにいる人の大切さを知ることもできたしね。それを結婚記念日でもある自分の誕生日に感じられたという意味では、今年の誕生日も特別な1日になった。

さて、ここからの人生ですが……今までもそ

2012 May.

うだったように、特別に何かを目指してサッカーをしたり、でかい目標を設定することはないと思う。その時々を全力で頑張った先にしか次の人生もないし、見えない未来を考えるより、今を懸命に生きることで未来につなげたいという気持ちのほうが強いから。ただ、20歳の誕生日に感じたように、10年後の誕生日には自分の予想を上回る30歳になれていたらいいなとは思う。むしろ、僕の場合、いつも目標を割と低く設定するほうやから、それくらいは軽く上回れていないと困る（笑）。

ちなみに、30歳までの10年間で、ワールドカップに3回出場できていたら理想やけど、現時点では、自分が幸せやなって思いながらサッカーを楽しめていたら、それでいいと思っている。というか、そんな幸せなことってないでしょ！

UEFAチャンピオンズリーグ決勝のチェルシー戦にベンチ入りした。周りには『日本人初のCL決勝』に何度も「おめでとう」と言われたけど、正直、まったく嬉しくない。

もちろん、メンバー入りできたことについてはクラブやチームメイトに感謝しているし、今後につながる貴重な経験になったと思う。でも、達成感は一切ない。決勝まで勝ち進む過程ではまったく試合に絡めてないし、決勝もベンチから見ていただけ、やから。どんなレベルの試合でも、サッカー選手はピッチに立ってナンボ。ベンチに座っているだけじゃ意味がない。

ただ、繰り返しになるけど、かなりでかい経験にはなった。これまでのどの公式戦とも比べものにならない独特の空気感というのかな……殺気立っているというより、決勝の舞台を戦う

今日勝てばすべて喜びに変わる

——バスティアン・シュバインシュタイガー（バイエルン）

ことに誰もが酔いしれているようで、でも世界中が注目している試合を前に異様な緊張感が漂っている、みたいな。両チームのサポーターが、耳をつんざくようなブーイングで相手を野次ることもせず、ただひたすらに自分のチームを応援していたのも印象的やった。

そういう『特別感』は、普段の試合なら絶対に起こり得ないことが起きたところにも表れていた。例えば、僕らはあの試合で3回、ゲームを決めるチャンスがあった。先制したこと、PKを獲得したこと。PK戦でもGKノイアーが相手の一人目を止めて先手を取ったこと。

でも、先制後に追いつかれ、延長前半のロッベンのPKも止められた。延長後半に、ラームのパスを受けたオリッチが決定的な場面でパスを選択したのもその一つ。普段のオリッチは、簡単にパスを出すようなタイプではなく、ボー

ルを持ったら迷わずゴールまで突進していく完全なエゴイスト。だから、あのシーンでも周りの選手は誰一人としてパスを想像していなくて、反応できなかった。

PK戦もそう。エゴイストの塊みたいなチームやのに、PK戦が始まる前には、誰もが蹴るのを嫌がるというあり得ない事態が起きていた。それもあって、ノイアーが「俺が蹴る」と名乗り出て3番目のキッカーになった。しかも最後のキッカー、シュバインシュタイガーがPKを外したのも予想外。CL決勝はそんなあり得ない、謎の出来事が起こりまくった特別すぎる舞台やった。

今回の言葉は、その決勝前にシュバインシュタイガーがロッカールームでみんなに言った言葉の一部分。試合前は誰かが何かを言っても、

2012 Jun.

みんながただそれを聞くだけで、声を発することもなく、賛同することもない『無の空気』が流れていてんけど、これを言った時のシュバインシュタイガーには、かなりの威厳と迫力があった。室内のボードをバンバン叩いてチームを鼓舞する姿が合図になって、自然とみんなから声が上がり、気持ちを高めてピッチに出て行った。

なのに……一転、敗戦後のロッカールームはまるで地獄。誰も話さず、シャワーを浴びに行くこともせず、ただ無言で下を向いて座り込んでいるだけ。この世の終わりみたいな雰囲気で誰もが「決勝で負けるくらいなら、もっと早くに負けていたかった」と言っていた。やっぱり、勝負は勝たないと意味がない。それがCL決勝というビッグマッチであっても。

久しぶりにU－23日本代表で試合を戦った。試合に飢えていた僕としては、緊迫感のある公式戦ということに加えて、アピールのためにも高いモチベーションで臨んだトゥーロン国際大会やったけど、結果はグループステージ敗退。個人的には2試合に出て、2ゴール1アシストの結果を残せたとはいえ、まだまだやれたという思いが強いし、まったく満足していない。むしろ、ああいう舞台で自分のすべてを出し切れる選手にならなアカンと痛感している。ただ、それを感じられたのは良かったし、この経験を自分の向上心に変えてやっていこうと思う。

さて、すでに報道されているように、ブンデスリーガ1部のホッフェンハイムへの期限付き移籍が決定した。契約期間は1年で、活躍次第で完全移籍も勝ち取れるというオプション付き。

谷深ければ山高し

——関卓也（株式会社セント・フォース）

僕としては、ドイツで1年戦ってみて、出場試合数は少なかったけど「やれる」という手応えを掴んでいたからね。移籍先にはドイツ国内で、自分のプレースタイルに合ったクラブを希望していた中で、ホッフェンハイムはその両方を満たしてくれるチームだと思っている。実際、今シーズンのホッフェンハイムの印象は「さばき役のボランチがうまくボールを散らしながら、突破力のある選手につなげるチーム」やったしね。試合によっては、ボランチからの配球がうまくいかず、攻撃が停滞することもあったけど、そこさえスムーズに機能すれば、サイドから攻撃に絡んでいく自分のプレースタイルも活かせると思った。

ちなみに、クラブのGMを兼務するマルクス・バッベル監督には「トップ下か左サイドで使いたい」と言われている。実際はどこでプレーすることになるのかは蓋を開けてみないとわからんけど、僕としてはこれまで通り、与えられたポジションで懸命にプレーするのみ。その中でスタメンに定着することを思い描いているし、「スタメンで出たい、出られるように頑張る」ではなく、「スタメンで出なアカン」と思っている。

それはもちろん、バイエルンで培った自信や、積み重ねた経験があるからこそ。自分の力をしっかり発揮すれば、ホッフェンハイムの戦力になれるという思いもある。このホッフェンハイムでスタメンの座を勝ち取れなければ、自分のヨーロッパでの道が閉ざされてしまうという覚悟もあるしね。口で言うほど簡単なことではないとはいえ、ヨーロッパで勝負する限り、それが当然やとも思うから。その覚悟をしっかり持って、新しい道を自分らしく切り拓いていきたい。

2012 Jun.

そんな新たな道に進もうとしている僕に、マネジメント会社の関さん（卓也）が「谷深ければ山高し」という言葉をかけてくれた。大きなものを望む人間はそれだけ試練も多く、登るべき山も高くなるというような意味らしい。

「ドイツに渡ってからの1年を『谷』と考えるなら、貴史くんの谷はとても深かったかもしれない。そして、谷が深くなった分、登る山を高く感じてしまうだろう。だけど、それを登り切った時には、今よりもっと素晴らしい自分に出会えるはずだ」

いやぁ、しびれた！ でもって沸々と闘志が湧いてきた！ ……って盛り上がったけど、残念ながらまだオフやったわ（笑）。

ロンドン・オリンピックを戦うU－23日本代表に選出された。5月末のトゥーロン国際大会でゴールという結果を残せたからか、あの大会以降はやたらと周りから、「当確やろ」みたいに言われていたけど、僕自身は外れても不思議じゃないと思っていたからね。アジア予選には1試合も出場していないし、そもそもあの短期間で関塚監督（隆／U－23日本代表）の信頼を得られたのかもわからなかった。

それだけに、選出の知らせを聞いた時は素直に嬉しかったし、U－17ワールドカップのメンバーに選出された時のような気持ちの高ぶりがあった。期待と不安が入り乱れて、胸が高鳴るというか……。あれは、久しぶりに味わう感覚やったね。にもかかわらず、意外と祝福の電話やメールは少なく、メールに関しては家族と友達を合わせても10通くらい（笑）。その中に小

思いっきり楽しんでこい

──小嶋重毅（長岡京SS監督）

学校時代に所属していた長岡京SSの小嶋監督（重毅）からのメールもあって、「思いっきり楽しんでこい！」というメッセージがしたためられていた。

その言葉を見て感じたことが二つある。まずは「五輪は大きな舞台やけど、そういう試合を楽しんでこそ自分やな」ということ。もう一つが「自分だけじゃなくチームとしても楽しんで戦えなければ、結果は出ない」ということ。どの国が相手でもビビることなく、オリンピックならではの空気感を楽しむくらいの感覚でプレーできれば、個人としてもチームとしても、間違いなくいいサッカーができるはずやし、イコール、結果にもつながるはず。だからこそ、いい準備をして、自分らしく目一杯、オリンピックを楽しみたいと思っている。

これまでにも僕は、世代別の日本代表で戦っ

てきたけど、今回のロンドン・オリンピックは、以前とは違う自分への期待感を持って臨む大会になる。なぜなら、今回の世界大会は、戦いの場をドイツに移してから初めて迎える大舞台やから。昨シーズンに所属したバイエルンでは、公式戦にこそほとんど出られなかったけど、日々のトレーニングで外国人と嫌というほどやり合って、そこでいろんなことを感じ取ることができたからね。以前ほど『世界』を遠く感じなくなったし、彼らとのマッチアップも当たり前に感じられるようになっている。だからこそ、そんな自分が今回のオリンピックで『世界』とどんなふうに対峙できるのか、めっちゃ楽しみやし、この1年間で自分が培ってきたものを、結果で証明したいと思う。

ちなみに、『オリンピック』という言葉を連呼している割には、オリンピックについての知

2012 Jul.

識は正直、あまりない（笑）。ワールドカップと違って、他のいろんな競技も行なわれるせいか、どちらかといえば、サッカーより柔道や陸上、フェンシングの太田雄貴さんや、水泳の北島康介さんの活躍のほうがインパクトとして残っているしね。

特に北島さんが2004年のアテネ大会で金メダルを取った際に言った「チョ～気持ちい い！」は最高やった。もしかしたら、あらかじめ用意していた？　って思うくらい、あの人にぴったりのコメントやったしね！「やっぱり金メダルを取るような選手は、言うことも違うな」と鳥肌が立った記憶もある。

それに比べてオリンピックのサッカーについて、あまりピンと来る記憶がないのは、いささか残念。それだけに今大会こそ、日本国民の脳裏に深く刻まれる歴史を作りたいと思う。

日本代表としてロンドン・オリンピックを戦っている最中なのでピンと来ないかもしらんけど、前々回もお伝えしたように、今シーズンからホッフェンハイムでプレーすることになりました。

新チームの印象は、一言でいえばめっちゃ楽しい！　といっても、この場合の「楽しい」は、新天地でサッカーをすることへのワクワク感ね。オリンピック前に参加した1次キャンプなんて「楽しい」という言葉を忘れるくらい過酷やったから（笑）。

参考までに、1週間のキャンプ内容を紹介すると、まず朝は6時半に起床し、40分間走で1日がスタート。朝食後は10時から、昼食後は16時半からトレーニング、という3部練習で、午後練は12種類の筋トレを2セットしたあとに100メートル走を8本という鬼のフィジカル

強い意志を見せてくれ

――マルクス・バッベル（ホッフェンハイム監督）

トレーニング……。おまけに、キャンプ中は練習前に内容を一切伝えてくれないため、完全に先の見えない戦いやった。

「明日はもしかしてオフかも？」

なんて期待しながら毎日を過ごしていたけど、終わってみたらキャンプ中、オフは一度もなかったしね。しかも、1週間のキャンプを終えたあとは1週間のオフのはずが、僕だけは2日休んだだけで、その後はリハビリ組と一緒に午前か午後の練習に参加。これはチームを率いるマルクス・バッベル監督の意向らしく、「フィジカルさえ向上すれば、誰も貴史のことを止められなくなる。そうなれば怖いものなしだから」とか。プラス、僕がしばらくオリンピックでチームを離れることも考慮して、他の選手以上のフィジカルメニューを課したらしい。要するに監督の愛のムチってことね！　だから、僕もめ

っちゃ意欲的に取り組んだ。

その、きっついトレーニング中、監督からしきりに言われたのが「強い意志を見せてくれ」という言葉。詳しくは、こういうこと。

「俺は貴史に、むやみやたらに腕立て伏せを何十回もしろと言っているわけじゃない。だからこそ決められた時間……つまり45秒の設定なら、そのわずかな時間の中で、自分をどれだけいじめられるか、極限まで追い込めるかにチャレンジしてほしい。もちろん、そのチャレンジができたかどうかは、お前にしかわからない。ただ後々、きっとお前の体が結果を証明してくれる。そう信じて、強い意志を見せてくれ!」

39歳のバッベル監督は、サッカーへの情熱が半端なくて、それをいい形でチームに伝播させられる人。バイエルンはプライドのぶつかり合

2012 Jul.

いが激しく、常にピリピリしたムードやったけど、ホッフェンハイムはバッベル監督のもと、全員がいい意味で競い合う雰囲気があるし、緊張感もある。おかげで、僕もスムーズに溶け込めている気がするしね。ピッチに通訳はいないけど、2回目の移籍だからか、前回以上に早い段階で仲間といいコミュニケーションが図れている。

しかも、その1次キャンプ中に行なった今シーズン最初の練習試合で2ゴール、2試合目にも1ゴールやから! 格下の相手とはいえ、「最初の試合でインパクトを残したい」と思っていただけに言うことなし。もっとも、それらのゴールもほんの小さな、最初の第一歩やから。オリンピックが終わってチームに戻ってからが、本当の勝負だと思っている。

ロンドン・オリンピックが終了した。結果は4位。※大会期間中は選手の誰もが「僕らが歴史を変える！」という強い気持ちで戦っていたし、チームにはプレッシャーが漂うというより、常に今大会を楽しもうという雰囲気があった。それが初戦のスペイン戦の勝利に始まり、試合を重ねるごとに強くなっていったからこそ、たどり着いた順位やったと思う。

その中で僕自身は、みんなと同じように「ここまで来たら絶対に決勝まで行ってやる」という思いで戦っていた一方で、正直、いろんな難しさも感じていた。結果もついてきていたからチームの雰囲気はすごく良かったけど、僕自身はチームに必要とされていないような気もしていたというか……。

もちろん、結果を残している以上、初戦のスペイン戦のメンバーをベースに戦っていくのは

サッカー人生 最後に笑ってたやつの勝ちや!!

——安田理大（フィテッセ）

当然やとは思う。だから、僕もしっかり準備をしてチャンスを待つしかないと思っていた。ただ、チームが勝ち上がる姿を見るたびに、心の片隅で「なんの仕事もしてへん僕が、一緒に喜んでいいの？」という思いもあり、正直、素直に喜べない自分もいた。これまでのサッカー人生では常に自分が試合に出て勝った、負けたを経験してきただけに、どう振る舞えばいいのかもわからんかった。

といっても、ホンマにチームの勝利は嬉しかったから！　だからこそ、個人的な感情を出してチームの和を乱したらアカンと思っていたし、大会期間中はそんなふうにずっと気持ちが張り詰めていた気もする。そのせいか大会終了後、ミチくん（安田理大／フィテッセ）から来たメールを読んで、気持ちが楽になった。

「お前が今、どんな心境でいるのかはわかる。

ただ、サッカーは結果がすべてやけど、オリンピックがすべてじゃないぞ！　サッカー人生、最後に笑ってたやつの勝ちや!!」

ドイツに戻った今、僕も心からそう思っている。オリンピックで僕のサッカー人生が終わるわけではないし、むしろ、ここからが勝負やから。今回のオリンピックで感じたことや経験したことを無駄にせず、しっかり自分の胸に刻んで、また這い上がっていこうと思う。

ちなみに、その『感じたこと』の一つとして挙げられるのが「自分の長所を大事にしつつ、短所を少なくしていくことも考えなアカン」ってこと。例えばスペイン戦は、チームとして「相手にボールを保持されるから、まずはしっかり守備の陣形を整え、点を取られないことからスタートしてリズムを作っていこう」という狙いがあった。その戦い方がハマったことで、その後も、まずは引いて失点しないことを考えて……という展開になり、それが結果につながったんやと思う。でも、その組織に入ってプレーする自分の姿を想像した時に、自分の短所が邪魔になると感じたというか。僕は監督にとって「使いにくい選手」だと自覚した。

実際、関塚隆監督は組織力をベースとした守備重視の戦い方を選択した中で、僕ではうまくバランスを保てないと判断したから使わなかったと思うしね。そう考えても、これまでと同様、自分の長所を発揮しながらも守備面での強さを身につける必要性を感じたというか。これは「使いやすい選手」になろうというより、これまで課題を克服してこなかった自分の甘さを痛感して、短所を少なくしていこうと思ったってこと。そんな収穫を得たロンドン・オリンピックでした！

2012 Aug.

※ロンドン・オリンピックでU－23日本代表は1968年メキシコ大会以来となるベスト4に進出。チーム最年少でメンバーに選出された宇佐美は4試合（先発1試合）に出場した

ホッフェンハイムでの生活が始まりました。ロンドン・オリンピック前にもチームのキャンプに参加していたから、新鮮さはあまりないけど、8月にも新しい選手が加わったし、僕自身もそこまでまだチームにがっつり馴染んでいるわけではないからね。ここから監督やチームメイト、スタッフとコミュニケーションを取りながら、結束力を高めていこうと思っている。

　そのコミュニケーションを図る上で欠かせないのが語学力やけど、ホッフェンハイムに来てからお世話になっているドイツ語の先生、マークさんに言われたのが「自分が思ったことは貫いたほうがいい！」ってこと。日本人の奥さんを持つマークさんは日本をこよなく愛するドイツ人で、日本人とドイツ人両方のメンタリティをよく理解している人。いつも、それぞれの国民性や人間性、性格を踏まえた上で、ドイツで生活するための的確なアドバイスをくれる。

自分が思った事は貫いたほうがいい!!

——マーク（ドイツ語教師）

「日本人は控えめな性格もあって、どうしても一歩引いてしまったり、黙り込んでしまう人が多いように思う。でも、基本的にドイツには自分の考えや意見をどんどん伝える国民性があるからね。相手がはっきりと自分の意見を言ったところで悪く思うことはない。

　だから、貴史がドイツで成功しようと思うのなら、自分の意見をしっかりと口にしたほうがいい。相手に何か強く言われてシュンとなってしまうのではなく、自分が〝これだ〟と思ったことは最後まで主張したほうがいい。そうやって自分の意見を伝えたからといって、ドイツ人が貴史に反発心を持つことはまずないし、むしろ、そんな貴史に親近感を持つと思うよ」

　確かに、これはバイエルンで過ごした昨シーズンを振り返っても、すごく頷ける言葉で……。実際、自分の信念をただ心に留めておいたり、態度で示すだけではなく、言葉ではっきり伝える重要性を感じたからね。たとえ相手が、自分より年上の選手でも、あるいは名の知れた選手であっても、遠慮したら負け。というか、遠慮する必要はまったくない。特に新シーズンに入ったばかりの今は、互いに理解を深めなければいけない時期だからこそ、積極的にコミュニケーションを図って、自分を知ってもらうのも大事やと思っている。

一方で、プレー面でも、周りを気にしすぎず『個』で勝負する必要性を感じている。僕が起用されている攻撃的MFでは、特にそれが求められるし、『個』で打開しようとする強引さがあってもいい。このドイツで『結果』を残すには、その強引さが大事な要素になるということは昨シーズンを通じて学んだことでもあるしね。

2012 Sep.

そんなことを考えている間に8月25日、ブンデスリーガが開幕した。初戦のボルシアMG戦は68分からの途中出場に終わったけど、ドイツでの2シーズン目がスタートして改めて胸に誓ったのは、「今シーズンこそ、このドイツで1年を通して試合に出場し、活躍してやる」ってこと。以前もこのコラムで書いた通り「今年はスタメンで出られるように頑張る」ではなく「スタメンで出続けなアカン」という危機感もあるし、貪欲に結果にこだわっていかなアカンという強い思いもある。

そうやって戦い続けた結果、シーズンが終わった時に『宇佐美貴史』という名前がドイツ中に知れ渡っていたら嬉しい。

ドイツでの2シーズン目が始まりました。ロンドン・オリンピックで合流が遅れたこともあり、開幕から2試合はいずれも途中出場やったけど、コンディションはめっちゃいい。戦術への理解も深まりつつあるし、周りとのコンビネーションも日に日に良くなっているからこそ、今はとにかく出場機会を待つのみ。この2試合はプレー時間が短かったとはいえ、「出たら間違いなくやれる」という確かな自信を得たし、バイエルン時代とはまた違う期待感を自分に対して抱いている。

おかげで体がウズウズして仕方がない！　ということで、先日の練習試合では5ゴールを叩き込んでおいた！　しかも、自分らしさを発揮した上でのゴールが多かっただけに、気持ち良く次のリーグ戦を迎えられそうやわ。

日々、自分のプレーを追求する中で、オリンピック以降に意識していることがある。それが今回の言葉。オリンピックのホンジュラス戦後、たまたま原さん（博実／日本サッカー協会技術委員長）とこの試合で蹴ったFKの話になって。原さん曰く「貴史のプレーは正直すぎる」と。というのも僕は、原さんが予想した通りの弾道のボールを蹴ったらしく……それも決して悪くはないけど、もう少し相手を欺くようなプレーを意識してもいいんじゃないかと言われた。

「例えば中村俊輔（横浜F・マリノス）は、FKでゴール前に上げると見せかけて直接ゴールを狙うし、FK以外の場面でも、パスを出すと見せかけてシュートを打つ。要は、たくさんある選択肢の中で変化をつけながらプレーしているから俊輔は左足一本で飯を食っていけている。貴史もそういうプレーを意識すれば、もっとプレーに幅が出るぞ」

正直すぎる

——原博実（日本サッカー協会技術委員長）

僕は日頃から、ピッチを離れた時も常に『頭の中』でサッカーをしている。ドリブルからシュートまで一連の流れを思い描いたり、ドリブルしながらパスのタイミングをうかがう場面をイメージしたり。ただ、頭の中でイメージしている時でさえ、どちらかというと、単純に状況を打開するプレーが多かった気がする。

それは実際の試合も同じで、結果的に相手を欺くことはあっても、最初から相手を欺こうとする意図的なプレーは少なかったように思う。でも、原さんが言っていたことを実践すれば、きっとプレーの幅は確実に広がる。実際、いい選手はプレーの選択肢を数多く持っていると考えてもね。

例えば、今シーズンの開幕戦で対戦したボルシアMGのファン・アランゴも、その一人。彼は左足オンリーの選手やけど、その左足を駆使

2012 Sep.

したプレーがホンマに多彩。あの試合で、僕がピッチに立ったあとに決められたFKも「立ち位置からして、壁の上をギリギリ巻いて落としてくるかな」と思っていたら、あえてGKがいるほうに蹴って決めたからね。他のプレーを見ていても、基本的にスピードがないこともあってか、パスを使ったり、ロングキックを蹴るシーンが続いているなと思ったら、虚を突くようにドリブルからミドルシュートを狙ったりもする。昨シーズンも彼のうまさは際立っていたけど、実際に対戦してそのアイデアの豊富さは見習うべきところが多いと感じた。

そう考えても、僕がもう1ランク上の選手になるには、相手を欺くような、いわゆる『マリーシア』を備えた選手にならなアカン。今シーズンは、その部分も強く意識しながらプレーしたい。

第3節のフライブルク戦に初先発し、フル出場を果たした。しかも、ブンデスリーガでの初ゴールのおまけ付き。自分としては、ここのところコンディションが良くて、『決められる、決めてやる』という気持ちで臨んでいただけに、結果を残せたのは素直に嬉しい。ただ残念だったのは、チームがまたしても負けたこと。その悔しさもあって、続くハノーファー戦はなにがなんでも勝ちたいと思っていたので、ようやく今シーズンのリーグ戦初白星を挙げられてホッとした。

個人的には、2試合連続で先発したとはいえ、まったく満足していない。心身ともに充実感を覚えながらプレーできているのは間違いないけど、自分に対して昨シーズン以上の期待感を抱いているからこそ、もっと目に見える結果が欲しい。というか、数字を残さなアカン。今、僕

体脂肪3%は3キロの重りをつけているようなもの

——クリストフ（ホッフェンハイム・フィジカルコーチ）

が持っている『結果を出せる自信』を、そのままピッチでの結果につなげることでしか、上には行けないと思うしね！

そのために今シーズンは、改めて『体重管理』を徹底している。といっても、自分が太りやすい体質だということは自覚しているので、これまでも食事には細心の注意を払って過ごしてきた。なのに、ちょっと油断しただけで、すぐに増えてしまう僕の体重……（笑）。そのたびに、自分を戒めるためにクリストフ・フィジカルコーチの「体脂肪3％は3キロの重りを付けているようなもの」という言葉を思い出している。オフシーズンを終えてホッフェンハイムの練習に初合流して、そう言われた時はマジでドキッとした。だって考えて！　体に3キロの重りを付けている自分は、どう考えたって走られへんでしょ！

しかもドイツって『動きのキレ』がすごく重要視されているから、走れる、走れない以上に『体重』を指摘されることがすごく多い。実際、フットボーラーにとって体重の増減は動きのキレに影響する大事な要素やし、ちょっとの増加によって無理が利かなくなることもあるしね。だからこそ僕も嫁にサポートしてもらいながら、体重にはこれまで以上に注意を払って日々を過ごしている。

わかりやすいところでいえば、大好きなスイーツを制限したり、朝昼晩の食事を腹八分目でとどめたり。ホッフェンハイムでは2週間に一度、体重のチェックがあって、重量オーバーは罰金を払わなアカンから、もう必死（笑）。重くならない＝体に負担がかからないと考えても、体重管理はケガの予防につながるはずやしね。

2012 Oct.

ただ、そうして体重に気を配りながらも、体幹の強さは手に入れたいと思っている。僕が知っている限り、海外で活躍しているアタッカーは総じて体幹が強いから。例えば、バイエルンで一緒だったミュラー（バイエルン）は、僕の理想。見た目は細いし、体脂肪も少なく、体も絞れているけど、体幹はめちゃめちゃ強い、みたいな。

リベリー（バイエルン）も素晴らしい筋肉を持っているけど、あれは生来の資質のような気もするし、彼の場合は、あの恐ろしく強靭なフィジカルで勝負していることも多いから。さすがに見習いたくても見習えそうにないけど、鍛え方次第ではミュラーの体には近づけそうな気はしている。僕もしなやかに動ける、体幹の強い選手を目指したい。

フライブルク戦で先発して1ゴールを決めて以降、先発出場が続いている。しかも嬉しいのは、僕が先発で出るようになってから、チームに得点が生まれ始めたこと。それによって攻撃はもちろん、守備のバランスも良くなりつつあるし、コンスタントに勝利を引き寄せることはまだできていないとはいえ、試合を重ねるごとにチーム力が上がっているという確かな手応えもある。

そんな中、10月6日の第7節では、昨シーズンまで所属していたバイエルンと対戦した。結果は0－2の敗戦。昨シーズンの同カードで1－7と大敗していたことを考えれば、思ったよりはマシな試合になった、という印象やけど、内容的には完全に圧倒されてしまった。

試合前から守備に追われる展開は予想していたけど、いざピッチに立つと、想像以上に圧力

いい感じだね

――アンディー（バイエルン・フィジカルトレーナー）

を受けたというか……。相手にボールを支配されている時は美しくボールを回されまくったし、ホッフェンハイムがボールを奪って「さあ、攻めるぞ」という状況を作っても、驚くほど速い攻守の切り替えで、一気に相手2、3人に囲まれて、手も足も出ない、みたいな状況に追いやられた。それもあって、同じピッチでサッカーをしているというより、相手の試合に付き合わされている、という感覚のまま90分が終わってしまった。

バイエルンでの昨シーズンは、残念ながら紅白戦でもBチームに回ることが多かっただけに、彼らのすごさは何度も肌で感じてきたつもりやけど、やっぱりバイエルンはまったく違う次元でサッカーをしている。認めるのは悔しいけど、今のホッフェンハイムとは差がありすぎた。

ただ、個人的なことでいえば、幸いなことに

僕はまだ20歳やから。それに対して、この試合で2ゴールを決めたリベリー（バイエルン）は29歳。彼は比較的、遅咲きの選手で、フランス3部やトルコのチームを渡り歩いて、25歳でようやくバイエルンにたどり着き、そこから結果を残して名声を得たわけで……。

そのリベリーが20歳だった時と今の自分を冷静に比べたら？

偉そうに聞こえるかもしらんけど、僕は今、20歳でブンデスリーガ1部で戦っている事実からも、20歳のリベリーよりは上を行っているという見方もできる。僕がこの先、しっかり結果を残し続けることができれば、24～25歳で今の彼のレベルにまで到達することだって不可能ではないはずやしね。そうなれば、今のリベリーと同じ29歳になった時には、間違いなく彼を超えられている……はず！

2012 Oct.

そう考えても、もっともっと努力をしていい選手になりたいし、やるべきことを継続していれば、いつか今の自分が想像できないくらいの領域にたどり着いている可能性も十分にある。

……ってなことを試合後に考えていたら、バイエルン時代にお世話になったフィジカルトレーナーのアンディーが近づいてきて、声をかけてくれた。

「今日は、ホッフェンハイムにとっては残念な結果になってしまったけど、体も動いているし、貴史自身はいい感じだね。昨シーズン、試合に出られない時も、怠ることなくしっかりと体を作っていたことが、今シーズンの貴史のプレーにつながっているんだろうね」

やはり、継続は力なり、だと思う。

サッカーにおいて『試合に出る』ということは、自身のモチベーションを維持し、プレーの感覚を研ぎ澄ませる最良の方法だと思う。もちろん、プロである以上、たとえ試合に出るチャンスが与えられなかったとしても、そうあるべきなのはわかっている。でも、現実的に『試合に出る』ことによって得られるものの大きさを思えば、やっぱり試合に出ることが自分を高める一番の方法なんやと思う。

そう考えても、今こうしてホッフェンハイムで試合に出続けられている事実は、自分にとってかけがえのない経験になっているし、自分の成長を加速させていると確信している。おまけに試合でも「やれる」という手応えを掴んでいるからね。試合にほとんど絡めなかった昨シーズンに比べると、明らかにイケイケな自分もいる。

天狗になるな!!

——僕を育ててくれた皆さん

ただ、こういう時ほど、なぜかこれまでお世話になったいろんな人の顔が頭に浮かぶ。例えば、よく「天狗になるな」と言っていた長岡京SSの小嶋重毅監督や、ガンバジュニアユース時代、僕の調子がいい時ほど「まさか、それで満足してへんやろうな」という空気を漂わせまくっていた鴨川幸司監督。プロになって試合に出始めた頃に「貴史の鼻が伸びてきたらへし折るからな!」と言ってくれたガンバのスタッフの方や、「このくらいで満足していたらアカン」と僕のそばで言い続けてくれている嫁の蘭など……。なかでも「天狗になるな」という言葉は両親を含め、サッカーを通して出会った数え切れないくらいたくさんの人に言われてきたからね。そのせいか、事あるごとにその言葉が蘇ってくる。

といっても、その言葉を常に自分に投げかけ、現状に満足せずに自分を高め続けるのは、口で言うほど簡単じゃない（笑）。人間誰しも、いい時ほど自分を見直さなくなるし、努力を怠ってしまうもの。だからこそ、いい時に自分を高める意識を持つほうが、悪い時よりも10倍難しい。

でも、「継続は力なり」のサッカーでは、今やっていることの結果が出るのは早くても数ヶ月先やからね。見方を変えれば、今の自分があるのも、数ヶ月前に努力していた自分がいたから、ということになる。つまり、今、努力を怠れば、そのツケは必ず数ヶ月後に返ってくるからこそ、どんなに調子が良くても、数ヶ月後のさらなる成長のために努力を続けないとアカンということやと思う。

そのことをプロになって改めて自覚するようになったのは以前、中村俊輔さん（横浜F・マリノス）のインタビューをテレビで観てから。その時、俊輔さんが言っていた言葉に深く納得した。

「今の努力はすぐに報われたり、1～2週間後に結果が出るわけじゃない。半年以上……いや、もしかしたら1年経ってようやく報われる。でも、今の努力が遠い未来で必ず実を結ぶということを僕は身をもって実感している。だからこそ先が見えなくても、未来のために必死で努力を続けるしかない」

ホンマにその通りやと思うからこそ、僕も絶対に気を抜かない。悪い時は放っておいても努力しようとするから、いい時ほど努力を怠るな、天狗になるな、と自分に言い聞かせている。そんなふうに思える僕に育ててくれた皆さんに、僕のサッカー人生に関わってくださったすべての皆さんに、この場を借りて感謝したいと思います。

2012 Oct.

ヤットさん（遠藤保仁／ガンバ大阪）が先日の日本対ブラジル戦で、日本代表の歴代最多出場記録（123試合）を塗り替えた。本人はそれほど喜んでいない気もするけど（笑）、日本新記録やからね。この場を借りて、おめでとうございます！

僕にとってのヤットさんは、プロになる前から特別な存在で、「ガンバの遠藤、日本の遠藤」という感覚で見ていた人。だから、同じガンバでプレーしていた時も、そばに行くだけでなぜか緊張した。これは子どもの頃から憧れの存在やった家長くん（昭博／ガンバ大阪）も同じ。仲良くなりたいし、話もしたいのに、あの二人だけは勝手に自分が距離を取ってしまうというか、その距離をどう詰めればいいのかわからん。どうも僕は、尊敬の念が強すぎると近づけなくなるらしい。

――遠藤保仁（ガンバ大阪）

そもそもヤットさんってミステリアスやからね。練習でも試合でも正直、何を考えているかまったく読めないし、すごいのはわかるけど、何がどうすごいかを言葉で説明しきれない。いや、言葉なんかで説明するのは失礼という感覚？（笑）ただ、とにかく頭がいいことだけは断言できる。

実際、同じチームでプレーすると、簡単にさばいているだけに見えるパスが、あの人の頭の中ではちゃんと計算されているのがよくわかる。いとも簡単に出されたパスが布石となって、チームの攻撃がスムーズに回り出すとか、いろんなプレーの成功の確率が上がるのもその証拠。しかも、それらのパスが「優しい」というのは選手間でも有名やしね！

事実、僕もその優しさは何回も体感しているけど、たまに「ちょっと厳しめのパスが来た!」と思うことがあって。でも、必死に足を伸ばしてトラップしたら勝手に相手DFを抜けていた、みたいな。つまり、自分には見えていなかったコースが、ヤットさんのパスを受けた時に初めて見えることもしょっちゅうあって、そのたびに「どうなってるんや?」ってマジで思う。だから、やっぱりミステリアス。で、結局は「すごい」という言葉でまとめてしまう。

だって、ヤットさんが試合のハーフタイムにシャワーを浴びるのも、捉え方次第では完全な異端児やん?(笑)あれをもしバロテッリ(マンチェスター・シティ)がやったら?　間違いなく周りは「そんなことは許されへんやろ」ってなるはずやのに、ヤットさんだと世間の人も含めて、なぜかみんなが微笑ましく見守っている。まあ、そういうところも含めて、すべてはヤットさんがそれだけの存在になるための努力とキャリアを積み上げてきたって証やから!

2012 Nov.

日本代表として最多出場記録を達成したのも、いろんな監督に『好き・嫌い』で判断されない、絶対的な存在として求められてきたから。僕なんかはまだ、「あいつのプレーはいい」と言う監督と、「あいつはいらん」って言う監督がいるレベルの選手やけど、ヤットさんはそれを超越して、絶対的な存在になっているしね!

と、ヤットさんのプレーを思い出して、つい熱くなってしまったけど、肝心な言葉が見つからん。考えたら、僕はあの人に直接、言葉で教えられたことは、ほぼないんよね。常にあの人の醸し出す雰囲気、オーラ、プレーからいろんなことを教えてもらったから。というわけで、今回の言葉は空気でお伝えしました(笑)。

プロでやってる以上は自分が一番と思え

——フランク・リベリー（バイエルン）

プロの世界には、自分のプレーに絶対的な自信を持っている選手がたくさんいる。実は僕もその一人。どんな時も「すべては自分次第」と思っているから周りの言葉に左右されることはないし、自信を失うこともない。ただ一方で、周りから絶対的な信頼感や安心感を持たれている選手というのは、そう多くはないと思う。

もちろん、チームメイトのことは信頼してプレーしているけど、それとは次元が違う、むしろ仲間意識も超越してしまうくらいの安心感というのかな。それを周りに与えられる選手は、なかなかいない。

僕がこれまで一緒にプレーした選手の中で、そうした絶対的な安心感を与えてくれた選手が二人いる。リベリー（バイエルン）とヤットさん（遠藤保仁／ガンバ大阪）。彼らが周りの選手に与える安心感のでかさは半端ない。

例えばリベリー。彼に対して僕は、一度も「今日のリベリーは元気がないな……」なんて思ったことはないし、裏を返せば、すごくないリベリーを見たことがない。どんなシーンでも、常にド迫力でものすごい気迫を醸し出していて、だから誰も彼には口出しできないし、文句も言えない。

リベリーのような攻撃的なポジションの選手って、そもそもボールを失う回数が多いし、それ相応のリスクも背負う。ボールを失えば失うほど、プレーもセーフティーになるはずやしね。なのにリベリーは、ボールを失えば失うほど強気になっていく。でもって、彼のミスに周りが文句を言おうもんなら、殴りかかられるんじゃないかってくらいの迫力で睨みつけられる（笑）。でも、だからこそ周りも安心してリベリーにボールを預けられるし、仮にそこでミスしても「リベリーならしょうがないな」ってなるんやと思う。

それはヤットさんも同じ。ピッチ上での迫力の性質は、リベリーとは異なるけど、ヤットさんが同じピッチにいる安心感は半端ないし、リベリーと同じように少々のミスでは揺らがない絶対的な存在感もある。だからPKのチャンスでヤットさんが外したとしても、周りはなんの疑いもなく「すぐに他のプレーで取り返してくれるやろ」と信じられる。

いや、僕が想像するに、ヤットさん自身はPKを外したところで「失敗した分は他のプレーで取り返そう！」とか、「次は決めてやる！」みたいな熱血タイプではないはずなんよ（笑）。むしろ「そういうこともあるよね～」的なくらいの感覚でいるんじゃないかな。なのに、周

2012 Nov.

りの僕らのほうが、ヤットさんの次のプレーに期待してしまうみたいな。それって、すごすぎん？　自分のプレーに自信を持つことはできても、周りの選手にその自信を伝播させて安心感につなげるなんて、やろうとしても簡単にできることではないでしょ！

そういえば以前、リベリーに「プロでやってる以上は、自分が一番と思え」と声をかけられたことがある。実際、あの人自身も、本気で自分が一番だと思ってプレーしているし、一番でいるための努力を欠かさないしね。だから、周りも彼に絶対的な安心感を抱く。それに対して僕は？　常に「俺にボールを回せ」「絶対にゴールを決めてやる」と思ってプレーしているけど、周りは果たして僕に、絶対的な安心感を抱いているのか？　それを考えるとまだまだやるべきことは多い。

約1年半ぶりに日本代表に選出された11月のオマーン戦。前回選出された時から多少顔ぶれが変わっていたとはいえ、チームそのものには、大きな変化を感じなかったけど、今回はワールドカップのアジア最終予選やったからね。しかも中東開催ということもあって雰囲気も殺気立っていた中で、日本やヨーロッパでは経験し難い独特の空気感を肌で感じられたのは良かった。

また、どんな時も「ワールドカップ」に対する欲を持ち続けてサッカーをしているからこそ、それが変わらず自分の中に強く存在していることを再確認できたのも収穫。さらにいえば、前回選出された時はいっぱいいっぱいの自分がいて、練習に参加しただけでそのスピード感にやや戸惑っていたけど、今回はある程度の余裕を持ってプレーできたからね。試合には出られなかったとはいえ、代表での居心地とか、プレーの感覚は明らかに良くなっているし、周りと同じスピード感でやれている自分を確認できたのも収穫やった。

岡崎を手本にしろ

——アルベルト・ザッケローニ（日本代表監督）

そういえば、日本代表選出にあたりザッケローニ監督が記者会見で言った、僕への発言が大きく取り上げられていたみたいやけど、僕個人はまったく気にしていなかったというか。練習やピッチを離れた場所で、監督と直接、コミュニケーションを取っていた中で、僕に何が足りないのか、何を求められているのかは聞いていたから、それを真摯に受け止めているだけやった。例えば、もっと欲を出せとか、突破の機会を増やせとか、「お前は輝ける選手なんだから、ピッチで輝いている時間を長くしろ」というのもその一つ。なかでも「岡崎（慎司／シュトゥットガルト）を手本にしろ」という言葉は印象的やった。

「お前は高い技術を持った選手だ。ただ、ボールがないところでの動きや、ゴールに対する嗅覚という点では、まだまだ岡崎に及ばない。岡崎のストロングポイントをお前がしっかり自分のものにできれば、相手にとって、もっと怖い選手になる。岡崎を手本にしろ」

もちろん、これは岡崎くんのプレーをそっくりそのまま真似しろということでは決してない。そもそも、岡崎くんと僕では、見ての通り、プレースタイルが違うからコピーのしようもない。ただザッケローニ監督が言っていることはよくわかる。実際、僕のプレースタイルに、岡崎くんのゴールへの貪欲さ、嗅覚が加われば、今まで以上にピッチで結果を残せると思うしね。

また、これは言い方が難しいけど、試合の中

2012 Dec.

で効いている、あるいは監督から絶大な信頼を得ているというのも岡崎くんの武器というか。これは代表に限らず、クラブでも言えることやけど、この世界では単に技術があるから、ポテンシャルがあるから、選手としての評価も高いということは決してない。持っている力をチームのために発揮できたり、コンスタントに結果を残すことで、監督や仲間からの信頼を得た選手がレギュラーの座を手にできる。

サッカーは11人で戦う競技だからこそ、その組み合わせにおいて自分が必要不可欠な選手と判断されるかどうかも、スタメン争いを勝ち抜く上で大きなウエイトを占める。そう考えても、ザッケローニ監督の言う通り、僕はもっと岡崎くんを見習わなアカンということを改めて感じた代表活動でした。

ホッフェンハイムに移籍後、初めて先発から6試合も遠ざかるという悔しい日々が続いている。今シーズン、新天地への移籍を決断したのは「試合に出るため」に他ならない。もちろん、そこでチームの勝利に貢献するとか、ゴールを決めるといった目に見える仕事をせなアカンという思いはあるけど、それらはすべて試合に出場してこそ成立するもの。その最低限の目標すらクリアできていない今の自分が歯がゆく、腹立たしい。

そんな中、12月2日のブレーメン戦後にマルクス・バッベル監督が解任された。バッベル監督はホッフェンハイム移籍にあたって、僕を欲しいと求めてくれた人。試合に出る、出ないにかかわらず、常に僕の状態を気にかけて、頻繁にコミュニケーションを取ってくれていただけに、今回の解任を申し訳なく感じている。

ペナに入って行け

——西野朗（元ガンバ大阪監督）

と同時に、後任のフランク・クラマー監督の初陣となった第16節・ハンブルク戦ではスタメンはおろか、ベンチにすら入れなかったことからも、監督交代によって非常に厳しい現実が突き付けられたという自覚もある。ただ、今はとにかく、新監督に必要とされる存在になれるように、現実をしっかり受け入れ、やるべきことをやっていくしかない。

ここ最近の自分を分析して課題に感じているのが、ペナルティーエリア内に切り込む回数。サッカーは一人でやるスポーツではないし、当然ながら、チームメイトからボールを回してもらえなければゴールには近づけない。だからこそ、ボールを受ける回数を増やしたり、引き出す動きの質も高めなアカンけど、僕がこのチームで求められている仕事は『ゴール』やから。チャンスの多い少ないに関係なく、とにかくそれをゴールに結び付けていかなアカンと痛感している。

　そんなことを日々のトレーニングから考えてプレーしている中で、最近よく思い出すのがガンバ時代に西野朗監督に言われた言葉。

「もっとペナに入って行け。お前のストロングはそこだろ？　後ろのことは他の選手に任せておけばいいんだよ」

　もちろん、そうは言っても、サッカーと戦術は切り離せないし、ましてや今シーズンのホッフェンハイムではサイドの選手はあまり中に切り込むな、と言われているからね。なんでもかんでも思い通りにはプレーできひんけど、それでも機をうかがって効果的にそういうシーンを増やし、なおかつ結果が伴えば、チームにとってもプラスになるはずやから。もう少しペナに

2012 Dec.

入る回数を増やしながら、戦術と自分の『色』をうまく融合させていきたいと思う。

　その西野さんが11月上旬にヴィッセル神戸の監督を解任されたというニュースを目にした。

　さらに12月1日にはガンバがクラブ史上初めてJ2に降格※してしまった。

　僕にとっては、いずれも残念極まりないニュース。ただ、西野さんはあれだけのキャリアを築いた人やし、絶対にまたどこかで強いチームを作ってくれるはず。ガンバにしても、今シーズンの戦いをすべて見たわけじゃないから何も言えないし、みんなの悔しさを想像したらかける言葉も見つからんけど……ガンバは絶対にJ1リーグにいるべきクラブやから。まずは来年、「1年でのJ1復帰」を果たすことで、それを証明してくれると信じている。

※ガンバ大阪はJ1リーグ最終節でジュビロ磐田に敗れてJ2降格が決定。リーグ最多得点を記録しながらも16位に沈んだ

東の間のウインターブレイクを利用して日本に戻りました。その際に僕の地元、長岡京市の市役所を表敬訪問し、小田豊市長と面談させてもらいました。考えてみれば、市役所訪問は小学6年時に長岡京SSの一員として全国大会に出場した時以来で、当時はユニフォームを着て行ったけど、今回はさすがにスーツ姿で訪問しました。

いろいろな方と話をさせてもらった中で印象的だったのが、小田市長に言っていただいた「長岡京市民は君を誇りに思っていると思います」という言葉。もちろん、あくまで小田市長の考えで、長岡京市民、約8万人が同意見とは思わんけど（笑）、だからこそ、いつかは長岡京市に住むすべての人たちにそう思ってもらえる存在にならなアカンと心に誓いました。

というのも、僕は自分の生まれ育った町、長岡京市が大好きやから。今でも交流がある大切な友達や知人が住んでいることもあって、地元に帰るだけでホッとするし、励まされるし、自分がリセットされてフレッシュな気持ちにもなれる。今回は12月28日に日本を発ったので初蹴りには参加できなかったけど、僕のサッカー人生が始まった長岡京SSもあるしね。また、日本に戻った際には必ずと言っていいほど立ち寄る、原点とも言える場所があちこちにあるのも『長岡京市愛』につながっている。

ナガスポこと長岡スポーツもその一つ。僕が小学4年生頃から通い詰めていた地元のスポーツ用品店で、土日の練習帰りにはチームメイトと必ず立ち寄って、目の前にズラリと並ぶスパイクに目を輝かせた。店内に置かれている雑誌やDVDを見て盛り上がったこともあったなぁ。そういえば、多い時は7〜8人で店内の地べた

> 誇りに思ってると思います
>
> ——小田豊（長岡京市長）

に座り込んで、2時間くらいサッカー話で盛り上がったことも。今になって思えば非常識な話やけど（笑）、ありがたいことに、店長以下、店員さんはいつもニコニコと見守ってくれていた。

そのナガスポに今回もフラリと寄ってみたら、僕と同じように地元の小学生が店内に座り込んでサッカー話に花を咲かせていて。デジャブのような光景が、めっちゃ嬉しかった。今でも付き合いのある店員さんたちが「おっ、久しぶり！」と、普通に迎え入れてくれたのに対して、子どもたちは僕を見て完全に固まっていたけどね（笑）。

というのも、子どもたちが座り込んでいた目の前には、中学生時代の僕の活躍が紹介された新聞記事が貼られていたし、その横にはアディダスの『宇佐美貴史モデル』のスパイクも売られていたから。「え？　本物？」みたいな目でガン見されて、恥ずかしかった（笑）。

思えば、子どもの頃は『リバウドモデル』※に憧れて、ナガスポに行くたびにそのスパイクを手に取り、「カッコええなぁ」と思っていた。そのスパイクコーナーで今は自分のモデルが売られているのはなんか不思議な感じやけど、当時の僕のようにきっと『宇佐美貴史モデル』のスパイクを手に取ってくれる人もいるはずやからね！　そんな人たちのためにも、愛する長岡京市のためにも、もっともっと頑張らなアカンと思いました。ちなみにリバウドモデルは他のスパイクより高額で、2万円超えだったため、さすがに親に「買ってほしい」とは言えず、眺めるだけで終わりました（笑）。

2012 Dec.

※リバウドは日韓ワールドカップでブラジル代表の10番を背負い、5度目の優勝に貢献した左利きの司令塔。当時、同選手が着用するミズノ社製のスパイクが販売されていた

2012
Another episode
～取材ノートより～

取材・文／高村美砂

初蹴りではハットトリックを達成（P86）

宇佐美は長岡京SSの初蹴りに参加しても、子どもたちの前でスピーチを行なうようなことはしない。

「監督からは挨拶してくれって言われるんですけど、結局、全体に向けて喋るとなれば『サッカーを楽しんでください』とか、ありきたりのことしか言えないので。それなら一緒にサッカーをしてボールを蹴って、それぞれに僕のプレーを感じ取ってもらうのが一番だし、その中で気づいたことがあれば、本人に直接伝えてあげるほうがいいと思うから」

子どもの頃の自分と重ね合わせて、思い至った結論だという。

——2012年1月取材

人生初のスタメン落ちを経験した（P97）

『飛び級』で昇格したガンバユースでの2年目。宇佐美が高校1年生の時に監督に就任した松波正信は、彼のポテンシャルに期待を寄せ、背番号10を託した。

「二つ上には翔平（大塚）ら、貴史にしっかりものを言ってくれる選手もいましたが、彼自身に責任を持たせたかったのと、上の年齢の選手に混ざっても、彼がこのチームのエースであることを自覚して戦えるように『10』を託しました」

松波は、常に『現在』だけではなく『未来』を想像して指導にあたっていたと振り返る。だからこそ、Jユースカップで宇佐美をスタメンから外すという荒療治にも出た。

「貴史と一つ上のウッチー（内田達也）は代表活動から帰ってきたばかりで、疲労を考慮して休ませたかったのと、単純に他の選手の調子が良かったので。もちろん、起用すれば貴史もしっかりやってくれると思っていましたが、彼らがいない間にもチームとして積み上げてきたことがあったので、本人には『自分たちがやりたいこと、やろうとしていることに、今の貴史のプレーは見合わないので今回は使わない』と伝えました。

これは当時、貴史がすでにトップチームの練習に時々、参加していたのもあります。西野（朗）監督から求められることが多くなっているのは想像できただけに、ユースでもオフ・ザ・ボールの動きを繰り返し求めていましたが、その部分で物足りなさを感じていたので。さっきも話した通り、貴史の能力をもってすればユース年代ならやれるとは思いますが、それで良しとしてしまったら本人の成長を止めることになりかねない。ジュニアユース時代からアカデミー全体で彼の状態を共有し、成長を促してきたからこそ、トップから逆算したら足りないぞ、ということを明確に伝えるのも僕らの使命だと思っていました」

アカデミーからトップチームまで、一貫指導体制のもとで選手を育てることの意味、価値を知る出来事でもあった。

――2011年6月取材

これを言った時のシュバインシュタイガーには、かなりの威厳と迫力があった（P105）

UEFAチャンピオンズリーグ決勝を戦う前に、ロッカールームで流れていたという『無の空気』は、バイエルンでは珍しいものではなかったという。

「例えば日本のように、誰かが何かを発言してそれに誰かが反応して、乗っかって盛り上げて、みたいなことはバイエルンではまずなくて。ロッカールームでは、お互いを鼓舞し合うというより、誰かが話す言葉をそれぞれが聞いていることがほとんどやった」

ただ、この時のシュバインシュタイガーの言葉は特別な熱を放っていたからか、ロッカールームにいつもとは違う空気を作り出していた。

「これが最後だから、とにかく走り切れ。次のシーズンのことなんて考えなくていい。今日のことだけ考えろ！　わかったか！　今までのことは……カップ戦の決勝で負けたことも、全部忘れろ。今日勝てば、すべてが喜びに変わる！　いくぞ！」

その瞬間、他の選手も口々に「ＯＫ！」「やるぞ！」といった声を張り上げ、ロッカールームを飛び出した。

――２０１２年5月取材

「まさか、それで満足してへんやろうな」という空気を漂わせまくっていた鴨川幸司監督（P122）

鴨川幸司監督のもとで戦ったジュニアユース時代、宇佐美はクラブ史上初めて2年生でキャプテンに就任した。鴨川によると「責任感を持たせるため」でもあったという。

「ガキ大将が偉そうにしているレベルながら（笑）、貴史にはチームが苦しい時に『頑張ろうや！』『やろうぜ！』と言えるパワーがあった。そこにキャプテンという責任を持たせることで見出せる成長もあるのかなと考えました。これまでプロになった他のアカデミー出身選手もそうだったように、こうした経験は、後々のキャリアに活きることが多い。貴史も正直、完璧にチームをまとめていたわけではなかったですが、いずれこの経験が活きる時が来ると思っています」

それに対して宇佐美は、キャプテンを任される意味を深く考えていなかったとしながらも、学んだことはあったと振り返った。

「鴨川さんにはよく『飾りのキャプテンマークならいらんぞ』って言われていました。たまに『テスト勉強で練習休みます』と連絡しようものなら、『キャプテンがそんなんでいいんか？』とか（笑）。当時はめちゃめちゃいい加減だったのでチームメイトには……プレーでは認めてもらっていたかもしらんけど、人間性は特に認められていなかったと思う。キャプテンになって後片付けをするようになったり、全体を見渡せるようになった……つもりやけど、キャプテンらしいキャプテンではなかったと思う」

——2011年6月取材

ザッケローニ監督が記者会見で言った、僕への発言が大きく取り上げられていたみたいやけど （P128）

ドイツに渡って初めて日本代表に選出されたのが2012年11月。選出に際して、ザッケローニ日本代表監督が「海外で飛躍的な成長を遂げているわけではない」と発言したことで、世間は『酷評』だと騒ぎ立てたが、「まったく気にしてない」と宇佐美。むしろ「メディアで流れることによって、友達や親が心配して連絡してくるから、そっちのほうが心配」と言葉を続けた。

ちなみに、ザッケローニ監督からは「突破の回数を増やせ」「ピッチの上で輝ける時間を長くしろ」などといった言葉とともに、「岡崎（慎司）を手本にしろ」と言われたという。それを岡崎本人に伝えたところ、「岡崎くんは『ホンマ？　手本になるようなことある？』って笑ってた」。

——2011年12月取材

2
0
1
3

新監督にドイツ人のマルコ・クルツ監督が就任した。ウインターブレイク前はベンチスタートの試合が続いていたことで正直、自分への腹立たしさもあったけど、約2週間のオフはそんな自分をリセットできるいい時間になったからね。チームは新監督のもとで仕切り直そうという雰囲気があって、僕も監督に求められる仕事を理解しながらアピールし、チャンスで結果を残せる自分でいたいと思っている。

ただ、それは口で言うほど簡単じゃない。チャンスで結果を残せるのは運ではなく、そのためにどれだけの準備をしたか、どんな覚悟でサッカーに臨んだか、やから。それを痛感したのが、ウインターブレイク中の12月26日に行なわれた『日本プロサッカー選手会チャリティーサッカー2012チャリティーマッチ』※。この試合で僕は初めてゴンさんこと、中山雅史さんと

全てのプレーを偶然ではなく
必然にしたい
――中山雅史（コンサドーレ札幌）

一緒にプレーをする機会に恵まれたけど、その時にゴンさん（コンサドーレ札幌）が決めたゴールはまさに、長いキャリアの中で愚直に続けてきた準備があったからやと受け止めた。

僕にとってゴンさんは……って、あだ名で呼ぶのもおこがましいくらい遠い存在の人。対戦したこともないし、正直、ゴンさんが日本代表に選ばれていた時代でさえプレーを見た記憶がない。物心がついた頃には中田英寿さんや中村俊輔さんが日本代表の中心で、それより上の世代の人……ゴンさんやカズさん（三浦知良／横浜FC）のことは話で聞くくらいやったしね。そういう意味では今回、初めて間近でゴンさんのプレーを見たけど、あの短い時間でもゴンさんのすごさは十分に感じ取れた。

ゴンさんのゴールを僕がアシストしたけど、ゴンさんが少し前に引退を発表していたのは知

っていたし、チームとしてもゴンさんに決めさせてあげよう！　という雰気があったからね。僕も当然、ゴンさんを意識してプレーしていた。とはいえ、実際にピッチに立てば、チャリティーマッチといえどもそこだけを意識するのは難しく……でも結果的に、アシストのパスを出せたのは僕が意識して、というより、ゴンさんがそれを引き出してくれたから。瞬間的な動き、体の向きの作り方もさることながら、眼力っていうのかな。「こいっ！　こいっ！　出せ！」って視線を感じたことで、パスを送り込むことができた。

そのゴールから、ゴンさんがキャリアで築いてきたものの大きさを感じ取ったし、あの場でそのすべてを出し切れるのがゴンさんの『サッカー人生』なんやなぁとも思った。あそこでパスが来て、ゴールを決められるのは、運でもなんでもなく、準備と覚悟なんや、って。そういえば以前、ゴンさんの名言集みたいなのを読んだ時にも書いてあったわ。

「すべてのプレーは偶然ではなく必然にしたい」

その言葉を借りれば、きっとあのゴールも必然やったんやと思う。

ちなみに、あのゴールを誰よりも喜んでいたのはゴンさんの大ファンである僕の親父。ゴンさんと近い世代の親父はガンバファンであり、ゴンさんファンでもあってんけど、現役最後のゴンさんのゴールを息子がアシストしたのがかなり嬉しかったようで、珍しく試合後にはテンションの高い電話がかかってきた。

ゴンさんのおかげで少しは親孝行できて良かったです（笑）。

※日本プロサッカー選手会が東日本大震災の復興支援を目的に開催したチャリティーマッチ。宇佐美は国内外の選抜チーム「JAPANスターズ」の一員として出場した

2013 Jan.

ウインターブレイク明けに就任したマルコ・クルツ新監督のもとで再スタートを切ってから、約1ヶ月が過ぎた。その間、戦った公式戦は2試合。いずれの試合にも僕は先発出場したけど、結果は1分け1敗。連敗を6で止めることができたとはいえ、相変わらず白星からは遠ざかっている。

勝っていない状況に変わりはないだけに「良くなった!」とは言い切れないけど、監督が交代した状況で大事なのは後退しないこと。シーズン途中の『監督交代』が、チームの奮起を促す起爆剤になることもあるとはいえ、チームを好転させるのはそんなに簡単じゃないからね。今の「良くなったとは言い切れないけど、悪くもなっていない状況」はすごく大事やと思っている。

それに、新監督のもとでの新たな規律、約束事が徐々にチームに浸透していっている現状を見ても、間違いなく前進しているから。それによって試合でも、ゴールを決められるチャンスが明らかに増えてきたし、チームの誰もが「これを続けていけば、きっと良くなっていくはず」と手応えを得られている現状も大事な変化やと思う。

相手との距離はいらない

——マルコ・クルツ(ホッフェンハイム監督)

だけど、そうはいっても勝てない状況が長く続くと、また深みにハマることもあるから。チームとして1試合でも早く白星を掴むことは大切だし、僕自身もチャンスをゴールにつなげていくことが仕事だと思っているから、勝利に貢献する1点を早く決めたい。

マルコ・クルツ監督が指揮を執るにあたり、繰り返し言われているのが「守備」の意識。「ドイツのサッカーで成功を収めるには、攻撃よりもまずは守備の構築を」という考えがチーム作りの根底にあるため、守備における規律や約束事は多い。なかでも僕が監督によく指摘されているのが相手との距離の取り方。日本でプレーしている時は、対峙した相手に踏み込まないというか、相手との距離を取りながら抜かれないことを第一に考える守備がベースにあったけど、ここでは違う。相手に『対応』するというより『奪いに行く』感覚というのかな。意識的に強く、激しく、タフに、1メートルとか50センチくらいの距離感でボールを奪いに行くことを求められる。特に僕はどうしても日本の守備のやり方というか、相手との距離を取って守備をする癖が抜け切っていないせいか、「もっと取りに行け。相手との距離はいらない」と指摘されることがまだまだ多い。

これは僕が今、課題に感じていることの一つ。以前は、守備の負担が増えすぎると攻撃にかかる際のパワーが減ってしまうと考えていたというか。実際、守備に追われすぎると、なかなか前線で仕事ができなかったのもあって、できるだけ高い位置で仕事をしたいと思っていた。でも、ブンデスリーガでそれは通用しない。特にスペシャルな個が集まったバイエルンのようなビッグクラブとは違い、ホッフェンハイムは試合の中で相手にボールを保持されることも多いからね。守備の部分が定まらないと結果にもつながっていかないし、個で勝負できる選手ばかりが揃ったチームではないからこそ、組織として戦うことでチーム力を上げないと結果は求められない。

2013 Feb.

だからこそ、今はとにかく『ブンデスリーガで通用する守備力』を完全に自分のものにした上で、攻撃でも最大限の力を発揮できるようにならなアカンと思っている。

小野裕二のスタンダール・リエージュでの挑戦が始まった。同い年の裕二とは昔から仲が良く、いろんな話をしてきたけど、考えたら子どもの時から「いつかは海外で勝負したいよな」と言い合っていたからね。今回の移籍話は、正式発表後に初めて知ったとはいえ、特に驚かなかったし、素直に「裕二なら活躍できるやろうな」と思えた。

　というのも、裕二のメンタリティのタフさは半端ないから。体は170センチと小柄やけど、プレーのスケールはでかいし、そもそも「体が小さいことなんて関係ない」って感じで、ピッチ上で物怖じしない。どちらかというと、小さな選手は体を当てたり、相手とコンタクトするのを嫌がるけど、裕二はむしろ自分から当てに行くし、競り勝てるボディーバランスも備えている。だから、小柄でもポストプレーヤーみた

ホンマにサッカーだけ

——乾貴士（フランクフルト）

いなプレーがそつなくできるんやろうな。もちろん、それはベースになる高い技術があってこそ。それらを総合して考えても、南米の選手っぽい資質を備えた裕二は、間違いなくベルギーでも活躍できると思う。

　ただ、そんな裕二もピッチを離れると、まったくの別人（笑）。端々に気の強さは感じるとはいえ、シャイで可愛い。なのに、ボールを持つと一気にスイッチが入るのか、年齢やキャリアなんか一切気にせず、誰にでもガツガツと勝負を仕掛けていく。僕はそんな裕二が大好きです（笑）。

　体が小さい選手といえば、最近、何度か食事に行っている乾くん（貴士／フランクフルト）もその一人。ただ、プレースタイルは裕二とは逆で、乾くんはどちらかといえば接触プレーを嫌がるというか、相手と接触する前に自分が抜け

出すスペースを探るタイプ。独特のリズム感を持っていて、テクニックも半端ない。一度、テレビ番組で一緒にフットサルをしたことがあるけど、想像していた通り、めっちゃやりやすかった。

そんな乾くんと話をしていると、「この人は、ホンマにサッカー少年やな」って思う。家にいる時間もホンマにサッカーのことしか考えていない感じで、すべての時間がサッカーを中心に回っている。「オフの日は何をしているんですか?」って聞いても、「何もしてない」と。「いや、それでも何かはしてるでしょう?」とツッコんでも、ホンマに何もしていないという。その理由は「またすぐ練習が始まるのに、疲れるのが嫌だから」。聞くところによると、あるオフの日はトイレと食事、飲み物を取りに行く時以外はソファーの上から動かなかったとか(笑)。乾くん曰く、「サッカーを離れたら、マジで抜け殻みたいになってしまう」らしく、「俺には、ホンマにサッカーだけ」だと真顔で言う。

2013 Feb.

でも、だからこそ今の活躍があるんやろうね。裕二も含めて、最近はヨーロッパでプレーする日本人選手が増えてきたけど、『海外』は外から見ている以上に厳しい世界。そこで乾くんがコンスタントに結果を残せているのは、すべての時間をサッカーに注ぎ込んで勝負しているからら。

僕が乾くんに会うのは、乾くんが『抜け殻』状態にある時がほとんどやけど(笑)、会うたびに何かしら刺激を受けるのも、乾くんの言葉の端々から〝サッカー大好きっぷり〟がひしひしと伝わってくるからやと思う。だから、また乾くんに会いに行こう。

今年もJリーグが開幕したね！　ガンバにとっては、初めてJ2リーグを戦うシーズン。僕も経験のないステージやから、どんな戦いが待ち受けているのかは想像できひんけど、『J1昇格』を目標にチームは一丸となっているはず。さらにいえば、ガンバはきっとJ1に復帰したあとの、本当の意味での復活を描いているんじゃないかな。その目指すべきところにたどり着くために、ホンマにたくさん勝ちまくる、良い1年にしてほしいと思っている。

『開幕』というワードを聞くと、いつも思い出す言葉がある。それはガンバでの2シーズン目、2010年の開幕前にクラブスタッフから言われた一言。あれは確か2月の中頃やったかな。キャンプから戻って、シーズン開幕に向けた調整を続けていた中で、クラブスタッフが僕のところにやってきて言ったんよね。

ボランティアやってくれる？

――ガンバ大阪スタッフ

「貴史、ホーム開幕戦でボランティアをやってくれる？」

思わず、耳を疑った。なぜなら、その時、僕は開幕スタメンを目指していたから。確かにプロ1年目の09年はリーグ戦に3試合しか出場できなかったし、そのスタッフの方も決して悪気があったわけではなかったのも理解している。でも当時、開幕スタメンを本気で狙っていた僕としては聞き捨てならない言葉で……正直、めっちゃムカついた。

だから、その場ではっきりと「僕は開幕スタメンを狙っているし、最低でもベンチには入るつもりなので、その日にボランティア活動はできません」って断ってんけど、そう言われたことで、より闘志に火がついたというか。自分の思いに反して「周りから見たら、メンバー外になって当然と思われている存在なんや」ってわかったことが、大きな発奮材料になった。

　実際、そのおかげで開幕戦はスタメンに……となれば美談やったけど（笑）、10年の開幕戦は残念ながらベンチ外に。結果的にチームも黒星スタートになったのもあって、悔しい気持ちでシーズンが始まったのを覚えている。ただ、4月あたりからレギュラーとして戦えたし、翌年のプロ3年目、11年は初めて開幕戦のピッチにも立てた。その時は相手がセレッソ大阪だったこともあり、満員のスタジアムでめっちゃ幸せな気分でピッチに立った記憶がある。

　と同時に、あんなにも「勝ちたい」という思いを煮えたぎらせて、開幕戦を迎えたのも初めてやった。子どもの頃から、いちファンとしてずっとガンバを見てきて、開幕戦にも何度も足を運んでいたけど、どちらかといえば、ガンバはスタートダッシュの悪さを感じていたからね。

2013 Mar.

徐々にエンジンがかかって、最終的には上位に食い込むことも多かったけど、結果論とはいえ、スタートダッシュができていたら優勝したかも、というシーズンが間違いなくあったから。そのことが頭にあっただけに「絶対に勝っていいスタートを切るんや」と思っていたし、ましてや大阪ダービーやったから、勝利への欲がより一層強かった。

　ちなみに、その11年の開幕戦は2－1で勝利。先制して追いつかれたけど、後半にヤットさんのゴールで逆転して……という展開もあって、スタジアムはめっちゃ盛り上がっていたし、個人的にも89分まで出場して最高の幕開けになった。

　なお、このシーズンは、試合前にボランティア活動への参加を要請されることはありませんでした（笑）。

昨年11月からホッフェンハイムの女子チームに『ブッチ』こと岩渕真奈ちゃんが加入している。日本にいる間はまったく面識のなかったブッチやけど、こっちに見学に来た時から意気投合。正式に合流した今は、やたらと一緒に過ごす時間が増えた。

といっても、最初の頃は家が離れていたこともあって、そこまで頻繁に会っていなかったけど、2月半ばにブッチが左足の靭帯を痛めて離脱してしまったからね。しばらく松葉杖での生活を余儀なくされることもあり、僕の家に下宿することになった。

というのも、ブッチが通っている学校は、彼女の家からだと電車で30分強かかるけど、僕の家からは歩いて10分、車だと5分弱という近距離やから。そこで、松葉杖をついて通う大変さを想像し、嫁と二人で提案した。

みんながいるから寂しくないよ

——岩渕真奈（ホッフェンハイム・レディース）

「よかったら足が治るまで家に下宿して、ここから学校に通ったら？　食事もちゃんと取らないとケガも早く治らんで」

すると、いつものテンションで「うん、そうしよっかな～」とブッチ。それ以来、松葉杖が取れた今も、そのまま居着いてるわ（笑）。

そもそもブッチは、「ブッチを嫌いな奴はおらんやろ！」というくらい誰からも好かれるタイプの子。一方で、ことサッカーに関してはすごく熱くて、芯もしっかりしている。しかも、僕とサッカー観や物の考え方が似ているせいか、家に居ても全然邪魔にならない。というか、むしろ僕はサッカーの話を、嫁はプライベートな女子トークをできる分、ドイツでの生活をより楽しいものにしてくれている。おまけに女子二人がすっかり意気投合しているもんやから、練習が休みの日には、まんまと二人の策略にハマって早起きし、ブッチを学校まで送り届けたりしている僕。例えば、ある夜の会話。

嫁「明日、貴史は休みだけど、真奈ちゃんは学校よね?」

ブッチ「うん、学校。朝寒いだろうなぁ」

嫁「寒そうだね。松葉杖は取れても、歩いて行くのは大変だろうなぁ……」

ブッチ「そうだね。でもサッカーも勉強も頑張らなきゃいけないから」

で、二人してこっちを向いてニッコリ笑う。その会話を聞いていた僕が、「わかった、車で送って行くから!」って言わざるを得ない、みたいな(笑)。

でも、真面目な話、自分がドイツに来たばかりの頃を思えば、できるだけ力になってあげたいからね。日本国内での移籍ならまだしも、海外ともなればストレスを感じたり、理解し難いことも多いし、ましてや女子サッカーは男子ほどサポートも受けていない。僕はこのドイツに嫁という心強いパートナーと一緒に乗り込んできたけど、ブッチは完全に一人やから。嫁とも「僕らにできることはしてあげよう」と話しているし、嫁も「ブッチがよく食べてくれるから、料理も作り甲斐がある」と喜んでいる。

2013 Mar.

何より、ブッチが頑張っている姿に初心を思い出したり、励まされることも多い。だから、オフの日に送らされたり、UNOに負けて「キャラメルフラペチーノを買って来て~」と使いっ走りにされるのも大歓迎。いや、UNOにはそろそろ勝ちたいけどね(笑)。

でもって、そんなブッチにある時、ふと「異国の地で寂しくない?」と尋ねたら、「みんながいるから寂しくないよ」と返ってきた。泣かせやがる! やっぱり仲間って素晴らしい。

移籍なんてクラス替えみたいなもの

——内田篤人（シャルケ）

サッカー選手は試合に出てナンボ。子どもの頃からずっとそう思ってサッカーをしてきた。ただ子どもの頃は、正直、試合に出るのが当たり前すぎたから。試合に出られない自分を想像したことはなかったけど、プロになってガンバでの1年目に初めて試合に出られない経験をして、それがどれだけ苦しいことなのかを思い知った。

　といっても、当時の僕は試合に出ている選手に比べて、足りない部分がたくさんあると自覚していたからね。出られないなら、出られるようになるために、ひたすら努力を続けるしかないと思っていた。

　実際、そのために練習もしまくった。それは初めての海外移籍先となったバイエルンでも同じ。紅白戦や練習で、実際に試合に出ている選手のレベルの高さを肌で感じ、己を知り、うまくなるしかないと自分に言い聞かせて、ひたすらレベルアップに努めた。その時間は、試合に出ていない点を除いて、自分にとっては必要な時間やったと胸を張れる。

　でも今、ホッフェンハイムでプレーしている自分に同じことが言えるかと問われれば、正直、そんなふうには言い切れない。それが先日、メディアで報道されたように、「日本に復帰する可能性もあり得る」と言った理由。正確には、日本に復帰すると断言したわけではなく、「試合に出ていない今の状況に納得はしていない。今後もこの状況に変化がないなら、このチームを出て、日本に復帰する可能性も、ヨーロッパに残る可能性もある。ただ、今はまだ自分がどのチョイスをするかわからない」と言ってんけど。

　もっとも、今の自分にいろんな選択肢があるわけではない。それに、ブンデスリーガはまだシーズン中で、もし残り7試合で何かしらの変化があれば、自分の考えも変わる可能性もある。そういう意味では、先のことは僕にもわからんけど、言えるのは『移籍』に対して、なんのためらいも感じていないということ。以前、内田篤人くん（シャルケ）がテレビの取材で話していたのを聞いて深く共感したけど、僕も内田くん同様に「移籍なんてクラス替えみたいなもの」だと思っている。

もちろん、一つのチームでプレーし続けて、クラブのレジェンドになることを否定しているわけじゃない。「ここでプレーし続けたい」というクラブに出合えれば、僕もそういうチョイスをすることも考えられる。実際、子どもの頃からガンバで育った僕は、ガンバに対してそういう想いを抱いたこともあった。

2013 Apr.

だけど、そうなれる人ってホンマにごくわずか。だから、移籍を怖がったり、重く考えすぎる必要はないと思っている。だって、サッカー選手には間違いなく寿命があるわけで、例えば「一つのクラブで頑張って、ようやく花が咲きました！」という日が来ても、それだと遅いって場合もあるから。それによって得られるものもあれば、出場機会を失っている間に逃してしまったものだってきっとある。

ならば、僕は自分の可能性を信じて次へ、次へと足を踏み出したい。そうすることで、骨を埋めたいと思えるようなクラブ、ここが自分の居場所だと思えるクラブに巡り合えることもあると思うから。

考えたら、学校の席替えで味わった「隣の席には誰が座るんや？」というドキドキ感も結構、好きやったしな（笑）。

ワールドカップのアジア最終予選を戦う日本代表がヨルダンに敗れ、本大会への出場権獲得は6月のオーストラリア戦以降に持ち越された。

その結果を受け、チームメイトの何人かに「ヨルダンに負けるなんて、日本はどうした？そんなに弱くなったのか？」みたいなことを言われた。ドイツ人にしてみれば、オマーンやヨルダンは「弱小国」というイメージしかなく、負けるなんてあり得ないと思っているらしい。もちろん、彼らの言う通り、冷静に力だけを比べれば、僕も日本のほうが圧倒的に強いと思う。だけど、アジア予選独特の空気感、しかもアウェーで戦う厳しさを彼らはわかっていない。いや、わかれと言うほうが無理か（笑）。

僕も含めて同じ日本人でさえ、あの舞台を実際に経験しなければ、その厳しさを理解するのは無理やと思う。現地の気候、スタジアムを取り巻く独特の雰囲気はもちろん、試合前日にホテルの周りで騒がれたり、一見安全に思えるホテルの中でさえいろんなことが起きる。だからこそ、今回のような結果になり得るのもアジア予選なんやと思う。もちろん今、日本代表に選ばれているような選手はそんなことは百も承知で、誰一人として、それを言い訳にはしないやろうけど。

戦えないなら戦えるようになりなさい

——加藤賢二（元U-15日本代表総務）

僕がそうしたアジアの厳しさを初めて体感したのは、U－13日本代表に選出された時。以降、各世代別代表でも毎回、痛感してきた。例えばU－15日本代表としてインドネシアに行った時は、スペシャルにいろんな事件が起きまくった。スタジアムでは試合中にライターが飛んで来たり、スタンドからサブの選手の頭にタバコの吸い殻を落とされたり。ビュッフェ形式の食事では、明らかに意図的にでかい虫が入っていたし、紅茶を飲もうと砂糖が入っている容器にスプーンを入れたら、恐ろしい数のアリが出てきたこともあった。

ホテルの部屋に泥棒が入って、金目のものをすべてパクられたのも衝撃やった。というのも当時、僕らは滞在中、お互いの部屋を自由に行き来できるように、ドアガードを挟むだけの状態にしていて、完全にはドアを閉め切っていなかったんよね。しかも、若かった僕らの危機感はかなり希薄で、寝る時もそのままにしていたら、なんと寝ている間に泥棒が入ったらしく……。翌朝になって目覚めたら、財布に入っていたお金はもちろん、時計や携帯電話、ニンテンドーDSまで、金目のものを見事に全部、持って行かれていた。

これについては、無防備な状態で寝ていた僕

2013 Apr.

らが悪いけど（笑）、それ以外のことも、結局は受け入れるしかないから。食べ物一つとっても、虫がいようがお腹を下そうが、それを食べなければ戦えないのなら「食べまくって免疫力をつけてやる」くらいの気持ちがないと、アジアでは戦っていけない。

そんなことを思い出していると、必ず頭に浮かぶのが当時、U－15日本代表の総務をしていた加藤賢二さん。この人には、アウェーの洗礼に直面するたびに、特にしっかり食事を取れない選手がいた時には、口酸っぱく言われた。

「自分の身に起きることに言い訳を見つけるのは簡単だけど、お前らは日本を代表してここに来ているんだぞ。『戦えない』と試合を放棄することは絶対に許されない。戦えないなら、戦えるようになりなさい」

この言葉は今も僕の心に深く刻まれている。

今シーズンのブンデスリーガもあと4試合と佳境を迎えている最中、先日、クラブから僕の来シーズンの契約について発表された。

結論からいうと来シーズン、僕はホッフェンハイムではプレーしない。これは自分の置かれている現状、それに伴う様々な要素を踏まえ、クラブとの話し合いの上で決めたこと。誰しもステップアップするためには決断しなアカン時があり、僕自身もドイツに来てからそういう瞬間を何度か味わってきたけど、今回もその必要性を感じて決断に踏み切った。

じゃあ、ホッフェンハイムを出てどうするのか？　それについては今の段階で話せることはない。ただ、自分としてはヨーロッパでプレーしたいと思っているし、それに伴う動きをしているのも事実。ここ2年の間にドイツ語も覚え、ブンデスリーガのサッカーも体感して、「やれる」という自信があるからこそ、引き続きドイツでのプレーを選択肢の一つに入れて動いている感じかな。

挑戦しないでいる事だけは耐えられない

——マイケル・ジョーダン（元プロバスケットボール選手）

今振り返ると、僕が大きな決断をしたのは、バイエルンへの移籍を決めた時が初めてやった。というか、それまでは特に何かを決断しないといけないことがなかった。サッカーを始めたのも、ごく自然な流れだったし、小学生の時に長岡京SSに入団したのも兄貴がプレーしていたから。ガンバファンだった両親の影響もあってガンバが好きになり、ただうまくなろうと頑張っていたらガンバジュニアユースに入ることができて、その後はピラミッド型の育成システムに沿って、トップに昇格し、プロになった。

中学を卒業するにあたって向陽台高校※を選んだのも、ガンバに勧められたから。もちろん、そうはいっても、その時々で自分なりにいろんなことを考えていたはずやけど、かといって『決断』を迫られるほど大きな出来事があったわけでもなかった。

　そういう意味では、自然の流れに身を任せっぱなしの人生やったのに、今は逆に、決断を迫られまくりの人生になっている。しかも、それらはすべて自分のサッカー人生を左右する大きなものばかり。その都度、悩むし、考えるし……時に直感に任せることもある（笑）。

　ただ、そうやって決断を繰り返すうちに気づいたのが、結局、どの決断にも答えなんかないってこと。もちろん周りからはその都度、いろんな声が聞こえてくる。「このチームに行ったほうが良かったんじゃない？」とか、好き勝手に評価されることも多い（笑）。でも、どんな『決断』も結局のところ、自分で「良かった」

2013 May.

と思えるものにすればいいだけの話やから。僕に言わせれば、いいも悪いもあるかいっ！って感じ？

　なんてことを考えていたら、1年くらい前に本か、何かで見たマイケル・ジョーダンの言葉を思い出した。

「挫折は耐えられる。誰だって失敗を味わうものだ。だけど、挑戦しないでいることだけは耐えられない」

　やや、うろ覚えやけど……今思い返しても、めっちゃ同感。実際、僕にとって怖いのは「うまくいかないんじゃないか？」というネガティブな思考が勝手に働いて、決断を臆するようになること。挑戦を諦めてしまうこと。幸いにも、そんな思考が働いたことは今まで一度もないけど。

※ガンバ大阪のホームタウンの一つ、大阪府茨木市にある通信制・単位制の私立高校。サッカーとの両立を目指す上では理想的な環境だった

最高の1年になるように祈ってる

——菅大善（株式会社セント・フォース）

5月6日に誕生日を迎えました。ドイツに来て二度目の誕生日。20代最初の誕生日はバイエルンで迎え、自分に納得のいく20代にしようという決意で新たなスタートを切ったけど、正直、自分が思い描いていたものとはまったく違う1年になってしまった。むしろ、想像より何倍も下回ってしまった気がしている。

　そう思うのは間違いなく、ホッフェンハイムで思うような結果を残せなかったから。監督が三度も交代するようなドタバタのシーズンになり、その中で思うように勝ち点を積み上げられなかった僕らは、最終節を前に降格圏の17位にいる。※ しかも、その状況にあって僕自身、終盤戦はまったく試合に絡めていないわけやから。この連載でも何度か書いてきた通り、『サッカー選手は試合に出てナンボ』やからこそ、そこにどんな理由があろうとも、僕のこの1年は評価に値しないものだったと言わざるを得ない。周りの人の評価は別に気にしていないけど、少なくとも、自分で自分を評価できない1年になったことが何よりも悔しいし、情けない。

　その事実に対して、試合に出ていなくても、自分なりに練習を毎日一生懸命やったとか、どんな状況に置かれても腐らずに向上を目指したとか。マイナスをプラスに変える努力をしたというように、もっともらしいことを言うのは簡単やけど、プロである以上、そんなことは当たり前で、口にすることすら恥ずかしいから。じゃあ、何で評価されるのかと考えたら、やっぱり目に見える結果でしかないだけに、この1年の自分がマジでムカつく！

　だからこそ、新しい年を迎えた21歳バージョンの宇佐美貴史は、一から出直す！　そのためにまず、自分がこれまで築いてきたものを全部、

180度変化させるというか……持っているものをすべて、一度葬り去って、まっさらの自分でやっていきたいと思っている。

もちろん、人生に無駄なことなど一つもないし、無駄に過ごしてきたつもりもない。今日まで培ってきたものがあって、今の自分があるのもわかっている。結果的に今の自分があるのも、過去の自分があってこそやと考えれば、生まれたての自分になるなんてまず無理やろうし、今の自分の体や心に染みついているものをリセットするのも不可能かもしらん（笑）。でも、すべてを捨てるぐらいの気持ちじゃないと、今の自分が置かれている状況は変えられへんと思うから。それにこれ以上、今の自分を継続していたら、マジでサッカー人生が終わってしまうという危機感もある。

だからこそ、誕生日を機にまっさらになってやり直そうと思う。もともと、僕は誕生日に特別な思い入れがなかったというか、両親に産んでもらったことや、育ててもらったことに感謝はしているけど、それは誕生日に限った話ではないしね。自分としては、他の364日と何も変わらない1日でしかなかったけど、今年の誕生日だけは、新しい宇佐美貴史誕生の大事な1日になったと思っている。

でもって、僕が信頼を寄せている方からいただいた「最高の1年になるように祈ってる」というメッセージ通り、後々、この1年が「ターニングポイントになった」というくらい、自分の手で最高の1年にしてみせる！

※ホッフェンハイムは最終節でドルトムントを下して自動降格圏を脱出。その後、入れ替え戦にも勝利して1部残留を決めた

2013 May.

special edition

自分のサッカーを取り戻す

――宇佐美貴史

ガンバへの2シーズンぶりの復帰が決まった。海外クラブからのオファーもあった中で、ガンバを選んだのは、ドイツでの2シーズンを冷静に振り返って、失敗とは思わないけど、成功とも言えるような活躍ができなかったから。その上で、もう1シーズン、ヨーロッパで頑張るのか、自分をリセットしてやり直すべきかを考えた時に、直感的に後者を選んだ。

ただ、正直に明かすと、『サッカー選手としての自分の目標』に照らし合わせればこそ、ヨーロッパで踏ん張って、しがみついてでもプレーすべきじゃないかという思いが心の片隅にあったのも嘘じゃない。でも幸いなことに、僕はまだ21歳やから。自分の努力次第では、いつかまたヨーロッパに出ていけるはずやと考えても、まずは自分のサッカーを取り戻すことが先決だと思ったし、その場所はガンバしか考えられなかった。

ちなみに『サッカー選手としての自分の目標』とは、大きな括りでいうと、ドイツに出ていく時に話した通り、UEFAチャンピオンズリーグを戦うようなクラブでプレーし、活躍してバロンドール※を取ること。それと並行して、日本代表としてワールドカップを戦うことの二つ。ガンバへの復帰を決めた今は、それを口にしたところで信じてもらえないかもしれんけど。でも、実際にドイツに行ってみて『世界』は決して遠い場所にあるのではなく、むしろ思っていたよりも近くにあると感じられた。海を渡るまでは、世界的なビッグクラブのバイエルンで自分がどのくらい通用するのか半信半疑なところもあったけど、いざプレーしてみたら技術的には十分通用するという手応えも得られたしね。だからこそ、日本への復帰を決めた今も、その

2013 Jun.

目標は変えるつもりはない。

ただ、今の自分では『世界』で活躍できないことも、この2年間が成功と言えるものではなかったことも事実やから。その理由については、僕なりにいろいろと思うところはあるけど、最たるは、持っている技術をピッチで発揮するための圧倒的なメンタリティが欠けていたということやと思う。

実際、バイエルンでもそうだったように、世界で活躍している選手は素晴らしい技術、フィジカルはもちろん、それを発揮するための圧倒的なメンタリティを備えている。だから、どんな状況に追いやられても、びくともせずに結果を出せる。あとは、運を確実に引き寄せる力も強い。よく、スポーツの世界では「運も実力のうち」みたいな言葉を聞くし、実際に「運があるな」とか「引きが強いな」と感じる人って、何かしら「もってるな」と思う人が多いけど、世界にはその最上級クラスみたいな選手がうじゃうじゃいるわけで……。技術、フィジカル、メンタルに、強運ときたら、そう簡単に太刀打ちはできない。

ただ、手前味噌ながら、ガンバ時代の僕もその一人であったことは事実で……だから早々にプロになれて、世界にも飛び出していけたと思うしね。

でも、残念ながら僕のその運は、ガンバにいたから引き寄せられたものでしかなかったというか。ガンバでは運を引き寄せられるようにサポートしてくれる人がいて、「生え抜き選手だから」「まだ若いから」と、周りが我慢してくれたことで、結果的に僕が運を引き寄せているように見えていただけやったのかなと。

とはいえ、海外に行って、それを痛感できた

※フランスのサッカー専門誌「フランス・フットボール」が、そのシーズンの世界年間最優秀選手に贈る賞

ことや、1回のチャンスをものにできなければそれが命取りになって人生を狂わされること、世界で運を引き寄せるのはシビアで難しいことに気づけたのは、間違いなく自分の財産になったので。それをこの先の自分にどう活かしていけるかは自分次第やし、それができなければ自分に未来はないとも思う。だからこそ、その覚悟をしっかりとピッチで示していきたい。

戦う舞台が、J2リーグだということにはまったく抵抗はない。選択肢としてはヨーロッパに残るか、ガンバに戻るかの二つしか考えていなかったし、極端な話、ガンバがもっと下のカテゴリーにいたとしても、自分の原点であるガンバに戻ってやり直そうという気持ちは変わらなかったと思う。というと「J2から自分の目標にたどり着けるの?」と疑問に思う人がいるかもしれないし、「なんで、ブンデスリーガからJ2なん? 宇佐美も落ちたな」と蔑む人もいるかもしれない。でも、僕はそんなことはまったく気にならないし、むしろ誰に何を言われても平気というか……それを気にするくらいならガンバに戻るという選択は選ばなかったと思うしね。

唯一、移籍前のラストマッチ、2011年7月のヴィッセル神戸戦で、あれだけたくさんの声援で送り出してくれたファン・サポーターの皆さんには申し訳ないという気持ちはあるけど、この先のサッカー人生を考えたら、そんなことを言っている場合でもないので。今の僕にとって、大事なのはガンバに戻って、自分のサッカーを取り戻すこと。その上で、自分の目標に少しでも近づけるように日々の練習から100%の努力を続けること。そして、ガンバの目標であるJ1昇格のために自分のすべてを注ぎ込ん

2013 Jun.

でプレーすること。そのことだけにまっすぐに向き合っていこうと思う。

といっても、Jリーグの登録期間の関係で、試合に出られるのは7月19日以降※やから。ここからの約1ヶ月間はまず、しっかりと体を作り直しながら、今のチームを知り、できるだけたくさんのことを上積みして、7月20日の第25節・神戸戦への出場を目指そうと思う。

前回在籍した時とは、監督も選手も変わって、ポジションが約束されているわけではないし、途中から加わる僕は一番下からのスタートになるからね。『復帰』というよりは『移籍』という覚悟で、チームに入っていくつもり。ただ、バイエルンやホッフェンハイムへの移籍を経験して免疫ができたから、不安はない。それ以上に、新しい選手とのプレーや初めて一緒に仕事をする長谷川健太監督のサッカー観を吸収するのがすごく楽しみやし、そこで自分がどんなプレーをできるのか、という期待のほうが大きい。

ガンバを離れている間に、一番年下だった僕にも後輩ができて、引っ張っていきたい気持ちはあるし、そうじゃないとアカンとも思う。ただ一方で、前回ガンバにいた時はまだ10代で未成年やったから。実家から通っていたし、先輩に食事に連れて行ってもらうようなこともなかったので、もう少し先輩の皆さんにかまってもらいたいな、って気持ちもある(笑)。そのあたりはピッチ内外でうまくバランスを取りながらやっていきます。

※2013年のJリーグにおけるシーズン途中の登録期間は7月19日～8月16日に定められていた

→2016

ガンバ大阪

宇佐美が21歳になったばかりの2013年5月31日。ガンバ大阪への復帰が発表された。海外クラブからのオファーもあったが、「自分のサッカーを取り戻す場所は、ガンバしか考えられなかった」。舞台がJ2リーグになることへの不安はないと言い切り、「ガンバの目標であるJ1昇格のためにすべてを注ぎ込む」と決意を語った。

復帰戦は、7月20日のJ2リーグ第25節・ヴィッセル神戸戦。海外に旅立つ直前にも対戦した相手から2ゴールを奪い、「ただいま」を告げると、以降もコンスタントに得点を量産。第38節・徳島ヴォルティス戦で初のハットトリックを達成するなど、18試合に出場して19得点を記録し、リーグ戦42試合のうち半分にも満たない出場数ながら、リーグ日本人最多の得点数でJ2リーグ優勝、J1リーグ昇格に貢献した。

その勢いのままに迎えた2014年は開幕直前に左腓骨筋腱脱臼で出遅れたものの、初先発したJ1リーグ第12節・徳島戦でゴールを決めてからはレギュラーに定着。特に後半戦は、加速するチームの先頭に立ってゴールを重ね、J1リーグでは自身初の『二桁得点』を実現。さらに、ナビスコカップで5得点、天皇杯でも6得点を刻み、チームの『三冠』を後押しする。その活躍が認められ、シーズン終了後には、自身初のJリーグベストイレブンと、ナビスコカップのニューヒーロー賞を受賞した。

2015年は開幕から好調をキープし、1stステージではリーグトップの13

第3章

2013―

得点を挙げる。しかし、2ndステージは終盤に取りあぐねて得点ランクは3位に。チームもチャンピオンシップ決勝に進出しながら、サンフレッチェ広島に敗れて2位に終わった。それでもキャリアで初めて、J1リーグ34試合とチャンピオンシップ3試合すべてのピッチに立った宇佐美は、J1リーグでは自己最多となる19得点を挙げ、2年連続でベストイレブンに選出された。

そうした活躍が再び、海外からの注目を集め、2016年6月にはアウクスブルクへの完全移籍が決定。ラストマッチとなった市立吹田サッカースタジアム（現・パナソニックスタジアム吹田）での名古屋グランパス戦後のセレモニーでは大粒の涙を流した。

「1歳の頃からガンバの試合を見にきていた僕の夢は、プロサッカー選手になることでも、Jリーガーになることでもなく、ガンバ大阪の選手になることでした。今、このスタジアムに来ている子どもたちと同じように、僕もスタンドからガンバの選手を応援していました。そんなサポーターだった僕が皆さんに応援してもらえる、声援を送ってもらえる環境は、本当に夢のようでした」

前回とは違う『完全移籍』での決別に、セレモニー後は長時間にわたってファン・サポーターとの別れを惜しんだ。

前回のコラムでお伝えしたように、ガンバ大阪への復帰が決まりました。僕なりにいろいろと考えた上での決断でしたが、答えを出した今はかなりすっきりしているし、6月18日からのチーム合流を楽しみにしながら体を作っています。

そんなこんなで再びガンバでプレーすることになりましたが、今年の5月でJリーグも20歳の誕生日を迎えたとか。僕はJリーグ開幕の前年度、前哨戦として第1回のナビスコカップが行なわれた1992年に生まれたので、Jリーグの1歳先輩やけど、ほぼ同世代やから。Jリーグの成長とともに自分も大きくなってきたし、子どもの頃からJリーグを見続けてきた一人として、Jリーグが無事に成人？　を迎えられて嬉しく思います。

遡れば、僕のJリーグとの出会いは2歳の頃。

息子さん、大きくなられましたね

——松波正信（ガンバ大阪・ガンバサダー）

ガンバファンの両親に連れられて、試合はもちろん、京都府京田辺市にあった旧練習場にもよく足を運んでいました。97年4月に万博に練習場が移転してからは一人で練習を見学に行ったことも。で、練習が終わると、決まっていろんな選手に声をかけて、サインをもらったり、一緒に写真を撮ってもらったり……皆さんにお世話になりました。

なかでも一番覚えているのが松波さん（正信）。最初は親の影響もあって松波さんのファンになったというか、親に言われるがまま写真を撮ってもらっていただけやったけど（笑）、接する機会が増えるにつれて、どんどん親しみが湧いてきたというか。しかも、松波さんはいつでもファンに優しくて、僕に限らず、いろんな人に気さくに接してくれていたこともあって、ますますファンになっていきました。

忘れられないのが、僕がガンバ大阪ジュニアユースに通い始めた頃の出来事。小学校の高学年になる頃には親も仕事が忙しくなったし、僕も自分がサッカーをするのに夢中になっていたから、練習場に通う回数は減っていたけど、ジュニアユースに加入した直後くらいに、僕らの試合を見に来ていた松波さんと偶然、再会したことがあって。たまたま話す機会があったから「僕のこと覚えてる!?」って聞いたら、「覚えているよ」と松波さん。それだけでもかなり嬉しかったのに、それ以上に「息子さん、大きくなられましたね。すごくいい選手だと聞いていますよ」と声をかけられた両親が、家に帰っても興奮しまくっていたのが子どもながらに印象的でした。

で、何を言いたいのかというと、20年もの時間が経てば、ガンバのユニフォームを着た僕と

2013 Jun.

松波さんが話す、みたいな循環が生まれるんやな、ってこと。実際、今のJリーグには、きっとJリーガーに憧れてサッカーを始めた選手もたくさんいるはずで……それを思うと、今こうしてプロとしてプレーしている僕たち選手は、もっと子どもに夢を与えられるような存在にならなアカンなって身が引き締まる。

僕らが高みを目指そうとする姿が、将来、このJリーグにレベルの高い選手が誕生するきっかけにもなっていくはずやしね！　もっといえば、そんなふうにいい選手がどんどん誕生して、サッカーへの注目度や関心が高まれば、競技人口も増えるはずやし、国技というか……人気ナンバーワンのスポーツにもなっていくはず！

そう信じて、自分を磨きつつ、再びプレーすることになったJリーグを盛り上げていこうと思います。

ガンバの練習に合流してから2週間が過ぎた。一言で言うと、楽しい。登録期間の関係上、まだ試合には出られないので、紅白戦でもBチームでしかプレーしてないけど、やたらとボールに触れるし、ボールが動くし、走ればボールが出てくる。

ヤットさん（遠藤保仁）やミョウさん（明神智和）、今ちゃん（今野泰幸）やフタさん（二川孝広）らがいない時でも、チームにパスサッカーが浸透しているからやろうね。ボールが回らないとか、パスが出てこないという場面は一切なく、ボランチやサイドからスパン、スパンとボールが入ってくる。この感覚が今はすごく楽しいし、「サッカーをしている感」もめっちゃある。

そうした楽しさは、試合を見ていても感じる。今シーズンはJ2リーグで戦っているとはいえ、ガンバのサッカーは相変わらずリズムが

スターになれ!!

——上野山信行（Jリーグ技術委員会委員長）

あって楽しいし、誰もがハイレベルなサッカーを追求しながらプレーしているのがわかる。だからこそ「早くその中に混ざってサッカーがしたい！」「試合に出たい！」と思うし、練習でも『結果』に貪欲になる。だって、これだけいい選手が揃うガンバだからこそ、練習で結果がゼロの選手にチャンスをもらえるはずがないから！　今はとにかく結果を出し続けて、アピールするしかない。

さて、先日のJ2リーグ第21節・徳島ヴォルティス戦で久しぶりに上野山信行さん（Jリーグ技術委員会委員長）に会った。上野山さんはガンバ時代に育成部長として、僕を『飛び級』でどんどん昇格させてくれた人。試合前に少し話す時間があったから、ドイツでの2年間についていろんな話をした。

そこでまず聞かれたのが、海外と日本との違

いについて。それに対して、僕なりに一番強く感じた違いを伝えてみた。

「海外にはまったく上下関係がない。その証拠に敬語もないし、練習中、10代の選手が30代の選手を平気で怒鳴りつける時もある。だからこそ、10代の選手がいきなり試合に出ても、周りに遠慮せずに自分のプレーをして、活躍できるんだと思う。目上の人を敬う姿勢は日本人の良さでもあるけど、サッカーの世界では……特にピッチ上では必要とは思わない」

それに対して上野山さんは「これから先、活躍して、再び世界に出ていこうと思うなら、そうやって貴史が肌で感じたことを絶対に大事にしろ」と言ってくれた上で、こんな言葉をかけてくれた。

「今のガンバの中心は、日本代表の遠藤や今野で、彼らは素晴らしい選手や。でも、お前は彼

2013 Jul.

らのパスからチャンスやゴールに絡んで、試合を決められる選手になれ。活躍して、結果を残して、金を稼いで、スターになれ！　ゴルフ界の石川遼くんのようなスター選手がどんどん出てこないと、日本のサッカー界に発展はないぞ」

それは僕も常々感じていただけに、深く納得した。どの世界も……ゴルフ界も、野球界も、芸能界も、スターがいてこそ人気が出るし、注目も集まる。スターの存在が、また新たなスターを生む。もっとも、だからといってスターは「なりたい！」と思ってなれるものではないから。何かを極めるために懸命に努力し、結果を残した人に対して、あとからついてくる評価に他ならない。

だからこそ、上野山さんにかけられたこの言葉を、僕は「もっと頑張れ！」というメッセージとして受け止めている。

久しぶりの日本の夏は暑い！　でも僕はめっちゃ元気！　だって、日本の夏が暑いのは今年に限ったことじゃないから（笑）。というわけで、夏のダメージはなく、コンディションもすこぶる良く、Ｊリーグ復帰に向けて調整を続けています。

しかもこれだけ毎日、グラウンドで日光を浴びまくり、汗をかきまくって練習しても、「そのまま家に帰って涼しい部屋でゆっくりしよう……」なんて日はないからね！　もちろんコンディションが第一ゆえ、体の疲労具合でのんびり過ごす日もあるけど、基本的には空いた時間をぼーっと過ごしたくない。疲れない程度にフラっと家具屋さんを巡ったり、嫁を連れ出して買い物に出かけたり、カフェでお茶する時間を楽しんだり……何かとアクティブに動いている。

これは、ドイツに行ったことで180度変わった部分。以前の僕は、サッカー以外の時間はホンマに家から出なかったからね。ｉＰｏｄで好きな音楽を聴きながらゲームをしたり、マンガを読むのが最高！　って感じで過ごしていた。一人でご飯に行くのも全然嫌じゃなかったけど、今は真逆。動いていないと逆に疲れるくらいで、友人、知人の家族と一緒に外食する機会も増えた。

いろんな事に触れていこう

——臼田大輔（ハイデルベルク在住の友人）

こんなふうに僕がアクティブ人間になったのは、ドイツでの臼田大輔さんとの出会いがあったから。臼田さんはドイツでの2年目、ホッフェンハイム時代に、ハイデルベルクの歩いて5分ほどの距離に住んでいたご近所さんで、知人を通して知り合いになった。以来、家族ぐるみで仲良くなり、お家にも何度もお邪魔して……というか、臼田家が楽しすぎていつも押しかけていた（笑）。

長くドイツに暮らす臼田夫妻にはいろんなことを教わった。臼田さんに「教えている」つもりはなかったかもしれないけど、いろんな会話をしながら、その言葉の一つひとつから多くを学ばせてもらった。ドイツについてはもちろん、「人として、男としての深み」みたいなところまで。魅力あふれる人柄のお二人は人脈も豊富で、様々な人を紹介してもらったし、臼田さんに刺激を受けていろんな場所を訪れ、文化を知る楽しさも学んだ。

以前は、知らない人の輪に積極的に飛び込むのが苦手で、嫁にいつも「貴史はコミュニケーションが下手すぎる!」って言われていた僕が……ホンマに変わった(笑)。そのきっかけになったのが、まだ知り合って間もない頃に臼田さんに言われた言葉。何かを強要するわけでもなく、ごくごく自然に言われたせいか、心に深

2013 Jul.

く刺さった。

「人生は一度きり。せっかくだからいろんなものを見て、いろんなことに触れていこう。そうすれば、きっと楽しい発見があったり、学ぶことも出てくると思うんだ。人と接することもその一つ。いろんな人と出会い、話をすれば、貴史くんの世界はもっと広がるはずだよ」

実際、臼田さんの助言に従って、自ら動いて、人に出会って、話すことを続けていたら、気づくこと、そこから生まれるものがたくさんあると実感したし、それが人生を豊かにしてくれると学ぶこともできた。

だからこそ、日本に戻ってからも『アクティブ・宇佐美』は続行中。時間の許す限り外に出かけたり、人と会うのが今は生活の一部になっていて、それが僕ら夫婦のいい気分転換にもなっている。みなさんも、ぜひお試しを!

7月20日のJ2リーグ第25節・ヴィッセル神戸戦で先発し、Jリーグ復帰戦を勝利で飾れた。しかも、ドイツ出発前と同じ相手に、同じスコアで勝っただけでもドラマチックやのに（笑）、プロでは初の1試合2ゴールのおまけ付き！

試合前に、過去のサテライトリーグを含めた全神戸戦でゴールを挙げてきた事実を公表していたので、「言ってしまったことで途切れるか？」なんて思いもゼロではなかったから、いい記録がつながって……いや、それ以上の結果になって良かった。

とはいえ、神戸戦はさほど気負いなく迎えることができた。もちろん、久しぶりの万博に気持ちの高ぶりは感じたよ！　そのせいか立ち上がりはやや硬かった気もするけど、神戸に先制されたあと、僕のゴールで追いついてからは、

ドイツで培った力を見せて下さい

――長尾庸人（長岡京市立神足小学校時代の担任）

ある程度自分らしいプレーができたと思う。

ただ僕とは対照的に、両親は試合前夜も眠れず、当日は朝4時に目が覚めてしまって、かなりの睡眠不足だったとか。試合後には無事、「ようやく不安から解放されて、みんなで祝杯を上げている！」という報告の電話があったから良かったけど（笑）。

他にもたくさんの人が祝福のメールをくれた中で、嬉しかったのが小学5、6年時の担任、長尾庸人先生からのメール。その最後に書かれていた「ドイツで培った力を見せてください」という言葉は、復帰にあたって最も強く自分に求めていた部分だし、今も胸に秘めて戦っています。先生、ありがとう！

その神戸戦を含め、すでに公式戦2試合を戦ったけど、コンディションはすごくいい。もちろん、僕はまだ開幕を迎えたばかりの状態で、

パーフェクトには程遠いけど、それなりに動けているのは、以前よりもフィジカルが上がった証拠だと受け止めている。

実際、以前はフィジカルやスピードが不足していた分、テクニックやセンスだけで勝負しようとしていたというか。それがプレーのムラにつながっていたけど、ドイツでの2年間で、またガンバ合流後のフィジカルトレーニングを通して、うまく体を作れたから、相手に当たられるのも怖くないし、嫌でもない。寄せられたところで自分の体を相手に預けながらボールをキープできる分、自然とプレーに余裕も生まれている。純粋に馬力がついた気もするしね。これは、意識的に取り組んでいるところやから、嬉しい成果でもある。

そもそも筋トレで筋肉をつけると馬力が出る一方、必然的に足も重くなるというか。それによって数センチ、数ミリの単位でボールを蹴る感覚が変わってしまう。実際、リフティング一つとっても、筋トレで足が重くなれば、同じ力でやっているつもりでもボールが以前より跳ねてしまう、みたいなことが起きる。あくまで『宇佐美調べ』で根拠があるわけじゃないけど(笑)。

ただ、僕がその危険性を感じていたのは事実で……。だからこそ、筋トレを含めたフィジカルトレーニングをしながらも、ボールタッチの感覚が変わらないように、体にボールの重さを覚えさせる練習も欠かさずやってきた。そのおかげで、馬力がついても本来の足元の感覚やテクニックは失われていないし、以前よりプレーに幅が出てきた気もする。今後もこれを続けながら、いろんな部分をより研ぎ澄ませていきたい。

2013 Aug.

チームメイトの大森晃太郎とはジュニアユースからの付き合いになる。厳密にいえば、小学生の時もトレセンなどで一緒だったから、もっと長い付き合いやけど。その晃太郎と、J2リーグ第25節のヴィッセル神戸戦でプロになって初めて一緒に先発した。これは感慨深く……なかったね（笑）。

　前回のコラムでも書いたように、この試合は僕のJリーグ復帰戦で、試合後にはいろんな人に声をかけてもらったし、中には僕らをよく知る人たちから、二人揃っての先発を祝福されたりもした。でも、僕ら自身はといえば、実にあっさりしたもの。特にそのことについて話してもいないし、おそらくこの先も「思い出」として語ることもない。

　そもそも、これまで一度も「早く二人揃って同じピッチに立とうぜ」なんて言葉をかけ合っ

マカロニって入ってたで

——大森晃太郎（ガンバ大阪）

たこともないしね。というのも、僕らはまだこのガンバに何かを残したわけではないから。もしかしたら将来、二人揃ってガンバの中心選手として攻撃を牽引するような存在になって、かつJ1リーグでのタイトルやアジアタイトルなどを獲得した時に、初めて感慨深さみたいなものがあるのかも。これはきっと晃太郎も同じじゃないかな。

　とはいえ、晃太郎が今ちょっとしたブレイクを迎えているのは間違いない。事実、神戸戦以降の5試合を振り返ると、ゴールこそ決めてないけどアシストはしまくっているし、体もすごくキレている。相変わらず試合前は、こっちがビビるくらいガチガチに緊張しまくっているけど（笑）、ピッチでは晃太郎らしいプレーが増えてきたし、調子がいい時に必ず見られる「遊び心」も見え始めてきた。

考えたら、晃太郎って昔からそうなんよなぁ。「これをやろう」「結果を出してやろう」って思いすぎて力んでいる時より、無心で、楽しく、遊び心を持ってボールを蹴っている時が一番いいプレーを出せている。

そういえば、神戸戦が終わった瞬間、あいつは僕に近づいてきて「マジーニョ（神戸）の腕にマカロニってタトゥーが入ってたで！」と繰り返していたけど、試合直後にそういう言葉が飛び出すのも晃太郎の好調を示すバロメーター。といっても、あまりにしつこいから僕が無視していたら、風呂場でヤットさんにも同じことを言っていたわ。まあ、普段は仏の心でなんでも話を聞いてくれるヤットさんも、最後は飽き飽きしていたけど（笑）。

ちなみに、そのマジーニョのタトゥーは間違いなく「マカロニ」ではなかってんけど、そういう言葉の間違い？　勘違いが恐ろしく多いのも晃太郎。先日、晃太郎家に遊びに行った時のこと。彼が大事にしているグッピーの入った水槽にいたずらをしていたら、「止めてくれ！　俺、昨日、テレビでファイティング・ニモを見たばかりやねん！」と焦る、焦る。

でも、それ『ファインディング・ニモ』やから。確かにニモもファイトするかもしらんけど、ファインディングやから……と指摘したら「知ってるわ！」と強がっていました。

2013 Aug.

話が逸れたけど、晃太郎が今、「遊び心」を持ってプレーできるようになってきて、本来の良さがピッチで出せているように、自分らしく戦える術、試合への持っていき方を自分自身で把握し、体現することが、結果を残すための一番の近道やと僕は思っている。もちろん、それが一番難しいから誰もが苦労するんやけど。

J2リーグ第31節の横浜FC戦で3試合連続ゴールを決め、今シーズンのゴール数は7になった。ここまで出場した7試合のうち、東京ヴェルディ戦を除く全試合で得点した事実だけでなく、コンディションから判断しても、調子はすごくいい。これまでのサッカー人生で一番といってもいいくらい、サッカーも楽しめているし、単純にそれが数字にも表れているんだと思う。

『楽しい』理由の一つに挙げられるのが、以前にも書いたとおり、試合でボールに触れる回数の多さにある。ドイツでは……特にホッフェンハイム時代は、極端にボールに触れる回数が少なかったこともあり、一度ボールを持つと「このワンプレーで結果を出したい。ここで決めてやる！」という気負いがあったというか。必要以上にボールを持ちすぎたり、無理にゴールを

ボールを愛しすぎるな!!

——ルイス・ファン・ハール（オランダ代表監督）

狙いにいくことも多かった。頭の中には、子どもの頃に雑誌かテレビで見て印象に残っていた、ファン・ハール監督（オランダ代表）の「ボールを愛しすぎるな」という言葉が常にあったにもかかわらず、ボールを愛しまくっていた（笑）。

ちなみにこれは、当時バルセロナの監督だったファン・ハールが、移籍してきたアルゼンチン代表MFのリケルメに対して言った言葉。ボールを持ちすぎるリケルメのスタイルが……といっても、うますぎて奪われることも少なかったはずやけど、バルサのスタイルに合わなかったというか。

リケルメにボールが入るとサッカーのテンポが変わってしまうため、ファン・ハールは練習でもリケルメにボールが入るたびに、球離れを早くするよう「1タッチ、2タッチ！」と言い続けたらしい。でもって、その理由を記者に聞

かれたファン・ハールの、リケルメへのメッセージが「ボールを愛しすぎるな」。子どもの頃の記憶やから、詳細は微妙に違うかもしらんけど。

で、何を言いたいのかといえば、要はパスサッカーを基本とするガンバでは、ボールを触る回数が多い分、自然とボールを愛しすぎないで済むってこと。1試合の中で何度もチャンスが訪れるからこそ、1回のチャンスにこだわりすぎる必要がないし、独りよがりなプレーに走ることもない。チームスタイルから考えてもそれは得策じゃないしね。冷静に状況を判断した上で「ここはシュートやな」って思ったらゴールを狙うし、「パスが有効やな」と思えばパスを選ぶ。中盤の選手を使ったほうがいいと判断した時は、体を張ってポスト役になることも考えるしね。

2013 Sep.

その証拠に、今の僕は以前のように「武器のドリブルで勝負したい」とは思っていない。それよりも「ドリブル、パス、シュートの中で、一番いい選択をしよう」と柔軟に考えながら、余裕を持ってプレーできている。その判断が的確にできているから、ゴールもしっかり取れているんじゃないかな。

加えて、ゴールを取れている事実が、力まずにプレーすることにもつながっているというか。結果を残せているからこそ、シュートを打つ瞬間も「絶対に決めてやる！」と過度に力むことはないし、体に余計な力も入っていない。実際、パスを出すかのように、軽く足を振り抜けていることも多い。点を取りあぐねていたＦＷの選手が、一つのゴールをきっかけに立て続けに取れるようになるのは、きっと、こういうことなんちゃうかな。

フラフラしとけ

——鴨川幸司（元ガンバ大阪ジュニアユース監督）

第33節・水戸ホーリーホック戦で2得点を挙げ、ゴール数は9になった。これは、プロになって初めてコンスタントに公式戦に出場した、2010年のゴール数に並ぶ数字。当時はJ1リーグ戦で7ゴール、天皇杯で2ゴールやったから、リーグ戦に限っては1シーズンでの最多ゴール数を塗り替えたことになる。

といっても、特に感慨深さはない（笑）。もちろん、自分のポジションを考えたら、コンスタントに点を取れているのは悪くはないけど、大事なのは続けることやから。当然ながら、ゴールを重ねると相手のマークも厳しくなっていくわけで、大事なのはこの先も変わらずゴールを決められるかやと思うしね。

ただ、同じ『9ゴール』でも、10年と今年とでは、中身が全然違うと感じている。実際、10年はまだまだ経験も浅く、周りに取らせてもらっている感覚があったし、正直、精神的な余裕や体力を考えても、1試合で1得点が精一杯やった。

でも、今は違う。1点を取ったあとも『もう1点いくぞ』と思える体力、メンタルが十分に残っているし、何より技術面での落ち着きや、プレーの幅の広がりが2点目を『取れる予感』にもつながっている。また、前回も書いたように、点を取れている事実が自分を勢いづかせているし、今の1・5列目、シャドーストライカー的なポジションが自分に合っていることも大きいんじゃないかな。

振り返れば、僕がこのポジションを初めて経験したのはジュニアユース時代。当時も最初は2トップの一角を担っていたけど、なにしろフィジカルがなかったからね。「相手DFを背負ってプレーしたくない」とか、「前を向いてプレーできる状況を増やしたい」という考えもあって、やや低めにポジションを取って、攻撃の組み立てに参加しながら、フィニッシュに絡むプレーをするようになったというか。しかも、ガンバジュニアユースの鴨川幸司監督によると、僕が下がり気味にプレーするようになった途端、対戦相手の監督から「7番（当時の宇佐美の背番号）が低い位置に下りて、どっちつかずのポジションを取られるのが一番やりづらかった」と言われることが増えたらしい。そのことにヒントを得て、僕を1・5列目に据えた布陣を取り入れるようになり、僕自身も「前線をフラフラしとけ」という鴨川監督の指示のもと、水を得た魚のように前線を動き回ることで、ゴールを量産していった。

以降、ユースでは2列目も経験したし、トップチームでも最初はFWから始まって、左MFに定着した時期もあったけど、こうして再びシャドーストライカーに戻ってみると、改めて自分にはこのポジションが一番合っているような気がする。もちろん、与えられたポジションで力を発揮しようという意識は常に頭にあるとはいえ、ね。

しかも、当時とは違って体が強くなった今は、以前のように少し下がったところからスタートするばかりではなく、相手DFを背負った状態でも前を向けるようになったから。つまり同じシャドーストライカーでも、よりプレーの幅、局面での選択肢が広がった分、このポジションをより楽しめるようにもなっている。時折、鴨川監督の「フラフラしとけ」という指示を思い出しながら。

人との出会いって不思議よね。顔は知っていても話したことがなかったり、初めて会ったのにやたらと意気投合したり。以前の自分なら考えられなかったけど、最近は年齢の離れた人と仲良くなることもある。そういういろんな「出会い」の大切さを、僕はドイツで学んだ。以前はどちらかというと、知らない人との交流を煩わしく感じていたのに、ドイツでの生活を通して、新しい出会いを楽しく感じられるようになった。

　大好きなハジくん（細貝萌／ヘルタ・ベルリン）との出会いもその一つ。6歳上のハジくんのことは、当然、浦和レッズ時代から知っていたし、Jリーグでは対戦もしたけど、まともに話したことはなくて。日本代表で初めて一緒になった時も、ハジくんが他の選手と話しているのを見て「すごい気さくな人やな！」と思いながらも、

このまま突っ走れよー

――細貝萌（ヘルタ・ベルリン）

ほとんど会話をせずに終わった。にもかかわらず、ドイツ移籍をきっかけにすごく距離が縮まって、今や家族ぐるみで仲良くさせてもらっている。

　そもそものきっかけは、ハジくんと知り合いだったミチくん（安田理大／ジュビロ磐田）がつないでくれた縁。ドイツへの移籍に際して、日本人選手の中では一番、家が『ご近所』になるはずやからと、ミチくんがハジくんに「面倒を見てやってください」とメールを送ってくれて。そのあと、ハジくんから僕にメールが届き、交流が始まった。しかも、会ってみたらめっちゃいい人！

　そもそもほぼ面識のない後輩の僕にメールを送ってくれた時点で、いい人ぶりがにじみ出ているけど、実際に会ってもその通りやったし、めっちゃ気も合う！　加えて嫁同士も仲がいい

のもあって、ドイツにいる時は、最低でも月1回の頻度で会っていた。ハジくんがアウクスブルクに住んでいた時は車で約1時間、ケルンに住んでいた時は車で3時間ほどの距離があったにもかかわらず。下手したら2週続けて家に押しかけたこともあれば、ハジくん夫妻が遊びにきてくれたこともあった。ホンマにいろんな話を聞かせてもらったし、僕の愚痴も聞いてもらったし、一緒に出かける時間を通して、買い物やオシャレについても相当、影響を受けた。

　といっても、ハジくんは決して上から物を言う人ではないからね。僕の状況を察した上で、自分の経験談を伝えてくれるだけで「貴史もこうしたら?」とは絶対に言わない。でも、だからこそハジくんの言葉が僕の中にズバズバ入ってきたというか。ハジくんの話を聞きながら、自分の状況に置き換えて考えられることも多く、

2013 Oct.

すごく力をもらった。

　そんなハジくんとの交流は、ガンバに戻った今も続いている。ドイツとの時差の関係で、なかなか電話で話すことはできひんけど、ヴィッセル神戸との復帰戦でゴールを決めた時にはメールをくれたし、以降も事あるごとにメールが来るし、僕も送る。ハジくんの近況だけは、かなりこまめにチェックしているしね！　ドイツには他にもキヨくん（清武弘嗣／ニュルンベルク）や酒井宏樹くん（ハノーファー）ら仲のいい選手がいて、彼らの活躍ももちろん嬉しいけど、ハジくんが活躍すると、それにも増して嬉しくなる（笑）。

　シーズン終盤に差し掛かった最近もハジくんから、「このまま突っ走れよー」というメールが届いた。リーグ戦も残り8試合。もちろん、突っ走ります！

今めっちゃ欲しいものがある。それは……クロコダイルにするべきか、カサブランカにするべきか？　もちろん、高価な時計やから、そう簡単には手を出せへんけど、シーズンが終わった時に自分なりの目標を達成できたら、ご褒美として考えてもいいんちゃうかと思ってる……けど、どうやろ、嫁？（笑）

フランク・ミュラーの時計！

　そもそも、この時計が欲しくなったのは、フランク・ミュラーの人生に魅せられたから。僕って買い物をする時に、その物にまつわる歴史やデザイナーさんの人生に惹かれることが多いねんけど、フランク・ミュラーもその一人で。『神の時計師』と呼ばれるに至った生い立ちや、生き様、時計への想いやこだわりを知って一気に興味が増した。

　ちなみに、彼を知らない人のために簡単に説明すると、アンティーク時計を扱う時計屋さんに生まれたフランク・ミュラーは、幼少時からアンティーク時計を分解しては組み立て直す作業にのめり込み、自然と時計の構造や作り方を学んで大きくなった。しかも、17歳の時に入学したジュネーブ時計学校では、3年間で履修する単位を1年で修得したとか！　おかげで卒業にあたっては、時計を扱う大企業から引く手あまただったらしい。でも、本人はアンティーク時計にしか興味がなく、修理の仕事などを続けながらオーダーメイドの時計を作っていたら、その一つがポンと売れて、今に至る、と。

　って、偉大な人の説明にしては簡単すぎるな！（笑）　要するに、僕がフランク・ミュラーに魅了されたのは、彼が「金持ちになりたい！」とか、「売れる時計を作りたい！」と思って時計師になったのではなく、「好き」の延

人生に挑戦するのに年齢なんて関係ない

——フランク・ミュラー（スイスの時計師）

長線上にその成功があったことに共感したから。実際、僕も小さい頃は「サッカーで金儲けをしよう」とか、「有名になりたい」と思ってプレーしていたわけじゃないからね。遊びの延長でサッカーが好きになり、うまくなりたいからひたすら練習し、やればやるほど追求心が強くなって今に至るから。もちろん、僕はまだまだフランク・ミュラーのように世界的に知られた人間ではないけど、成功者である彼の人生に自分のサッカー人生を重ねているところは少なからずある。

しかも、フランク・ミュラーがすごいのは、世界に名を馳せた今も、毎年のように新しい性能を備えた複雑な時計を発表していること。でも、だからこそ彼は成功者であり続けるんよね。一つの目標をクリアした時点で、また新しい目標を立て、そこに向かって新境地を切り拓こうと努力する。それはサッカー選手も同じやと思う。

2013 Oct.

何をもって『成功』と呼ぶのかは人それぞれやけど、一つの『成功』を収めるたびに、また次の目標が生まれ、そこに向かう努力をするから、未来の可能性がさらに広がっていく。彼は以前、書籍かパンフレットで「人生に挑戦するのに、年齢なんて関係ない」と言っていたけど、ホンマにその通り。挑戦に年齢は関係ないし、挑戦を諦めない人間だけが成功を収め続けられるんやと思う。

そんなフランク・ミュラーの生き様に共感したからこそ、彼の作った時計が欲しい！　というわけで、シーズン終了後には購入できるように、残りの試合も頑張ります！　……ってことを、この連載を通して嫁にもアピールしておきます（笑）。

すべての1本目

——中西哲生（サッカー解説者）

ドイツでプレーしていた頃、あまりのシュートのうまさにビビった選手がいる。トニ・クロース（バイエルン）！　ロッベンやリベリー（バイエルン）ももちろんうまかったけど、シュートだけならクロースは群を抜いていた。少し浮いたクロスボールもうまく抑えてダイレクトでバチンと合わせられるし、トラップからミドルシュートも狙える。GKの位置を見て、巻いて落とすこともできるしね。練習では恐ろしいくらいの高確率でさくさくシュートを決めていたから。本人が意識していたのかはしらんけど、ゴールに向かって打ったシュートが外れたところも、ほぼ見たことがなかった。

そう言えば先日、取材でお会いした中西哲生さんが「大事なのはすべての1本目。世界のトッププレーヤーは、試合はもちろん、練習でもすべての1本目のチャンスを確実に決める力がある」って話していたけど、クロースもまさに、その能力が備わっていた一人。それを思い出したことで、僕も最近は普段の練習から『1本目』をかなり意識するようになった。

ただ、そうはいっても僕の場合は、シュートを打つ瞬間に「どう打とう」とか「ここに気をつけよう」と考えることはなく、直感に頼るところが大きい。試合中も、ボールを持った瞬間に考えるのは、GKの位置に応じて「ニアかファーサイドのどちらを狙うか」ってことくらい。FWによっては、マッチアップする相手の動きを意識して蹴り方や動きを変える選手もいるはずやけど、僕はすべて自分発信で決めている。もちろん、ボールを持った際には周りにいる敵、味方のポジショニングも瞬時に頭に入れるけど、そのあとは相手の出方をイメージしてプレーを選択するのではなく、「自分がどうしたいか」がファーストチョイスになる。

だから、今シーズンみたいにFWでプレーしていても、そのチョイスが直感的に、シュートではなくパスになる場面も多い。考えてみたら、これは子どもの頃から変わっていない。小学4～6年生の頃は、各年代で200点くらいずつゴールを決めていた……って、1年ごとにすべての試合の数字を集計していたコーチに聞いたけど、それだけのゴールを決めていながらも、僕自身は決してシュートを強く意識していたわけではなかったというか。ただボールを持った時に、自分がどうしたいかでプレーを選択していたら、自然と結果を残せていた。

それはおそらく、そのほうがシュートの決まる確率が高かったから。実際、今でもシュートを決めたいと思ったらシュートに固執しないほうが、ドリブルで抜きたいと思ったらドリブルに固執しないほうが、プレーがうまくいくしね。シュートだけに固執しすぎるとボールを持った瞬間、無理にでも自分がシュートを選択してしまいがちやけど、「パスでもドリブルでも、どっちでもいいか」くらいの感覚でいたら、自分にも余裕が生まれる気がする。それに、自分がいろんな選択肢を持っていれば、相手も必然的に警戒しなければいけないプレーが増える分、翻弄できるという側面もある。

2013 Nov.

というわけで、先日のJ2リーグ第38節・徳島ヴォルティス戦で決めた4ゴールも、あくまで直感的にプレーを選択した結果として決まったもの。ただ……周りの選手に助けられたとはいえ、そんなに入るとは、自分でもビビりました（笑）。

普段からテレビやDVDでよくサッカーの試合を観る。といっても、誰かのプレーを盗もうとか、自分のサッカー観を広げようという深い考えはない。単に自分がワクワクしたいから面白そうな試合を選んで、一人のサッカーファンとしていろんなプレーを楽しんでいる感じかな。

ただ、そんな時にたまに、恐ろしい衝撃に見舞われることがある。先月に行なわれたUEFAチャンピオンズリーグ第2節、レアル・マドリード対コペンハーゲン戦で、レアルのアンヘル・ディ・マリアが見せたラボーナのクロスもその一つ。トップスピードに乗って右サイドを突破し、左足のラボーナで入れたクロスボールをクリスティアーノ・ロナウドがヘディングで決めたシーンね！　あのプレーは、エグすぎた。しかも試合後のコメントがカッコよすぎて身震いした。

僕は左利きだから

――アンヘル・ディ・マリア（レアル・マドリード）

「なぜ左足でラボーナをしたかって？　僕は左利きだからさ」

あんなに難しく、かつオシャレなアシストを決めておいて、このコメントよ！　おそらく右足でも上げられないことはなかったはずやけど、左足に絶対的な自信があるからこそのプレーというか。しかも、CLの舞台でそれを実践し、かつ「なにか？　大したことをしたかな？」みたいな感じで、さらりとこのコメントを言ってのけるんやから、やっぱり世界はすごいわ！

でも、考えたらサッカーって究極なほどシンプルやし、無意識なもんよね。でもって、意図せずともミラクルなプレーが生まれるから面白いというか。実際、僕自身もよく「どうやったら宇佐美選手のようにドリブルで抜けますか？」とか、「どうすればあんなシュートが決まるんですか?」って聞かれるけど、正直、その瞬間は何も考えていないから。「しっかり足に当てるのと、コースを狙うことは意識しています」くらいには言えても、それってごくごく当たり前のことやん?（笑）でも、ホンマにそれだけで決められるのかといったら、そうではないわけで……。いろんな要素が重なり合って、そのプレーにたどり着いているはずやのに、その瞬間は意識的にやっているわけじゃないから説明はできない、と。

なので、ディ・マリアの「僕は左利きだから」という発言も、おそらくは心のままに出た素直な言葉なんやと思う。もちろんあのシーンを突き詰めれば、相手DFとの距離感や状況判断の中で、彼も左足でのラボーナの有効性を感じて、そのプレーを選んだとは思うよ。また、

2013 Nov.

彼が長い年月をかけて磨いてきた左足の『歴史』があってこそのプレーでもあると思う。でも、彼自身はその瞬間、あくまで無意識に、直感的にラボーナを選択したんじゃないかな。

僕がサッカー選手として目指すのはまさに、その領域。無意識に効果的なプレーができる選手になりたいという思いは常にある。なぜなら、無意識ほど強いものはないから！　事実、意識したプレーはどこかで硬さも出るし、相手に読まれたりもするけど、無意識であればあるほど、そのプレーは相手に読まれにくくなるし、より際立つようにも思う。僕がその領域に達するには、まだまだ練習して、自分を磨かなアカンけど、一方で、いつかは到達できるんちゃうかって淡い期待もある。だから、サッカーはやめられへん（笑）。

今シーズンの戦いはJ2リーグ優勝、J1昇格という目標を達成して幕を閉じた。※個人的にも、6月18日にチームに合流してからの5ヶ月半、めっちゃ充実した時間を過ごせたと思う。

なかでも7月20日のヴィッセル神戸戦でJリーグに復帰して以降、全18試合に先発して19ゴールを挙げられたのは自信になった。プレーの精度や質を考えれば、まだまだ物足りなさを感じている部分もあるとはいえ、ドイツで見失いかけていた「自分」を取り戻せたのは何よりの収穫やった。

結果が伴った理由の一つに挙げられるのが、日本に戻って以降、コンディション調整がうまく進んだことと、ドイツ時代から続けてきたフィジカル強化ができたことにある。特に後者によって、単純にプレーの幅が広がったのは大き

重くならないよ

――吉道公一朗（ガンバ大阪フィジカルトレーナー）

かった。筋トレによって体に「強さ」が備わったことで、相手との接触プレーも怖くなくなったし、そういう場面で以前のように「ドリブルで抜く」だけではなく、あえて体を相手に預けてボールをキープしたり、相手を吹っ飛ばしてスペースを作るなど、局面におけるプレーの選択肢も増えた。

このフィジカルは来シーズン、もう少し高めたいと思っている。というのも、サッカー選手は「うまさ、速さ、強さ」の三拍子が揃わなければコンスタントに力を発揮できないから。バイエルン時代のチームメイトだったリベリーやロッベン（バイエルン）らも、この3つを完璧に揃えた選手やったし、彼らのスーパーなプレーもまさにこの3つのバランスに支えられていた。

そんな彼らと自分を比べた時に、明らかに劣ると感じたのが「強さ」の部分。それもあっ

て、ドイツ時代からその強化に取り組んできたけど、フィジカルをもうワンランク高められれば、さらに爆発的な力を発揮できそうな予感もある。そのためには体重を今の75キロから、77～78キロくらいまで増やすのもアリだと考えているし、筋力自体ももっと高めたいと思っている。これは、吉道（公一朗）フィジカルトレーナーに「どれだけ筋トレをしても、やり方を間違わなければ体は重くならないよ」と言われたから。例えば、日本人がルーニー（マンチェスター・ユナイテッド）だとか、ボディビルダーみたいな体になろうとしたら「重さ」を感じるだろうけど、体を動かす「機動力」を上げるための筋トレなら、筋肉がプレーを邪魔することはないらしい。

その言葉を信じて、今シーズンも筋トレをほぼ毎日のように続けてきたけど、実際、体の重さは感じていない。何より、心配していた「筋トレによって、ボールタッチなど繊細な部分の感覚が変わるんじゃないか」という不安も、自分なりに解消できたしね。筋トレと並行して、トレーニング以外の場面でも……例えば、単にピッチの周りを走る時もボールを触りながら走るようにしたり、家にいる時もずっと足元にボールを置いて触っていたり。意識的に体にボールの感覚を刷り込ませてきたことで、繊細な感覚の部分も損なわずに筋力を増やすことができた。

これらは、あくまで僕の持論やけど、サッカー選手にとって自分が納得する、信じられるトレーニング方法を見つけるのは、すごく大事なこと。今後も自分の体と相談しながら、自分が納得できるやり方で継続的に取り組んでいこうと思う。

2013 Dec.

※2013年シーズンのガンバ大阪は観客動員でもJ2リーグを席巻。アウェーで対戦した21チームのうち、19チームのスタジアムでこの年のリーグ戦最多入場者を記録した

ご心配をおかけした鼻の手術は無事、終わりました。手術した日は、鼻に管を通されていたから鼻で呼吸ができなくて、溜まった痰が全部口に下りてくるから物は食べられないし、夜も眠れないしで辛かったけど、翌日からはすっかり元気になりました。

以前から僕は左の鼻腔が小さかった上に、アレルギー性鼻炎もあってまったく空気を通さない時もあったからね。ただ、違和感を感じつつも、手術するほどでもないと思っていたから気にしていなかってんけど、ある時、ドクターに相談したら「少なからず鼻の通りが良くなれば、心肺機能にもプラスの効果があると思うよ」と言われて。しかも手術自体はそんなに難しくはなく、鼻の穴から鼻骨を削って、鼻腔を広げるだけだと言われたので、それならとやってみました。

入れない時間を無駄にするな

——實好礼忠（ガンバ大阪ヘッドコーチ）

おかげで今は、驚くほど左の鼻の穴からスパスパと空気が入ってくる！（笑）といっても、シーズンが終わってしまったので、実際にプレーをした時にどんな効果があるかはまだ味わえてないけど、日常生活でもこれだけ息をしやすいんやから、間違いなく効果はあるよね……と期待してオフに入ります。

さて、毎シーズンのことながら、オフに入る前後には、いろんな『別れ』がある。すでにクラブから公式発表されているだけでも、コーチのノリさん（實好礼忠）や小井戸さん（正亮）、選手だとフジさん（藤ヶ谷陽介）や将生くん（平井）、健太くん（星原）、そして外国籍選手も……たくさんの人が今シーズン限りでガンバを去る。もちろん、プロの世界において、スタッフや選手の入れ替わりは当たり前のこと。僕も海外にいる時には、あまりに選手の入れ替わりが激しいことから「移籍なんてクラス替えみたいなもんやな」と思うようになったけど、そんなふうに頭ではわかっていても、やっぱり割り切れない気持ちもある。特に今回、チームを離れる日本人のほとんどが、僕がプロになった時からガンバにいた人たちやから。付き合いが長く、いろんな出来事を共有してきた仲間だからこその寂しさもある。

そんなことを短期入院した病院のベッドで考えていたら、プロ1年目の17歳の頃、ノリさんに言われた言葉を思い出した。当時の僕はトップチームに昇格できたとはいえ、紅白戦にすら入れない状況で……。いつも練習後には、ノリさんにシュート練習に付き合ってもらっていた。しかも若さ故に愚痴をこぼすし、態度もややふてくされているし(笑)、という時もあったのに、ノリさんはそんな僕を受け止めてくれた上

2013 Dec.

で言ってくれた。

「貴史、お前にとって、今のこの時期が一番大切なんだから。この入れない時間を無駄にするな」

正直、当時はノリさんの言葉に納得しつつも、自分の中で消化し切れないところもあった(笑)。それでも、僕なりに言葉の意味は感じ取っていたし、ずっとシュート練習に付き合ってくれるノリさんがいたから、頑張れたのも事実で……。また、悔しい思いをしながら練習し続けることをやめなかったから、今の自分があるとも思う。

ということを『別れ』に際して思い出し、改めてたくさんの人に支えられて自分があるということを肝に銘じた次第です。去り行く仲間とも、いつか思い出話をネタにゲラゲラ笑って食事ができたらいいな、と思っています。

2013
Another episode
～取材ノートより～

取材・文／高村美砂

サッカーへの注目度や関心が高まれば、競技人口も増えるはず（P165）

宇佐美がドイツに渡って一番驚かされたのは、国全体の『サッカー熱』だったという。

「ハンドボールとかも人気はあるけど、圧倒的に人気なのはサッカー。2部の試合ですら5万人入ることもあるくらいやから。日本のJ2リーグを想像すると……今年のJ2は、ガンバ戦だけは『ガンバ特需』的に人が入っているって聞いたけど、それ以外のチームには想像もつかない数字じゃないかな。これはやっぱり『国のスポーツ』として認識されているからやと思う。Jリーグも20年の歴史を積み重ねて、裾野は広がってきたと思うけど、この先、『国のスポーツ』と認識されるくらい人気が定着したら、選手の質とかレベルも必然的に上がるし、リーグそのもののレベルも上がっていくんじゃないかな」

――2013年6月取材

ドイツに行ったことで180度変わった部分（P168）

約2年ぶりの日本での生活で、宇佐美が気づいたのは「自分が思っていた以上に外国人かぶれになっていたこと」だった。

「やたらとウイングが癖になってる。オッケー！　と言う時にウインクしたり、やたらと指を鳴らしてしまう。あと、ハグで挨拶することが増えたし、人に対してもめちゃフランクになった！（笑）　あと、海外ではパスタとか麺類を『すする』行為が御法度とされていたからか、ラーメンを食べに行っても、蕎麦を食べに行っても、すすりづらくなってる！　これはすぐに戻ると思うけど（笑）」

他にもオープンカフェや自然を満喫できる場所を好むようになったのも、以前の自分であれば考えられなかったという。実際、練習後に自宅で過ごす時間が減り、買い物に出かけるなどアクティブに過ごすことも増えた。

「以前は一人でご飯に行くほうが全然好きやったのに、今は誰かと一緒にいたい欲が強くて。後輩と飯に行くとか、先輩に連れられてどこかに出かける機会もめちゃ増えた。あと、最近はいかに後輩に『なめられる』かを考えてる（笑）。そのほうがより後輩との心の距離が近づけるような気がするから」

以前のガンバ在籍時は自身が最年少だっただけに、『後輩』と呼べる存在ができたことも、どこか嬉しそうだった。

――2013年12月取材

いい記録がつながって……（P170）

宇佐美がガンバに復帰したのは、それまで主力だったレアンドロ（アル・サッド）と家長昭博（マジョルカ）がチームを離れ、倉田秋も負傷離脱していた時期。そんな状況で迎えたJリーグ復帰戦だったこともあって「少なからずプレッシャーはあった」という。

「結果が出せなければ間違いなく自分の責任やと思っていたし、何より、ドイツでの2年間で何も成長していないな、とは思われたくなかった。だからこそ何がなんでも結果を出そうと思っていた」

その決意のもとヴィッセル神戸戦に先発すると、7分に同点ゴールを奪い、39分にもゴールネットを揺らして逆転に成功。最終的にはガンバが3－2で勝利を収めた。

「早々に点を決められたことで気持ち的には楽に進められたし、悪くはないスタートになったけど、もっとやれたと思う。もっと点を取るチャンスもありましたしね。ただ、今はとにかくガンバでサッカーをしているのがめちゃ楽しい。動けばパスもどんどん出てくるし、ボールにも触れられる。その分、結果を出さなアカンってプレッシャーもあるけど、それを含めて楽しめていまず」

この日の2得点により、神戸戦でのゴールは4試合連続で5得点。『神戸キラー』ぶりを見せつけた。

——2013年7月取材

大森晃太郎とはジュニアユースからの付き合い (P172)

大森晃太郎によれば、二人の出会いは小学5年生の頃だったという。

「まだ面識はそんなになかったんですけど、たまたまナショナルトレセンの試合のあとに同じバスに乗っていて。めっちゃうるさい奴がおるな、どんな奴やねんと思って振り返ったら、一平(宇佐美)がいました」

以降は、特に接点はなかったものの、ガンバジュニアユースでチームメイトになった。

「あいつも僕がどこのチームに行くのか知らんかったらしいけど、ガンバに入ったら、あいつもいた、みたいな。でも、最初はそんなにすごいとは思わなかったんですよ。周りの選手もめっちゃうまかったから、目立つ感じでもなかったし。なのに、やっていくうちにどんどん頭角を現してきて……僕の記憶が正しければ1ヶ月くらい経った頃かな? 急に一平だけがAチームに呼ばれたんです。そうしたら、先輩に混ざっても全然ボールを取られないし、面白いくらいあいつにボールが集まるし、あいつからもボールが出る、みたいな感じですぐにゲームメーカーになっていて。『こいつ、やっぱり、ちゃうかも！』って思いました」

当時、大森と宇佐美は常にピッチでやり合っていたらしく、毎日のように喧嘩になった。

「敵になったら削り合いになるというか……あいつがボールを持った瞬間に、全然関係のないところから僕が削りにいったり、あいつがそれにムカついてやり返してきたり。中学生の時はほぼ毎日、ピッチで喧嘩をしていたはずですよ。周りも『またか』みたいに面白がっていました」

ただし、ピッチを離れれば、一緒に遊びに出かけることも多く、互いの家に泊まりに行ったこともあるそうだ。

「そういう時にたまに真面目な話もするんですけど、僕は結構、相談に乗ってもらうのに、あいつから相談されることはほぼなかったです。あ、高校2年でトップに上がった時に1回だけあったかな。プレッシャーを感じていたのか、ドリブルがうまくいかないとかで、『ドリブルってどんな感じでする？　二人目を見てる？　それとも一人目だけ見てる？』って聞かれて。珍しいなと思ったから覚えてます。Jユースカップで先発落ちした時も、『お前、ポジション取られてるやんけ！』って冗談で言ったら、『あいつに技術で負けてると思っていたら、今頃サッカーをやめてるわ』って真顔で返してきて……そんなふうに絶対的な自信を持てるのってすごいなって思ったし、やっぱりこいつには負けたくないって思いました」

そんな大森は、宇佐美の海外移籍に際し、「日本に絶対帰ってくんな。そのうち俺がそっちに行くから」と送り出した。

——2011年6月取材

ドイツで見失いかけていた「自分」を取り戻せた（P186）

初めて体感したJ2リーグについて、「想像以上に相手が僕らへの対策をしてくることに驚いた」と宇佐美。シーズンを終えて、改めてJ2リーグでの半年間を振り返った。

「J1はそこまで対策してくるチームばかりじゃなかったけど、J2はほとんどのチームが『ガンバをどう封じるか』を考えて戦術を徹底してくる。ただ、その分、相手の守備をどう崩すかを考えながらサッカーをしていたので、それによってチームとしてもかなり鍛えられたし、攻撃力をしっかり身につけてJ1に昇格できるのはポジティブな要素。ただ、まだまだプレーのアイデア、コンビネーション、ショートカウンターの幅は広げられる。それを来シーズンのJ1でチャレンジしたい」

また個人の成績については「復帰戦の神戸戦で2ゴールを取れたことがすべて」だと言い、19得点についても「二桁いければいいと思っていたけど、想像以上の数字」だと振り返った。

「第34節の松本山雅FC戦が終わったあとに、健太さん（長谷川監督）から僕のポジショニングについて、『FWとMFのバランスを5対5というよりは、8対2か9対1くらいの割合で、前にかかる時間を増やしてほしい』と言われて。僕が「5対5くらいのイメージでいる」って話している記事を読んでの意見だったらしく……。そこで、健太さんの考える僕と自分の考えに少しギャップがあるのを自覚して、健太さんの言うことを信じてやってみようとプレーを変化させたら、チャンスに絡む回数が格段に増えた。それが終盤、グッと得点数が増えた理由やと思う」

J2リーグでの半年間は、2年ぶりに戻った古巣への愛着がより深まるのを感じながらの戦いでもあった。

「深まるというより、正確には変わらず大好き、って感じやけど。以前にいた時は周りに引っ張ってもらっていたというか、強いガンバの一員って感じやったけど、今は『自分が勝たせたい』という思いが強くなった」

何より、忘れかけていたサッカーの楽しさを自分の中に呼び起こす半年間になったことは、キャリアにおいても大きな節目になった。

——2013年12月取材

2
0
1
4

あけましておめでとうございます。今年もよろしくお願いします。

2014年が始まりました。といっても、今はまだシーズンオフ中。毎日、適度に体を動かしながら、心身をリフレッシュしています。考えてみれば、ホッフェンハイムでのシーズンが終わったあと、ほとんど休む間もなくガンバに復帰したため、僕にとっての昨シーズンは、例年以上に長かったからね。この間にしっかり体のメンテナンスをして、気持ちを整えて、新たな決意で新シーズンを迎えたいと思っています。

今年の目標はJ1リーグで優勝争いをすること。昨年のJ2での戦いを無駄にしないためにも、二度と降格しないためにも、J1に復帰する今シーズンは正念場になるはずやから。J1で力を発揮できるか、チームとしても個人としても真価を問われる1年になるからこそ、自分の力を出し切って、1年を通してガンバが勝つための力になり続けたいと思う。

帰ってきてくれてありがとう
——ガンバ大阪サポーターの皆さん

そんなふうに自分の心の中で『ガンバのために』という想いがこれまで以上に強くなっているのは、昨年、ガンバに復帰してからの半年間で、改めてファンの皆さんにかけてもらった言葉の重みを感じているからやと思う。なかでも印象深く残っているのは、Jリーグ復帰戦となった第25節のヴィッセル神戸戦に始まり、優勝を決めたモンテディオ山形戦のあと、ホーム最終戦セレモニーの際にもスタンドからいろんな人が届けてくれた「帰ってきてくれて、ありがとう」という言葉で……。素直に嬉しかったし、改めて「ここに戻ってきて良かったな」とも思えた。と同時に、いい意味でのプレッシャーにもなった。

というのも、山形戦のあとにはサポーターの皆さんもJ2優勝をすごく喜んでくれていたけど、きっと本当の意味で求めているのは『強いガンバの復活』やと思うから。「帰ってきてくれて、ありがとう」の言葉の先には常に、「来年も頼むで」という想いがあるのを感じ取っただけに、それをしっかり受け止めて、今年を戦い抜かなアカンと思っている。

にしても、ガンバに復帰してからの半年は、サポーターの皆さんの声がよく耳に届いた。ドイツ時代は言葉の問題もあったし、そもそもスタジアムがあまりにも大きくて、スタンドの声がそこまでダイレクトに、ピッチまで届くことはなかったけど、J2では聞こえる、聞こえる(笑)。なかには、時に「何をしとんじゃ!」という叱咤の声が混じることもあったけど、僕自身は基本、ポジティブな声しか受け入れていなかったからね。これは何も、叱咤の声を聞いていないということではないよ。そういう声を受け入れざるを得ないほど、勝てない事実を申し訳なく感じた試合もいくつかあったしね。

でも、だからといって毎試合、そういう声ばかりを気にしていたら、プレーがこじんまりして、深みにハマっていくだけやから。それに、僕自身も子どもの時は、いちサポーターとしてゴール裏で応援していた身として、サポーターの皆さんが勝利を欲する気持ちは痛いほどわかっているつもり。だからこそ、僕ら選手は皆さんが最も欲している勝利をプレゼントするために、ポジティブに前を向いて、戦うべきやとも思う。というわけで、今年もサポーターの皆さんの声を常にポジティブに受け止めながら戦うので、熱い応援をよろしくお願いします。

2014 Jan.

今年も、小学生時代に所属していた長岡京SSの初蹴りに参加してきました。僕にとっての初蹴りは、気持ちをまっさらにしてくれる大事な時間。とにかくサッカーが楽しくて、うまくなりたい一心でボールを蹴っていた子どもの頃を思い出すことで自分を見つめ直し、フレッシュな気持ちで新シーズンに向かうことができる。

それに、長岡京SSから新たなプロ選手が誕生してほしいって思いもある。僕が子どもの頃にガンバの選手のプレーを見ていろんなことを感じ取ったように、後輩たちも僕のプレーを間近で見て、一緒にボールを蹴ることで「プロはこんなことができるんや」と肌で感じ取ってくれたら嬉しい。それによって、自然ともっとサッカーをうまくなりたい、練習をしよう、という気持ちも湧いてくるはずやしね！

香川を超えれるか

——小嶋重毅（長岡京SS監督）

という想いから、今回の初蹴りも周りから大人げないと指摘されるくらい、圧倒的な差を子どもたちに見せつけたった（笑）。特に今回は、僕の恩師である小嶋重毅監督から、なぜか初蹴り前に「香川を超えられるか」というミッションを与えられていたからね。おそらく、年始に放送されたテレビ特番で、香川くん（真司／マンチェスター・ユナイテッド）とキヨくん（清武弘嗣／ニュルンベルク）の二人が、最初に33人、次に55人の子どもを抜いてゴールを決めていた姿に感化されたんじゃないかな。でもって、小嶋監督なりの僕への叱咤激励というか……子どもの頃からハッパをかけられると火がつくという性格も熟知しているからこそ、ミッションを課してきたんやと思う。

というわけで、まんまとその作戦に引っかかった僕は「全然、余裕っすよ！」と返答したものの、『僕対11人』はすんなりクリアできても、さすがに『僕対22人』はかなり厳しく……。といっても、そこで諦めるはずはなく、結局3回目のチャレンジで22人抜きに成功。ただし、33人抜きは無理だと確信したので、22人抜きに成功した時点で美しく、気持ち良く初蹴りを終えました（笑）。

にしても、今の子どもたちは僕の時代に比べて間違いなく技術がある。これは日本サッカー界の成長に背中を押されてのことやと思うけど、一方で、テレビやインターネットなど、いろんなメディアを通してサッカーを目にする機会が増えたからか、指導者や子どもたちの目が肥えてきたせいか、変に『サッカー』をしようとしすぎているのは気になった。なんていうか、サッカーにおいて「考える」ことは大事やけど、低学年のうちから周りと連動することや、パスコースを作ることばかりを意識していたり、うまくサッカーをしようとしすぎているのも、やや違和感を覚えた。

というのも、僕が思うに、小学生時代はとにかくサッカーを楽しみ、いろんなプレーにチャレンジしていいと思うから。それによって思いも寄らないようなプレーができるようになったり、その中からオリジナリティーや自分の武器だと言えるものを見つけられることもあるしね。実際、僕も小学生時代はそうやって自分らしいプレーを見つけていった気もする。

だからこそ、今の小学生には、もっと自由に楽しんでサッカーをしてもらいたい。そうやっていても、いずれ中学生になれば自然と「楽しむだけではアカン」って考えるようになり、周りとの連携の中で生きる術を見つけようとするはずやから。

2014 Jan.

沖縄での1次キャンプが終わり、大阪に戻りました。といっても、3日間のオフを挟んでまたすぐ宮崎キャンプが始まるから、息つく暇もない感じ。毎年のことながら、シーズンイン直後はどうしても体のキツさはあるけど、日を追うごとにいい感じでコンディションが仕上がってきたのを感じる。それをさらに宮崎で高めていきたい。

始動を迎えるにあたって、今年は自主トレと称して、二度のキャンプを行なった。メンバーは敬輔さん（岩下）と晃太郎（大森）の3人！　第一弾はオーストラリアで、第二弾は沖縄で、大好きな敬輔ワールドに感銘を受けながら（笑）、自分をいじめ抜いた。

オーストラリアでは敬輔さんと仲のいい小野伸二さん（ウェスタン・シドニー・ワンダラーズ）と数日間、一緒に過ごさせてもらったけど、思っていた以上の素晴らしい人柄にびっくり。何より驚いたのが、伸二さんがあまりにも現地の人たちに受け入れられ、愛されていること！　実際、伸二さんが現地で仲良くなった方たちと食事をする機会に恵まれた時も、そこでの人との接し方や信頼関係を含め、まるで伸二さんはの生まれ育った場所であるかのように、オーストラリアに溶け込み、誰からも愛されまくっていました。

一目見た時から付き合いが長くなると思った

——小野伸二（ウェスタン・シドニー・ワンダラーズ）のオーストラリアの友人

その食事会に参加していた、伸二さんが現地で仲良くされている方と話をしていた中で印象的だったのは、伸二さんと初めて会った時の話。その人曰く、「伸二くんを一目見た時から付き合いが長くなると思った」らしく、実際1年以上が過ぎた今もその気持ちは変わっていないとか。出会いを機に、まったく興味のなかったサッカーの試合も、頻繁に見に行くようになったらしい。

　その言葉からもうかがえるように、伸二さんには自然と人を惹きつける魅力があるというか。サッカー選手としての素晴らしさはパフォーマンスを見れば一目瞭然やけど、それ以上に一人の人間としての魅力にあふれている。だから、オランダやオーストラリアに海外移籍しても、すぐに結果を残せてきたんじゃないかな。僕もホッフェンハイム時代は引っ込み思案な性格を改善して（笑）、社交的になって付き合いの輪を広げたつもりやったけど「僕なんてまだまだやってんな」って改めて思い知らされました。

　僕みたいに21歳の若造でも、サッカー界に生きていれば放っておいてもいろんな人に出会うし、いろんなつながりができていく。その数はおそらく、普通の大学生の何十倍で、この世界

2014 Feb.

に生きていなければ知り合えなかったような人に出会えることもある。でも、そんなふうに出会いが多いからこそ、逆にそのありがたみを見落としがちになるというか。実際、何かの縁で一緒に食事をした人の顔を忘れてしまうこともあるしね。

　でも、伸二さんはおそらくそうじゃない。出会った人との縁を本当に大事に考えているから、ああいう人間関係……説明が難しいけど、互いをリスペクトし、温かい人間関係が築けるんやと思う。伸二さんから直接、「人とのつながりを大事にしろよ」なんてことを言われたわけじゃないのに、伸二さんの立ち振る舞いや、伸二さんが現地で仲良くされている方たちとの出会いを通して、そんなことを感じたオーストラリアへの旅でした。

今年に入って高めようとトライしているのが、左足のシュート力！　普段から、世界のスーパープレー集を観るのが好きなこともあり、キャンプ中も空き時間を利用してぼーっと世界のスーパープレーを堪能していたら、この冬にインテルへ移籍したブラジル代表ＭＦ、エルナネスのプレーがふと目に留まった。

実はその前に、エルナネスがラツィオの練習場に別れを告げる日の映像に釘付けになって。見送りに来たファンに声をかけられた彼が感極まって泣き始めるんやけど、そんな彼をファンが温かく励まし、それを見たファンも号泣して……で、僕まで泣きそうになるという（笑）。その流れからエルナネスのプレー集を観ていたら、彼は右利きなのに、左足でのシュートをめちゃめちゃ打ちまくっていた。しかも、どっちが利き足かわからないくらいのクオリティーで！　長距離から左足で巻いてゴールを決めたり、左足で打つフリをして切り返したりもできるから、相手はめっちゃ翻弄されていた。

そのプレーを見て、僕も改めて左足のシュートのクオリティーを高めたいな、と思った次第。もともと、左足でもシュートは打てるほうやし、去年のガイナーレ鳥取戦でも左足でミドルシュートを決めたけど、正直、あれは偶然の産物やから（笑）。そうではなくて、意図的に左足でもいいシュートを打てるようになれば、きっとプレーの幅も広がっていく。そう思って、今年は左足でのシュートの質を上げるためのトライをしまくっています。

両足を蹴れるほうがいいよ

――小中高時代に出会った指導者の皆さん

といっても、右一本でも十分やっていける自信はあるけどね。小さい頃からいろんな指導者の人に「両足を蹴れるほうがいいよ」と言われても、基本、ひねくれていたからさ（笑）。右、左のシュートを50対50で蹴れるようになるなら、右足だけを練習して、右足で100蹴れる選手になりたいと思っていた。よく『左足100』の選手を「天才レフティー」って言うけど、その右足バージョンみたいな感じ？

残念ながら『右足100』の選手はあまりカッコいい表現をされることはないけど、「天才レフティー」と呼ばれる選手って、メッシ（バルセロナ）やディ・マリア（レアル・マドリード）、中村俊輔さん（横浜・F・マリノス）も然り、左足一本で生きていく覚悟が垣間見えるというか。左足しか蹴れないから、ではなく、左足にこだわってプレーしている人が多い気もする。ならば、その右足バージョンの選手がいてもいいんじゃないかと思ったし、プレー中も右足しか蹴れないとなれば、ギリギリのシーンでどちらの

2014 Feb.

足で蹴るのか、迷いもなくなる。つまり、ゼロコンマ何秒かの判断の遅れがない……という持論もあって、僕は子どもの頃から、指導者の人からのアドバイスをよそに、あえて右足にこだわって練習をしてきた。

ただ、プロのレベルで活躍するには、エルナネスのように状況に応じて左足は使えたほうがいいし、左足を高いレベルで使えるようになれば、右足もより際立つはずやから。ここにきてようやく、そろそろ左足のシュート力を追求してもいいんじゃないかと思った次第。といっても、これはあくまでシュートに限っての話。それ以外のプレーのベースは右足で、と思っているし、この右足にもさらに迫力を持たせたいとも思う。あぁ、サッカーって自分を向上させるためにやるべきことがありすぎて……楽しいわ。

スパイクだけが唯一の武器

――三浦淳寛（元日本代表）

僕が12歳の頃に見た2004年アジアカップのテレビ特番で、三浦淳寛さんがこんな話をしていた。

「サッカー選手はみんな同じユニフォーム、パンツ、ソックスを身につけて戦う。そう考えるとスパイクだけが唯一、ピッチに持ち込める自分だけの武器。だから僕はスパイクにこだわりがあるし、大事にする」

当時のアツさん（三浦）は確かアディダスの真っ白のスパイクを履いていて、無回転のFKを蹴っていてんけど、それを聞いて「カッコええ〜っ！」と（笑）。以来、自分のスパイク熱も一気に高まり、こだわりが強くなった。

実際、プロになってアディダスからスパイクを提供してもらっている今は、こだわりも半端ない！　アディダスの担当者に聞くところによれば、Jリーガーで3本の指に入るこだわりっぷりらしい。その担当者は「そこまでスパイクにこだわってくれるのはすごく嬉しいし、できる限り宇佐美くんの理想のスパイクに近づけたい」と言ってくれているけど、本音はかなり面倒やろうな（笑）……って思うくらい注文は細かい。

なかでも絶対に譲れないのが、ボールが当たる部分の形状、ポイント、そして見た目の派手さの3つ。そもそも僕には、素足に近い状態でスパイクを履きたいという考えがあって。ボールが当たる部分に凹凸や縫い目があるのが嫌やから、表面はツルンとしていて、皮もできるだけ足に馴染みやすくて柔らかい素材でお願いする。実際、最近はスパイクを履いてボールを触れば、皮を何枚重ねて作っているかも当てられるからね！　そのくらい足の感覚も敏感になっている。

二つ目はポイント。最近のスパイクってポイントの裏がいくつか彫られているけど、全部じゃないことも多いから。でも僕自身は、全部彫られていたほうがボールをしっかりと噛める気がするというか。プレー中、足の裏でボールを触る時にボールとの密着度が高くなる感覚があるので、全ポイントを手作業で彫ってもらっている。

そして最後は色。派手さと言ったのは、目立ちたいからではなく、常に自分の足の動き、位置を間接視野で捉えておくため。基本的にプレー中は顔を上げているから足元を見ることはないけど、足の位置が大体でもわかるほうがキックの調整をしやすいからね。となると、緑の芝に緑のスパイクでは見にくいから、芝と同化しない派手な色をお願いする。

他にも、サイズは足型より1ミリ大きく……

2014 Mar.

つまりスパイクの中で足が少しだけ自由に動くように作ってもらうとか、挙げればキリがないけど、大まかにはそんな感じ。

ただ、そうして出来上がったスパイクを、試合や練習の紅白戦ですぐにデビューさせることは絶対にない。まずは、軽めの練習の時に履いてみて、皮が馴染んでボールが足についてくるようになったなと感じた段階で初めて、紅白戦や試合でデビューさせる。そうして自分の足により近い状態になるのに、だいたい1ヶ月くらいかかるかな。そうなれば、あとは使えなくなるまでひたすら履き込むからスパイクもきっと喜んでいるはず（笑）。

と、ここまでこだわってもミスをするのがサッカーやけど、少なくともスパイクによって、ミスの確率は下がっているはず。だから……スパイクさん、いつもありがとう。

開幕を10日後に控えた2月19日、練習中に左足首を負傷しました。2対2の際、急に背後から足首をがっつり蹴られたような痛みが走り、しかもバチンという大きな音もしたので後ろを振り返ったら誰もいない……。その症状からして、アキレス腱断裂も覚悟して足をゆっくり動かしてみたら、激痛はありながらも神経は通っている感覚があり、「アキレス腱ではないな」と。結果、ドクターには左腓骨筋腱脱臼と診断されました。

　腓骨筋腱脱臼とは読んで字のごとく、腓骨筋腱が脱臼するケガのこと。ただ、僕の症状はいわゆる腓骨筋脱臼とも違うらしくて。ドクターじゃないので説明がうまくできひんけど、簡単にいえば、足首の腓骨筋を囲う下腓骨筋支帯が剥がれてしまったことで、腓骨筋が前方に脱臼してしまった……ということらしい。

シーズン長いから
完全に治して帰ってこいよ

——加地亮（ガンバ大阪）

　その原因として考えられるのが、生まれつき明らかに人よりも大きくて先端が尖っている、くるぶし。このくるぶしが日常的に下腓骨筋支帯を傷つけてしまっていたという見解から、今回は腱の縫合のみならず、くるぶしの骨も削って再発を防ぐという手術も一緒に行ないました。

　結果、復帰までは今のところ約1ヶ月半の見込み。場合によっては5〜6カ月かかるという最悪の事態は免れたどころか、思った以上に症状が軽かったため、この程度の離脱で済むらしい。というわけで、今はただただギプスを外して、二足歩行ができる日を心待ちにしながら、受傷箇所以外の強化に取り組んでいます。

　そういえば、ケガをしたばかりの頃、敬輔くん（岩下）と息子さんがお見舞いに来てくれてんけど、ヨタヨタながら二足で歩く敬輔ジュニアの姿を心からうらやましく、かつ尊敬の眼差しで見ていた僕。そんな自分に「ヤバい、自分が思っている以上にメンタルがやられている！」とビビったりもしたけど（笑）、長いサッカー人生を思えば、1ヶ月半の離脱なんて大したことないから。考えたら去年、ガンバに復帰した時も登録の関係で1ヶ月近く試合に出場できず、同じようにウズウズしながら試合を見ていたしね。今はただ「試合に出たい」「ボールが蹴りたい」というウズウズを蓄えまくって、復帰した際に『結果』として爆発させたいと思っています。

戦列復帰の目標は4月12日の大阪ダービー。ケガをした時期から逆算しても、大阪ダービーの1、2試合前に徐々に合流して、大阪ダービーで完全復活！というプランは不可能じゃないはずやから。間に合うか、間に合わないかの

2014 Mar.

絶妙な日程を組んでくれたJリーグに感謝しながら（笑）、最近はこの日程に「もしかして、僕はケガの運まで持ってるんとちゃうか？」と、いい勘違いをしてリハビリに励んでいます。

その支えになってくれているのが、嫁や家族をはじめ、チームメイトやスタッフのみんな。滅多に……どころか、そんな真面目なメールを送ってきたことはないやろ！っていう加地さん（亮）でさえ「シーズン長いから完全に治して帰ってこいよ」という優しいメールをくれたしね。ギプス経験のあるミョウさん（明神智和）も、自身の経験をもとにギプスが外れたあとはこうしたほうがいい、とアドバイスをくれた。そんな仲間のためにも復帰した暁には、またパワーアップした宇佐美貴史を見せたいと思います。

意外に思われるかもしれないけど、僕は結構、読書が好き。マンガも読むし、雑誌も読むし、マニアックな本も読む。もともと宇宙とか、物理学的な話に興味があるだけに、専門的な内容が書かれた本を読んで、その世界に浸っていることも（笑）。

この話はあまりに深くなりすぎるからまたの機会にするとして、そんな僕が最近読んだ書籍の中で感銘を受けたのが、20年間、麻雀で無敗を誇る桜井章一さんの『負けない技術――20年間無敗、伝説の雀鬼の「逆境突破力」』やった。

知り合いの人に勧められて手に取ってみたら、これがまあ面白い！　以前から桜井さんのことはテレビで見て知っていて、「すごい人もいるもんやな」と思っていたけど、その無敗伝説もさることながら、本を読んでみると、考え方もかなり斬新やった。

勝とうとしない事の重要性

――桜井章一（雀士）

というのも、桜井さんはこの本で、勝負師であるにもかかわらず「勝とうとしないことの重要性」を説いているから。彼曰く「勝負事というのは、勝とうとするから勝てない。負けないように心がけることが、勝つために必要なメンタルだ」と。つまり、勝とうとするから力んでしまって冷静な判断ができなくなるけど、負けないようにと考えれば、客観的に自分を見られるし、リラックスした状態で判断を下せるらしい。実際、強さの秘訣を尋ねられた際の答えも「相手が勝手に勝ちにきて、勝手に潰れていくだけで自分は何もしていない。だから僕は、実は全然強くない」やからね！　そこは「いや、十分、強いでしょ」とツッコんだけど（笑）。

また、本の中で印象に残ったのが、次の言葉。「勝ちたいという思考は自然界の中には存在しない。自然界にいる動植物は本能で生きる、つまり、負けないという不変のスタンスがあるだけで、それ以上でもそれ以下でもない」

そんな発想できる⁉ って考えると、やっぱり桜井さんは天才なんやろうなぁ。その証拠に、彼の伝説を聞いていると、経験による目に見えない力が働いているとしか思えないことも多いから。例えば、自分の弟子が麻雀を打っていた時、自分はなんら勝負の流れを気にせずにテレビを見ていたのに、弟子がある牌を切ろうとしたら「その牌じゃないな」と一言。実際、その言葉を聞いて思いとどまった弟子が勝った、とかさ。70歳という年齢からも、桜井さんの経験や場数は相当なはずと考えても、その中で培った直感みたいなものも働いた上での『無敗伝説』なんやと思う。

それでも、桜井さんの言葉には「言われてみれば、確かに一理あるよな」ってことが多いというか。事実、サッカーでも点を取りにいこう、勝ちにいこうとしすぎて、それが裏目に出る場合もあるしね。

ただ僕自身は、勝負事で「勝ちたい」というのは当たり前の心理だと思っているし、「負けないでおこう」というメンタルで試合に臨むことはない気もする。桜井さんの言うように力みすぎないことや、勝ちたいという気持ちの中で冷静さを保つ必要性にはすごく共感できるけどね！「こういう勝ち方もあるんやな」と知ったことは、今後に活かせそうな気もする。

といっても最近、ようやくギプスが外れ、念願の二足歩行に戻った僕は今も懸命にリハビリ中。勝負以前に、早くサッカーをさせてくれ！って感じやけど（笑）。

2014 Apr.

4月に入りました。一時は、足首を固定していたギプスの影響でびっくりするくらい筋力が落ちて、ほっそりした僕の左足のふくらはぎも、春の訪れとともにようやくまともな太さになってきた。人間の体って素晴らしい！　筋トレって素晴らしい！　回復力って素晴らしい！　そんなことを日々、実感しつつ、ケガをしている今だからできることをしっかりやろうという決意で、筋トレや体幹トレーニングに励んでいます。

そんな中、先日クラブハウス内にある僕への連絡ボックスに、いろんな方からのファンレターに混ざって、随分と分厚い手紙が届いていた。正直、差出人の名前を見ても最初はピンと来なかったけど、封を開けて読んでいるうちに、かつて僕が同じチームでプレーしたある先輩のご両親からのものだとわかった。

しっかり治さないと違うケガを引き起こす

――知人の両親

そこには、先輩が高校1年生の時にサッカーでケガをしてしまったこと。その痛みを我慢してサッカーを続けていたら日々の生活も困難になるような病を併発してしまい、サッカーと学校を辞めなければいけなくなってしまったこと。併発した病の原因がずっとわからずに、5年間にわたって原因不明の嘔吐やめまいに苦しめられたこと。そして、原因がわかった今は治療を受けつつ、社会復帰を目指してアルバイトをしながら頑張っていることなどが綴られていました。

手紙には「宇佐美選手には、息子と同じようなことにはなってほしくないという想いから手紙を書きました」と書かれていて、最後は僕への温かいメッセージで締めくくられていました。

「苦しむ息子の姿を見てきただけに、ケガをしたならば、まずはしっかり治すことを心がけてください。精神的なダメージや焦りもわかるけれど、しっかり治さないと、また違うケガを引き起こすこともありますから」

先輩がサッカーを断念せざるを得なかったのはすごく残念な話やったけど、ご両親からのメッセージはリハビリ中の僕にとって、すごく嬉しかったです。と同時に、真摯にその言葉を受け止めました。

ケガというのは、いろんなことを自分に教えてくれる。家族や仲間のありがたさ、健康であることの大切さ。当たり前のことを当たり前にできる幸せ、自分にとっての『サッカー』の大切さなど……。だからこそ、今はケガから逃げず、真正面からちゃんと向き合って、乗り越えて、パワーアップしてピッチに戻りたいと思っています。

リハビリの最中に、そうやって温かいお手紙

2014 Apr.

をいただいたこと。ケガをしっかり治す大切さを再認識したこと。そして今回の先輩家族のように、そんな気持ちで僕を見て、応援してくれている人がいると知ったことは、復帰を目指す上で大きな力になった。と同時に、世の中にはサッカーをしたくてもできなくなった人もいて、自分がボールを蹴れるのも決して当たり前ではないということを、しっかりと自分の心に刻んで、これからもサッカーを頑張りたいと思います。

最後に、おそらく僕以上にいろんな苦しみ、悔しさをたくさん味わった先輩に、僕なんかが伝えられることなんて何もないけど……ピッチに戻った暁には、自分の想いをプレーでしっかり示したいと思います。お互いに自分が目指す目標に向かって、一緒に頑張っていきましょう！

したくない事するのが社会

――小籔千豊（お笑い芸人）

先日、テレビで『アメトーーク！』を観ていたら、大好きなお笑い芸人の小籔千豊さんが、まさに小籔さんらしい話をしていて感動した。小籔さんは「世の中には『夢は叶うんや』みたいな歌が多すぎる」という話から始まって、最後は「言っておくぞ！　子どもたちよ！　夢なんか絶対に叶わんからな！」と締めていた（笑）。

その話を簡単に説明すると、名の知れたミュージシャンがよく「夢は叶う」的な想いを込めた歌詞を歌にしているのは、名の知れたミュージシャン、イコール、実際に夢が叶った人だからそうした歌を歌えるんだ、と。某CMで本田圭佑くん（ミラン）が小学校の頃の作文に「僕はセリエAで10番をつけます」って書いて、その通りになっているのも、「あの人は、死ぬほど努力をして、周りの人に助けてもらって、いろんなことを勝ち抜いて夢を叶えたんだ」と。つまり、小籔さんは「人生は歌のように簡単にはいかないことがほとんどで、夢を叶えられるのはほんの一握りの人間だけや」ってことを伝えたかったんやと思う。

うん、一理ある（笑）。確かに夢って、ものすごい努力と能力と運と、家族や仲間、いろんな人たちの支えや応援と……あとはなんやろ？　とにかく、いろんなことが揃わないと、叶えることはできない。といっても、僕もある意味「プロサッカー選手になる」という夢は叶えた一人やから、小籔さんにかかれば説得力がないと言われてしまうかもしらんけどね（笑）。でも、そうした過程がなければ、絶対に今の自分がないことだけはわかる。それに、一つ目の夢を叶えたら叶えたで、また次の夢が生まれてきて、そこにたどり着くにはより一層、とてつもない努力を重ねなければたどり着けないってことも。それをわかった上で、夢を持つことや、そのために努力を続けるのは、すごく大事なんじゃないかな。

ただ、それらを心から理解して、目標実現のために必要な努力を本気で重ねられる人は意外と少ないのかもしれない。小籔さんは「社会なんてジャングルみたいなもの。サソリやヘビもいれば、汚ないこともたくさん起きる。なのに大人が、そのジャングルに出ていこうとする子どもに『社会はめっちゃ快適でいいところや』と教えるから、子どもが実際に社会に出て、現実に驚いて引きこもってしまうんや」みたいなことも言っていたけど、確かに夢を叶えるとか、社会で成功する、あるいはもっと掘り下げれば、生きていくこと、お金を稼ぐことは想像以上に大変やから。おそらく、この春に新社会人にな

2014 Apr.

った人の大半もまさに今、それを実感しているんじゃないかな。

ただ、それでも生活するためには仕事をしないとアカンし、小籔さんが言っていた通り、「したくないことをするのが社会」という事実も受け入れなアカン。僕だって、そう。自分の夢のためにはいろんなことに取り組まなアカンし、ケガをしたらリハビリという地味なトレーニングを続けなアカンし、精神的な辛さも乗り越えないとアカン。

もっとも、僕はこれを嫌だとは思っていない。自分が再び大好きなサッカーをするために、次の夢を叶えるためには必要だと信じて取り組んでいるし、今を乗り越えなければ、先もないと思うしね。……なんてことを、小籔さんの爆裂トークに大笑いしながら、真面目に考えていた21歳でした（笑）。

ウルっときました

——清野大輔（ガンバ大阪チームドクター）

4月26日にアウェーで行なわれたJ1リーグ第9節・川崎フロンターレ戦で、途中出場ながら戦列に復帰しました。チームとして結果を出せなかったことや、個人的にも流れを変えられなかったのは残念やけど、ケガをしてから復帰までの約2ヶ月を考えれば、再びピッチに戻れたことを素直に喜びたい。

その復帰戦後、清野大輔チームドクターからメールが届いた。

「今日、貴史がピッチに入る後ろ姿を見て、ウルっときました。ここからがスタートやけど、焦らずにコンディションを上げてください。ホンマ、おめでとう」

清野先生は、昨年末に鼻の手術をした時からいろいろ相談に乗ってもらっていて「ワールドカップのメンバー入りの可能性を少しでも広げたい。そのためにプラスになることは全部やりたい」という想いを先生に伝えた上で、鼻の手術に踏み切った経緯もあった。それもあって、今年2月に僕が左足首を痛めた時も、先生は一緒になって残念がってくれて……。以降も、過剰に何かを言ってくることはないけど、ずっと見守ってくれているのを感じていた中で、僕がどんな気持ちでいたかも察してくれていたはずやから。だからこそそのメールだと思うと、すごく嬉しかった。

清野先生に限らず、今回のケガに際してはいろんな人に支えられて自分があることを改めて痛感した。『陰と陽』で考えるなら、ピッチでプレーする僕ら選手は『陽』ではあるけど、僕らが輝けるのは、間違いなく、ドクターやトレーナー、マネジャー、会社で働く人たち、洗濯をしてくれている人など、『陰』で支えてくれる人たちがいるから。それを僕たち選手は忘れたらアカンし、当たり前のことながら、その人たちへの恩返しのためにも頑張らなアカンと思っている。

さて、川崎F戦で戦列復帰をしてからの僕の状態ですが、正直、思った以上にキレを取り戻すのに時間がかかっている。もちろん、これだけ長くサッカーから離れていたので、ある程度は覚悟していたし、逆に僕が大事にしているボールタッチの感覚などは思った以上に悪くないなと感じているくらいやけど、いかんせん『試合勘』の部分は、調子がいい時に比べて劣っているのは明らかで……自分らしいキレも出し切れていない。

ただ、これに関しては、試合に絡む時間が増えれば否が応でも戻ってくるはずやけど、そうはいっても、すんなりと先発のチャンスをもら

2014 May.

えるはずがないから。途中出場で結果を残さないと、健太さん（長谷川監督）にも周りの選手にも認めてもらえないという自覚もある。だからこそ難しくもあるけど、ごちゃごちゃ考えていても始まらんから！　できるだけ早く先発でピッチに立てる状態にすることだけに気持ちを注ぎたいし、チャンスがもらえた時にはその中で何ができるか、いかに自分がベストと思える状態に持っていけるかを、追求し続けたいと思っています。

なかなか勝ちがついてこず、チームとしては苦しい状態にあるけど、こういう時だからこそ自分の真価も問われるはず。そのことをいいプレッシャーに変えて、前を向いてやり続けながら、自分にもチームにも『結果』をもたらしたいと思う。

5月6日は僕の22回目の誕生日であり、今シーズン初めて先発したJ1リーグ第12節・徳島ヴォルティス戦でした。結果は周知の通り、3−0で勝利。僕も今シーズン初ゴールを決められました。

正直、パフォーマンス自体は、自分のベストな状態に比べるとまだまだ物足りないし、ゴール自体も相手に当たって入るという多少のラッキーもあったけど、それが決まってしまうあたりが……もってるな、と（笑）。ただ自分のゴール以上に嬉しかったのは、チームとして苦しい戦いが続いていた中でしっかり結果を出せたこと。ずっと待ってくれていたサポーターの皆さんに、久しぶりに勝利をプレゼントできたこと。この二つが僕にとって何よりの誕生日プレゼントになりました。

ちなみに、徳島戦後はそんな僕の今シーズン

ガンバを引っ張ってくれ

——播戸竜二（サガン鳥栖）

初ゴールと誕生日をダブルでお祝いするメールがじゃんじゃん届いた。皆さん、ありがとうございます！　その中にはバンさん（播戸竜二／サガン鳥栖）からの「お前がガンバを引っ張ってくれ」というメールもありました。

バンさんは節目のたびに必ずメールを送ってくれる人。バイエルンに移籍して初ゴールを決めた時も、ガンバでの復帰戦でゴールを決めた時も、自分のことのように喜んで、まめにメールをくれる。ガンバで一緒にプレーしたのはほんの1年くらいやし、違うチームになってからは頻繁に連絡を取り合うような間柄でもないけど、いつも気にかけてもらって……いやぁ、マジで感謝です。

もちろん、バンさん以外にも敬輔くん（岩下）ら、ガンバの先輩方はホンマにいい人ばかりで。普段からご飯に連れて行ってもらったり、何か

とお世話になりっぱなしやけど、その感謝の気持ちは後輩たちに受け継いでいかなアカンというか。僕はまだ22歳で、自分より年下の選手となると、未成年が多いからね（笑）。今はまだ食事に連れて行くような機会もあまりないし、みんなで行くとなれば僕より上の先輩が面倒を見てくれるけど、いずれ僕も年を重ねたら、もっと後輩を気にかけてあげられるようになりたいし、そうしたいい伝統は受け継いでいきたいとも思う。

さて、J1リーグは第14節を終えて、ブラジル・ワールドカップ開催による中断期間に入りました。徳島戦、名古屋グランパス戦（○2－1）と、最近は明らかにチーム状況が良くなっているという手応えを感じられていたからね。それだけにFC東京戦（●0－3）の敗戦は残

2014 May.

念やったけど、リーグ前半戦で苦しむ傾向にあった攻撃面も、以前よりボールが回るようになってきたし、いいテンポで攻撃を仕掛けられる回数も増えてきた。

また、個人的にも先発に復帰してからは、徳島戦、名古屋戦と2試合続けてゴールに絡むことができ、日に日に体も動くようになっている。もちろん、プレーのテンポや仕掛け方、コース取りなどの感覚はまだまだ甘い。もっとバチンと合わせられるシュートを打てるようになりたいとも思う。でも、そうした課題を実際の公式戦で感じられた上で中断期間に入れたのはポジティブな部分。あとは、それらの課題をこの中断期間にしっかり修正しながら、再開後にもうひと伸びできるように、イメージと体をすり合わせる作業を続けていきたい。

舌をかんで死のうと思った

——今野泰幸（ガンバ大阪）

ワールドカップによる中断期間でチームはオフに入ったけれど、気になるのは日本代表の動向……というか、厳密には今ちゃん（今野泰幸）の動向（笑）。年下の僕が言うのもなんやけど、今ちゃんは背負わなくてもいいはずの責任まで背負い込んでしまう人だけに、なんか心配（笑）。能力の高さを考えれば、めちゃめちゃ自分に自信を持つべきやのに、常に自分のプレーを反省しているイメージもあるしさ。もっとも、それが今ちゃんの良さでもあるんやけど。

ちなみに、今ちゃんの能力の高さはマジで半端ない！　守備能力も高いし、足元もめちゃめちゃうまいし、一瞬の寄せも驚くくらい速い。実際、練習で2対2とか3対3を一緒にやると、綺麗にボールをかっさらわれることも多い。しかも、ガツガツとボールを取りにくるのではなく、矢のような俊敏性で的確に、スパッと奪い取られてしまう。だから、相手にするのはめちゃめちゃ嫌！　本人にそれを伝えたら間違いなく「そんなことねーよ」って返してくるはずやけど（笑）、僕は日々の練習でも、試合でも、最低でも1日1回は「いやぁ、今ちゃんってやっぱりすごいわ」と思っている。その感覚はきっと、僕に限らず今ちゃんと一緒にプレーした選手なら誰でも持っている。チームメイトとして同じピッチに立った選手は、否が応でも「今ちゃんがいる安心感」を感じ取ってしまうんじゃないかな。

なのに、なのによ！　そんな素晴らしい選手でありながら、J1リーグ第8節・大宮アルディージャ戦後には「舌をかんで死のうと思った」ってコメントやから！　確かに1－0でガンバが勝っている状況で今ちゃんが途中出場し、その3分後に同点弾を決められてしまったという流れはあったよ。でも、今ちゃんはまったく失点にも絡んでいないし、なんなら、結果的には今ちゃんが決勝点を決めて逆転勝ちもしたからね！　なのに試合後、報道陣に囲まれた時のコメントが「舌をかんで死のうと思った」って、なんなん、その責任感は！　仮に今ちゃんのミスで失点したとしても、チームメイトの誰もが「今ちゃんがミスをしたなら、しゃあない」って思うはずやのに、なぜにそこまで背負い込む？

マジでそう言ってあげたいけど、きっと今ちゃんは、そんなふうに自分に責任感を課すことで、その才能を伸ばしてきたんやろうな、とも思うから、僕ごときが言うことでもないな（笑）。というか、今ちゃんの能力の高さに気づいている人なら、僕が多くを語らずとも、このコメントで彼の素晴らしさをわかってもらえるはずやしね。だから僕が願うのは、そんな大好きな今ちゃんに、ただただ幸せになってほしいってこと（笑）。

そのためにも、ワールドカップの舞台で「今野が日本代表を勝たせた」って言われるくらい輝いて、笑顔で戻ってきてほしい。そして、いろんなことを吸収してチームに戻ってきた暁には、僕が今ちゃんのプレーを見て「やっぱりワールドカップの経験ってすごいんやな」と感じ取りたいと思います。

頑張れ、今ちゃん！　頑張れ、ヤットさん（遠藤保仁）！……って、おまけみたいにヤットさんの名前を出したけど、ヤットさんに関しては、僕がエールを送るまでもなくいつも通りに自分のペースで輝きまくるはずなので、あしからず（笑）。

2014 Jun.

フットボールは難しい

――ジネディーヌ・ジダン（元フランス代表）

ブラジル・ワールドカップが開幕し、いきなりブラジル代表のネイマール（バルセロナ）が素晴らしいゴールを決めた。自国開催での開幕戦だったにせよ、あの得点が決まった瞬間のスタジアムの盛り上がりはすごかったね！　あれを見て、改めてサッカーでの『ゴール』がもたらす興奮は半端ないなって思った。

　僕はこれまで、様々なゴールシーンを自分の脳に落とし込んできた。スアレス（リバプール）、ピルロ（ユベントス）、シャビ（バルセロナ）、ジェラード（リバプール）、メッシ（バルセロナ）……所属チームとか、プレースタイルが自分に似ているかどうかに関係なく、いろんな選手のゴールシーンをひたすらぼーっと観続けて、その『パターン』を頭の中に蓄えていく、みたいな。そうするとどうなるか？　サッカーの試合に一つとして同じシチュエーションはないとはいえ、たまに似たようなゴールチャンスを迎えた時に、頭の中に蓄えておいたプレーの中から「これだ！」というものがバンっと瞬時に選択され、体が勝手に反応する。

　もっとも、いつもうまくいくとは限らんし、自分のイメージだけでプレーを選択する場合もあるよ。でも、これだけサッカーを見ていたら、そうとも言い切れないというか……。自分のイメージと思っているプレーが、もしかしたら頭の中に刷り込まれた数々のパターンから選ばれたプレーってこともあるかもしれない。そう思えばこそ、たとえ3分でも時間がある時は、僕はひたすらサッカーの試合を観る。国内か、海外かは問わないし、J2リーグの試合を観る時もあるしね。おそらく僕は自分が思う以上に、サッカー中毒なんやろな（笑）。

　そんなサッカー好きの僕が選ぶ、スーパーゴールベスト3を挙げてみようと思ったけど……正直、候補が多すぎて決め切れない。パッと頭に思い浮かんだのは、どの試合だったか忘れたけど、スアレスがプレミアリーグで相手DFをリフティングでかわして決めたゴールとか、メッシが今シーズンのリーガ・エスパニョーラのビルバオ戦で決めたゴールとか？　いや、メッシはたとえ決まらなかったとしてもえげつないプレーがたくさんあるしな……って考えると、やっぱり順位をつけるのは難しい。

ただ、1位だけは決まっている。それは、ジダンが2001－2002シーズンのUEFAチャンピオンズリーグ決勝のレバークーゼン戦で決めたボレーシュート！　あれは間違いなくナンバーワン！

だってファイナルという大舞台で、あれだけ

2014 Jun.

高く浮いたボールを左足でズドンやからね。あの時のレバークーゼンのGKは、のちにバイエルンでチームメイトになったブットが務めていたけど、まさかあの位置からあのコースに飛んでくるとは思ってもみなかったんやろうね。コースはどちらかと言えば甘かったように見えたけど、反応できていなかったから。そういう意味でもスーパーなゴールやったと思う。

あのシーン以外にもジダンのゴールやプレーはいろいろと見てきたけど、あの人は紛れもなく、サッカー界の最高傑作。であればこそ……ある記事でジダンが語っていた言葉に度肝を抜かれた。だって「フットボールは難しい」やで！　ジダンにそう言われてしまったら、僕らはもはやどうしたらいいんや？（笑）　いやはや、やっぱりジダンは神ですな。

満足するつもりはない

――アリエン・ロッベン（バイエルン）

オランダ代表、ロッベン（バイエルン）の勢いが止まらない。ブラジル・ワールドカップの決勝トーナメント、メキシコ戦では決勝点につながるPKを獲得し、グループリーグでは3試合で3得点。チリ戦のアシストもヤバかった！　終了間際に左サイドをドリブルで攻め上がっての、あのクロス！　元チームメイトでもあるロッベンなので、その実力は当然、知っていたけど、それでも驚いた（笑）。試合後のインタビューでは、全勝でのグループリーグ突破について聞かれ、「満足するつもりはない」と。うん、そうやと思う。ロッベンがグループリーグ突破くらいで、満足するはずがない。

　というか、バイエルンで一緒にプレーしていた時代も、満足した顔なんて一度も見たことがなかった。実際、どれだけ結果を出していても、毎日、練習前には恐ろしい負荷の自主トレをして汗だくになっていたし、一旦シャワーを浴びてからチーム練習に参加するのが常やった。また、調子が悪くて先発で使われない時は練習後に一人、グラウンドに残って、軽くジョギングをしながらボールをこね回していた日もあった。その姿を見ながら「こんなにハイレベルな選手でも、めっちゃサッカーが好きなんやな」って思った記憶がある。

　もちろん、チームでの練習には常に100%、マックスの力で臨んでいた。その姿は以前、この連載で紹介したリベリー（バイエルン）とも重なるところがあり……練習中はかなり吠えるし、熱くなりすぎてチームメイトと喧嘩になることも。僕がバイエルンにいた時代のロッベンは先発を外れる機会も多く、サブ組でよく一緒にボールを蹴ったけど、そこでもまあ、熱い、熱い！　おまけに、3対3とか4対4の練習で対峙すると、どれだけ細心の注意を払っても100%の確率で、彼が得意とする『中への仕掛け』でやられてしまう……。ただ、ロッベンの場合、10回に1回は、中ではなく縦に仕掛けることがあるからね。こっちも駆け引きをして「これだけ中、中と仕掛けていたら、次は縦に仕掛けてくるんじゃないか」と予測して動くと、縦に仕掛けてくる感じのボールの持ち方をしながら、また中に仕掛けられるという……。おかげで僕の背後から「中だ！　中にくるぞ！」と指示を出していたGKに何度怒られたことか（笑）。

「ドイツ語がわからんのか！　ロッベンは必ず中に仕掛けてくるって指示しているだろ！」

そのたびに「わかってる！　俺だって止めたくて、必死にチャレンジしているんや！」と言い返していた。それに、1対1で抜かれるのは

2014 Jul.

僕だけじゃないから。試合を見ていても、ロッベンに1対1で対応するのはまず無理やし、きっと全盛期のロベルト・カルロスでも止められないはず！　にしても、あの能力は、なんなんや？　当然、いろんな選手が僕のように駆け引きをしてボールを奪いにいっているにもかかわらず、スピードと一瞬のキレ、ボールの持ち方であっさり抜いていってしまう。もはや人間の域を超えているでしょ。

そんなロッベンの印象に残るエピソードは、練習後にシャワーを浴びると必ずバスローブ姿になっていたこと。すごく家族想いで、一番下の子をよく練習場に連れてきていたこと。その子の着ていたレプリカユニフォームには『10』背番号の下に『ROBBEN』ではなく、『PAPA』って書かれてあったこと。あれはめっちゃ可愛かった！

メジャーリーグサッカーのチーバスUSAに移籍した加地亮さんが、7月12日のホワイトキャップス戦にベンチ入りした。残念ながら出番はなかったけど、移籍したばかりやからね！　今後、鬼のアピールでスタメンを勝ち取ってくれるでしょう！

というわけで、すでに新天地でのスタートを切った加地さんですが、ガンバを離れる際にチームメイトで催した送別会での号泣はヤバかった(笑)。最初は冗談で泣き真似しているのかと思ったら……ガチで、しかも、しゃくり上げて泣く、泣く！　その姿が、いつもおちゃらけまくりの加地さんとあまりにギャップがあり、呆気に取られすぎて、もらい泣きさえできんかった……。

そんな加地さんとの思い出は、遠征時によくUNOをしたとか、互いの家族で食事に行ったとか、いろいろあるけど一番印象深いのは、僕がドイツからガンバに戻った時のこと。周りの選手が「おー、帰ってきたんかー」などと茶化してくる中で、加地さんだけが真顔で「貴史、おかえり」と声をかけてくれて。もちろん、他の選手の『茶化し』も、彼らなりの愛やと受け止めていたけど、僕なりにいろんな想いもあった中での復帰だっただけに、加地さんの言葉はすごく心に響いた。

また、加地さんは気づいてなかったはずやけど……僕のゲン担ぎとして、試合前のアップは必ず加地さんの後ろでやると決めていた。これは、僕の復帰戦となった昨年のヴィッセル神戸戦で、加地さんの後ろに並んでアップをしたら「なんか、この場所、居心地がいいわ」と思ったのがきっかけ。以来、加地さんがメンバー入りした時のアップでは、必ず加地さんの後ろを

眠そうにクラブハウスに来ないこと

——加地亮（チーバスUSA）

陣取り、その背中を見て力をもらっていた。なので……今後、誰の後ろでアップをすればいいのかは、現在模索中です。

そんな加地さんは、なんとガンバを離れるにあたって、選手一人ひとりに手紙をしたためてくれた。若干、字が汚かったのと漢字が少なかったのは気になったけど（笑）、「送別会後に、酔いが覚めないうちに書いたから」と加地さん。その言い訳はいいとして、すごく温かい手紙でめっちゃ嬉しかった。「次のワールドカップ、頑張れ」とか「またいつかヨーロッパに行って活躍してほしいし、貴史ならそれができる」とか。僕のテンションを上げまくってくれるメッセージが並んでいた中で、最後にズキンとくるメッセージが一つ。

「そのためには、眠そうにクラブハウスに来ないこと」

2014 Jul.

いやぁ、よく見てる！　さすが、10時就寝、5時起床の加地じいちゃん！　毎日、練習の2時間前にクラブハウスに来て準備をしていただけのことはある！　というのは冗談で、そういう意識の高さが加地さんのパフォーマンスを支えてきたのは間違いないからね。その姿から学ばせてもらった僕としては、少しでも加地さんに近づけるよう、その言葉をしっかり胸に刻んでやっていこうと思っています。

最後に、偉そうながら、海外移籍経験者の僕からのアドバイスは……たとえ会話にならなくても、現地の言葉を話す意思を示し続けましょう！　ってこと。それがチームやその国に溶け込む最速の方法やと思うしね。まあ、加地さんのことやから僕が言うまでもなく、よくわからんボディランゲージを交えて「OK！OK！」と言いまくっているはずやけど（笑）。

日本代表の新監督にハビエル・アギーレさんが就任した。監督がどんなサッカーを好み、どんな選手を求めるかは、まったくわからない。ただ監督の好みに関係なく、僕を呼ばざるを得ないくらいの圧倒的なプレーや結果を残せれば、必然的に選ばれるはずやから。まずは、そうした「圧倒的な存在」になりたいと思っている。

僕が日本代表で戦いたいと思う一番の理由は、自分を成長させていく過程において、プレッシャーが大きい場所でプレーする必要性を感じてきたから。日本代表に入り、その中心選手となれば、サッカーに興味がない人にも存在を知ってもらえることになる。例えばサッカーをまったく知らない人でも、本田圭佑（ミラン）や香川真司（マンチェスター・ユナイテッド）という名前を聞けば、「サッカーの日本代表だ」って頭に浮かぶようにね。

魂は置いてきた

——三浦知良（横浜FC）

そうして、日本中に知られる存在になれば、何が起きるか？ 単純に応援してくれる人や、自分に対するリスペクトの気持ちを持って接してくれる人が増える一方で、おそらくは敵意を燃やしたり、好感を持たない人も出てくる。その中では、自分にもいろんな声が向けられるようになり、それによって僕自身も喜んだり、幸せを感じたり、怒ったり、イライラを募らせたり、といろんな感情を……きっとガンバでプレーしている何倍もの感情を抱きながらサッカーをすることになる。そして、僕はそうした『感情』こそが自分を成長させる要素だと思っている。

もちろん、ヤットさん（遠藤保仁）みたいに、どんな状況に置かれても常にフラットなメンタルでサッカーに向き合える選手もいる。それはそれですごいことやけど、僕の場合、これまでのサッカー人生を振り返っても、自分に芽生えたいろんな感情こそが、自分を突き動かす原動力になってきたから。

実際、悔しさや反骨心、あるいは自分にかかるプレッシャーが大きいほど、結果も残せてきた。プロデビュー戦となった2009年5月のAFCチャンピオンズリーグ・FCソウル戦や、バイエルンに移籍する前のラストマッチとなった2011年7月のJ1リーグ・ヴィッセル神戸戦。Jリーグ復帰後最初の試合となった2013年7月の神戸戦などもその一つ。試合前夜に眠れないほどの大きなプレッシャーを感じながら、その重圧を自分に課して臨んだ試合ほど、明確な結果を残せてきた。

だからこそ、今よりもっと大きなプレッシャーや、いろんな感情を抱くことになるであろう日本代表でプレーしたい。それらすべてを反骨

2014 Aug.

心に変えて、プレッシャーを乗り越える苦しみを味わったり、それを乗り越えた時のより大きな喜びを感じながら自分を成長させたいと思っている。そのためには、まずはガンバで結果を残し、Jリーグでアピールすることが大前提になるけどね。

そういえば以前、カズさん（三浦知良／横浜FC）は、98年のフランス・ワールドカップを前に日本代表から外れた際に「日本代表の誇りと魂みたいなものは置いてきた」というコメントを残していた。当時、小学生だった僕は子どもながらに、その言葉に潜む、カズさんのとてつもなく大きな責任感を感じ取ったのを覚えている。そして、おそらくはその逆境を乗り越えたから、カズさんは今も唯一無二の存在感を放ち続けている。いやぁ、カッコいいわ！

ブラジル・ワールドカップを見ていて、改めて自分の心に芽生えた決意。それは「一発で試合を決められる選手になってやる」ってこと。アルゼンチン代表のメッシ（バルセロナ）やオランダ代表のロッベン（バイエルン）、ブラジル代表のネイマール（バルセロナ）、コロンビア代表のハメス・ロドリゲス（レアル・マドリード）のように。彼らは試合の中で、効いている時間が短かったとしても、最終的には自らの一発で試合を決める能力がある。

例えばメッシ。ブラジル・ワールドカップではアルゼンチン代表の戦い方について、「メッシを外したほうが機動力が高まって強くなるんじゃないか?」って意見もよく聞いたけど、結果的に試合を決めて、ヒーローになっていたのはメッシやったからね。ロッベンにしてもそう。守備での貢献度を問われれば、そこまで高くはないのかもしれない。でも彼がその一発で、アシストやゴールといった試合を決める結果を残していたのは紛れもない事実やった。

サッカーは最終的にドイツ人が勝つ

——ガリー・リネカー（元イングランド代表）

じゃあ、一発で試合を決められる選手と、そうでない選手の差は何か。それは普段から「自分が試合を決めてやる」ということを考え続けているかどうかの差やと思う。常に自分にそれを求め、課して、それに伴うプレッシャーと戦い続けて、極限まで追い込んだ状態でサッカーをしているか。それができていれば、きっとプレッシャーがかかっても、それをポンと乗り越える「一発」を決められる。いや、彼らのレベルになると、プレッシャーが大きくなるほど、より集中力が研ぎ澄まされていくのかも。それによって、彼ら自身でさえも想像していなかった力を発揮できているんじゃないかな。

そんなふうに「最終的に試合を決める」力

を、チームとして備えているのがドイツ代表※よね。じゃなければ、ブラジル・ワールドカップでブラジル代表と準決勝で激突し、あれだけのブラジル人サポーターが詰めかけた、どアウェーの雰囲気の中でブラジル以上に落ち着いて試合に入り、7－1で勝つなんて、できひんでしょ！　もちろん、ブラジル代表はネイマールやチアゴ・シウバ（パリ・サンジェルマン）が不在だったとはいえ、あの舞台での7－1は尋常じゃない。その姿を見ながら、かつて元イングランド代表のガリー・リネカーが言っていた「サッカーは最終的にドイツ人が勝つスポーツ」という言葉を思い出した。事実、ドイツ代表には昔も今も変わらず、「最終的には、ドイツ代表には敵わない」と相手チームに思わせるような見えない力、メンタリティが備わっているから、

※2014年ブラジル・ワールドカップでドイツ代表は4度目の優勝を達成。準決勝で開催国ブラジルを下し、決勝では延長戦の末に1－0でアルゼンチンに勝利した

2014 Aug.

あれだけの結果を残せるんやと思う。

しかも、それらが意図的ではなく、自然に備わっているからすごい。実際、ドイツで生活して感じたけど、ドイツ人はサッカー選手に限らず、基本的に我が強いし、自己主張も激しいし、プライドも高い。それが生来の資質としてあった上で、幼少期から育まれてきた『勝つこと』への執着が強烈に、高い温度で、しかもごく自然に備わっているのがドイツ代表なんやと思う。つまり、それってある意味、国民性でもあるだけに、「いつか日本代表がドイツ代表を圧倒できる日は来るんかな」とも思うけど、だからこそ、僕はまず個人として、圧倒的な力を備え、一発で試合を決められる選手を目指したい。少なくとも、自分のことなら自分自身で変えられるからこそ。

僕にとって唯一無二のスター、家長くん（昭博／大宮アルディージャ）と8月9日の大宮戦で対戦した。しかも、試合後に僕が「家長くんのユニフォームが欲しい……でも、そんなこと、お願いしてもいいんかな……」って空気を漂わせていたら、家長くんから「ユニフォームを交換しよっか！」と声をかけてくれて。無事、家長くんのユニフォームをゲットできました。といっても、その様子をテレビで見ていた親父から速攻でメールが届き、「家長くんのユニフォームは、必ず実家に持ち帰るように」と指令が下されたけど（笑）。

というのも、小学生時代の長岡京SSに始まって、ガンバ大阪ジュニアユース、ユース、トップチームと同じルートを歩んできた家長くんは、宇佐美家全員にとってのスターやから！兄貴と家長くんが同級生で、家に泊まりに来た

がんば来いよ

——家長昭博（大宮アルディージャ）

時は一家揃って大はしゃぎで出迎えた記憶も。そのくらい、家長くんは子どもの頃から異次元にうまくて、「こういう人を天才っていうんやな！」というくらい圧倒的な輝きを放っていた。おかげで僕は兄貴の練習について行くと、決まって家長くんのプレーばかり見ていたわ（笑）。

当時の家長くんについて、一番思い出に残っているのは6歳の時のこと。幼稚園の年長組で長岡京SSに加入した僕は、練習が終わるとよく6年生の練習を見学しに行っていて。ある日の練習で監督が「リフティングを100回できた奴から終わっていいぞ」と言ったところ、家長くんがボソっと「みんなが100回する速度で、300回終わらせるわ」と呟いていて……。当時の僕は20回が精一杯やったから、「300回？　ホンマに？」と思っていたら、実際に家長くんは恐ろしい速さで100回を終わらせて

いた。しかも、他のチームメイトが終わるのを待っている間に、朝礼台に座って左足だけで100回くらいリフティングをしていたからね！　その姿があまりに衝撃的すぎて、いまだに家長くんを見ると、当時の校庭の雰囲気や練習風景が頭に浮かぶ。

そんな話に代表されるように、幼少時から数々の『家長伝説』を目の当たりにして、「カッコええ〜っ！」と憧れまくってきた僕。しかも僕がガンバ入りを目指したのも家長くんのおかげやから。というのも、小学6年時に行なわれた長岡京SSの激励会でのこと。すでにガンバのトップチーム昇格を果たしていた家長くんがサプライズゲストで来てくれて、帰り際に直接「お前、絶対にガンバに来いよ」と声をかけてくれた。その言葉に「絶対にガンバに行く！

2014 Sep.

オファーが来なかったら選考会で頑張るしかない！」と腹をくくった。

といっても、実はその時すでに、両親とガンバの間では僕のジュニアユース入りが決まっていたらしいけどね（笑）。ただ、親父の「憧れのガンバへの加入が早々に決まったと知ったら、貴史は現状に満足してしまう」という考えから、僕には一切知らされず、親父の思惑通りに、家長くんの言葉を励みに卒業までひたすら努力をした、という次第。

家長くんの話を始めたら止まらんけど、とにかく今も家長くんは僕にとってのヒーローで、そんな家長くんとプロになって二度目の対戦ができて、めっちゃ幸せやった。家長くんだけには一生追いつける気がしないけど、少しでも近づけるように練習に励みます！

もうワンランク上の選手になるために、今最も自分に求めているもの。それは走力！　これは単に足が速いということではなく、いいタイミングで、マックスのギアのままドリブルを仕掛けたり、フィニッシュまでスピードを落とさずに行き切るための走力ね。それが身につけば劇的にプレーが変わる予感もある。

　といっても、子どもの頃から大して足が速くなかった僕は、いつも足元の技術と走りの質で足の速い選手を上回ろうとしてきたからね。そのせいか、ボールを持った状態で競争すれば、足の速い選手にも負けるケースはあまりなかったし、それがサッカーに必要な『速さ』だと思っていた。

　そのことを特に意識するようになったのは小学5、6年生の時。当時、チームは違ったけど同じ京都でプレーしていた、尋常じゃないくら

ドリブルで抜けないと思った事は一度もない

——ルイス・フィーゴ（元ポルトガル代表）

い足の速い選手がいて（笑）。しかも、彼は小学生ながら身長が165センチくらいある点取り屋で、京都では『怪物』と呼ばれていた。ただ、同じ京都選抜でプレーした時に正直、「違う」と思ったというか。というのも、彼は確かに足が速かったけど、プレースタイルとしては自分で長めのボールを蹴って、足の速さを活かして追いついてゴールを決めるって感じやったから。もちろん、小学生レベルではそれでも通用していたし、実際に点も取っていたよ。でも、その姿を見るたびに「ボールを持ちながら、あの速さをキープできるなら有効やけど、単に蹴って、走るだけでは、高いレベルでは通用しなくなるやろうな」と思っていた。そうした考えから、僕はボールを扱いながらもスピードが落ちない選手を目指してきたし、実際に僕の周りにはその必要性を説いてくれる先輩や指導者も

多かった。

その考えは、今でも間違っていないと信じている。こうして、プロの世界でプレーしている中でも、単に足が速いだけでは生き残れないと実感する時も多いしね。それよりも大事なのは、ボールを持った状態で何ができるか。どんなふうに仕掛けて、どんな間合いの取り方をして、どういうリズムを刻めば、相手にとってより嫌な仕掛けができるのか。普段の練習でもそこは常に突き詰めて考えているし、その中で僕なりのリズムやテンポもできつつあるけど、そこに冒頭で書いたような走力が加われば、プレーがより結果に直結するはずやから。それを自分により強く求めて、「ドリブルで抜けないと思ったことは一度もない」と言い切れるくらいのレベルまで自分を引き上げたいと思う。

2014 Sep.

ちなみにこれはルイス・フィーゴの名言。今まで僕はドリブルを武器にしてきながら、一度もそんなふうに思ったことは、残念ながら一度もない（笑）。初めてこの言葉を聞いて感動した子どもの頃は、いつかそんなふうに言える日が来るのかなと想像したけど、いまだに「こいつはちょっと抜けないかもな」とか、「こいつを抜くのは面倒やなぁ」って思いながらプレーしていることも結構ある。

といっても、僕が考える世界一のドリブラーはフィーゴではなく、ディ・マリア（マンチェスター・ユナイテッド）やけどね（笑）。でも、自分でそう思える武器を備えられるってすごいことやし、いつかその域まで自分を高められたら、その時は自分の想像を遥かに超える自分がいるような気がしている。

宇佐美貴史

——ガンバ大阪サポーターの皆さん

いつの時代も、プロサッカーとサポーターは切り離せない関係にある。国ごとにサッカー文化は違うし、応援の仕方も様々やけど、プレーする僕ら選手と応援してくれるサポーターがいて初めて、スタジアムに漂う熱狂や興奮が成立するというのは、どの国も同じじゃないかな。

　そのサポーターが試合中に口ずさむ、選手のチャントや応援歌について、たまに「試合に集中していてあまり聞こえていなかった」という選手がいるけど、僕は逐一、全部耳に入ってくる。自分のチャントは殊更で、その声に背中を押されることも多い。というのも個人チャントって、その選手がゴールを決めた時や、いいプレーを見せた時に歌われる時が多いけど、僕の場合はそれだけではないから。例えば、ガンバの攻撃が停滞してゴールが欲しい時や、その試合で僕のゴールがまだ生まれていない時などに決まって「宇佐美貴史〜！」から始まるチャントが聞こえてくる。

　この間、ホームで5－0で勝ったアルビレックス新潟戦なんて、4－0とリードしている状況で、しかも残り5分くらいやのに「宇佐美貴史〜！」と（笑）。おそらく「お前がゴールを取って試合を締めろ」という想いからやと思うけど、僕からすると「4－0で、試合もあと少しで終わるのに、まだ欲しがる？　この状況でもまだ煽ってくる？」と（笑）。でも、そのくらい僕のゴールを待ってくれているってことやからね！　選手冥利に尽きるし、実際、その声が聞こえてくると「試合を終わらせる態勢に入っている場合じゃない。点を取りに行こう！」って気になる。それが今のパフォーマンスにもつながっているんやと思う。

そんなふうに選手ごとにチャントがあるのはJリーグでは当たり前になりつつあるけど、実は海外ではそうでもない。というか、少なくともブンデスリーガではチームを鼓舞するチャントはあっても、個人チャントは基本的に存在しない。たまにドイツでプレーする日本人選手のために、Jリーグ時代のチャントを真似して歌われたりはするけど、香川真司くん（ドルトムント）みたいにドルトムントサポーターが自ら作り出したチャントを歌うなんてことはホンマに稀やから。いや、稀どころか今のところ、唯一のはず。実際、それを聞いたシュバインシュタイガー（バイエルン）が、「俺はこんなにも長くバイエルンでプレーしているのに、あんな歌を作ってもらったことがない！」とうらやましがっていたくらいやから。そんなところにも真司くんの愛されっぷりが表れていることもお見逃しなく。

2014 Sep.

話が逸れたけど、つまりは「宇佐美貴史〜！」のチャントにいつも励まされているって話。しかも、僕がゴールを決めた試合後には、帰りのバスの中で決まってちびっ子ガンバファンが、ずっとそのチャントを口ずさんでいるらしい……って親父が嬉しそうに教えてくれた（笑）。

そういう話を聞くと自分の使命を再認識するし、ゴールを取りたい欲も加速する！　というわけで、これからも引き続きハッパをかけていただきたいと思っています。ちなみに「宇佐美貴史」と書いた直筆を見て、「宇」の字が間違ってない？　って思った人もいるかもしらんけど、実は間違っていないんよね。事実、宇佐美家の戸籍は全部この「宇」やから。もしかしたら、登録の際に書き間違えたんじゃないかって噂やけど……（笑）。

どのスポーツにもそれぞれに面白さや魅力があるけど、正直、僕はサッカー以外のスポーツは見るのもするのも、興味がない。

この間ならテニスの錦織圭くんの全米オープンが盛り上がっていたし、最近だとアジア大会のニュースがテレビを独占していたけど、なんとなく観ることはあっても、「面白いな！」と食らいついて観ることはまずない。なぜなら、自分がやったことのないスポーツだけに、その面白さやすごさがわからないから。もちろん、どのスポーツも極めるのは大変やと思うよ。でも「競技人口がどれだけいるんかな」とか考え始めたら、どんどん興味が削がれ、結局、観るのもサッカーに戻ってしまう（笑）。

ただ、テレビ番組の『プロフェッショナル仕事の流儀』や『ソロモン流』に出てくるような、スポーツの枠にとらわれないプロフェッショナルや、賢人の話を聞くのは好き。例えば、この間、ドッグトレーナーの人が取り上げられていた時も、自分が犬を飼っているせいか、食い入るように観ていたわ（笑）。

プレッシャーを自らかけ続ける

――イチロー（ニューヨーク・ヤンキース）

そんな中、サッカー以外のスポーツ選手で唯一、興味を持ったのがイチローさん（ニューヨーク・ヤンキース）。正直、野球のことは全然わからんし、ダルビッシュ有投手（テキサス・レンジャーズ）のフォームについて特集されていた時は、無の境地で観ていたけど（笑）、イチローさんの話にはなぜかグイグイ引き込まれた。おそらくそれは、野球の技術的な話ではなく、イチローさんのプライベートや、プロフェッショナリズムを追いかけた内容やったから！

毎朝、奥さんが作ったカレーを食べて、カレーを食べ終わったらテレビドラマの『白い巨塔』を必ず観るとか。試合前のアップではどのあたりをどんなふうに走って、素振りを何回するとか。ベンチからネクストバッターズボックスに向かう階段をどっちの足から上がるとか。そのボックス内に入るタイミングや、バットを太もでこするタイミングまで決まっているらしい……。というようなイチローさんのこだわりが細部まで紹介されていたけど、あれは面白かった！　というか、あまりのストイックぶりに衝撃を受けた。

正直、「毎シーズン100安打」がどれだけすごいのかは、打ったことがない僕にはわからない。でも、それだけいろんなことにこだわって、ストイックに野球に向き合い、それを何十年も変わらずにやり続けてこそ達成した記録だと考えれば、やはり凡人には絶対に達成できない、ものすごい記録なんやと思う。

しかもイチローさんがすごいのは、毎シーズン100安打を打つために、いつも「100安打までもう少しだ。打てなかったらお前は終わりだぞって、プレッシャーを自らかけ続ける」らしいから。これってプロスポーツ選手ならわかるはずやけど、決して簡単じゃないからね！実際、普段から「プレッシャーは大好物です」と言っている僕も、プレッシャーがかかって少し体が動かないなって感覚から、ワンプレーを経てだんだん体が動くようになっていく感覚が好きというだけで、あえて自分にプレッシャーをかけようとは思わないからね。

しかも、日米併せて21年連続でシーズン100安打でしょ？　つまりイチローさんは、その強烈なプレッシャーを、もう何年も自らに課してきたことになる。だからこそ、イチローさんは誰もが認めるトップアスリートなんやと思う。

劇的な逆転勝利を収めたＪ１リーグ第27節・鹿島アントラーズ戦に続き、10月18日の第28節・川崎フロンターレとの上位決戦も制して、リーグ順位は2位になった。加えて、ナビスコカップでも決勝進出が決定！　といってても、チームには不思議なくらい『2位』の感覚も、タイトルが近づいてきた雰囲気も漂っていないけどね（笑）。

その証拠に、まったくといっていいほど、順位がどうとか、他チームの動向を気にするような話は聞こえてこない。イコール、この状況でも特別な力みもなければ、硬くなることもなく、いつもと一緒。言うなれば、7月のリーグ再開時は16位からのスタートだっただけに、「もはや失うものは何もない。一つずつ勝っていこう」という意思統一で試合を進めてきて、それが続いている感じ。残り6試合になった今も、

意識を持とう

——個人アドバイザーの方

チームとして「目の前の試合を一つずつ」の思いに変化はないしね。もちろん、この戦いを続けていく先に大きな何かが得られたらベストだとは、誰もが思っているはずやけど。

そうした戦いの中で最近の僕が意識していること。それは5ヶ月ほど前からお世話になっている、僕の個人アドバイザー的な方に言われた言葉。

「なにかを実行しようとする時は、『意識をしよう』ではなく、『意識を持とう』としたほうがいい」

もう少し噛み砕いて説明すると、「自分自身の意識下にないものを意識しようとする時は『意識しよう』となって当然だけど、本来、自分に備わっている潜在能力を引き出そうとする時には『意識を持とう』とするべきだ」ってこと。例えば、シュート一つとっても、自分がや

ろうとすることに対して、「意識しよう」と思うと、自分にないものを引き出そうとする感覚が働いて余計な力が入るけど、言うまでもなく僕にはシュートを打つ感覚も、技術も備わっているわけやから。「意識しよう」ではなく「意識を持とう」とするのが大事になる、と。すなわち、そもそも自分にあるものを出せばいいだけやから、過剰に力むことなく足を振り抜けるはずや、と。

って言うと、「そんな単純なこと？」って思うでしょ？　でも、人間の思考って意外と癖がついているもので、変えるのはそう簡単ではないから。でも、そうした意識で取り組むようになり、それが徐々に自分の中で定着してくると、「なるほど」と思うことが多い。特に90分の試合では、どこかでスポッと集中力が途切れてオフになってしまう瞬間がある中で、この言葉を

2014 Oct.

リマインドするだけでも、自分がすぐオンに戻れる時が増えている。

もっとも、これは自分にしかわからん感覚やから。人に説明したり、言葉に説得力を持たせるのは難しいけど、要するに、そうやって人に言われて初めて気づくこと、自分が取り組もうとすることもあるよ、って話。例えば、最近、健太さん（長谷川監督）に言われた言葉もその一つ。ここ数試合、僕がゴールを決めていない状況に対して、個人的にいろんな話をしてもらってんけど、健太さんの要求はいつでも明確やし、自覚していることを再確認させられるような言葉が多い。その内容は試合にも関わってくるので企業秘密やけど（笑）、それを素直に自分の力にしながら、この状況を乗り越えることで、個人的にまた一つ、ステップアップを図りたいと思っている。

ナビスコカップ決勝は、本当に楽しく、幸せな瞬間でした。いや……サンフレッチェ広島に2点を先に取られた時は、「これで終わってしまうんか!?」という考えも一瞬、頭をよぎったけど、パト（パトリック）のゴールで1点を返してからは一気にチームが息を吹き返したからね！　またヤットさん（遠藤保仁）、ミョウさん（明神智和）、敬輔くん（岩下）ら、キャリアのある選手が、やや慌てふためいていた僕ら若手を落ち着かせてくれたのも大きかったと思う。

　実のところ、僕はプロになって何かの決勝だとか、優勝が懸かった試合に出場するのは初めてやった。トップチームに昇格した2009年にガンバが天皇杯で優勝した時もスタンドから戦況を見守っていたし、バイエルンに在籍した2011-2012シーズンも、チームはチェルシーとのUEFAチャンピオンズリーグ決勝を戦ったけど、僕は控えメンバーでベンチに座っていただけやったしね。それもあって、緊張するのか、しないのか。プレーしながら自分がどんな気持ちになるのか、試合前日まで正直、未知の世界やった。

震えが止まらん

——ディエゴ・コンテント（ボルドー）

　その決勝戦を前に思い出したのが、バイエルン時代のチームメイトで、僕より2歳年上のコンテント（ボルドー）の姿。彼は世代別のドイツ代表にも入っていた有望株で、ロッカーが隣だったことや年齢が近かったこともあり、よく話していた選手の一人やった。その彼に、初スタメンのチャンスが巡ってきたのが、CL決勝の舞台で……。その試合はDFのアラバとバドシュトゥバーが出場停止で、本職の左SBが不在だったのでコンテントがそのポジションで起用された。

ただ、何度も言うけど、彼はその試合が初スタメンやったから！　しかもCLの決勝というだけでも緊張するはずやのに、ホームのアリアンツ・アレーナでの試合やったしね！　地元開催の大一番にファンの盛り上がりも半端なく……ということもあって、試合前のコンテントは顔が青ざめるほど、極度に緊張していた。実際、試合前にコンテントの横を通った時に、急に彼にパッと手を掴まれてんけど、その手も異常に……こんなに冷たい手の人に出会ったことがないっていうくらい、冷たかった（笑）。しかも、僕に一言、「タカシ、怖くて震えが止まらん。正直、できれば試合に出たくない」と。

そのあまりの緊張ぶりが衝撃的すぎたから、もしかしてナビスコカップ決勝では自分もそうなるんか？　と心配していたけど、僕は思いのほか緊張はなかったし、CLとは舞台の大きさ

2014 Nov.

が違うとはいえ、タイトルが懸かった一発勝負の戦いを純粋に楽しめた。いや、むしろあまりにも楽しすぎた！

それに、僕にとってはホンマに欲しかった『タイトル』やから。幼少期から、いちガンバサポーターとしてガンバを応援し、優勝するガンバの姿を何度も見てきて、「タイトルを取るのって、どのくらい楽しいんかな」って思い続けて、自分が主軸としてプレーした中では、プロ6年目にしてようやくたどり着いた栄冠やったしね。子どもの頃、ガンバが勝つたびに気持ちが昂って、なんとも言えない幸せな気持ちになっていた自分を思い出せばこそ、どれだけ多くのガンバファンが僕と同じような気持ちになったのかを想像すると、嬉しすぎた。

もちろん、たった一つのタイトルで満足するつもりはさらさらないけど。

子どもの頃からガンバファンだった僕は、ガンバのアカデミーに所属するようになってからも、常にガンバの試合を見てきた。特にアカデミーに所属してからは、目の前で繰り広げられる試合を、よりいろんなことをイメージしながら見るようになった自分がいた。その中で、毎試合のようにプレーに衝撃を受けていた選手の一人が、ミョウさん（明神智和）やった。

　ミョウさんのすごさは、なんといっても、先を読む力、イメージする力にある。「その状態で、その競り方なら、こっちにこぼれてくるな」とか「相手がこっちの肩から寄せてきているから、ここにしか飛んでこないな」とか。そんなふうに常に予測して、こぼれたボールを確実にマイボールにする能力というか。いや、むしろミョウさんがいるところにボールがこぼれ

8人の明神がいればチームはできる

――フィリップ・トルシエ（元日本代表監督）

てくるようにすら見えてしまう、あの感じ？

　実際のところは、ミョウさんが先を読む力を活かして自分のほうにボールを呼び込んでいるんやと思うけど、それがあまりにも的確すぎて、周りには自然とそう映ってしまうから恐ろしい……。その姿に「この人、すげえな」って何度、驚いたことか！　しかも、あれから月日が経ってチームメイトとしてプレーしてみたら、「おいおい、すげえ、なんて一言では済ませられないくらい、すげえやん！」と（笑）。

　僕がトップチームに昇格した時には、ミョウさんはすでに30歳を超えていたけど、球際の強さや戦術眼に代表される衝撃のパフォーマンスは健在やった。しかも僕が持ち合わせていない能力だけに、「この人、いったい、どうなってんの？」って、ただただ驚かされるばかりやった。おまけに、いまだに同じ感覚でミョウさん

を見ている自分がいると考えれば、やっぱりあの人はただ者ではない。

そういえば、そんなミョウさんについて、かつての日本代表監督、トルシエさんは「3人の個性派に、8人の明神がいればチームはできる」という表現で称えていた。あれはかなりの的を射た表現やったと思う。

同じチームでプレーしていても、「うわっ、ミョウさんがいた」「ここにも、いてくれた」って思うことが何回もあるから。ガンバの同じボランチにはヤットさん（遠藤保仁）や今ちゃん（今野泰幸）という、これまた素晴らしい選手がいるけど、ミョウさんのボランチとしての能力は、もはや誰にも真似できない「曲芸」の域（笑）。目立たない分、注目されることは少ないけど、もっと評価されてしかるべきだし、ガンバの若手はそんなミョウさんの技術を根こ

2014 Dec.

そぎ盗む努力をすべきだとも思う。

ヤットさん、今ちゃんを含め、Jリーグの中でも「スペシャル」とされるボランチが3人もいて、その人らと一緒に毎日ボールを蹴れることが、このガンバの魅力でもあるしね！ と同時に、そうした経験豊富な選手たちが、身をもっていろんなことを示しながら、チームを牽引してくれていることが今のガンバの強さにもつながっている。

……なんてことを考えながら、ミョウさんにすごさの秘訣を聞いてみたら、「前半でバテバテや。ゼーゼー言って、死にそうになってる」と返ってきた。とか言いつつ、ピッチに立ったら……確かに多少はフラフラになりながらも（笑）、最後までやり切るからね！ その最強のメンタリティを含め、やっぱり、明神すげぇよ！

12月13日の天皇杯決勝・モンテディオ山形戦を3－1で制し、頂点に立ったガンバは『三冠』を達成して、最高の形でシーズンを締めくくることができた。

個人的なことを言えば、終盤戦に入ってから大好物であるはずの『大舞台』でなかなか結果を出せていなかったからね。ある意味、自分らしくない結果が続いていただけに、最後、天皇杯決勝の舞台で2ゴールを決められて良かった。でもって、ガンバサポーターをはじめ、応援してくれている人たちに『タイトル』というプレゼントを3つ、贈ることができてホッとしています。

それにしても、この終盤戦は慌ただしかった！　ナビスコカップ決勝を戦った11月8日から始まって、J1リーグ第32節・浦和レッズ戦、天皇杯準決勝、第33節・ヴィッセル神戸戦、第

偶然ではなく必然です

——宮本恒靖（元日本代表）

34節・徳島ヴォルティス戦※、天皇杯決勝と、一気に走り抜けたしね！

ただ、どの試合も、目の前の試合で掴んだ勝利を次の試合の勢いにするという、いい循環の中で戦えたし、どんな状況に置かれても、大一番を前にしても、すべてを同じ『1試合』と捉えて、いつも通りに勝つことだけを考えて戦ってこられた。つまり三冠を目指しながらも、全員が一度も三冠を意識せずに戦ってきたところに、三冠を獲得できた理由があったと思う。思えば、ガンバがJ1初優勝を決めた2005年も、ツネさん（宮本恒靖）がインタビューで優勝について尋ねられ、「偶然ではなく、必然です」って返していたけど、まさに今回の僕らにもその言葉が当てはまるんじゃないかな。

というのも、リーグ戦は年間を通した戦いで、偶然で頂点にたどり着けるほど甘くはないタイ

トルだと再認識したから。実際、一発勝負のカップ戦とは違って、リーグ戦のような長丁場の戦いでは、シーズンを通していい状態をキープできるチームなんてほとんどない。裏を返せば、僕らのように中断前は16位と降格圏にまで順位を落としたとしても、巻き返せるだけの時間を与えられるのがリーグ戦とも言える。

そこで何が大事になってくるかといえば、やっぱり個の質の向上をチーム力につなげながら、チームとしての『総合力』を高めていくことに他ならない。実際、今シーズンのガンバも、まさにその『総合力』ではどのチームにも引けを取らない力を見せつけられたというか。エースと呼ばれる僕が公式戦で7試合、ゴールを決められなかった時期も、僕以外の他の選手が必ず点を取って、チームの勝利につなげてくれた。

2014 Dec.

といった軌跡を振り返っても、「すげえよ、ガンバ!」って何回も思ったし、自分たちのことながらその『総合力』には驚かされるばかりやった。ただ、個人的には7試合もゴールが取れなかった事実を含めて反省は残ったし、それは課題として受け止めて、来シーズンにつなげたいと思う。

またチームとしても三冠を取ったことで来シーズンはより注目され、期待もされるはずやから。AFCチャンピオンズリーグもあって、日程的にはよりハードな1年になるけど、『三冠王者』のプライドに懸けても、ガンバが本物の常勝軍団になっていくためにも、来シーズンもまたみんなでたくさん笑えるように、真摯に目の前の勝利とサッカーに向き合っていきたい。今年も応援ありがとうございました!

※12月6日に行なわれたJ1リーグ最終節で、ガンバ大阪は敵地で徳島ヴォルティスと0－0で引き分け、9年ぶり2度目のリーグ優勝を決めた

2014 Another episode ～取材ノートより～

取材・文／高村美砂

大好きなお笑い芸人の小籔千豊さん（P214）

事あるごとに宇佐美が「一番好きな芸人さん」として挙げるのが小籔千豊。一番好きなネタは、肉類を一切食べないことを題材にした「ビーフカレーは？ 食いませんやん、牛ですやん。ポークカレーは？ 食いませんやん、豚ですやん。チキンライスは？ チキンは鶏やから食べませんやん」で始まる話。ちなみに、オチは……。

「ワサビーフは？ 食いますやん！ ワサビーフはビーフ風味ですやん、ポテチですやん、めっちゃ食いますやん！」

そこまで全部を暗記するほど、何十回も動画を見たらしい。

――2014年4月取材

唯一無二のスター、家長くん（P232）

宇佐美にとってスターといえば、子どもの頃から一貫して家長昭博（大宮アルディージャ）だった。同じプロの世界に身を置くようになってからも、家長だけは「超澄んだ目で見ている自分がいる」と笑う。サッカー漫画の『シュート！』でいうところの久保嘉晴、スラムダンクでいうところの仙道彰のような存在らしい。

「この先、どれだけ自分が結果を残しても、仮にバロンドールを取ったとしても、自分が上に立って家長くんを見ることは絶対にない。そう言い切れるくらい、ずっと下から見上げて育ってきたから。『僕がバロンドールを取れたくらいなら、やり方によっては家長くんも取れたんやろうな』って思うやろうしね。僕がどう頑張っても、才能のキャパシティーで勝てないと思ってるから、この先も死ぬまで家長くんの上に行くことはない。海外ですごい選手をたくさん見たけど、一生勝てないとは思わなかったしね。そういう意味で、僕にとっての圧倒的スターは家長くんだけ。永遠です」

揺るぎない家長愛に触れた瞬間だった。

――2014年8月取材

「これで終わってしまうんか!?」という考えも一瞬、頭をよぎったけど （P242）

2014年のナビスコカップ決勝でガンバは20分と35分に失点し、前半のうちに2点を追う展開となった。流れを変えたのは、38分にパトリックが決めたゴールだ。反撃の狼煙を上げると後半は攻撃が加速。54分に宇佐美のアシストからパトリックが再び決めて同点にすると、さらに71分には大森晃太郎がゴールを奪い、逆転勝利を収めた。

先発した宇佐美は84分にピッチを退いたが、4分のアディショナルタイムに突入したあたりから目を潤ませ、「不覚にも、初めて試合中に泣いてしまった」という。

「勝てるという確信を持てたあたりから、ガンバを離れて過ごしたドイツでの2年間とか、そこで何一つ結果を残せずにボロボロになって帰ってきた自分とか、僕にとって唯一の『帰れる場所』だったガンバで結果を残せなければサッカーをやめる、という覚悟を持って過ごしたここまでの時間を思い出して……。アカデミー時代から育ててもらったガンバに何一つ恩返しをできていないことを自覚していたから、『タイトル』を目の前にして、ああ、この瞬間を味わうためにすべての過程があったんやなという想いがあふれました」

自身のキャリアにおける、このタイトルの意味を問うと「始まり」だと本人。タイトル争いをする楽しさ、実際に獲得した喜びを肌で感じて、よりタイトルへの思いを強くした。

——2014年11月取材

プロ6年目にしてようやくたどり着いた栄冠（P243）

ナビスコカップで念願のタイトルを獲得した宇佐美。同大会ではニューヒーロー賞も受賞し、次のようにコメントした。

「チームメイトをはじめ、監督、スタッフ、サポーター、支えてくれているすべての人たちに感謝します。僕ももうプロ6年目で、僕がもらっていいんか？　っていうのが率直な気持ちです。『あいつ、ニューヒーローじゃないやろ』って思われるんじゃないかって思いもありました。ただ、考えたらまだ22歳なんで。この賞をいただいて、僕自身がまだまだ若いことを再認識するきっかけになったし、これからまだまだ大きな未来が広がっていくんやな、伸びしろしかないな、と思わせてもらいました。賞金の使い道はすぐさま貯蓄です。僕の懐には一切入らないまま銀行にいくはずです」

——2014年10月取材

最高の形でシーズンを締めくくることができた（P246）

キャリアで初めてとなるJリーグアウォーズでのベストイレブン選出に宇佐美は驚きを見せつつ、表情を引き締めた。

「選ばれたことにびっくりしました。個人的には、理想とは程遠い結果だったというか。アシストと得点をバランスよく取れたのは良かったけど、チャンスで取り切れない試合も多かったし、満足のいくシーズンではなかった。ただ、J2リーグでプレーした昨シーズンは点取り屋としてプレーしましたが、今年は得点プラス、アシストが増えたことからも、自分の長所をうまく繰り出しながら攻撃を牽引していくのが自分らしいスタイルかも、と明らかになったのは良かったなと。今後はそのスタイルをより確立しながら、得点とプレーのインパクトをより上げていきたいです。……っていうのが自分への評価なので、ベストイレブンに対して正直、胸を張れるかといえば、そうではないですが、評価していただいたことは嬉しいし、誇りに思います」

――2014年12月取材

2
0
1
5

また沖縄で会おう

──高崎寛之（鹿島アントラーズ）

2015年のサッカーは、1月4日、長岡京SSの初蹴りで始まりました。例年通り、元気いっぱいの子どもたちとボールを蹴って、サッカーを始めた頃のような新鮮な気持ちに立ち返ったあとは、翌日から自主トレのため沖縄へ。昨年同様、仲間とボールを蹴り、食事をし、語り合って、いろんな刺激を受けた5日間を過ごしました。

この沖縄の合同自主トレは、今年から鹿島アントラーズに加入するヒロくん（高崎寛之）が10年前から始め、そのヒロくんと伸二さん（小野／コンサドーレ札幌）とのつながりの中で、6年前から敬輔くん（岩下）が参加するようになったもの。そこからいろんな選手が参加するようになり、今年はヒロくん、敬輔くん、僕の他に、ヒラさん（平川忠亮／浦和レッズ）、陽介くん（柏木／浦和）、チュンくん（李忠成／浦和）が加わってくれました。

名前を見ての通り、偶然にも今シーズンのAFCチャンピオンズリーグに出場するチームの選手ばかり。2部練習や毎日の食事をともにしながら、ACLのことを含めて僕にとっては刺激になる話も多く、充実の時間になりました。キャンプを打ち上げる際に、ヒロくんが「お互いにそれぞれの場所で1年間しっかり戦って、来年また沖縄で会おう！」と言っていた通り、僕自身も今シーズンに対する意欲をみなぎらせ、自分に納得のいくパフォーマンスをした上で、また来年のオフにみんなと沖縄で再会したいと思います。

今シーズンを戦う上で目標に定めたのは、チームとしては当然、タイトルを狙うこと。個人としては、Jリーグの得点王になること。昨年末にも話したように、昨年のJ1リーグ戦では自己最多の二桁ゴールを達成※したとはいえ、チャンスの数を考えればもっと取れたはずやから。そこはどん欲に狙っていきたいし、狙わなアカンポジションやとも思っている。『三冠』を実現したことで当然ながら、他チームのガンバに対するマークや敵対心は強くなるはずやけど、それを上回るサッカー、結果を示すには、ガンバの攻撃力を「ゴール」で締めくくらなアカンと思うしね。その役割を担う一人として、個人の結果にもこだわる1年にしたい。

そのためにオフから意識して取り組んできたのが、下半身の強化。これは単純に走力をつけたかったのもあるし、そのためには下半身の筋力、馬力が不可欠やと思ったから。実は、すでに昨年末から少しずつ取り組んできたことの一つで……自分なりに手応えを感じながらシーズンを終えたからこそ、引き続き「馬力のある選手」になることを意識してトレーニングを続けたいと思う。

また、去年はケガからのスタートになったことを受けて、今年のオフは少し体の作り方を変えたというか。というのも去年は、一昨年の夏にドイツから戻り、ほぼ休みなくシーズンを戦ったからね。オフはまずしっかり体を休ませることに重きを置いて、自主トレでも体重を落としながら体を作っていったけど、始動後もある程度まで体重を落としてキャンプに入りたかったから、今もかなり体重の増減を意識して過ごしている。

それらの取り組みが、僕自身の体やプレーにどんな影響を与えるのかが楽しみ。サッカー選手は結果がすべてだからこそ、1年の終わりに最高の結果を得られるように、今年もしっかり戦いたいと思います！

※2014年の宇佐美はJ1リーグ第5節・徳島ヴォルティス戦でシーズン初得点を挙げ、ホーム最終戦のJ1第33節・ヴィッセル神戸戦で2ゴールを記録。Jリーグでは初めての二桁得点（10ゴール）を達成した

2015 Jan.

シュートに関する持論がある。それは、シュートを打つ際にゴールマウスを見ていない時のほうが決まる確率が高いってこと。今年に入ってから、FC大阪との練習試合でもミドルシュートを決めたけど、その時もボールをトラップしたら浮いてしまい、どうしようかなと思っているうちに、体が勝手にシュートを選択して決まっていた。一連の流れの中では、一度もゴールマウスを見ていなかった。

というか、ゴールマウスを見なかったから決まったと言うべきかも！　実際、見ているほんの数秒の間にGKに数ミリ寄せられただけでコースは狭まるし、ゴールを見るために首を動かすという些細なモーションを取るだけで、相手にほんの数秒、反応する時間を与えてしまうからね。それによって、自らチャンスをフイにするケースも往々にしてある。

22人全員見とけ!!

——礒貝洋光（元日本代表）

ならば、ノールックでトラップすることだけに集中して、ゴールの位置を自分の頭の中に描いて打ったほうが決まる。……ってことに去年の途中に気づいて以降、ミドルシュートを打つ時はほぼほぼ、ゴールマウスを確認せずに感覚だけで打っています。これだけ毎日サッカーをしていたら、自分がピッチのどこでボールを受けて、そこから何メートルくらいドリブルで進んだのかは感覚でわかるし、自然にゴールの位置も想像できるしね。極端な話、ずっと下を向いていたとしても、ペナルティーラインとペナルティーアークのラインが目に入ったところで、ゴールマウスとの距離感もほぼ掴める。

これはある意味、卓越した技術を持つ職人さんと同じじゃないかな。例えば、グッチのバンブーバッグを作るカバン職人さんって、持ち手にあたる竹の部分を手作業で湾曲させているらしいけど、普通の人がやればポキンと折れてしまうものが折れないのは、何回も作っている間に手が感覚的に曲げ方を覚えているから。それと同じで、子どもの時から何百万回とシュートを打ってきた僕ら選手には、ピッチの大きさも、ゴールマウスの場所も感覚的に刷り込まれているはず。だから、シュートを打つ瞬間はゴールを見ずに、ボールだけに集中する。もっともこれは僕の『感覚』であって、「シュートを決めたい！」と思っている子どもたちの参考にはならないかも（笑）。

そういえば、先日、僕が子どもの時のヒーロー、元ガンバの礒貝洋光さんに会う機会があり、FWとしてのいろんな『感覚』の話で盛り上がった。

その中で礒貝さんに「あえて、感覚ではなく

2015 Feb.

意図的に知ろうとしたほうがいい」とアドバイスをもらった。それは試合中、「ピッチ上の22人全員、見とけ！」ってこと。サッカーをしていると、周りを見ることなんて、ご飯を食べる時にお箸を使うくらい当たり前になっているから感覚に頼りがちやけど、礒貝さんはそれじゃあダメだ、と。意図的にピッチ上の敵と味方のポジショニングを把握して、常に自分が空からピッチを見ている感覚で全体を頭に入れておけ、と。かつ、ピッチ上の22人がボールの動きに合わせて、どうズレていくのかを想像しながらプレーすれば、今の何倍もプレーの幅が広がるはずだ、と。

というわけで、ここ最近はそれにもチャレンジ中。プレーの変化にどうつながるのか、楽しみです。

3月11日、ホームタウンの茨木市にある浪速少年院を訪問した。※ガンバとしては7回目の訪問らしいけど、僕自身は今回が初めて。それもあって行くまでは……というより、まず自分が参加するかを決めるまで、少し頭を悩ませた。

というのも、僕はまだ22歳。プロサッカー選手としてのキャリアは、トップチームに昇格した2009年から数えると、今年で7年目で、自分なりにいろんな経験をしてきたつもりやけど、今の自分の言動が社会や周りの人たちに与える影響力を考えても、まだまだそういう立場にはないんじゃないかと思ったから。

僕くらいの立ち位置、肩書き、経験で、誰かの気持ちに触れるような発言ができるかを考えた時に、「自分がもっとこの世界で名を上げてからじゃないといけないんじゃないか」と

得点王になって下さい

——浪速少年院の少年たち

か、「僕自身が、人に影響を与えられると確信し、満を持して動けるようになってからじゃないと参加すべきではないんじゃないか」って思いが先にきて、なかなかアクティブに動けない自分がいた。

だって、考えて！　例えば「日本代表選手が来ます！」となれば、その選手のことを仮に知らなくても、話を聞いてみようかなと興味を持つ人も多いやろうけど、僕はまだ単なるガンバのいち選手でしかないからね。しかも、単体の「宇佐美貴史」として考えても、まだまだ影響力があるとは言えない立場だと思っているから。その自分が、さほど年齢差もなく、かつ事情は様々ながら少年院に入ることになった少年たちに何を伝えられるのか。それが想像できずに返事を迷っていたら、以前に参加した敬輔くん（岩下）に「参加するだけで、貴史なりに感じる

ものがあるはず」と言われ……また、クラブの人にも「最近の言動を見ていると、発言の中身や考え方もしっかりしてきたし、今の宇佐美くんが素直に思うことを伝えてあげてほしい」と言われたこともあって、参加を決めた。

と、前置きが長くなったけど、結論から言って、参加して良かった。結果的に、僕の言動が少年たちに影響を与えられたのかはわからんけど、僕自身は間違いなく、彼らとの触れ合いの中でいろいろと感じられたし、自分自身を見直す時間にもなった。

その中で僕が素直に伝えたいと思ったことは一つ。事情はどうであれ、犯罪に手を染めた事実は素直に認め、反省するべきやし、その事実がこの先、何かしらの足かせになる可能性もあるかもしれないけど、かといって、それが将来を否定するものではないってこと。だからこそ、自分なりに目標や夢を描いて、ブレずにそこに向かい続けてほしいし、将来に希望を持って前に進むことを諦めないでほしい。夢や目標を描くのは、誰にでも平等に許されていることやしね。

その少年院での触れ合いを終え、見送ってもらう際に最も多く投げかけられたのが「得点王になってください」という言葉やった。実際、僕がそれを実現すれば、きっとそのニュースは今回、出会った少年たちにも届くはずやからね！「僕らにメッセージをくれたように、宇佐美も目標を実現するために頑張っているんやな」と思ってもらえるように、僕自身も改めて『得点王』という目標を実現するシーズンにしたい、と心に誓った1日になりました。

※ガンバ大阪は2009年から浪速少年院でのサッカー教室を開催しており、12年に浪速少年院長感謝状顕彰、14年に大阪矯正管区長感謝状顕彰、24年に法務大臣感謝状を受領した

2015 Mar.

special edition

負けたら病気になる

――ヴァイッド・ハリルホジッチ（日本代表監督）

J1リーグ第3節のヴァンフォーレ甲府戦で、リーグ戦では今シーズン初となる白星を掴んでから、AFCチャンピオンズリーグ、リーグ戦ともにコンスタントに白星を重ねられている。

これは単純に試合を重ねることで、チームや個々のコンディションが高まってきたことや、我慢すべきところでしっかりと我慢できるようになってきたこと。最後までワンチャンスがあると信じて戦えていること。実際、そのチャンスが生まれた時に決め切れるだけのゲーム勘を、個々が備えられるようになってきたことが大きい。

これは僕自身にも言えること。当然ながらシーズンに入りたての頃に比べると、確実にコンディションやゲーム勘の高まりを感じるし、シュートにおける自分なりのボールタッチの感覚やアイデア、シュートを打つタイミングや切り返しのキレなども、イメージ通りに実現できるようになっている。『ゴール』という結果もついてきたしね。

こうした僕の状況について、3月末の日本代表選出がきっかけのように言われているけど……そうなんかな？（笑）僕自身としては、日本代表でプレーしたから気持ちのスイッチを入れたということは決してないし、単純に、公式戦を戦うことでコンディションが上がってきた気もする。それでも、代表での時間が自分にとって大きな刺激になったのは事実やし、代表戦に限らず、大きなきっかけというのは何かしら自分が変化する助けにはなると考えれば、それも一理あるのかもしれない。

実際、約2年5ヶ月ぶりに選出され、初めてピッチに立った代表戦の2試合は、素直に楽しかった。感覚としてはガンバでプロになり、試

2015 Apr.

合に出始めたプロ2年目に似た感じで、すごく清々しい気分でプレーできたというか。ボールを触るたびに嬉しい、楽しい、みたいな感じでずっとワクワクしていたし、試合終了のホイッスルが鳴っても、「もっとプレーしていたい!」って名残惜しかった(笑)。

これは何も、ガンバだと新鮮味がないということでは決してない。ただ、ガンバと日本代表ではチームにおける自分の立ち位置が違うから。ガンバでは、チームを引っ張っていく立場にあると自覚しているし、自分のプレーを明確な『結果』で完結させなければ満足できない分、たとえ結果を出せても「ホッとした」というくらいの感覚しか持てないけど、日本代表はそうじゃない。僕はまだチームを牽引していく立場にはほど遠く、「何かしら結果を残して、生き残っていくしかない」という状況やから。だからこそ、ガムシャラに「結果を残してやろう」「結果が出せなくても、何かしらのインパクトを残してやろう」という思いでピッチに立った。

それに、途中出場の選手は当然、アピールの時間も短いからね。そこで結果を残せたら理想的やけど、そう簡単ではないだけに、大事なのはインパクトやな、と。「次の試合でも、こいつを起用してみよう」と監督に思わせるだけのプレーのインパクト。実際、それを日本代表デビュー戦となったチュニジア戦で少なからず出せたからこそ、初ゴールを決めたウズベキスタン戦でも起用してもらえたと思うしね。※ そういう意味ではまずまずの日本代表デビューやったと思う。

思えば、初めて日本代表に招集されたのは、バイエルンに移籍する前の2011年6月。あれから4年近い月日を経た日本代表デビューや

※2015年3月31日のJALチャレンジカップ・ウズベキスタン戦に途中出場し、83分に代表初ゴールを記録した

ったけど、今回、改めて思ったのは、明らかに4年前とは違う自分がいたってこと。

今回は選出された時から「今の自分なら、日本代表でやれて当たり前」「選ばれた上で、何ができるかが大事」と思っていて。同世代の選手がすでに代表で結果を出していることも含めて、ビビっている場合じゃないと思っていたけど、実際のピッチでも微塵も緊張せずにプレーできたし、試合の中でもスムーズに主力選手と絡んでいけた。練習で連携を深めるような時間はほとんどなかったけど、至るところで自然といい連携を示すこともできたと思うしね。

これは周りの選手に助けられてのことでもあるけど、僕自身のドイツ時代の経験も間違いなく活かされていたと思う。だって考えて！　バイエルンやブンデスリーガというステージで錚々たる顔ぶれとプレーをしてきたことを思えば……言い方は乱暴やけど、チュニジアやウズベキスタンごときでビビっている場合じゃない(笑)。ドイツ時代に日々体感していたスーパーな選手たちのプレーに比べれば、正直、今回の試合で相手選手に驚くようなことは一つもなかったしね。

そう考えても、日本代表デビューには少し時間がかかりすぎた気もするけど、一方で、すべての時間が自分にとって必要な、自分にしかできない遠回りだったように思う。バイエルンやホッフェンハイムでの経験、J2リーグでの経験、数字的には結果を残しながらも日本代表に選ばれなかった昨年の経験――。今だから白状すると、特に昨年は正直、「めっちゃ日本代表に入りたい！」という思いを募らせていたからね。Jリーグに復帰して以降は常に、その先に日本代表を描いてきたからこそ、そこに選ばれない自分に悔しさを募らせた時期もあった。

ただ、自分としては選ばれてからじゃないと、日本代表のことは口にしないって決めていたから。選ばれなければ、語る資格はない、とも思っていたしね。それゆえ、マスコミの方に日本代表について聞かれてもあまり深く話すことはなく、完全にバリアを張ってきたけど、裏を返せば、そのくらい選ばれたかったたってことやから。でも、そういう悔しさを募らせて、だからこそ自分を磨くことに全力を注ぎながら毎日を過ごしてきたことや、もっと遡れば、ドイツで悔しい思いをしたことも含めて、今はすべてが僕にとって必要な時間だったと思うし、その月日のおかげで確実に自分に対する自信も積み上げられたと思う。

とはいえ、僕はまだ何かを掴んだ訳ではない。自分自身の結果についてもまったく満足していないし、たかが2試合戦ったくらいで日本代表での評価を得たとも思っていない。先日、ロシア・ワールドカップのアジア二次予選の組み合わせが決まったけど、僕はそのタフで厳しい戦いを国を代表して戦えるように、まずはメンバーに入ることが第一の目標になるしね。

だからこそ、この先もチームでアピールを続け、かつ結果を残すのみ。幸い、ガンバで健太さん（長谷川監督）に求められていることと、ハリルホジッチ監督に求められていることはある意味、リンクしているというか。ポジションが違う分、プレースタイルが変わるとはいえ、大きな括りで言えば、裏への動き出しや前線からの献身的な守備はずっと、健太さんに求められてきたことやから。というか、そのベースがあったから日本代表でハリルホジッチ監督にそれを求められてもスムーズに対応できたとも思うしね。

それは逆も同じで、代表戦後に戦ったACL第4節のブリーラム・ユナイテッド戦では、試合の途中に2列目にポジションをやっていた分、プレー代表で左のポジションをやっていた分、プレーをイメージしやすかった。特に守備面でやるべきことについても、すぐに頭を切り替えて対応できたし、攻撃においても、つなぎの部分の仕事をしながら前線に顔を出していくという流れも、ある程度スムーズにやれたしね。そのポジションから決勝ゴールにつながるパスを送り込むことができたと考えても、代表とガンバでの自分を切り離すのではなく、うまくリンクさせていくことの必要性はすごく感じているし、かつ、それを明確に結果につなげていくことを自分に求めていきたいと思う。

さて、そのハリルホジッチ監督と初めて仕事をして抱いた第一印象は……学校の先生みたいやな、ってこと。言っていることは理路整然としていて説得力があるし、プレー面について話す時も、メンタルに訴えかけてくるときも、自分が伝えたいことは必ず、繰り返し言葉にしてくれるから、すごくわかりやすい。特に『勝つ』ことへの執着はすごく強くて……ミーティングでも事あるごとに「勝つ、勝つ、勝つ」とか「勝利しかいらない。勝利しかいらない。勝利しかいらない」というふうに、必ず3回、繰り返していたほどやった。

なかでも印象的やったのは、「私は負けたら病気になる。だから負けないでくれ」と言っていたこと。日本代表クラスの選手ともなれば、言われなくても勝利への強い気持ちを備えた選手ばかりやけど、それでも、そうしたハリルホジッチ監督の勝利への執念みたいなものに刺激を受けた部分はあったし、それがチームの勝利に対する欲につながっていたところはあった。

また、個人的にもウズベキスタン戦の直前に「チュニジア戦は惜しかったけど、今日は惜しいだけで終わらず1点取れ。約束だ」と言われていて。結果、ゴールを決めた試合後には「約束通り、1つ決めたな」と声をかけられたけど、すかさず「戻りが遅いシーンもあったし、クロスボールに対して詰めておかなければいけないシーンもあったな」とも指摘され……。

そういう意味では、アメとムチの使い分けがうまい。というか、僕には基本、ムチがほとんどやったけど（笑）、そのムチを打たれた部分を明確に向上させていけば、自分のパワーアップにもつながるはずやし、相手にもより脅威を与えられる存在になれるはず。だからこそ、その部分は今後もしっかりと自身に求めていきたい。

是が非でも突破したかった、ＡＦＣチャンピオンズリーグのグループステージ。振り返れば、最初の３試合は１分け２敗と最悪のスタートになったけど、あまりにも自分たちの出来が悪すぎたからね。自分たちのサッカーができるようになれば結果はついてくると思っていた中で、結果的には４試合目のブリーラム・ユナイテッド戦から３連勝。グループ首位で突破を決めることができた。

しかもグループ突破を決めた最終節、城南ＦＣ戦を戦った日は僕の誕生日。以前、健太さん（長谷川監督）に「19歳と23歳には壁がある」と言われたけど、その後者、23回目のね！ 厳密には、健太さんが加茂周さんに言われた言葉らしいけど、健太さんが清水エスパルスの監督時代に一緒に仕事をした岡ちゃん（岡崎慎司／マインツ）も23歳でサッカー人生が変わったと聞

19と23には壁がある

──長谷川健太（ガンバ大阪監督）

くし、僕も19歳はバイエルンに移籍し、挫折も含めてかけがえのない経験を積んだ一つ目のターニングポイントになったからね。

だからこそ、23歳という年齢を大事に考えていたし、その誕生日にゴールを決められたのは……「もってる」としかいいようがない（笑）。また、ガンバとしてのプライドを示しながら最終的に首位通過ができた事実に、我がチームながら、ここぞという試合での勝負強さは半端ないな！ と改めて実感した誕生日でした。

にしても、僕はイベントごとにめっぽう強い。実際、２００９年にトップチームに昇格して以降、デビュー戦や誕生日、ケガからの復帰戦や移籍前のラストゲームなどで、ことごとくゴールを決めてきたしね。今回も、試合前には自分の中のもう一人の自分が「今日こそ止まるわ。そこまでお前はもってないって」って話しかけ

てきたけど、またしてもゴールを決めてしまった……。

あ、「自分の中の自分って何?」って思った? もちろん、これはホンマにもう一人、自分がいるということではないけど、ドイツに行ったくらいからかな。やたらと自分の中の自分と対話することが増えた。そもそも僕は、悩みごとを誰かに相談するようなタイプじゃないしね。というか、人に相談するのって、結局は自分の中で決まっている答えに同調して、背中を押してもらいたいだけやろ? って思うから相談はしない。それもあって「どうせなら自分のことを一番よく知る自分に相談をしよう」と考えるようになり、自分と対話することが増えた。

例えば、気持ちが落ちている時や、目線が下に向きかけている時ほど、自分を客観的に見るために、自分の中からもう一人の自分が抜け出

2015 May.

して「うわ~、めっちゃ、考えてるやん! そんな感じやったらアカンやろ!?」ってツッコミを入れてきて、そこから対話が始まり、最終的には「なら、こうしよう!」という結論にたどり着く、みたいな。しかも僕の場合、一つのことに対して深く長く考えるより、できるだけ浅く短く考えてポンポン次に進んでいくほうが性に合っているからね。事が起きた時にシンプルに答えを出すためにも、自分のことを誰よりもよく知る自分と対話するのが、考えを明確にできる最善策だと思うから。

……って、なんかスピリチュアルな話になったけど(笑)、要はそうして自分と向き合うことが自分をできる限り早いペースで前進させられる方法だと思っているってこと。なので23歳も、目一杯自分と対話して、仲良くやっていこうと思います(笑)。

6月11日のイラク戦で、日本代表としては初めて先発のピッチに立った。率直な感想は……『君が代』を聞いた時は、バイエルン時代に初めてUEFAチャンピオンズリーグのアンセムを聞いた時より気持ちが昂ったけど、試合では特に緊張するでもなく、僕のバロメータの一つである「楽しさ」を感じながら66分間、プレーできた。

　ただし「まだまだやれる」と思ったのも正直なところ。左サイドで縦の関係でプレーした佑都くん（長友／インテル）との連携もそうやし、前線の選手とのコンビネーションもそう。質や量、アイデアの部分でもっとできることがあったし、やれなければいけないとも感じた。そこはより自分に強く求めていきたい。

　その日本代表に今回、チームメイトの丹羽ちゃん（大輝）が一緒に選出された。丹羽ちゃん

俺まだ伸びしろ
めっちゃあるらしい

——丹羽大輝（ガンバ大阪）

は、学年では7個上で、ガンバ大阪ユースの先輩やけど……実はあまり「アカデミーの先輩」という感覚がない。というのも、年が離れているうえに、僕が中学3年時には徳島ヴォルティスに期限付き移籍をしていたし、トップチームに昇格した時にはアビスパ福岡に期限付き移籍中やったから。つまり、同じチームでプレーするようになってまだ2年くらいやけど、その中で常に感じているのは……この人、気持ち悪っ！　てこと（笑）。

　だって、期限付き移籍やのに福岡でキャプテンをしていたとか、今回も29歳にして初めて日本代表に選出されたとか。さらに言うなら、あの独特の世界観も……もはや気持ち悪さしかないやん？　しかも丹羽ちゃんと僕は同じ治療院に通っているんやけど、この間、僕が先に治療を終えて丹羽ちゃんを待っていたら、丹羽ちゃ

んがめっちゃ嬉しそうな顔で出てきて、「貴史、俺にはまだ伸びしろがあるらしい」とドヤ顔。以降、帰宅までの30分間、一方的に嬉しそうに話し続けて、すごく不愉快だったのを覚えている（笑）。その会話の一部がこれ。

「俺は貴史みたいに才能がない分、これまでどうしたら自分が成長できるかを全力で考えまくって、自分のすべてを絞り出して、それをどうにかつなぎとめて現役生活を送ってきた。なのに、やで！　こんなに一杯一杯でやってきたのに、まだ伸びしろがめっちゃあるなんて、嬉しすぎるやろ？」

今思い返しても気持ち悪さしかない！（笑）とか言いつつ、あの人の「気持ち悪さ」に見習うべきところも多いんやけどね。だって、丹羽ちゃんはとにかくブレない人やから。例えば周りから「何なんだあいつは？」と言われようと

2015 Jun.

まったく動じないし、自分の考えをとことん貫く芯の強さもある。でもって……あんなに努力して、まっすぐにサッカーに向き合っているのに、周りから「気持ち悪い」と思われてしまう、あの感じ？（笑）

でも、考えてみれば世の中、どのジャンルの人でも、何かを極めたり、超越している人って「気持ち悪い」とか「変態」だと思われがちやん？　哲学者や芸術家をはじめ、圭佑くん（本田／ミラン）が時計を二つ付けるのもそうかもしらんけど、ある種〝振り切った〟人格の持ち主は、得てして変な人だと見られがち。つまり、ここまで散々、丹羽ちゃんに対して使ってきた「気持ち悪い」という表現は僕の最上の褒め言葉。だから僕は、これからもそんな丹羽ちゃんの気持ち悪さを参考……にはしないけど（笑）、応援します！

ファン感謝デーで嬉しい再会があった。ルーコン！　プロになって2年目、コンスタントに試合に使ってもらえるようになったこの年に、2トップを組んでいた相棒！　これまで僕が一緒にプレーしたブラジル人の中では一番うまく、使いやすく、使われやすく、まさに「チームに一人はいてほしい選手」で、人間性も最高やった。今回のファン感は万博記念競技場での最後のファン感謝デーということから、たくさんのOB選手が集まってくれて、ルーコンも遠路はるばるブラジルから来てくれてんけど、現役時代とまったく変わらないルーコンスマイルを見せてくれた。

そんなルーコンが僕の顔を見るなり開口一番、言った言葉が「ヤバい、めちゃ、眠い！」。その次に出た言葉が「貴史、3点はやりすぎネ！」。1stステージ最終節のモンテディオ

3点はやりすぎネ!!

——ルーカス（元ガンバ大阪）

山形戦でのハットトリックを映像で見てくれたらしく、ルーコンらしい言葉で僕のJ1初のハットトリック※を喜んでくれました。

ちなみに、あのハットトリックは……というかゴールは、そろそろ決められるかな、とは思っていたけど、まさか3点も決められるとは思っていなかったから、自分でも驚き。もちろん、チームメイトに助けられてのことやけど、自分なりの「予感」を「確信」に変えられて良かった。

というのも、昨年末から続けてきたいろいろな節制のおかげで、6月頭にようやく理想的な体重になっていたから。ちなみに、皆さんが興味津々の体脂肪率も（笑）、毎月0・3〜0・4％ダウンを目標にしてきた中で、順調にその数字をクリアして11・0前後に。しかも、体脂肪は減らしながらも筋肉の量は増やしたいとい

う考えから、筋トレをしながら脂肪を燃やして筋肉に変えるというチャレンジを続けてきた中で、8キロ近く痩せた割には体のバランスやパワーも崩れていない。

……っていうのが、6月頭の話で、その時から一瞬の体のキレや、相手を抜き切る時の体の動きに手応えを感じていたけど、その時はまだその数値が自分の体に浸透していなかったというか。これは体重を増やす時も同じやけど、人間って自分の軽さとか筋肉量によって動きの感じ方や微妙なボールタッチの感覚なども変わるからね。実際、他の選手から「体脂肪を減らしたら、体が重く感じるようになった」という話を聞いたこともあるけど、そうした感覚になるのも、数値が体に浸透していないかららしい。

ということから、焦らず時を待とうと思っていた中で、時間が経つごとに「自分の体になってきたな」という感覚があったから。6月20日の第16節・ベガルタ仙台戦や、6月23日の第13節・柏レイソル戦あたりから、結果こそ出ていなかったけど、体のキレは悪くなかっただけに「そろそろやな」という感じもしていた。そういう意味では山形戦で取れたのもある意味、必然やったと思う。

結果、現時点でJ1リーグの得点ランキングでトップにいるけど、まだまだ納得はしていないし、もっとやれるとも思っている。というか、現実的に僕が得点王にならないとタイトルもないでしょ、って感覚。実際、過去のシーズンを振り返っても、タイトルなど結果を残せたシーズンには、得点王になるくらいのFWがいたからね。そう考えても、僕が圧倒的な得点力を示さなアカンって自覚もある。まだまだここからです!

※ J1リーグ・1stステージ最終節のモンテディオ山形戦に先発した宇佐美は50分、59分、62分と立て続けにゴールネットを揺らし、プロでは自身初となるハットトリックを達成した

2015 Jul.

いやがるな!!

——くりぃむしちゅー・上田晋也（お笑い芸人）

なんでもそうやけど「極める」ってすごいことやと思う。もっとも、僕がプロサッカー選手になったからといって「サッカーを極めた」とは微塵も思っていないように、その道のプロの人たちも、極めたつもりはさらさらないんやろうけど。そして、だから変わらずに、第一線で活躍し続けているんやろうな。

　そんなことをふと思ったのは、家で好きなテレビ番組の一つ、『アメトーーク!』を観ていた時のこと。というか、他にもいろいろ、お笑い芸人さんが出てくる番組を立て続けに観た影響もあるかな。7〜8月にかけてあまりに試合数が多かったからさ。しかも連日、恐ろしい猛暑日が続いたこともあり、練習や試合がない時間は基本的に家で体を休めていることが多くて。それに伴い、テレビを観る時間も増え、そんな時にいろんな番組に出ている芸人さんが繰り広げる掛け合いを見て、そう思った。

　わかりやすい例でいうと、『アメトーーク!』って、芸人さんがズラリとひな壇に並んでトークを繰り広げるやん? しかも、それぞれに個性が違うのに、互いの個性を潰さないように、かつ引き立てることもしながら、ツッコみ、ツッコまれて話を広げていく。しかも、笑いのスタイルがまったく違っても、ここぞという時には寸分たりとも遅れずにツッコんだり、状況に応じて機転を利かせて、他の人を巻き込んだりするでしょ? で、どう転ぼうとも結果的に面白くなる、みたいな。そのテンポといったら、マジで天才! ってなことをテレビを観ながら考えつつ、爆笑しつつ、「ひな壇芸人さんって、サッカーと似ているかも」と気がついた。

　だって、サッカーも個性が違う選手が集まって、一人では引き出せない能力を引き出し合って、結果に結びつけていくスポーツやん？　決して誰かに合わすばかりでも、合わされるばかりでもなく、互いを尊重し合って、最終的には「勝つために」ということを落としどころにして、一つになっていく。ひな壇芸人さんが「笑い」を取るために一つになるように。で、一人では作り出せない大きな力を生み出して喜びに変える、みたいな。だからサッカー選手はお笑い芸人が好きなんかも……って思っているのは俺だけか？（笑）

　でもって、そうして気が利く人、空気を感じて自分の役割をこなせる人って、ピンでも面白いよね。この間、仲のいいブッチ（岩渕真奈／バイエルン）が『くりぃむしちゅーの！ＴＨＥ☆レジェンド』に出ているのを見ていた時のこと。何かの話題でブッチが答えにくい質問を投

2015 Aug.

げられて、返答に困っていたんよね。結果、ブッチが「いや……」って答えを濁そうとしたら、くりぃむしちゅーの上田さんが間髪入れずに、「いやがるな！」って言葉をかぶせて大爆笑になったシーンがあって。そのタイミングといい、空気の作り方といい、笑いに変えていく感じといい、すべてが絶妙で大感動（笑）。

　かと思えばプライベートで、たむらけんじさんら芸人さん４人と食事に行った時のこと。ある一人の芸人さんが「最近、彼女と別れてハートがキツい……」って今にも泣きそうなくらい落ち込んでいたのに、たむけんさんはその話さえ笑いに変えていたから。テレビカメラが回っているわけでもないねんから、別に笑いを取らなくてもいいのにさ。その貪欲さにプロ魂を見た宇佐美でした。

J1リーグ・2ndステージ第10節の鹿島アントラーズ戦で2ゴールを決めた。自分なりに体のキレも、手応えも感じていたし、僕自身も「いつ出るんだ?」と待ち望んでいただけに、決められてホッとした。

　久しぶりのゴールだったので簡単に解説すると、1点目には二つポイントがあって。一つ目は相手を抜いてシュート体勢に入った時のファーストタッチ。それをわざと大きくして、相手がボールを取りに出てくるか、出てこないか五分のところにボールを置き、相手DFをこけさせる状況に持っていきつつ、自分がそれを先に触れたところに勝負があった。二つ目は、パト(パトリック)か阿部ちゃん(浩之)のどちらかを活かすという選択肢も持ちながら、でも瞬間的に「相手DFの体勢からして股が開くな」と判断し、ほんの少しだけタッチをずらすことで股

目線で味方を作ればいい

——ドラガン・ストイコビッチ(広州富力監督)

を開けさせてシュートを決めた。

　2点目は、1点目とは違う意味でボールの運び方に勝負があった得点。シザースをしながら実はチラッ、チラッとサポートに来ていた秋くん(倉田)を見ていて。相手に「パスを出すんじゃないか」と思わせることで、相手DFが少し秋くんのほうに体が動いたから、縦に突破して、パトを狙ってゴロのクロスを入れた。結果的に相手に当たってゴールになったけど、もし相手DFがもっと僕に強くアプローチに来ていたら、秋くんがワンタッチで決められるようなボールを出すか、股を抜いてクロスを上げることも考えていて、結果的には瞬間的な相手DFとの駆け引きであの選択をした、と。

　その2点目の『チラ見』は、ホンマに秋くんに出すことを考えてのことだったけど、目線のフェイントみたいなことは近年、心がけている

ことの一つ。これは以前、中西哲生さんが現役時代にピクシー（ドラガン・ストイコビッチ）から言われたことだと教えてもらった。ある日の紅白戦で中西さんが近くに味方がいなかったから普通にクリアをしたら、すかさずピクシーに言われたらしい。

「今のシーンはなぜクリアなんだ？　周りに味方がいなかったのなら、目線で味方を作ればいいじゃないか。ＦＷである俺はお前のほうを向いていて、後ろの状況はまったく見えていないんだから、自分の後ろからどんな敵のサポートが来ているかなんて見えないだろ？　それなら自分で架空の味方を作り、目線でそっちの方向を意識しているように見せかけて、フェイントで僕をかわせばいい。日本人は、そうやって相手を欺く技術をもっと意識的に持つべきだ」

確かに、ボールホルダーの足元を見ている選

2015 Sep.

手もいれば、目線をチェックしている選手もいるからね。それを逆手に取って活かすことも必要だし、ちょっとした目線や体の重心のかけ方といった駆け引きで、自分のプレーの成功率を高めることもできる。実際、世界トップクラスの、フェイントやドリブルで相手を抜くのがうまい選手は、そうした駆け引きも抜群にうまい。ロッベンやリベリー（バイエルン）、ベイル（レアル・マドリード）みたいに超人的なスピードがある選手はそんな駆け引きをしなくてもぶっちぎれるやろうけど（笑）、メッシやイニエスタ（バルセロナ）、イスコ（レアル・マドリード）、ゲッツェ（バイエルン）、コウチーニョ（リバプール）らはスピードがないからこそ、技術以外のことも有効に使っている。そう考えても、足元の技術を磨くこと以外にも、プレーの成功率を高める方法はまだまだあるんやろうな。

このところ、若干シュートのパワーが落ちているような気がする……と思いながら、いつものごとく、あれやこれやと頭の中で考えていたら！　発見しました。シュートのコツ！　それはボウリングの要領でシュートを打つこと。

自分がゴールを決めている時って、どんな目線の動きをして、どういうふうにシュートを打っているんかな、と思い返していた時に、ふと、気がついた。「そうか、シュートの時にゴールを狙うことを考えるのではなく、目には見えないけどゴールとボールを線で結んだ真ん中あたりを狙えばいいんや」と。つまり、シュートを打つ瞬間に、まずはコースを決めて、そのコースから逆算して真ん中あたりのポイントを射抜くように、鋭く通せばいい。

実際、そのことを自分なりに発見してからは、

右から2つ目を目がけたらストライク

――タツじいちゃん（祖父）

シュートがめっちゃ飛ぶようになったし、軌道も変わったし、無駄な力みもなくなった。この発見を、よく一緒にシュート練習をしている陽介（井手口）に話していたら、そばで聞いていたタクさん（大島琢コーチ）が「貴史の言っているのと同じことを、昔、風間八宏さん（川崎フロンターレ監督）も言っていたよ」と。その証言からも、この理論は間違いないと思う。もっとも、僕の場合、これまでもシュートを打つ時はあまりゴールマウスの位置を確認せずに打っていたけど、このコツを掴んだことで、より自分のシュートの確率が上がった気がする。

でもって、なんで僕がその考えに行き着いたのかと言えば、昔、ボウリングのセミプロやったタツじいちゃんが言っていた言葉を思い出したから。子どもの頃、じいちゃんとボウリングに行くと、決まって「貴史、右から二つ目の三

角を目がけて投げろ。そしたら、絶対にストライクを取れる」と教えられていたけど、その要領やな、と。

実際、ボウリングもピンを倒そうと思ったら、そのピンを目がけて投げるのではなく、その手前にある、『スパット』と呼ばれる三角の7つのマークに照準を合わせて投げたほうが倒す確率が上がるからね！　……って、これはうちのじいちゃんの理論かもしらんけど、実際、僕はそれでボウリングのコツを覚えたから。

といっても、僕はサッカーに忙しく、そこまで熱心にボウリングをしたことはないけど、タツじいちゃんの教えを受けて、めちゃめちゃボウリングの腕を上げたのがうちのオカン！　滅多にやらないくせに、ボウリングに行くと、他の人が腕馴らしをしている1ゲーム目からバンバン、ストライクを出す（笑）。スコアも余裕

2015 Oct.

の200超え。うちの両親と僕と嫁でボウリングに行っても、常にオカンの一人勝ちで……ってオカンの話はどうでもいいねんけど（笑）、要はそのボウリングのイメージでシュートを打つといいよ、って話。

もちろん、サッカーの場合、ゴロのシュートを狙うばかりではなく、ゴールマウスの上部を狙うこともあるけど、その場合も考え方は同じというか。狙う場所とボールの位置、周りの人の動き、重心のかけ方、足の出し方の癖などを瞬時に判断してコースを決めたら、その真ん中らへん……僕なりの『スパット』を目がけて射抜く感覚で打つ。まあ、プロになった選手は、それを打てるだけの技術は誰しもが備えていると考えれば、瞬時に状況を判断し、それを実行する決断力を備えるのが一番難しいのかもしらんけど。

僕にとっては唯一無二のホームスタジアムだと愛してやまない『万博記念競技場』。来年からは新スタジアムを使用することから、今シーズンはその『万博』でのラストシーズンになっている。そんな中、今シーズンのJ1リーグ戦で、2006年に残したホームでの無敗記録に並ぶ「15戦無敗」を達成した。残念ながら、J1リーグ・2ndステージ第16節のサンフレッチェ広島戦に敗れたことで、記録更新とはいかなかったけど、06年は金沢でのホームゲーム1試合が含まれていたと考えれば、万博では新記録を達成したことになるからね。そのことにも示されているように、改めて万博で戦うことの心強さを感じた1年でした。

　にしても、なぜガンバは万博で強いのか。一つはこの場所が、僕ら選手が『ホーム』と言い切れるだけの戦いやすさを感じているスタジアムだということが挙げられる。ピッチの間隔、ピッチから見えるスタンドの風景、サポーターの皆さんの声援を含め、毎試合、スタジアムに足を踏み入れた途端、そこに漂う空気感にホッとするというか。そのおかげで、安心して試合に臨めるという事実は、気持ちの上で大きなアドバンテージになっていると思う。

多くの人を幸せにするために

——アレックス・ファーガソン（元マンチェスター・ユナイテッド監督）

　と同時に、相手チームにとって戦いにくいスタジアムであることも、僕らがホームで強い理由の一つじゃないかな。よく対戦相手のチームの選手から、「万博は戦いづらいスタジアムだ」って聞くけど、その理由を僕なりに紐解くと、要は万博って陸上競技場でトラックがある分、スタンドからの声の届き方が独特やん？　説明が難しいけど、スタンドとピッチの間に目に見えない空間があって、それに遮られるようにスタンドの声がピッチに届くのに少し時間がかかる。これはピッチに立つからこそわかる感覚やけど、おそらくは、そこに相手チームは違和感を覚えるというか。実際、2002年の日韓ワールドカップの前後、あるいは、それ以降に建てられたサッカー専用スタジアムは、ある程度、ピッチとスタンドの距離感が似ているし、声の届き方も似たり寄ったりやけど、万博はそれらとは明らかに違う。その感じに僕らは普段から慣れていて戦いやすいということも、僕らのホームでの勝負強さにつながっているのかもしれない。

とはいえ、そうした感覚を抱くのも、満員のお客さんと、たくさんの声援があってこそ。ガラガラのスタジアムでは相手チームも戦いにくさは感じないはずで……って考えると、やっぱり万博に集うファン・サポーターの皆さんのガ

2015 Nov.

ンバを想う気持ち、勝ってほしいという願いが、大きな塊となって僕らを支えてくれているんやと思う。

そういえば、かつてマンチェスター・ユナイテッドを率いたファーガソン監督が、「いつもスタジアムを埋め尽くしてくれる満員の観衆の存在や、世界中にいる、さらに多くのファンの存在を想像すれば、自分がどれだけ多くの人を幸せにするために働いているかを実感できるだろう」って言っていたけど、まさにその通り。万博は僕にとって、その幸せをより強く実感してきた場所。ただし、それは新スタジアムでも同じだと信じたい。なぜなら新スタジアムもまた、万博に負けないくらいたくさんのガンバを想う気持ち、勝ってほしいという願いが集まる場所になるはずやから。

2015
Another episode
〜取材ノートより〜

取材・文／高村美砂

初めてピッチに立った代表戦の2試合は、素直に楽しかった（P260）

2015年3月27日のチュニジア戦で日本代表デビューを飾った宇佐美。試合後は「楽しかった」と振り返った。

「まずは1キャップ目というか、1試合目を早く経験したいと思っていたし、初めて代表に選ばれてから3年10ヶ月くらいかかりましたけど、プレーしてみたらやっぱり楽しかった。動けばボールが出てくる感じで、いいイメージを持って戦えたし、ファン、サポーターの皆さんの期待を背負って戦うことも純粋に楽しめた。結果を出せれば一番良かったけど、試合に自分が関われていない、という感じでもなかったし、主軸選手と関わりながらプレーできたのも良かったです。もちろん今日の1試合だけで評価につながるとは思っていないし、次も呼ばれるかはわからないですけど、自分自身は結果を出し続けていくだけだと思っています」

その4日後、3月31日に戦ったウズベキスタン戦では、日本代表での初ゴールを挙げる。

「ピッチに立つ前に、監督からああいうところでボールを持ったらどんどん仕掛けていけ、と言われていました。自分でフィニッシュまで完結させることが大事だと思ってドリブルで運んでいたら前が空いたので、思い切って打った。正直、ドリブルをしている間はどっちのコース取りをしようか迷っていたんですけど、コースがパッと見えた瞬間にシュートまで行くイメージができました。結構、余裕があったのでサイドに転がすことも考えたけど、チュニジア戦でそれをやって痛い目にあったので（笑）、今回は思い切りの良さを選択して打ちました」

ゴールのあとは、同い年の柴崎岳（鹿島アントラーズ）と抱き合って喜んだ。

「岳とは13歳の頃から一緒にやらせてもらっていますが、岳のほうが先に代表にも呼ばれ、2点を決めていたので。今日も岳が先に取ったので、自分も取りたいっていう気持ちにさせてもらった。岳は決めてもまったくゴールパフォーマンスをしなかったのに、僕は素直に喜んでしまい、若干、落ち着きがないなとも思ったんですけど（笑）。それはそれで僕らしいし、岳らしいのかなと思います」

加えて、「22歳らしいでしょ」と言葉を続けた。

――2015年3月取材

誕生日にゴールを決められたのは……「もってる」としかいいようがない（P266）

それまでのガンバの歴史において、AFCチャンピオンズリーグ初戦に敗れたシーズンは、一度もグループステージ突破を果たしていなかった。だが、2015年は最初の3試合を1分け2敗と勝ちあぐねたものの、宇佐美の23回目の誕生日となった5月6日の城南FC戦に勝利。ジンクスを打ち破って決勝トーナメント進出を決めた。

「最初の3試合があまりにもボールが回らず、あまりにも内容がひどかったので、自分たちで自滅したような感じで……Jリーグチャンピオンとしては、もっと圧倒的な結果でグループステージ突破を決めたかったけど、結果的に、ここで勝たなアカンって試合は全部勝ってきたので。我がチームながら、その勝負強さはすごいなと思いました」

宇佐美にとっては、プロになって初めてのバースデーゴールだった。

――2015年5月取材

「楽しさ」を感じながら66分間、プレーできた（P268）

2015年6月11日に日産スタジアムで行なわれた、キリンチャレンジカップ・イラク戦に宇佐美は先発出場。前半にアシストを記録し、試合後は充実感を漂わせた。

「そんなに緊張もなく、楽しみながらプレーできました。いつもやっているポジションより一つ落ちたポジションだったので『使い、使われること』をバランスよく、質を高くできるように心がけていました。アシストについては、岡ちゃん（岡崎慎司／マインツ）がフリーだったし、いいところに出せたというより、いいところに仕掛けられたのかなと思います。あのまま自分でもいけたというか、あそこでGKと1対1になるくらいのところまでグッと前に入っていくこともできたので、入ってから岡ちゃんに出すか、あのタイミングで出すかは悩みました。でも、どっちにせよゴールにつながったはずやし、ああいうプレーを見せられれば武器になっていくと思います」

――2015年6月取材

目線のフェイントみたいなことは近年、心がけていることの一つ（P274）

目線の動きと連動させて、宇佐美が極めたいと話していたのが「空間把握力」だ。

「最近思うのは、ボールを持った瞬間にパッと見た、その視界に入ったことをいかに瞬時に記憶して、把握できるかやと思っていて。自分の周りに何人がいて、味方がどう動き出そうとしているのか、足の重心の乗り方とか、GKがどういう動きをしようとしているのかを瞬間的に把握できないと、正しい選択ができひんやん？　ただ、そっちを見ながらボールを蹴ることはできないから、蹴る瞬間には目線はボールに戻っているわけで……その記憶を頼りにプレーを選択すると。おそらく、この世界でプレーする選手は技術力には大きな差はないけど、圧倒的にチャンスを作れる選手、そうでない選手の差は、その空間把握力にかかっている気がする」

また、「判断力」も大事だと言葉を続けた。

「長年ボールを触っているプロなら、わずか数センチの隙間を通す技術は誰でも備えているけど、それを公式戦で実行できるか、ではなく実行しようとするかが『決断力』やと思う。実際、練習でそれなりにできても、公式戦になるとできないという選手は、僕調べでは、ほとんどが『ここでミスをしたらチームに迷惑がかかる』と思ってしまうタイプというか。そして、そういう選手は大概、後ろのポジションが向いている気がする。子どもの頃はFWだったのに、だんだんポジションが後ろに下がっていく選手は、守備をやり始めてそういう性格になったのではなく、もともとの性格がそうやからポジションが後ろになっていくんじゃないかな。実際、前目のポジションの選手は僕も含めて、性格も奇抜なことが多いから（笑）」

そんな宇佐美に「将来、DFをしろと言われたらどうする？」と尋ねたら、「サッカーやめる」と即答された。

――2015年9月取材

フェイントやドリブルで相手を抜くのがうまい選手は、そうした駆け引きも抜群にうまい（P275）

宇佐美によると、『フェイント』には、プレーとして効果的なフェイントと、スタジアムの熱を上げるために意味を持つフェイントがあるという。

「クリスティアーノ・ロナウド（レアル・マドリード）やネイマール（バルセロナ）のように相手を挑発するようなフェイントも、相手の心理を揺さぶるという意味では効果的やと思う。でも、プレー面だけで必要かと言えばそうじゃない。それに対してフィーゴはいつも『全部、意味があるよな』って思わせるフェイントをする。シザースを1回入れて縦に突破し、クロスを上げたかと思えば、次は上げるフリをして、また中に持ち替えるとかね。それに、大して足が速くないのに駆け引きで抜けるのも魅力。そもそもの話、足が速い選手のフェイントって、足が速くないと真似できないものが多いけど、フィーゴは足が速くないから夢がある（笑）。だから、フィーゴのドリブル集は子どもの時からめっちゃ観ていたし、めっちゃ真似してた。似たタイプの選手はマジで参考にしてほしい」

ちなみに、フェイントに加えて、味方との連携も得意な選手という括りで参考にしているのはイニエスタ（バルセロナ）とイスコ（レアル・マドリード）で、ドリブルならゲッツェ（バイエルン）とコウチーニョ（リバプール）。

「全員そこまでスピードはないけど駆け引きとか、目線のフェイントを入れるのもうまい。そして、総じて超人！」

——2015年9月取材

万博は僕にとって、その幸せをより強く実感してきた場所 （P279）

宇佐美が幼少期から足繁く通い、「唯一無二の聖地」だと愛した万博記念競技場。その聖地でのラストシーズンを戦うにあたり、宇佐美はその愛着を、独特の言い回しで表現した。

「規模は決して大きくないし、正直、他にもいいスタジアムはいっぱいあるけど、僕にとって万博ほどテンションが上がるスタジアムはない。昔から見ているスタジアムの空気感。スタジアムに向かうまでの道のり、モノレールから歩いていく感じも好きやし、東駐車場からメインスタンドにつながる階段の両脇の芝生ゾーンも大好き。5、6歳の頃はそこで遊ぶか、木をゴールに見立ててミニゲームをしていました。ロッカーも正直、大して立派じゃないけど（笑）、あそこに漂う空気感も大好き。なんていうか……張り詰めていない空気感が、僕の生き様に似ているような気がして親しみが湧く。そこからピッチに出て、スタンドにはファンの人がたくさんいて、試合をして……って、想像しただけでテンションが上がる！」

——2015年11月取材

2
0
1
6

昨年末のクリスマスイブに娘が生まれました。出産の瞬間にも立ち会ったけど、娘の顔を見た時は嬉しいを通り越し、今まで味わったことのないような感情を抱いたと同時に、泣き声を聞いてホッとした。でもって頑張って産んでくれた嫁と、僕のもとに生まれてきてくれた娘に対する感謝の気持ちがあふれ……僕がどうなったかは、想像に任せます(笑)。

そんな娘の誕生にも背中を押され、天皇杯ではタイトルにたどり着くことができた。ただ、こちらも嬉しいというより、ホッとしたという気持ちのほうが大きかった。チャンピオンシップやナビスコカップのように準優勝で終わるのは、もはや個人的にも、チームとしても許されないこと。また、表彰台を下から見上げることにもうんざりしていただけに、最後の最後で、上からの景色を見ることができて良かった。といっても、もう何度も見ている分、そこまで新鮮さはなかったけどね(笑)。ただ、シーズンの終わりであり、一年の始まりである日を笑って終わることができて、かつ悔しい思いをさせてきたサポーターが喜ぶ姿を見れたという意味では、最高の元日になりました。

子を子と思わない事が大事

——小籔千豊(お笑い芸人)

娘の誕生にあたって、不安に思っていたことが一つ。それは僕の周りに娘のいる家族が少ないこと。チームメイトの中には家族ぐるみで仲良くさせてもらっている選手も多いけど、子どものほとんどが男の子で……敬輔くん(岩下)、ヒガシくん(東口順昭)にヨネ(米倉恒貴)、今ちゃん(今野泰幸)、建哉(岡﨑)、パト(パトリック)……と見事に息子ばっかり。ヤットさんのところは女の子がいるけど、ヤットさんと子育てについて話すことはほぼなく……って想像できるよね? だからこそ、いつかその話題を振ってみようと機会をうかがっているんやけど（笑）。

それもあって、娘を持つ人に会ったら、『女の子の育て方』についてぜひ意見を聞いてみようと思っていたところ、僕が尊敬してやまないお笑い芸人、小籔千豊さんにテレビの収録で会う機会に恵まれた。そこで娘を持つ小籔さんに子育て論を聞いてみたところ、「子を子と思わないことが大事」だと。ある意味、これは息子、娘に関係なく、小籔さんがお子さんと接する時に心がけていることの一つらしい。だからこそ、親として「子どもはこう考えているんやろうな」と勝手に決めつけず、常に一人の人間として向き合っている、と。

小籔さんが、3歳の息子に「パパなんか嫌い」と言われた時のこと。その理由を尋ねたら、「パパは怒るから」という返事が返ってきたそうで……それに対してなぜ怒るのかをしっかり

2016 Jan.

と伝えたら、息子の自分への態度も変わってきたらしい。これは深いと思ったね！　実際、大人って子どものことを子どもと決めつけて話しがちやけど、彼らにも個性や人格はある訳で、それを尊重して寄り添うのはすごく大事なこと。もちろん、悪いことをしたら怒るのは親の仕事やけど、子どもなりにどんな考えがあるのかを知るのも大事なんやな、と再認識させられた。

そんなことを生まれる前から考えまくり、生まれた今もそんなことばかり頭を巡らせて娘に接している毎日。でもって、子育てをしながら思うのは、性格は僕に似ているんじゃないかってこと。事実、嫁のお腹にいる時からエコーで子どもの顔を見ようとすると、手で顔を隠していたりしていて……そんな「あまのじゃく」なところもどうも僕っぽい（笑）。果たしてこれはいいのか、悪いのか？

2月14日に行なわれた、『市立吹田サッカースタジアム』※でのこけら落とし。いやあ、楽しかった。何より、良くも悪くもサポーターの皆さんの声援が恐ろしいくらいダイレクトに伝わってくるのが、嬉しい。ただ、この日の名古屋グランパス戦は終始リードした展開で、常に友好的な声しか聞こえてこなかったけど……内容が悪い試合などは、正直、ちょっと怖いかも（笑）。まあ、それもいいプレッシャーにして戦っていこうと思う。

試合内容については、キャンプが終わってから最も実戦に近い雰囲気での試合だった中でそれなりの手応えは得られた。ただ、あの布陣で試合をしたのは今回が初めてなので。僕のコンディションやプレーの質も、チームとしてのコンビネーションも、まだまだ良くなっていこうとしている段階だと考えても、これからなのかな、と。特に、この日は僕とアデ（アデミウソン）の関係に淳吾さん（藤本）も絡んでくる回数も多かったけど、さらにパト（パトリック）が絡んできたら、お互いがより楽に、より怖いコンビネーションを築けるのかな、とも感じた。とはいえ、こうして今、チームを作っている過程にありながら、しっかり勝てたのは何より。唯一の違和感は、ミョウさん（明神智和／名古屋）が敵チームにいて、あまりにも赤のユニフォームが似合っていなかったこと（笑）。僕にとっての明神智和はやっぱり、青が似合う選手だと思ったことがなんとなく嬉しくもあり……ただ、17番をつけた背中をしっかり確認できたのは嬉しかった。

さてキャンプが終わり、自宅に戻って約1週間が経ったけど……その間、娘の菫《すみれ》がまた可愛くなっている！　これもすべては嫁のおか

父として幼き者は見上げ居り
ねがわくは金色の獅子とうつれよ

――佐佐木幸綱（歌人）

げ。「母は強し、父は弱し」だと実感しています。もちろん、僕も積極的に子育てには参加したいと思っているし、サッカー以外の時間はできる限り娘に捧げたいと思っているよ。でも、父親って、母親に比べるとどう考えても役立たずやから（笑）。だって考えて！　嫁は、娘がぐずったり、お腹が減ったり、喉が渇いたりするたびに、母乳を与えられるけど、父である僕は、それを見守ることしかできない訳で。いや、僕だってもし母乳が出るのなら与えてあげたいと思うよ！（笑）　でも、そればっかりはどうにもならず……娘に自分の栄養を分け与えるという、唯一無二の術を持っている嫁がうらやましくて仕方がない毎日です。

ということもあり、僕は娘に何を与えられるのかと考えてみたりもするけど、まだこの世に生まれてわずか1ヶ月半の我が子にしてあげられることは、せいぜいオムツを替えたり、服を着替えさせたり、お風呂に入れてあげるくらい。でも、これは特に僕じゃないとできない仕事でもなく……って考えても、マジで悔しい。

と思っているところに、僕のブログのコメント欄にファンの人からの書き込みが。『父として幼き者は見上げ居り。ねがわくは金色の獅子とうつれよ』。はい、ズドンと来ました。歌人、佐佐木幸綱さんの言葉です。父親を見上げる我が子の目に、金色の獅子と映るようなたくましい存在であれ、というような意味ですが、今の僕にできるのは、娘の物心がつくまでに、いや、ついていない今から、娘が尊敬できる憧れの父であるために己を磨くのみ。人として、サッカー選手として偉大な男を目指します！

※一般および企業等からの寄付金によって2015年10月に竣工したサッカー専用スタジアム。2018年1月からパナソニックスタジアム吹田の名称を用いている。2024年にリーグ戦のホームゲームにおいてクラブ最多年間入場者数を更新した（49万5832人）

家でシュラスコしよう

——アデミウソン(ガンバ大阪)

我が家のすぐ真裏に、チームメイトのアデミウソンが住んでいる。しかも、外壁さえなければ同じ敷地内といってもいいくらいの近さ。それもあって毎朝、彼を車に乗せて一緒にクラブハウスに向かう。

もともと通訳さんの負担を減らせればという思いもあったし、アデは少し英語が話せるからね。以前、その家に住んでいたパト(パトリック)はポルトガル語しか話せないから無理やったけど(笑)、「アデなら会話も成立するから!」と自ら申し出た。まあ、僕の英語もドイツから帰国後に一時期、習っていた程度やからドイツ語ほどは話せないし、アデの英語力もそれ以下やから(笑)。お互いちょうどいいレベルの会話が成立している感じ?

おかげでメールでのやり取りは基本、英語やけど、たまに言いたいことが伝わらず、永遠に言葉がすれ違っていることもある。そんな時はポルトガル語の翻訳サイトの力を借りて、言いたいことをポルトガル語に変換した画面を写メで送る、みたいな。若干面倒やけど、それも言葉を覚える上ではいい勉強にはなっていると信じて、意外と楽しんでやっている。何より、アデ自身がそういうコミュニケーションを通してチームに溶け込もうとしているのがわかるだけに僕も助けられたらいいな、と思う。

ちなみに会話の中身は、サッカーの話もたまにはするけど、ほとんどはプライベートに関する話題や、横浜F・マリノス時代の話、ヨーロッパのサッカーについてなど。特に横浜FM時代のチームメイトとの交流話は結構面白くて、そういう会話からもアデがいかに普段からチームメイトとコミュニケーションを図ることを大事にしていたのかが伝わってくる。また、アデ自身、横浜での1年が初めての移籍だった中で、環境に慣れたり、仲間と早く打ち解けることが海外移籍を成功に導くカギの一つだと感じたんやろうね。先日も「貴史の家の庭でシェラスコしよう」という話になって。僕自身も海外でのプレー経験を通して、アデの気持ちがめっちゃわかるだけに、最近来日したアデの家族も呼んで近々、決行する予定!

そんなアデとは現時点では、まだあまり一緒に試合に出ていないけど、練習などを見ても、ブラジル人ならではのトリッキーさもあるし、フットサルをしているかのような独特なリズムもある。「そこで、そのフェイントをするんや!」みたいな、いい驚きもあるしね。過去にガンバで一緒にプレーしたことのある外国籍選手でいうとルーコン（ルーカス）に似ているというか……プレースタイルは違うけど、技術

2016 Mar.

の高さや周りの選手を簡単に使ってプレーするところはもちろん、『サッカー頭』の良さも、ルーコンを彷彿とさせるところがある。そんなアデだけに、できるだけ近い距離を保ってプレーしながら、お互いの動きを自然と感じ合えるようになることが理想。そうなれば間違いなく、僕もアデも得点を量産できる予感があるだけに、早く同じピッチでプレーしたい!……って話を二人でもよくしています（笑）。

そんな僕も、J1リーグ・1stステージ第3節の大宮アルディージャ戦を終えて、コンディションはもちろん、確実にプレーの感覚やキレが戻ってきた手応えがあるので、あとはゴールだけ! 自分が点を取ることを意識しつつ、周りに取らせることも考えながら、ここからさらにチームの攻撃のギアを上げていける仕事をしたいと思う。

最近は周りの声に揺り動かされることがなくなった。厳密にはここ2~3年かな。以前は周囲の声にナーバスになりすぎて、それに揺れる自分に嫌悪感を抱いていた時期もあったけど、最近はいたって穏やか（笑）。

それはおそらく自分に、確固たる『芯』ができ、自分の現状やパフォーマンスを冷静に判断できるようになったから。つまり、自分との対話が増えたからやと思う。以前、このコラムでも書いたように、僕は前々から自分を客観視しているもう一人の自分と対話をすることが多かったけど、最近は前にも増して、というか、むしろ自分の声しか耳に入らなくなった感じ。もちろん、監督やスタッフ、チームメイトの言葉は自分のプレーに直結するものだから、しっかり耳を傾けるけど。

何が正解なんて分からない

——lecca（アーティスト）

ただ、その分、自分への要求は高くなる一方よね。だって、自分が自分に甘えを許すと一気に転落してしまうから。ダメな時はとことん自分を追いつめるし、反省もする。先日のAFCチャンピオンズリーグ、水原三星ブルーウィングス戦でのPK失敗もそう。みんなの頑張りや粘りを僕の一つのプレー、一つのミスで壊してしまったことに対して、悔しさや腹立たしさを通り越した怒りを自分に向けたし、反省もした。ただ、同時に、立ち止まっているわけにはいかないという思いも強く抱いているのも事実やけど。

そんなふうに自分が前に進もうとする時に、決まって頭の中を流れる曲がある。leccaさんの『My measure』。初めてこの曲を聴いたのは、一昨年のシーズン序盤。開幕前にケガをした際に吉道公一朗フィジカルコーチが「今の貴史には響くだろう」という曲をセレクトしてくれたCDに入っていた。それまでもleccaさんの曲は好きで聴いていたのに、この曲は知らなくて。だけど聴いた途端にドカンと自分に入ってきたし「何が正解なんてわからない」というフレーズをはじめ、歌詞の一つひとつが驚くくらい自分のサッカー人生にピタリと来た。

といっても僕の場合、「音楽にテンションを上げてもらおう」という考えで音楽を聴くことはまずない。子どもの頃から音楽は大好きやけど、僕にとっての音楽はあくまで自分にリズムをもたらすためのもの。もちろん、結果的にテンションを上げてもらったり、励まされていたことは何度もあるけどね。

さて、音楽の話が出たついでと言ってはなんですが、実はギターを始めました（笑）。娘に「家ではいつもゲームをしている父親」だと思

2016 Apr.

われるのが嫌だな、と思ったことで何か趣味を持とうと思い始め……。そこで行き着いたのがギターやった。最初は自宅に先生を呼んで基本を教えてもらったけど、最近はコードも読めるようになったから完全に独学で弾いている。音楽は娘の情操教育にもいいらしいし、左手を使えるようになるとイメージやひらめきを司る右脳の働きを活発にするらしいから。それにギターを弾いていると余計なことを考えずに済んで、気持ちが落ち着くのもいい。アコースティックギターとトラベルギターの2本を持っていて、後者は遠征にも持って行けるコンパクトサイズやから、最近は遠征先のホテルでも一人で弾いている。今、練習しているのはエド・シーランの『Thinking Out Loud』。……って、僕はどこに向かっているんやろ？（笑）

年に一度、必ず訪れる『母の日』やけど、今年は少し感覚が違った。それは自分が親になったから。毎日、大切に愛娘の菫を育ててくれている嫁の姿と、オカンの姿が重なって「子育てってホンマに大変。母は強しやな」と実感したことが大きい。しかも、一人を育てるだけでも大変なのに、宇佐美家は男ばかりの3兄弟やからね。想像しただけでも苦労は大きかったと思う。

ただ、僕は3兄弟の中では一番手がかからなかったらしい。オカン曰く「なんでもかんでも、気がついたら一人でできるようになっていた」そうで、立つことも、トイレに行き始めたのも、ボールを蹴り始めたのも、気がついたらやっていて、どこに行ってもグズることはなかったとか。自分では自覚していないけど、「貴史はサッカーボールさえ与えておけば、おとなしかったから楽だった」と今でもよく言われる。

貴史とは友達

――宇佐美美紀（母）

そんな幼少時代、3兄弟の末っ子だった僕が、家の中で一番長い時間を過ごしたのがリビング。兄二人のように個室を与えられておらず、いつもリビングにいたこともあって、ひたすらオカンと話をしていた。学校のこと、どうでもいい話、テレビのこと。好きになった女の子のことまで何でも話して、笑いまくっていた。そういえば、嫁の蘭との結婚を勧めてくれたのもオカン。蘭とは同じ中学で一度は別れたりしたけど、オカンは蘭のことが大好きやったからね。付き合い始めた頃から「貴史は蘭ちゃんじゃないとアカン」と言っていたし、一度別れてまた付き合うようになった時も、報告したら「そのまま結婚しなさい！　今のうちに捕まえておかないとあとで泣くよ」と助言をくれた（笑）。

そういったオカンとの関係は今も変わらない。

実家に帰ったら、家族の誰よりもオカンと話して、笑いまくっている。オカンはよく僕のことを「貴史は友達」と言っているけど、僕にもその言葉はしっくり来る。サッカーについての話はほとんどしないけど、ずっと見てくれているからか僕のことをよくわかっているし、そうやってオカンと話す時間が、僕にとってもリラックスするための大事な時間でもあり、プレーする上での力にもなっている。

そんなオカンのために、今年も母の日に蘭と相談してプレゼントを贈ったけど、感謝の気持ちを伝えることは絶対にない！（笑）そんなん照れくさくて、死んでも言えへん！ オカンはことあるごとにメールで「愛してるよ」だの「めっちゃ好きやで」と送ってくるけど、完全に既読スルー。反応したことは一度もない。それでも懲りずにしつこく送ってくるところがオカンらしいけど（笑）。

2016 May.

そういえば、僕が小学生だった時の母の日。「赤い花ならカーネーションじゃなくてもいいやろ」と思った僕は、道端に咲いていた彼岸花を何本か拝借して持ち帰り、オカンに渡したことがあった。そうしたら、喜んでくれると思いきや受け取った花束をそのままズドンとゴミ箱へ。そして一言「家が火事になるやないの！」。聞けば彼岸花を家に持ち帰ると火事になるという迷信があるらしく……。だとしても一般的なお母さんなら優しく受け取って、僕のいないところでそっと捨てそうなもんやのに、そういう遠慮のない行動をするところがオカンらしい。おかげで僕は、その翌年から花屋でカーネーションを買う習慣が身につきました（笑）。

special edition

すごい奴とやりたくない？

――本田圭佑（ミラン）

ドイツのブンデスリーガ1部に所属する、アウクスブルクへの移籍を決断しました。2013年6月にドイツからガンバに戻った頃は、ドイツでまったく結果を残せなかった自分が情けなく、「ここでダメならサッカーをやめる」という覚悟でいたし、そこからしばらくは、自分のサッカー人生の再構築と、そのためにも必要不可欠だと思っていたガンバのJ1昇格のために全身全霊をかけて戦っていたから、『海外』を思い描くには至っていなかった。ただJ1に昇格し、14年には『三冠』も達成して、日本代表にも復帰できた頃からかな。少しずつ『海外』への再挑戦を現実的に考えるようになったというか。頭の片隅にぼんやりと置かれていた『海外』が、少しずつ色濃くなってきた。

特に日本代表としてプレーするようになって、自分の立ち位置を考えた時に「このままの自分では、日本代表で確固たる地位を築けない」と痛感したのは大きい。それによって、代表のど真ん中でプレーできる選手になるには、今あるものをすべて捨ててでも、新たな挑戦をしなければ成長できないと考えるようになった。

ただ、海外ならどこでもいい訳ではなかったというのも正直なところ。『成長』をキーワードに考えればこそ、移籍先は今の自分に足りないところ、パワーアップしなければいけないところを備えられる国、チームであるべきだと思ったし、ガンバに復帰した3年間でようやく「また再挑戦しよう」と思えるところまで這い上がることができた自分を、さらに高められる移籍じゃなければ意味がないと思っていた。実際、その考えがあったからこそ、昨年末のシーズンオフに海外移籍の話が持ち上がった時も、ガンバ残留を選択した自分がいたしね。

でも、今回のオファーはそうじゃなかったから。ブンデスリーガは、上下動やパワー、ハードワーク、献身性といった、今の僕には足りていないスタイルを必要とするリーグ。だからこそ、そこに身を置いて自分の〝足りなさ〟を補っていくには最適だと思ったし、そのドイツのアウクスブルクからのオファーということに心が動いた。

もちろん、以前に2年間住んでいたことで言葉の壁をそこまで感じていないことや、リーグについての知識があることも決め手の一つではある。外国籍選手が異国の地で結果を残すためには、ピッチ内のみならず、ピッチ外でのことも大事に考えなければいけない訳で、2年という時間をドイツで過ごした経験は、ほんのわずかとはいえアドバンテージになるという考えもあった。でもやっぱり一番は、自分を成長させられる環境だということに尽きる。もちろん、自分に足りないスタイルを必要とするリーグ、チームだと考えれば、簡単な挑戦にはならないけど、そこを乗り越えなければ、さらなる上の世界を見ることもできないんじゃないかと思っている。

それに……圭佑くん（本田／ミラン）に言われた言葉がきっかけで、単純に「すごい選手と戦いたい」と思ったのも大きい。ある時、圭佑くんと他愛のないメールのやり取りをしていた中で、次第に移籍にまつわる話になって。そこで圭佑くんが「貴史は日本を出たほうがいいと思うよ」って言うから、理由を尋ねたら「だって、すごい奴とやりたくない？」と。僕としては理論派の圭佑くんだけに、もっとロジカルな理由が返ってくるんかなと思っていたら、意外にも、すごくシンプルな返事が来た（笑）。

「この先、Jリーグでは『こいつ、すげえな！』って思う選手と対戦することはないだろうけど、世界に出れば『こいつはすげえ！』って、心底思える奴がウジャウジャいる。貴史はそいつらとやりたくないの？」

その言葉を聞いた時に素直に「うん、やりたい」と思えたし、やれるチャンスが自分にあるのなら、チャレンジすべきだとも考えた。

ただ一方で……僕の中では海外移籍とはまったく別の次元に『ガンバ大阪』はあるからね。両親の影響で1歳の時からスタジアムに足を運んでガンバファンになり、練習場に足繁く通ってプロサッカー選手のサインをもらって、ジュニアユースからそのガンバの一員としてプレーするようになって……。

プロになってからも僕のサッカーは常にガンバとともにあったし、バイエルンに行くチャンスを掴めたのも、ガンバでプレーできたから。何より、ドイツでの2年間で悔しい思いをした自分が、こうしてプロサッカー選手として再生できたのもガンバのおかげだと思っているしね。

思い返せば、この3年、ガンバでプレーした時間はホンマに楽しくて、最高に居心地が良かった。ドイツでの2年間で、仲間といい関係を築くことの大切さを痛感して帰国し、だからこそ以前とは対照的に仲間との距離も近くなったし、チーム愛もより深くなった気もする。調子がいま一つ上がらない僕をなんとか軌道修正させようと、健太さん（長谷川監督）がアメとムチを使い分けながら、粘り強く起用してくれたのもホンマにありがたかった。

また、ガンバサポーターとの関係も……全ガンバサポーターとは言わないまでも、いち選手がここまで多くのサポーターと相思相愛の関係

2016 Jun.

を築けるのは珍しいし、僕はそれができた一人だと自負しているからね。そういうことをすべてひっくるめて、僕の心に「このままガンバに骨を埋めてもいいな」という思いがあったのも、嘘じゃない。でも、だから僕はこの場所を飛び出さないとアカンと思ったというか。自分の性格からも居心地のいい場所で、ぬるま湯に浸かってサッカーをしているうちは成長はない。応援してくれる人たちも、そんなぬるい僕を期待していないと想像すればこそ、僕は次のステップに進もうと思う。

というようなことを考えるだけで、実は最近、やたらと泣ける（笑）。この週末に行なわれるJ1リーグ・1stステージ第17節の名古屋グランパス戦では、試合後にセレモニーをしてもらう予定になっていることもあって、車での移動中に「どんな挨拶をしようかな」と考えているだけで、自然と涙がツーっと頬を伝っている始末やし！

そんな状況やからセレモニーでは、泣きすぎて話せないんじゃないかと今から心配やけど……っていうと「宇佐美はどんな挨拶をするんや？」と周りに期待を持たせて、自分でハードルを上げてしまっている感もあるけど（笑）、とにかくガンバでのラストゲームとなる名古屋戦は、僕の想いをすべてプレーにぶつけて、ガンバの勝利のために戦い抜きたいと思っています。

最後になりましたが、プロ3年目の2011年から、かれこれ6年間にわたって続けさせてもらっている『宇佐美日記』はドイツに行ってもしつこく続けます。皆さん、どうか僕に飽きず、これからもご贔屓に（笑）。

→2019
アウクスブルク／デュッセルドルフ

宇佐美が二度目の海外移籍の地に選んだのは、一度目と同じドイツ、ブンデスリーガのアウクスブルクだった。

「ようやく再挑戦しようと思えるところまで這い上がれた自分を、さらに高められる移籍じゃないと意味がない」

そう思うからこそ、自身に足りていない部分を鍛えられるステージを選んだ。また、ドイツには過去に2年間住んでいて言葉の壁を感じないことや、リーグへの理解があることも決め手になった。

背番号はガンバ時代も背負った『39』。応援してくれる人、支えてくれる人たちに「サンキュー（39）」という感謝の気持ちを込めて戦うことを誓った番号だ。

そのアウクスブルクでは開幕戦、ヴォルフスブルク戦で途中出場してデビューを飾ると、第15節・ボルシアMG戦で初先発を飾る。だが、シーズンを通してみれば稼働率は低く、2016－2017シーズンの成績は、11試合出場で無得点に終わった。

「理想とは程遠いシーズン。ここまで苦しむとは想像していなかった」

その状況を受けて、2017－2018シーズン開幕後の8月30日にブンデスリーガ2部のフォルトゥナ・デュッセルドルフへ期限付き移籍。2018年に開催されるロシア・ワールドカップへの出場を目指し、開幕前から「試合に絡めないようなら移籍する」と腹を括った上での決断だった。

デビュー戦は9月10日のウニオン・ベルリン戦。途中出場ながら初ゴールを決

第4章

2016—

めると、初先発となった9月23日のザンクトパウリ戦でもゴールを奪い、幸先のいいスタートを切った。しかし、前半戦はコンスタントには試合に絡めない時間が続いた。

だが一転、自主トレで体をいじめ抜いて迎えた後半戦は、4試合連続ゴールなどでチームのブンデスリーガ2部優勝、1部昇格に貢献。日本代表にも復帰し、自身初のワールドカップを戦った。

デュッセルドルフでの2年目を迎えた2018－2019シーズンは、第11節のヘルタ・ベルリン戦で初ゴールを決めるも、これがシーズン唯一の得点に。残留争いに巻き込まれたチーム状況から守勢に回る試合も多く、自身の特性を思うように発揮できないままシーズンを終えた。

そして、宇佐美は約3年ぶりのガンバ復帰を決断。海外クラブからのオファーもあったが、27歳という年齢も踏まえ、「攻撃のイメージがどんどん湧き出てくるような感覚でサッカーをしたい」と古巣を選択した。

「いつかガンバに戻れるなら、ヨボヨボになってからではなく、中心選手としてガンバを背負えるくらいの時期に戻って、成長した姿を見せたい。それが育ててもらったクラブへの恩返しになると思う」

その決断に、2016年の移籍に際して語っていた言葉が思い出された。

改めまして、アウクスブルクの宇佐美貴史です。6月30日に日本を発ち、無事に契約を済ませ、晴れてアウクスブルクの一員になりました。背番号はガンバ時代にも背負った『39』。2013年夏にガンバに戻ってからの3年間で愛着を持つようになったこの番号を背負い、応援してくれる皆さん、支えてくれる人たちに「39（サンキュー）」という感謝の気持ちを込めてプレーしたいと思っています。

さて、アウクスブルクでの生活が始まりましたが、3年ぶりのドイツは……なんて言えばいいのか……懐かしい！　といっても、たったの2年しか住んでいないけどね（笑）。ただ、前回に比べて気持ちはすごくフラット。特別な気負いもなく、あるがままの自分で毎日を過ごしている感じかな。

基本的に、サッカーに必要な物以外はほぼ何も持って来なかったため、一つずつ買い揃えていっている段階やけど、そんな些細なことでさえ、一つひとつ楽しいというか……楽しもうとしている自分がいる。ちなみに、新しい住まいも決まり、新しい生活が始まったと言いたいところやけど、残念ながら家具がまだ届いていないので、今はまだホテル暮らし。部屋の片隅に置いてある、日本から唯一持ち込んだ私物のトラベルギターをたまに弾いて……ってことも、ほとんどしていない（笑）。

というのも、ドイツに来てから家探しに時間を費やしたし、知り合いに会ったり、チームメイトの家にお邪魔したりと、何かと忙しくしているから。以前は「サッカーが充実していないと生活の充実はない」と思っていたけど、今は「生活の充実を、サッカーの充実につなげていこう」としている僕がいるからね。そのために

もってきたわ

——宇佐美蘭（妻）

にしていきたい。だけど、サッカー以外の時間を有効に使うよう

にしています。

そのコミュニケーションツールとして大事な『言葉』も意外と頭に残っていたようで。6月のキリンカップでデンマーク代表と対戦した際、ホッフェンハイム時代のチームメイトに再会した時も、ドイツ語で喋れていたから自分に期待していたところもあったけど、実際、通訳を介さなくても日常会話なら問題なく喋れるし、積極的にコミュニケーションを取ろうとしているからか、言葉がどんどん入ってくる。それでもわからない言葉、伝え切れない言葉が出てきたら、その都度、携帯にメモして、ドイツ人の代理人に教えてもらい、その日のうちに覚えるってことを繰り返していたら、意外と速いペースで話せる言葉が増えてきた。

そんな自分を見ていて思い出すのが、嫁の蘭の「もっと、できたわ」って言葉。前回、ドイツからガンバに戻ったばかりの頃、ふと嫁が「いやぁ、私はぶっちゃけ、もっとドイツで頑張れたわ」と言い出して。「もっと頑張れたし、アクティブに行動できたし、もっと心の底から楽しむ努力をできたなぁ」と。それを聞いて、「こいつは、すげえな」と。なぜなら、それは嫁が自分自身について言っていただけではなく、遠回しに僕に言っていると気づいたから。でも、直接僕に言っても響かないとわかっているから、あえて自分のことに置き換えて話したんやと思う……ということがわかりながらも、その時は気づかないフリをしたけどね（笑）。

でも、今なら素直に受け入れられる。だって僕も「もっと、できた」と思っているから。だからこそ、二度目のドイツは、やり尽くす日々にしたいと思います。

2016 Jul.

ドイツのカップ戦、DFBポカール開幕まで1週間を切った。チームに合流した直後は、正直、なかなかコンディションが上がってこない感じがしたけど、今は違う。自分なりにいろんなことを変化させながら、トップフォームに持っていくことを意識してやってきて、ようやくそこに近づいてきた手応えもある。

　その理由の一つが、遅筋の鍛え方を変えたことによる効果かな、と。というのも、こっちに来てから、普段の練習でも日本にはない激しさ、強さを体感することが多かったからね。特に、守備時に体にかかる負荷が大きく、下半身にズシンとくるような重さを感じていたことから、守備から攻撃への切り替えの時に、前に出ていけない自分がいて。その改善のために遅筋を鍛えようと、低負荷で高回数の下半身トレーニングを増やしたら、確実に僕自身が求める体

細かいところにこだわってやるしか
世界で勝ち目はない
——ダルビッシュ有（テキサス・レンジャーズ）

のキレが出てきたし、自分の持ち味も出しやすくなってきた。

　日本を出発する前から取り組んでいるグルテンフリーな食生活も効果を感じ始めている。最近はいろんなアスリートが取り入れているグルテンフリーとは、小麦や大麦、ライ麦といった穀物に含まれるタンパク質（グルテン）の入った食べ物を日々の食事からシャットアウトする食事法のこと。もともと「試合までしっかり準備をしているのに、試合になると体が重く感じるのはなぜ？」という疑問があった中で、その体の重さにつながるグルテンを摂らないようにしてみたら、効果をすぐに感じることができた。過度に疲労を感じなくなったり、鼻づまりがなくなったり。不純物を溜め込む原因につながるグルテンを摂取しないことで、便の回数も減った。体重はまったく変わっていないのに体が軽

く感じるのも、余分な物が削ぎ落とされて、体にいいものだけで体が構成されてきた証拠らしい。ただ……ハンバーガーやラーメンはめっちゃ食べたい（笑）。それでも、何かの番組でダルビッシュ有さん（テキサス・レンジャーズ）が言っていたことを思い出せば、我慢もできる。彼もアメリカで勝負するために、いろんな努力をしていく中で気づいたことらしい。

「アメリカ人とはそもそもの身体能力が違うのに、真っ向から勝負を挑んでも無理。だからこそ細かいところにこだわってやるしか、世界で勝ち目はない」

まさにその通りで、体の大きさや強さなど生まれ持った資質は変えられなくても、自分の努力次第でどうにかできることはきっとある。であればこそ、僕はそれを全部やり切れる自分でありたいと思っている。

2016 Aug.

そんなこんなで体の状態がいいこともあって、開幕がすごく楽しみ。スタートから試合に出られるかはわからんけど、僕も大人になったんやろうなぁ。今はとにかくやるべきことをやって、成長を求め続けていたら必然的にうまくいくやろ！　と楽観的に考えている自分もいる。それでもうまくいかなかったら、実力不足だと受け止めるしかない。

ちなみに、カップ戦の開幕はラーベンスブルクと、リーグ戦での開幕はヴォルフスブルクと戦う。そう、後者はバイエルン時代のブンデスリーガデビュー戦でインアウト（途中出場、途中交代）になった時の相手ね！[※]　そのことになんとなく不思議な巡り合わせを感じるけど、そこまで特別に意識することもない。もちろん、試合をやる限りはどの試合も出たいし、勝ちたいに決まっているけど。

※バイエルン在籍時の2011－2012シーズン、ブンデスリーガ第2節・ヴォルフスブルク戦で宇佐美は69分から途中出場するも、アディショナルタイムにベンチに下がった

露骨にみせろ

——本田圭佑（ミラン）

ロシア・ワールドカップのアジア最終予選2試合を戦い、ドイツに戻りました。その最終予選は、ホームでUAEを相手に1－2と黒星スタートになってしまったけど、2戦目のタイ戦は2－0で勝利。決していい入りができたとは言えないけど、これを現実として受け止めてやっていくしかないと思っています。

今回の最終予選、僕自身はあまり試合に絡めなかったけど、やっぱり『最終予選』ならではのプレッシャーが重くのしかかっている感じはした。チームには過去に、この厳しい戦いを経験している選手は何人もいたけど、逆にそれを勝ち抜く難しさを知っているからこその重圧もあったはずやし、初めて戦う選手には、初めてだからこそのプレッシャーもあり……。そうしたものがチームを硬くしている印象は否めなかった。

また僕自身も久しぶりに『海外組』として代表戦に臨んだけど、正直、移動のキツさはあった。日本に到着して数日間は久しぶりに体が重く感じたように、海外組がホームで代表戦を戦う難しさも改めて体感したしね。もちろん、そのあたりは慣れも必要だし、回数を重ねることで自分なりのコンディションの持って行き方とか、工夫の仕方は見えてくるはずやから。そこに真摯に向き合って、チームでも代表でも常にいいコンディションでピッチに立てる方法を探っていくしかないと思う。

と言いつつ、代表から戻った直後のブンデスリーガ第2節・ブレーメン戦はベンチ外になった。その理由は、代表戦の疲れを考慮されたのではなく、残念ながら単なるメンバー外だと受け止めている。今シーズンから指揮を執るディルク・シュスター監督は、前所属のダルムシュタット時代から堅守を第一に考える監督で、それで結果を残してきたからね。また僕の主戦場であるサイドには、背が高くてフィジカルのある選手を置く傾向もあり……。もちろん、そうしたことも踏まえて、自分に求められる役割は十分に把握しているし、キャンプの段階からそこに気づいて、「自分の良さで勝負することより、まずは求められる仕事を」という意識で、割り切って取り組んできた自分もいた。でも現実的に、ここまでの公式戦3試合でわずか1試合の途中出場に留まっているということは、イコール、力が足りていないんやと受け止めています。

であるならば、圭佑くん（本田／ミラン）が「露骨に見せろ」と言うように、アピールの仕方ももっと極端にするべきかもしれない。先日

2016 Sep.

の日本代表戦で会った時もいろんなコミュニケーションを図る中で、「監督が守備を求めるなら、5回に1回くらいは思いっきり、相手を潰しに行くとか、オーバー気味に守備で自分を見せることも大事やぞ」って話をしてくれた。確かに今は、そういう守備のインパクトを与える必要もあるかもしれない。まずはメンバーに入ってピッチに立つことを考えないと、自分の良さもへったくれもないしね。ピッチに立つチャンスさえもらえれば、やれる自信はあるし、それだけの準備はできているからこそ余計に、まずはその壁を突破することを第一に考えたい。

まぁ、再び海外でやっていこうと決めた時から、こういう状況は想定内やから！　とにかく今は焦れずに、でも悠長なことを言っている暇はないという自覚のもと、やり続けます！

人生楽しもう

――細貝萌（シュトゥットガルト）

9月末の練習中に右足首を痛めました。正確には2014年に負った左腓骨筋腱脱臼の右足バージョンで、でも症状はもっと軽い、腱の部分断裂みたいな感じ。ケガをしたときの感覚が14年と同じで、誰かと接触した訳でもないのにターンした瞬間に右足首からバーンという音が聞こえ……でも左足首の時より軽い感じがしたから大事に至らなければいいなと思っていたら、全治3～4週間でした。

　ドクターによると、左足首と同様に、僕の右足首は生まれつき、くるぶしの骨が人よりも大きくて尖っているのに、腱が細いというバランスの悪さだそうで。それによって体重が乗った時に必要以上に負担がかかってしまい、ケガにつながったらしい。という状況だから根治するのは難しいけど、左みたいに完全に腱が外れてしまった訳ではないから。とりあえずは腱の細さを補うために、腱の周りの筋力をつけるトレーニングをしながら、復帰を目指しています。

　というか、すでに10月18日から全体トレーニングにも合流しました！　まだステップを踏むと痛さは感じるけど、メディカルスタッフ曰く「多少は無理してでも、やりながら治していこう」ってことやから。捻挫なら多少の無理も問題ないはずやけど、腱とか靭帯に関しては完全に断裂してしまうと復帰に2～3ヶ月はかかってしまうだけに、無理はせず、足首と相談しながら前に進んでいく感じ。特に、今回は利き足である右足やしね。左は軸足になることが多いから、日頃の積み重ねがダメージになったと考えられるけど、右足は普段のトレーニングから酷使する足やから、少し慎重にならざるを得ないなとも思っている。

　というわけで、10月のワールドカップ・アジア最終予選を戦う日本代表も辞退せざるを得ず……今年最後のアジア最終予選、11月のサウジアラビア戦こそはと思っているけど、足首の問題以前に、まずはチームで結果を出さないと、そこも思い描けないから。10月の2試合では左サイドで出場した元気くん（原口／ヘルタ・ベルリン）が結果を残したしね！　彼の姿を見て、改めてクラブでどうすべきかをもっと突き詰めていかなアカンって考えに拍車をかけてもらったので、それをプラスに受け止めてクラブでもやり続けたいと思う。

ただ一方で、試合に出る、出ないは監督が決めることであり、自分にはどうにもできないことだからこそ、現状に一喜一憂せず、やれることをやっていこうという気持ちでいる。もっとも、「努力していれば、絶対にいいときが来る」なんて想像もしていない。それを期待すると

2016 Oct.

「いつ来るねん！」って焦りになるし、変なストレスを抱えかねないから。

いや、そうはいっても正直、現状に対して焦りも危機感もあるよ。でも、自分だけの力では消化できないことに不満を抱いたところで何の解決にもならないから。そういう意味では素直に、まっすぐにサッカーに、そして自分に向き合うことを大事に考えたいし、やり続けるというスタンスに集中したい。

そんなことを考えていたところに、シュトゥットガルトでプレーするハジくん（細貝萌）からメール。家族のことを気にかけてくれた内容だったから「元気ですよ！」と送ったら、「家族も元気なら何よりだね。周りはワーワー言いたいだけだから、全然気にする必要はないよ。人生楽しんでいこう」と返事が来た。今の僕にドンピシャでした！

ケガで辞退した10月に続き、11月の2試合も、日本代表として戦うことができなかった。ドイツでテレビ観戦することになったけど、ネット回線だったからか映像が乱れ、画質も悪かったため、ちゃんと観られず……。

とはいえ、結果を見ての通り、ホームでの2試合で勝利という結果を出せたことや、久しぶりに招集された大迫勇也くん（ケルン）や久保裕也（ヤングボーイズ）がのびのびとプレーしていた姿は、僕にとって大きな刺激になった。特に1年4ヶ月ぶりに代表に復帰しただけでなく、2試合ともに先発し、オマーン戦では2ゴールを挙げた大迫くんの活躍は、同じドイツでプレーしている僕に少なからず自信を与えてくれた気もする。

というのも、代表から遠ざかる時期があっても、ドイツで揉まれて、いい経験を積んでいれ

やめる事さえしなければ大丈夫

——宇佐美貴史

ば、日本代表でも結果を残せるってことを大迫くんがプレーで証明してくれたから。Jリーグでの活躍が認められて代表入りした選手が、同じように結果を残せたかといえば、必ずしもそうではなかった中で、大迫くん然り、10月のサウジアラビア戦での元気くん（原口／ヘルタ・ベルリン）然り、彼らは海外での成長ぶりを明確にプレーで示していたからね！ そんなふうに海外で揉まれることで、選手として前進するための『一歩』の歩幅が違ってくるんやなと感じられたのは、今、ドイツでプレーする僕にとっても意義深いことやったし、彼らの『過程』を想像すればこそ、自分もそこを大事に考えて、積み上げていくしかないと再認識することができた。

ただ問題なのは、僕の場合はチームで試合に出られていないこと！ 試合の中で積み上げら

れるものの大きさを思えばこそ、途中からでも試合に絡めさえすれば、僕が日々の練習で積み上げている『過程』の効果も確認できそうなもんやけど、残念ながらケガから復帰後も、ベンチ外、あるいはメンバーに入っても試合に出られない状況が続いていて、正直、起用してもらえる兆しはない。

練習で得意のドリブルをアピールするほど、「リスクを冒してプレーする選手」というイメージがつくはずで、それは監督の理想の選手像ではないと考えれば、監督の求める「安パイで、ノーリスクなプレー」と自分のスタイルをどう融合させていくかが大事になってくるけど、そこには相変わらず難しさを感じてもいる。当然、監督の理想、チームスタイルを頭に入れた上で、自分のスタイルを出すということはドイツに来た時から自分に求め続けているけど、残念ながら現状が変わる兆しもないしね。

2016 Nov.

とはいえ、ここで積み上げることをやめたら終わりやから。このまま「試合に出たらやれる」という自信を持ち続けるためにも、とにかく僕は見返りを求めずに努力を続けるしかない。自分のことを一番よく知っている『自分』は、常に僕に対して「やめることさえしなければ、大丈夫」って言い続けているから。この状況での粘り強さは、我ながら大したもんやなと思うけど（笑）。

それもすべては自分のため。自分のサッカー人生のため。そう言い切れる自分がいるうちは、大丈夫やと思う！　いや……正直、この状況が永遠に続けば大丈夫とは言い切れないはずやから、そうなったらまたその時に考えればいいと思っている。なので、とりあえずはご心配なく（笑）。

2016
Another episode
〜取材ノートより〜

取材・文／高村美砂

アウクスブルクへの移籍を決断しました（P298）

2016年6月21日、J1リーグ1stステージ第17節・名古屋グランパス戦を前に行なわれた移籍発表会見。その席で宇佐美は、決断の理由として「挑戦のない人生というか、壁にぶつからない人生は自分らしくない」と話した。

「自分が道を外れた時に軌道修正してくれる人がたくさんいるとか、失敗しても常に期待して応援し続けてくれるファンの人たちがいるガンバの環境ではなく、またゼロから環境を作っていけるような……壁にぶつかって、こけて、また起き上がって、という人生を選ぼうと思いました。そっちのほうがおそらく苦しいし、楽しくないことも多いはずですけど、自分の成長のため、自分の人生やサッカー人生のためには必要だと思って、移籍を決断しました」

二度目の海外移籍が自分にもたらす意味を問うと、今まで生きてきた中で一番の挑戦になると言葉を続けた。

「バイエルンの時も挑戦だったとはいえ、経験しに行ったという感覚が大きかったし、期限付き移籍だったけど、今回は完全移籍なので。人生を懸けた再挑戦だと思っています。その中では失うものもたくさんあるはずですが、得られるものも爆発的にあるはずで、その得るものを力にしながら、ここからさらに成長できるかどうかは自分自身にかかっている。だからこそ、今回の移籍に魅力も感じています」

この会見中、ずっと柔らかい表情を浮かべていたことが気になり、会見後に真意を尋ねると、「ずっと脳を騙していた」と笑った。

「ラスト、名古屋戦で絶対に泣くに決まっているから、ここではまだ泣きたくないなと思って、これは別れの会見ではなく楽しい会見だと、ずっと脳を騙してました」

また、2015年の冬にも移籍の話があった中で、なぜ今なのか、ということにも言及した。

「冬は決断しなかったというより、オファーをくださったチームの熱量などを含めて、自分が納得して決断できるオファーではなかったので。それに対して今回はそこへの満足感もあったし、話をいただいた瞬間に『行きたいです！』と即答している自分がいました。ちなみにチームメイトには、決まるかもっていうタイミングでは誰にも話していません。悩んでいたら相談したと思いますが、悩んでいなかったのと、どのタイミングで言おうか思案しているうちに移籍が先に決まったのもあります。なので、決まってからみんなに伝え、頑張ってこいよ、という会も開いていただきました」

その会では、ガンバに復帰してからの3年間で得られた充実感に対する感謝の気持ちを伝えたという。

「バイエルンに移籍する前はチームメイトとの関係性をそこまで重要視しているほうじゃなかったけど、ドイツに行って、いろんなコミュニケーションを取れるようになったせいか、二度目のガンバでは周りの選手との関係性もより濃密になった。いろんな先輩とも仲良くできるようになったり、後輩と接することが増えたり……選手同士の関係性の充実がすべてとは言わないけど、そこがプレーにつながるところもあるんだな、と考えるようにもなった。シンプルに、そうやって選手同士の関わりを持つことが大好きにもなりました。そのスタンスは向こうでも崩したくないし、言葉で通じ合えないところもあるからこそより大事になってくると思うので、お互いがいい仲間になれる関係性作りをしていきたいと思っています」

――2016年6月取材

試合後にセレモニーをしてもらう予定になっていることもあって（P301）

――退団セレモニーを終えた宇佐美のコメントと、チームメイトから届いたメッセージ――

・宇佐美貴史

セレモニーは小っ恥ずかしかった。2回目やし、もっとシンプルでいいのになと思いつつ……そうやってクラブが熱を持って準備をしてくださったり、サポーターの皆さんが温かく送り出してくださることに対して、まずはしっかりと自分の気持ち、サポーターの皆さんへの感謝を伝えようと思っていました。最後、敬輔くん（岩下）と晃太郎（大森）が花束を持って登場した時は……特に長い時間を共有した仲間なのでグッと来ました。今日は、入場時に初めて娘を抱いてピッチに立って、我が娘ながら大舞台に強いな、と思っていたんですが、僕は全然、強くなかったなと反省しています（笑）。でも、僕のことを小さい時から知ってもらっているファン・サポーターの皆さんに、娘を抱いた僕の姿を見せられたのは……『あの小さかった宇佐美が父親になったんです』って報告を、言葉だけではなく姿として見せたかったという思いもあったので、良かったです。両親は今日もゴール裏で観戦したそうです。僕からしたら、なんでやねんって感じですけど、気持ち的に熱く応援したい時は、血が騒ぐのでゴール裏で見るそうです（笑）。それは事前に伝えられていたことなので驚きませんでしたが、両親がいたから今の僕、ガンバとの関係性があると考えても、感謝の気持ちでいっぱいです。

・遠藤保仁

世界的に見てもレベルの高いスペイン、イングランド、ドイツの中の一つから再び声がかかったということは、それだけこの3年間が貴史にとって意味深い時間になったという証拠。そのことに自信を持っていいチャレンジをしてほしいです。貴史は一度目の在籍の時からずっとヤンチャな選手だったけど、『枠をはみ出さないヤンチャ』だったから、今の貴史があるはず。きっとそれは近くにいい先輩がいたから。ミョウさん（明神智和／名古屋グランパス）が黙々と戦う姿とか、いい、悪いをはっきり言える智（山口）とか。僕もその一人だと思いますけど（笑）。そういうヤンチャさは貴史のいいところだし、海外に行けばなおさら必要になるところだと思うので、貪欲さは捨てずに、ヤンチャに戦ってほしいなと思います。本当の信頼を得るには試合に出て、活躍して、数字を残すこと。海外だからこそ、よりそこにこだわってチャレンジしてほしいです。

・東口順昭

家族でカラオケに行ったり、ボウリングに行ったり、家族ぐるみの付き合いも多かったので寂しくなります。試合が終わったあと、点が取れなかった日や勝てなかった日は、帰りのチームバスでもテンションが低く、自分の世界に入り込んでいる貴史の姿を何度も見てきましたが、自分ができなかったことへのストイックすぎるほどの責任感というか、あそこまで自分を追い込むストライカーは見たことがなかったことからも、それだけガンバへの強い想いを持って戦ってきたんだと思います。彼自身、サポーター出身なのもあるかもしれないけど、いちアカデミー出身選手ということ以上のガンバへの想い、サポーターへの想いはいつも感じていました。本人にとっては二度目の海外で、バイエルン時代とはまた違う宇佐美貴史を楽しめると信じているので、一人のファンとして応援しています。

・岩下敬輔

背負っているリュックが上下逆、靴下が裏返しでも気にせずに履く。タンクトップも裏表逆に着ている上に、前後逆だからタグが目の前でヒラヒラしているのに気づかない。他にも、パンツを履いても洗濯物を増やすだけで理に合わないと、練習で履くスパッツを家から履いてくるとか……思い出せば、ポンコツすぎるところだらけの貴史でしたが、この3年間で、人の話もよく聞くようになったし、ちゃんとすべき場で真っ先に気を遣っているのは貴史だったので。信頼感は年々増していく感じはありました。ピッチでもそれは変わらずで、後ろから見ていても、貴史なら取る、貴史ならやれる、と頼もしく見ていました。この3年間はほとんど、僕と貴史、晃太郎（大森）とジョン（金正也）の4人でいたし、もう話すことがないくらい話もしたので、特にメッセージはありません（笑）。オフシーズンはみんなでドイツに押しかけようと思います。

・大森晃太郎

僕の貴重な、数少ない友達が一人減るのはすごく寂しいです。でもまた、オフに帰ってきた時に、違う世界の話を聞けるのは楽しみでもあります。この3年間は一緒にいすぎて、逆に24歳になっていることが不思議な感じでしたけど、ガンバで骨を埋めたいって言っていたのに、また海外に挑戦するってことは、もっとうまくなりたい、もっと世界にチャレンジしたいという気持ちがあってこそ。それは僕の刺激にもなります。ここ最近は子どももできて、パパにもなって、しっかりしてきたようにも見えますけど、僕らの前ではずっとアホなアイツのまま。それがいいところですしね。僕が訳わからんことを言っても、あいつがいつも通訳をしてくれて、それがめちゃめちゃ的を射ていることにいつも驚かされていましたけど、そんなふうに僕をわかってくれている人がいなくなるのは……やっぱり寂しいです。こうして思い出を振り返っていても涙が出てくる……泣いていたと書いておいてください。まったく泣いてないけど（笑）。

・金正也

貴史は基本的にすぐ泣く。笑うみたいに普通に泣く。そういう感情が素直に出せるのもいいところやなって思うし、変な言い方ですけど、この3年で『いい男になってきたな』って思います。きっといろんな人との出会いの中で揉まれて、学んだことも多いんじゃないかな。同じピッチに立って、すごいと感じたのは仕掛けられること。今のJリーグで貴史ほど仕掛けて、ドリブルで2、3人剥がして、ってできる選手はそうそういない。おまけに、パスさばきもシュートもうまいですしね。それらを武器に、向こうでも結果を出して、かつ調子に乗りすぎなければ、さらにいい選手、いい男になるんじゃないかと思っています。ただし、そのためには靴下がいつもズボンに食われているのはどうにかしないと！　先に靴下から履けばズボンに食われないぞ、って教えても「それをしているのに食われる。俺の靴下、食いしん坊やねん」と。食われているのは直すとして、その笑いのセンスはこの先も磨き続けてほしい！

――2016年6月取材

6月30日に日本を発ち、無事に契約を済ませ、晴れてアウクスブルクの一員になりました（P304）

アウクスブルクへ旅立つ日の伊丹空港で報道陣に囲まれた宇佐美は、前回、バイエルンに旅立つ時よりも落ち着いて見えた。

「名古屋戦からの数日間は、会いたい人に会って、ゆっくり過ごしました。前回と同じ伊丹空港からの出発ですが、気持ちとしてはスーパーフラット。何も考えていないというか……19歳で出発した時は割と不安なところもあったけど、それも一切なく、普通に昨日も23時に寝て、しっかり爆睡できました。ガンバで遠征に行く時はこの空港を使うことが多かったけど、その時と同じような感覚でいます」

スーツケースは一つ。中身はスパイクなどサッカーに必要なものがほとんどだという。

「基本的に、勝手を知っているドイツなので、向こうに行ってから買えばいいと思っているし、サッカーに必要なもの以外は、当面の洋服くらいしか入っていません。あとはトラベルギター。トラベルではないけど（笑）、トラベルギターで十分かなと思ったので、それは持って行きます。コミュニケーションのツールにする……いや、ならないでしょうね（笑）。でも暇な時間が増えると思うので、暇つぶしにはなるかも。自分がどれだけリラックスして過ごせる環境を作れるかも大事だと思っているので、ギターはその助けにもなってくれるはずです」

前回とは違い、「自分に甘えを出さないために」通訳はつけないとも明かした宇佐美。肩の力は抜けていながらも、言葉の端々に強い覚悟をのぞかせた。

――2016年6月取材

2
0
1
7

2017年が始まりました。ウインターブレイクの間は日本に帰国していたので、それなりに正月気分を味わったけど、こっちに帰ってきたらまったく……。今はスペインキャンプを終えてドイツに戻り、リーグ再開に向けた準備を続けています。

そのスペインキャンプ中は、オランダのAZとの新年一発目の練習試合で、ラッキーな形からゴールも決められた。でも、それ以上に良かったのは、昨年末に就任したマヌエル・バウム新監督の要求や、新たなチーム戦術を意識しながら、そこに自分の色をどう落とし込んでいけばいいのかを確認できたこと。ちなみに、後半戦最初の試合は、古巣のホッフェンハイムが相手やけど、特別、気合いが入る……ことはない。最近は監督が変わったとか、相手がどことか、そういう状況に揺り動かされず、常に一定の温度で自分のサッカー、コンディションを追求しているから。それを年間通して維持し、向上させていくことが結果にもつながっていくはずやしね。もっとも、前半戦が不甲斐ない結果に終わったことを考えれば、当然、前半戦と同じ結果であってはならないと自覚しているし、ここからはしっかり試合に絡みながら、ゴールやアシストといった結果を残さなアカンと思っている。

というのも、ウインターブレイク前のボルシアMG戦で久しぶりに先発出場したけど、実戦でしか積み上げられない部分があると感じたから。コンディションが上がってこないと、コンスタントな活躍は難しいし、日本代表への復帰も望めない。残りのシーズンは、試合に出ることを意識しながら、ひたむきに自分がやるべきことを続けていこうと思う。

娘が繋いでくれた縁

——田辺光芳（たなべスポーツ鍼灸院）

それにしても、コンディションはいい。約10日間のウインターブレイク中も、オフ明けにまた一からコンディションを作り直すのが嫌やったから、意識して体を動かしていたのも良かったのかもしれない。何より、コンディショニングコーチ、田辺光芳さんとの出会いも大きかった。

これまでいろんなトレーニングに取り組んできたけど、海外仕様に体を大きくしようとするやり方はどうもしっくりきていない気がしていて。それもあって、自分の体の特性をよりスムーズにサッカーに直結させていく準備や、走りの質に特化したトレーニングをしたいと考えていたら、帰国した際に、嫁の通っているジムの人づてに〝ビンゴ〟なコーチと出会うことができた。

豊富な知識を持ちながら、選手の言葉にも耳

2017 Jan.

を傾け、きちんと意見交換ができる人を探していた僕にしてみれば、田辺さんはまさに理想のコーチ。おまけに驚いたのは、お互いの娘の名前も、漢字まで一緒だったってこと！　それについては田辺さんも「娘がつないでくれた縁かもしれないですね」って言ってくれたけど、僕も運命やと思っている（笑）。

実際、ドイツに戻ってからも、田辺さんには体の状態を逐一報告し、僕からもいくつかリクエストを出した上で、トレーニング方法を考えてもらい、動画で送ってもらっているけど、徐々にその効果も感じ始めている。そう考えても、間違いなくこのウインターブレイク中の最大の収穫は田辺さんとの出会いやったと思う。いや、それを証明するためにも、残りのシーズンではピッチでしっかりと自分のサッカーを見せたい。

最近のテレビ番組で、久しぶりに「この人、気持ち悪っ！」って思う人を見つけた。道脇裕さん。毎日、レモンティーばっかり飲む人……ではなくて。いや、それも正しい情報やけど、ネジ業界に革命を起こした人。

最初に言っておくと、僕の言う「気持ち悪い」は最高の褒め言葉やから（笑）。ずば抜けた才能や感性を持った人を見ると、リスペクトを込めて、ついそう言ってしまうけど、テレビを見ている最中も何回も「気持ち悪っ」とつぶやいたくらい、道脇さんは恐ろしい頭脳の持ち主やった。

簡単に言うと、従来、ネジってどれだけ精密に作っても必ず緩むものらしく……。だから、これまでは時々、人の目で点検をして、緩みを直すという作業が必要だったらしいけど、道脇さんはそうしたネジ業界の長い歴史を覆す「緩まないネジ」を発明した。その方法は……それをここで書くにはスペースが足りないから端折るとして、僕が何に心を動かされたかといえば、道脇さんが発明の過程において言っていた言葉。インタビュアーに「なぜ、そんな発想を思いついたのですか？」と聞かれて、こんなふうに答えていた。

「今までの失敗例って、従来やってきたいろんなテストの結果で、それで成功しなかったのなら、似たようなことを繰り返しても意味がない。従来の常識の外側に答えがあると考えればこそ、誰も踏み込んだことのない領域にチャレンジをして新たな常識を作るしかない」

ちなみに、これは僕の記憶として残っている言葉であって、道脇さんがこの通りに言ったわけじゃないよ。番組ではもうちょっと詳しく、もっといいことを言っていた気もするしね

従来の常識の外側に答えがある

――道脇裕（株式会社 NejiLaw 社長）

（笑）。でも、「これってサッカーにも当てはまるよな」と思いながら聞いていた分、僕にはこういう記憶の残り方をした。

だって単純に考えて、サッカーも人と同じことを、同じ量でやっていても、その人以上にはなれないやん？ その人を超える、圧倒的な違いを作るには、圧倒的な〝何か〟がいる。技術、アイデア、はたまた性格も含めてね。実際、これまで驚くような功績を残してきた人って、どこか変わってるやん？ わかりやすいところで名前を挙げると、アインシュタインやゴッホ、ジミー大西にマラドーナ、リベリー（バイエルン）……。いずれも、それぞれの業界で異彩を放ってきたやん？ 明らかに人と違うやん？ その人を見て、きっと周りは「あんなに変やのに、すごい結果を残したんやな」と思いがちやけど、そうじゃない。きっと「めちゃくちゃ変やから、

2017 Feb.

すごい結果を残せた」んやと思う。

そう考えると、僕ももっとサッカー界の変人にならなアカンなと思う。極端な話、周りが引くくらい自分の色を出すとか、守備を求められても頑なに攻撃で勝負するとか。もちろん、それを明確な「結果」につなげないと、そこで終わってしまうし、サッカーの場合、個人競技でもなければ、相手にするのが「物」ではなく「人」やから難しいけど。

なんてことを考えながら、世の中の愛すべき変人たちを思い浮かべていたら、前にこのコラムでも紹介した丹羽ちゃん（大輝／ガンバ大阪）を思い出した。だって、あの人もある意味、究極の変人やから（笑）。だから、この世界で今も生き残っている。そしてきっと今シーズンも最終的にはあの人がポジションを奪っている予感……。気持ち悪っ！

いやぁ、すごい試合を見てしまった。UEFAチャンピオンリーグの決勝トーナメント1回戦2ndレグ、バルセロナ対パリ・サンジェルマン戦。アウェーでの1stレグを0－4で負けていたバルサが、このスコアをひっくり返すなんて、誰が想像した!? だって1stレグを見る限り、パリは優勝もあるんちゃうかっていうくらい強かったから。ただ正直、バルサが完膚なきまでにやられたことに、世界中のサッカーファンがショックを受け、だからこそ2ndレグでは多くの人がバルサを応援していたと思う。実際、僕も「最初の5分間でバルサが先制したら何かが起きる」と信じて、テレビの前に座った。

そうしたら、3分にスアレスが先制点! 思わず僕も家の中を絶叫して走り回ってしまったけど、あれがすべてやったよね。あの舞台で0－4からスタートし、気持ちのどこかで「無理でしょ」と思っていてもおかしくないのに、スアレスはキックオフ直後からまったく諦めていなかった。事実、あの得点シーンも、他の選手は一度、足を止めてしまっていたのに、スアレスだけは諦めずに動き続けていたしね。それによってバルサは勢いづき、パリはその勢いに飲まれていった。

努力や意思、強い信念さえあれば
不可能など存在しない
——リオネル・メッシ（バルセロナ）

そしてもう一つ、キーになったと感じたのが後半、3－1になったあとのパリの交代。カバーニに1点を返されて、バルサファンが再び奈落の底に落とされた時、パリはオーリエを投入して右SBに据え、ムニエを右サイドハーフに上げたやん? あの瞬間、僕は一緒に試合を見ていた嫁に「この展開でオーリエをSBに置いたら、絶対にやらかすぞ」と言ったんよね。というのも、コートジボワール代表のオーリエは、めちゃめちゃ攻撃的ないい選手やけど、守備面では対人の場面でポッと抜かれてしまうことがよくあるから。これはバルサに再び何かが起きるかも、と思っていたら、案の定、最後の6点目のシーンでオーリエはゴールを決めたセルジ・ロベルトのマークにつくこともなく、完全なボールウォッチャーになっていた。

といっても、あの6点目はネイマールがすべてやったけどね。だって、ネイマールって右利きやのに、わざわざあそこで切り返して左足に持ち替えたやん？　その瞬間、僕も「なんで左？　終わったー！」って思ったけど、結果的に、その左足でものすごい精度のラストパスを入れたわけやから。

ということを思い返しても、もはやあの試合はすべてが衝撃すぎたと言うしかない。と同時に、世界最高峰との途方もない差と、サッカー

2017 Mar.

であってサッカーではないような質のプレーを見せつけられて、これが自分と同じサッカー選手なのか、と悲しくもなった。

ちなみに、ほぼ同時刻で行なわれたドルトムント対ベンフィカの試合を現地で見ていた知人の証言によると、バルサが勝ったという速報が電光掲示板で流れた瞬間、スタンドからその日一番の歓声が上がったらしい。という話からも、おそらくは世界中のサッカーファンが衝撃を受けたとされる3月8日。試合を終えたメッシの言葉にしびれた人も多かったはず。

「努力や意思、強い信念さえあれば、この世に不可能など存在しない」

そんな僕も、メッシの言葉に、スラムダンクに登場する安西先生が三井くんに言った「諦めたらそこで試合終了ですよ」という言葉を重ね、気持ちを新たにしました。

4月15日のケルン戦で8試合ぶりに先発のピッチに立った。結果は2－1で勝利。最後は退場者を二人出し、監督も退席処分になったけど、前節の敗戦で自動降格圏の17位・インゴルシュタットとの勝ち点差が1に迫っていただけに、どんな内容であれ勝ち点3を取れたのは何よりの収穫。と同時に、残留を争うチームはこういう戦い方でしか勝ち点を奪えないことがはっきりとわかった試合だったとも思う。

もちろん、「攻撃的に」とか「面白いサッカーを」とか、僕も含めて個々の選手に理想はある。だけど、ここはブンデスリーガ。順位に応じた力の差が明らかなリーグだけに、下位の僕らが勝ち点を拾っていくには、とにかく球際に激しく、必死になってボールに食らいつき、相手を追いかけて、いかに攻撃をさせないかを第一に考えながら少ないチャンスをものにするしかない。っていう意思統一をして臨んでも、ギリギリの試合やったけど。

絶対に諦めたくない

――小川直毅（FC ティアモ枚方）

また個人的なことをいえば、コンディションは悪くないとはいえ、先発から遠ざかっていたからゲームでも通用するものなのかは未知数だったけど、正直、試合に出ないと積み上げられないものがあると感じたのも事実。どれだけ練習で走り込んでも、試合で感じるスピード感はまったく別物やしね。

ケルン戦も必死に守備をして、ボールを奪ったらペナルティーエリア付近まで上がっていって、そこでクロスボールが直接相手GKの手に渡ったら、強肩のGKに簡単に相手のサイドハーフくらいまでボールを戻されて……という繰り返しやったから。走りすぎて、息もできないくらいの状況に追い込まれながらプレーしていたけど、継続して試合に出ることで見出せるリズムもあるはずやから。そう考えても、極端な話、自分の特徴を消してでも、まずはこの舞台で試合に出ることを第一に考えなアカン。残り5試合となったリーグ戦でも引き続き、そこを自分に求めながら『残留』を目指したい。

そのケルン戦が行なわれた数日前、元チームメイトの小川直毅から嬉しい連絡が来た。直毅はガンバアカデミーの3歳下の後輩で、可愛がっている選手の一人。昨年、ガンバとの契約が満了すると報告を受けて以降、行く先を探していると聞いていたし、時々、LINEや電話でのやりとりを続けていた中で、ようやくいい知らせが届いた。

Jクラブへの加入は叶わなかったものの、ガンバアカデミーの先輩でもある新井場徹さんがオーナーを務めるFCティアモ枚方（関西リーグ1部）への加入を決めたとのこと。そこからもう一度、Jクラブを目指すという決意が書かれていた。

「同世代で活躍している選手が何人もいるのに絶対に諦めたくない。今感じている悔しさも糧にして頑張ります」

こうした仲間の頑張りは純粋に刺激になる。もちろん、それぞれに戦う場所も、頑張る目的も違う。直毅みたいにプロの世界にもう一度這い上がってやると思っている選手もいれば、会社勤めに疲れ、一念発起してドイツの5部リーグでプレーしているガンバアカデミーの後輩もいる。勤めていた会社でソーセージ作りに目覚め、「本場ドイツに学びに来た」という同級生とかね（笑）。そのみんなに共通しているのは、どんな状況下でも自分の可能性を諦めていないということ。僕もその一人でありたい。

2017 Apr.

2016-2017ブンデスリーガ

——宇佐美貴史

「居心地のいい場所で、ぬるま湯に浸かってサッカーをしていても成長はない」という思いで、二度目の海外挑戦を決めたのが約1年前のこと。その決意とともに海を渡り、再びブンデスリーガの地で戦い続けてきた2016-2017シーズンが、もうすぐ終わる。

自動降格圏こそ脱したものの、最終節を前にした現在のアウクスブルクの順位は14位。入れ替え戦に回る『16位』ハンブルクとの勝ち点差はわずかに2しかなく、残留を決めるには、言うまでもなく最終節のホッフェンハイム戦での結果が必要になる。※

というように、チームが厳しい戦いの最中にあるにもかかわらず、僕はそのど真ん中でプレーできていない……どころか、ベンチにすら入っていない。ガンバ時代は優勝を争う瞬間、つまり、チームとしての正念場に自分がいないなんて、想像もつかなかったけど、残念ながら今は、それを想像できる状態で最終戦を迎えることになる。

そのことが示しているように、この1年は「コンスタントに試合に出て、明確な結果を刻む」ことや、それによって「日本代表のど真ん中でプレーできる選手になる」といった、自分が描いていた理想とは程遠いシーズンになった。一言で言い表すなら『地獄』。過去にもドイツでのプレー経験はあるとはいえ、出場できた試合は明らかに少なかった。3年ぶりのブンデスリーガだからといって、最初からすべてがうまくいくほど甘くはないと覚悟していたけど、ここまで苦しむことになるとは想像していなかったというのが正直な気持ち。

地獄の1年になった最大の理由は、まずドイツのサッカーに適応できなかったということ。なかでもスピードには最後まで苦しめられた。これは単に試合そのもののスピードということもあるし、一つひとつのプレーにおけるスピードも含まれる。Jリーグでのプレー感覚では「このタイミングだと、相手DFは対応できないやろ!」と思っていたタイミングでも、しっかりマークが来ていたことが何度もあったし、「これだけの距離を詰めてくるんや!」という驚きを試合の中で感じることも多かった。

しかも、本来は試合を戦いながらそのスピードを体に染み込ませていかなければいけないのに、結果的に半分以上の試合をピッチ外で過ごす羽目になったしね。だからこそ、シーズン終盤はピッチに立たないと意味がないと考え、かつ、チームも残留争いに巻き込まれている状況の中で、自分らしさを封印してでも、まずは試合に出ることを考えようと割り切ってみたりもした。けど正直、そうしたらしたで、何で『自分』を示せばいいのかということにもなり……結果的に地獄から抜け出せずに今に至る。

ただ、この1年が無駄だったとは思っていない。前回よりもドイツ語でのコミュニケーションがスムーズになり、いろんなことに考えを巡らせながらチャレンジを続けてきたからこそ見えてきたこともたくさんあった。Jリーグでは感じられないことを得た部分も数え切れないくらいある。

でも、そのことに納得してはいけないこともわかっている。プロである以上、内容より結果、手応えより結果、収穫より結果。だからこそ、その結果を出せなかったという事実を踏まえ、シーズン終了後に自分の脳裏にどんな考えが湧き上がってくるのか、今はそれを待ちたいと思う。

2017 May.

※アウクスブルクは最終節でホッフェンハイムと引き分けて勝ち点を38に伸ばし、辛くも1部残留を決めた

シリアとの親善試合を終えて、アジア最終予選のイラク戦に向けて旅立つチームを見送ったあと、※オフに突入した。そんな僕は今ちょっとした『ロス』な気分でいる。そのロスとは……『岡崎ロス』。そのくらい、今回の合宿中も岡ちゃん（岡崎慎司／レスター）の人間味あふれるキャラに魅了され、サッカー以外の時間はひたすら岡ちゃんのそばで笑っていた。

岡ちゃんの何が面白いのか。例えば、岡ちゃんがニッコ〜と笑うと、みんなが一斉に「きちゃない」とツッコむ。岡ちゃんのありとあらゆることをみんながイジり、挙句には麻也くん（吉田／サウサンプトン）が「岡ちゃんの奥さんはすごいな。こんな顔が隣にあっても熟睡できるなんて尊敬する」って言うと、「麻也〜。こっち向いて」と言って麻也くんを振り向かせ、麻也くんが「お前の顔の半分、デコやないか

いてくれてよかった

――岡崎慎司（レスター）

い！」と絶妙な返しで笑いを取る、など。

文字では岡ちゃん独特の間《ま》や表情が伝わらない分、面白さが10分の1くらいになるけど（笑）、これまで出会ったサッカー選手の中でこんなに面白くて、誰からも愛される人はおらんのちゃうかってくらい、最強の男やと思う。実際、新しく加わったメンバーの緊張をほぐすのも、いつも岡ちゃん。そのおかげで、代表にはいつもいい空気が漂っているんやと思う。

そういえば、カステラの話でも笑ったなぁ。太りやすい体質で、いつも「甘い物は控えている」と言っている岡ちゃん。その割に、甘い物が好きな気持ちに勝てず、食事後のデザートはほぼ欠かさず食べているけど（笑）、先日もカステラを食べるにあたって持ち出した持論が、末恐ろしい面白さやった。

「カステラは潰したらめっちゃ小さくなるから、

マイナス40カロリーや。だから食べすぎた日は、カステラをギューッとして食べれば心配ない」

……って、そんなわけないやん。だけど岡ちゃんはホンマにカステラをギューッと小さくしてつまんでいた（笑）。

そんなふうに普段はただ面白いだけの人やけど、ピッチでは常に、サッカーに対する覚悟がプレーににじみ出ていて、そこから感じ取れることも多い。かつて岡ちゃんと清水エスパルスでチームメイトだったアキさん（西澤明訓）が「自分の限界を超えた域まで追い込めるプロ意識は、とてつもないレベル」と感心していたけど、まさにその通り。どんな練習にもいつも全力で取り組むし、プレーの端々に「この人にはちょっと敵わへんな」と思わせるすごみを備えている。

2017 Jun.

実際、岡ちゃんが球際で戦っている時って、ラグビーを見ている時のような、体がぶつかるバチバチって音が聞こえてくるからね。そのくらい相手に体を当てまくってサッカーをしてきたから、今の岡ちゃんがあるんやと思う。

そんな岡ちゃんとお別れの日。昼食後に選手に挨拶をできなかったのが心残りで、イラクへの出発時間まで待機して、ホテルでみんなを見送っていたら、岡ちゃんが真顔で「貴史、いてくれてよかった。毎日楽しかったわ」と言ってくれてよかった。毎日楽しかったわ」と言ってスッと立ち去っていった。その瞬間、なに？　この気持ちは？　と。これが恋なのか？　と。〝Fall in Love〟とはこういうことを言うのかと。そう思った直後に、岡ちゃんの顔を見て「いや、ないわ」とすぐに否定しました（笑）。

※宇佐美は2017年6月7日に行なわれたシリア戦に追加招集されるも出場機会はなく、イラク遠征には帯同しなかった

シーズンオフを終えて、ドイツに戻った。日本にいる間にある程度、体を作っていたけど、いざチームでのトレーニングが始まるとそれなりにキツい……。

ようやくここに来て、思い描くコンディションと合致するようになって、キャンプ中の練習試合ではゴールも決めることができたけど、感覚的には正直、まだまだ。ここから開幕までの約1ヶ月間にどれだけ自分を高められるかが勝負やと思っている。

日本でのオフは、片っ端から会いたい人に会いまくり、お酒をたくさん飲むことをテーマに過ごした(笑)。その点に関しては、パーフェクト！　いろんな人から刺激をもらい、すこぶる楽しく、充実した時間になった。

といっても、ずっと飲み歩いていたわけではなく、パーソナルトレーナーの田辺光芳さんと

お前なら絶対できるんだから。

——長谷川健太（ガンバ大阪監督）

ともにしっかり自主トレにも取り組んだ。特に『走り方』のところはより力を入れた部分。これは、ドイツでの昨シーズンは日本にいる時以上に走る量、スピード、スプリントの回数を求められていた中で、これまでの走り方ではしんどいなと感じていたから。それを田辺さんに伝え、「走りの質を変えるには、根本的に走り方を変えよう」という話になったので、改めて自分の走り方を確認し、左右の体のバランス、足の出し方などを見直したのと、それを可能にする筋トレにも取り組んだ。

その効果は、チームが始動してからも実感しつつある。両足ともにバランス良く腿がしっかりと上がった状態で走れている感触も得られているし、スムーズに足が前へ出るようにもなってきた。ただ、今はまだまだいろんなことを意識しながら走って、その手応えを感じられてい

る状況やから。無意識に、楽に心地良く理想的な走り方ができるようになった時に初めて、ホンマに自分のフォームになるからこそ、継続して取り組んでいくしかない。

新シーズンに描いているのは当然、試合に出て結果を残す自分。来年はロシア・ワールドカップを控えていることからも、そこはマストで求めなければいけない。アウクスブルクでの昨シーズンは、半分にも満たない稼働率やったけど、仮に新シーズンも同じような状況が続けば、日本代表は遠ざかってしまう。そう考えても……どんなチームスタイルであっても、試合に出ることを最低ラインにしなければいけないと思っている。

そういえば、このオフ中には、ガンバを離れて初めて健太さん（長谷川／ガンバ大阪監督）と飲む機会があってんけど、そこでも繰り返し言

2017 Jul.

われたからね。

「お前なら、絶対にできるんだから。俺はこれまで、Ｊリーグを何年も見てきて、お前ほどの才能を持った選手に出会ったことがない。試合に出さえすればお前なら絶対にできる。だから、とにかく試合に出ろよ」

もちろん、僕もそう思っている（笑）。試合に出ればやれるってことも、出なければいけないシーズンだということも。だから、仮にこの準備期間で、アウクスブルクではそれが見込めないと感じたら……正直、レンタルで外に出してもらうことも考えるつもり。それによって戦うステージを落とすことになったり、日本に戻ることになったとしてもね。

もちろん、今はアウクスブルクで試合に出ることしか頭にないけど、そのくらいの覚悟でシーズンを始めていることだけ伝えておきます。

8月19日のブンデスリーガ開幕に向けて、順調に準備を続けている。コンディションはすこぶるいい。プロになって、もう10回近く『開幕』を迎えているので、開幕に向かうまでの準備やコンディション管理も慣れたもの。毎年、何かしらの取り組みをしているとはいえ、心身の高め方に大きな違いはない。今年も例年通りに、開幕を迎えられそう。試合に使われるかどうかは監督次第だけど！

　そんな最近は部屋の掃除にハマっている……というより、掃除は家事の中で一番好きだから、気がつけばせっせとやっている感覚。今はまだ家族がドイツに来ていない、イコール、子どもが部屋を散らかすこともほぼないけど、もともと整理整頓がきちっとされていないと気が済まない性格というのもあって、一人でいても常に部屋は片付いている。

部屋の中は頭の中

――千原兄弟・千原ジュニア（お笑い芸人）

　そういえば、以前、綺麗好きで知られる千原ジュニアさんがテレビ番組で「部屋が散らかっている奴は、頭の中も整理されていない」という話をしていた。その時に言っていた『部屋の中は頭の中』という名言は、かなりしっくりくる。部屋が思うように整頓されている時は、頭の中もすごくすっきりしている気がするしね。

　この整理整頓好きは、ともすれば周りに病気か？　と疑われるほどで……言うなれば、テレビのリモコン類は身長順に並べておかないと気が済まないタイプ（笑）。机の上が乱雑に散らかっていたら絶対に許せないし、ゴミがそのまま置きっぱなしになっているなんて、ありえない。リモコンに限らず、家の中ではどこに何があるのか、配置がきちっと決まっていないと嫌で、ほんの少しでもいつもと違うところに物が移動していようものなら、すぐに戻さないと、

どこか居心地が悪い。……ね、潔癖症っぽいでしょ？（笑）

でも、不思議なもので、自分の住んでいる家以外の場所ではまったく気にならない。実際、実家に帰ったときには、僕と同じく整理整頓好きのオカンに申し訳ないくらいガサツの極みやし（笑）。他人が食べているものや飲んでいるものも全然シェアできるし、人が触ったドアノブを触れないってこともない。落ちたものでさえ平気で食べられる……あ、落ちたものは食べないようにしましょう（笑）。

そういえば、自分の家の物の配置に限らず、僕は比較的、見たものに対して尋常じゃないくらい記憶力がある。おかげで、道を歩いていても壁の落書きが変わったことや、置いてある植木が変わったことにはすぐに気づくし、テレビで見ている芸能人の髪型や口紅の色の微妙な変化まで気づいてしまう。

2017 Aug.

これは、覚えようと意識しているのではなく、ただなんとなく見ていたものでも、一度目に入ったものが少しでも形や色を変えていたら、すぐに気づくって感覚。昨日もチームメイトの腕に『R』をかたどった小さなタトゥーが増えたのを見て「何の意味？」って聞いたら、「家紋を示すものだけど、こんな小さいのによく気づいたな」と驚かれた。初めて行った場所でも、すぐに大体の方向感覚を掴めて、パパッと頭の中で地図を描けるしね。

って話が逸れたけど、そんな整理整頓好きの僕だけに、家に帰って部屋の掃除をしたり、いろんな散らかりを整えている時が、何よりも至福のとき。この整理整頓上手と記憶力の良さが、何かしらサッカーに活かされたらいいけど……まぁ、ないな（笑）。

8月30日にフォルトゥナ・デュッセルドルフへの期限付き移籍が決まり、すでに2試合の公式戦を戦った。移籍を決めた理由は、来年のロシア・ワールドカップでピッチに立つため。アウクスブルクでの2シーズン目が始まった時から「試合に絡めないようなら移籍する」という考えがあって、実際に開幕から出番がない状況が続いたので期限付き移籍を決断した。背番号は『33』。プロになって初めて背負った番号と同じやけど、33か39がいいなと思っていて、たまたま空いていた33をつけただけ。特に「初心に返って……」的な考えはない。こんなに濃すぎるキャリアを歩いてきて、今さら初心に立ち返っている場合でもないから（笑）。

　その新天地での初の公式戦、ウニオン・ベルリン戦で74分からピッチに立ち、ゴールを決めることができた。監督とは試合前日に話をし、

話進めとくね

――内田篤人（ウニオン・ベルリン）

「チームをより上に引き上げるため、強化を図るための戦力と考えているし、そういうプレーを期待している。ただそのためには、時間も必要だと思う」と言われていただけで、特に起用についての話はなかったからね。合流して間もないことを考えても「勝っている状況なら使われないだろうな」とも思っていたら1－1の状況で投入された。しかも、出場してすぐに篤人くん（内田／ウニオン・ベルリン）のクロスボールがオウンゴールを誘発し、逆転されてしまい……。久しぶりの公式戦にもかかわらず、ターンもめちゃうまかったし、「いきなり、結果出してくるやん！」って思っていたら、僕もそのあと決められて、チームも3－2で勝利できた。

　ちなみに、ゴールの予感は一切なかった。というのも最近は、いい意味で自分に期待をしすぎなくなっているから。単にやるべきことをや

り尽くすことに淡々と向き合っているだけで、ピッチに立っても過度に何かを気負うこともない。でも、フラットな気持ちでいる時ほど結果が出ているのは事実やから。この先も今のスタンスで、足元だけを見て進んでいくつもり。もちろん、最初に書いた通り、期限付き移籍を決断したのはロシアのピッチに立つためやけど、チームで結果を出さないと前には進めないし、逆にそれさえあれば「一歩ずつ」どころか、一気に……5段飛ばしくらいでステップアップできるのがこの世界だから。

ところで、その篤人くん。デュッセルドルフへの移籍が決まった直後に「宇佐美くん、俺。内田。いま電話できる?」とLINEをもらい、電話をしたら「お家はどうするの?」から始まって、「俺の住んでいた家に住めばいいじゃん」と話が進み、今の家の家賃を聞かれ、「じゃあ、

2017 Sep.

全然大丈夫だね」「話を進めておくよ」と。いやいや、どんだけマイペース!(笑)「せめて家を見てからにしたいです」ってことで、後日見に行った結果、素晴らしい家やけど家賃が全然、大丈夫じゃなかったから、そこには決めなかった。なのに、デュッセルの街を案内してくれたり、お洒落なカフェに連れて行ってくれたり。「寿司を食べに行こう」と誘われて寿司屋にも行った。

にもかかわらず、篤人くんが唐揚げやキムチばかり頼むから「え?」と呆気に取られていたら、「気にしないで。俺はこういう人なの。おいしいものを食べられたら満足だから、寿司屋だからって、お寿司を食べるとは限らないの」と爽やかに言われて、ただただ衝撃を受け……で、ピッチではあのプレーでしょ? そりゃ、みんな『内田ワールド』にやられるわ!

フォルトゥナ・デュッセルドルフに加入してからのこの1ヶ月半で、チームはリーグ戦を7試合戦った。僕はそのうち2試合に先発し、4試合で途中出場。初先発した9月23日のザンクトパウリ戦では59分までプレーし、1ゴールを決めたけど、久しぶりのスタメンだったこともあり、正直キツかった。もちろん、アウクスブルク時代も試合に出る、出ないに関係なく試合を想定してコンディションを作っていたし、試合に出ていないからこそ、あえて強度を上げてトレーニングに取り組んでもいた。でも、ザンクトパウリ戦に先発して、当たり前ながら「試合ほど鍛えられる場所はない」と再認識させられたというのが正直な気持ち。

　というのも、練習でも試合でも、自分としてはずっと走っているつもりだったし、自分の疲労度を考えても、走行距離は伸びていると思っ

もっと本気で考えろ

——ペーター・ヘアマン（バイエルンコーチ）

ていたけど、実際に数値を計測したら全然、少なく……。そこをペーター・ヘアマンコーチに指摘されて以降、練習中に絶対に歩かないことを意識したり、トレーニング後にプラスアルファのメニューを課してきたら、今では練習中の走行距離も、常にトップグループに入る数字を出せるようになった。だからこそ、あとはそれをプレーで示していけるか。この『プレーで示す』というのは、単にいいプレーを見せる、結果を残すという意味だけじゃない。ペーターの言葉を借りれば……というか、加入直後にペーターから、すごい勢いで浴びせられた言葉が印象深い。

「貴史、お前はなぜその能力とクオリティーを備えながら、アウクスブルクで試合に出られなかったのか、もっと本気で考えろ。俺はお前のアウクスブルクでの練習をずっと見てきたわけ

じゃないけど、能力だけで判断すれば、お前は試合に出られたはずだ。だが、過去のことはもういい。今、お前はフォルトゥナにいる。そしてここでやるべきことは、持っている能力を余すことなく発揮するために、体が壊れるくらいまで自分を追い込むことだ。

クオリティーのある選手が勢いをもってボールを奪いに行くとか、汗をかく仕事をしたら、どういう変化がチームに起きるかわかるか？誰も文句を言わず、お前についてくるようになるし、お前にボールが集まってくる。だから、ピッチでは常に動いて、味方が顔を上げた時には常にその近くにいて、ボールを触って、もっと自分を表現しろ。そのために俺はお前にたくさんの要求をする」

ちなみに、そのペーターは……なんと、バイエルンの指揮官に復帰したハインケス監督に誘

2017 Oct.

われ、少し前にチームを去った。常に選手と会話をし、厳しいことをはっきり口にできるペーターの存在は、チームにとっても大きかったし、僕に限らず選手の誰もが一目置く存在だっただけに残念やけど、誘われた先がバイエルンやからね。僕を含めた誰もがペーターの退団を惜しみながらも「バイエルンなら仕方がないな」と受け止めた。

とはいえ、彼と仕事をしたこの1ヶ月、毎日のように練習や試合でのフィードバックをもらいながら自分を鍛え直せたのは、ものすごい貴重な時間だった。僕にしてみれば、アウクスブルクで試合に出られず、レールから落ちかけていた自分を、もう一度レールに乗っけてもらったという感覚。だからこそ、ここから先はそのレールをより強く、速く走るだけやと思っている。

海外組にとって年内最後の招集機会となった日本代表の欧州遠征メンバーに僕は招集されなかったけど、妥当だと受け止めている。

もちろん、しびれる舞台はより多く経験したほうがいいし、日本代表にも常に選ばれたいと思っている。でもフォルトゥナ・デュッセルドルフである程度出番を掴んでいるからこそ、自分の状態も正しく把握できている。フィジカル的な数値はいいけど、試合でのプレー精度はもう少し上げなアカンと思うしね。実際、「今の場面は仕掛けられたな」って悔やむこともまだまだ多い。頭でのイメージと、実際のプレーの選択が完全には合致していないというか。正直、今はまだ自分の体で違う人がサッカーをしているみたいな感覚でピッチに立っている。

思えば、ガンバ時代の2014年にも、開幕直前に左腓骨筋腱脱臼で全治2ヶ月と診断された時に、似たような感覚を味わった。しかも、昨シーズンはあの時以上に実戦から遠ざかったこともあって、細かなフィーリングを取り戻すのにより時間がかかっている気もする。そこさえ合致すれば、思い通りに結果を残せそうな予感はあるだけに、今はとにかくチームで一生懸命戦い続けるしかない。

ダヴィドに帰化を勧めた

——マヌエル・ノイアー（バイエルン）

その日本代表が戦ったブラジル戦を見ていても感じたけど、最近は「優秀なSBとボランチがいるチームは強い」と感じることが多い。実際、あの時も、右SBをダニーロ（マンチェスター・シティ）が、左SBをマルセロ（レアル・マドリード）が務めていたけど、控えに回ったダニエウ・アウベス（パリ・サンジェルマン）を含め、全員が攻撃力に長けていて、オフェンシブなポジションでも十分に通用する選手ばかりやった。なおかつ、守備も卒なくこなし、戦術を徹底できる献身性も備えているとなれば、なかなか付け入る隙は見つけられない。

実際、日本代表が彼らに手を焼いていたのは明らかで……例えば、サイドでボールを奪いにいく時は、サイドハーフが相手のSBを追い込んだ上で連動したプレスを仕掛けようという狙いがあったはずやけど、実際は、サイドハーフが追い込もうとしても余裕で剥がされてしまっていた。となると、今度はボランチが潰しに出て行かざるを得なくなり……と、一つずつマークがずれ、数的不利で戦っているような形になっていた。おまけに、ブラジル代表の前線の選手は、ネイマール（パリ・サンジェルマン）を筆頭に強力なアタッカーが揃っているとなれば、そりゃ相当手強いわ。もちろん、弱者が必ずしも負けるとは限らないのがサッカーとはいえ、ね。

2017 Nov.

その「優秀なSBとボランチがいるチームは強い」説を証明しているのが、ダニエウ・アウベスが在籍するチームは必ず強くなっていること。今シーズンのパリ・サンジェルマン然りね。また、バイエルンも優勝したシーズンには両SBのラームとアラバ（バイエルン）が圧巻のパフォーマンスを示していた。

そういえば、昨シーズンだったか、バイエルンのGKノイアーが、ドイツ代表が勝ちあぐねている現状を踏まえ「僕はダヴィド（アラバ）がまだ若かった頃に、ドイツへの帰化を勧めたことがある。今のドイツに優秀な左SBがいないのはダヴィドのせいだ」みたいな話をしているのを記事で見たけど、ノイアーはおそらく本気で言っていたはず。バイエルンにおけるアラバの絶大な存在感や貢献度の高さを実感している彼ならば。

2017 Another episode
～取材ノートより～

取材・文／高村美砂

すごい試合を見てしまった（P326）

UEFAチャンピオンズリーグ史上初めて、第2戦で4点差をひっくり返したバルセロナの姿を、宇佐美は驚きと興奮をもって見届けた。

「守備を固められたら、どんなレベルのチームも点を入れるのは難しい。しかも、全員が代表クラスのパリ・サンジェルマンの守備を6回も崩すなんて異次元すぎる。だからバルサが勝って嬉しかったけど、逆に悲しくもなった。認めるのは悔しいけど、同じサッカー界でも住んでいる世界が全然違う、って現実を突きつけられた気分。パリの選手にとっても一生トラウマになるんじゃないかな。というか、俺なら一生、立ち直れないし、死ぬまでトラウマやな（笑）。あの奇跡の源は、絶対に1点目を決めたスアレス。彼がすべてやったと思う」

6点目が決まった際のルイス・エンリケ監督の姿を見て宇佐美が思い出したのが、ガンバ時代に戦った2015年のAFCチャンピオンズリーグ・全北現代モータース戦だ。

「健太さん（長谷川／ガンバ大阪監督）が、ヨネくん（米倉恒貴／ガンバ大阪）のゴールに喜びすぎて、ピッチ内に入ってしまって退席処分になったやん？　今回のバルサも6点目が決まった瞬間、ルイス・エンリケ監督以外、スタッフも控えメンバーも全員がベンチを飛び出して、逆側のスタンドに向かって走るセルジ・ロベルトを追いかけて……あれ、冷静に考えたら全員、退席処分やなと（笑）。しかもルイス・エンリケ監督は、喜びすぎて膝で滑った時に内側靭帯を痛めて『大きな代償だ』って言ってたらしい（笑）」

また、その日のドイツ国内の興奮をうかがい知れるエピソードも教えてくれた。

「同じ日に、僕の知り合いがドルトムントの試合を見に行っていたらしくて。会場で『3－0』

って途中経過が流れた時はスタンドが『うお〜』ってうねりをあげ、でも『3－1』になったときに『うわ〜終わった』みたいなため息が流れ、83分にネイマールが決めて『4－1』になった時に『あの1点がいらんかったな〜』って雰囲気になって……最後、試合終了後のスコアが『6－1』って表示された時は、その日一番の歓声が上がったらしい。目の前の試合、そっちのけやん（笑）。うちのクラブハウスも、翌日はこの試合の話で持ちきりで、誰もが『バルサ、万歳！』みたいになっていた。サッカーをしている人たちにとってバルサのサッカーは理想やから、そんなバルサが第1戦でボコボコにされて、みんなちょっと傷ついていたんじゃない？（笑）しかもあの試合で驚いたのが、1戦目を0－4で負けているのに、2戦目のカンプノウに9万人も入ったこと！ それも含めてサッカーファンの間で永遠に語り継がれるやろうね」

世界中のサッカーファンを熱狂させた一戦は、宇佐美の脳裏にも刻まれる伝説の試合になった。

——2017年3月取材

特に『走り方』のところはより力を入れた部分（P334）

2017－2018シーズン開幕に向けて、宇佐美がオフシーズンに変化を求めたのが『走り方』だ。パーソナルトレーナーと改革に取り組んだという。

「2016－2017シーズンで走りの質の低さを自覚して、もっと省エネに走れるんじゃないかって感じていたので。走る量、スピード、アップダウンの回数は、日本でプレーしていた時以上に求められている環境で、今のままの自分だとしんどいなって思いながら1年を過ごしてきただけに、そこはなんとかしたい」

もっとも、自主トレではスムーズに足が上がる、前に出るといった感覚をわかりやすく得られていたそうだが、実戦では「まだまだ癖づいてはいない」と感じたそうだ。

「走り方に手応えを感じなくなった時が、ある意味、一番の手応えになっている時。気がつけば『あれ？ なんか走れるようになってるな』って思える状態まで持っていきたい」

宇佐美によれば、走り方の改革によって求められるのは、7・1秒を7・05秒にするとか、7・04秒にするといった、ほんのわずかなスピードだという。だが、そのゼロコンマ何秒の世界が大きなプレーの変化につながることもあるから「この世界は面白い」。

——2017年9月取材

レールから落ちかけていた自分を、もう一度レールに乗っけてもらったという感覚 （P341）

フォルトゥナ・デュッセルドルフ在籍時の宇佐美は、4-5-1システムでは1トップ、トップ下、左右MFを、3-5-2では2トップの一角を担うなど、様々なポジションでプレーした。

「ここに来てから、ポリバレント感が半端ない。監督は適性があると思ったら容赦なく使うから、僕だけじゃなくて全員のポリバレント力が高い気がするけど。でもこれは自分にとっていいことやと思う。プレーの幅が広がっている感じがあるから」

また、バイエルン時代もともに仕事をしたペーター・ヘアマンコーチのトレーニングからも、たくさんの気づきを得られているらしく、「信じて続けていたら良くなっていくという実感が持てている」と宇佐美。もっともバイエルン時代は「毎日が精一杯すぎて、ペーターのトレーニングのクオリティーを考える余裕もなかったから、当時のことはほぼ覚えていない」と笑った。

——2017年10月取材

2
0
1
8

special edition
いかに食べたものを無駄なく消化吸収できるか
——土屋未来（スポーツ内科スペシャリスト）

ウインターブレイクが明け、フィジカルテスト、キャンプを経て、再びドイツでの生活が始まった。

今は1月25日のリーグ再開に向けて、再び心身ともに高めている状況。と言葉にするには簡単やけど、自分自身は相当な覚悟を持って今の時間を過ごしている。

というのも、去年の8月末にフォルトゥナ・デュッセルドルフに移籍してからウインターブレイクに入るまでの約4ヶ月間は、自分にとって決して納得のいく時間ではなかったから。デビュー戦のウニオン・ベルリン戦では途中出場して、移籍後初ゴールを決められたし、初先発したザンクトパウリ戦でも得点して幸先のいいスタートを切れたと感じていたけど、そこからなかなかコンスタントに先発に絡めなかったのが、何よりも悔しい。

これは、フンケル監督の「自分自身の現役時代の経験を踏まえても、アウクスブルクで1年間、試合に出ていないというブランクを取り戻すには半年はかかる。だからこそ、最初の半年は焦らずにトップフォームを取り戻す時間と捉えてほしい」という考えもあってのこと。そうは言っても僕はそもそも試合に出ることを求めて移籍したわけやし、試合を戦いながらリズムを作ったり、コンディションを上げていくタイプやから。

監督の言うことを理解しつつ、苛立ちを覚えることもあったというのが正直なところ。ただ、僕ら選手は『使われる側』やから。フンケル監督の「トップフォームを取り戻す時間」という言葉を信じて、ある意味、我慢もしながら過ごしてきたこの4ヶ月と、ウインターブレイクでの自主トレを通して再び積み上げてきたものを、

2018 Feb.

ウインターブレイク明けの後半戦でどれだけ示せるかが勝負だと思っている。

ちなみに、このウインターブレイク中は専属トレーナーとともに、主に全体的なコンディションアップとプレーのキレを取り戻すためのトレーニングを重点的に行なったり、単に何を食べるかにとどまらず「いかに食べたものを無駄なく消化、吸収できるか」といったスポーツ内科学や栄養学の勉強会にも参加して自分の体と向き合う時間にあてた。

というのも、チームでのフィジカルトレーニングというのは総じて、個人の状態に特化するというよりはチームとして同じ内容に取り組むことが多いけど、海外の選手と僕らアジア人とはそもそも体の作りが違うから。同じことをやっているのに、積み上げが少ないって感じることは多々あって……。

それもあってプラスアルファでいろんなことに取り組んできたけど、それでもシーズン中はなかなか追いつかないところも多いから。そうした状況をしっかり整理し、得手不得手でいうところの不得手な部分の向上を求めながら、自主トレをしていたという感じかな。そういう意味では、気持ちをリセットして、体と感覚をよりシャープにして後半戦に向かえる状態にある。

ただ、不安がないわけではない。というのも、デュッセルドルフに加入してからの4ヶ月間では、先発や途中出場を含めて10試合ほど公式戦を戦ったけど、プレーの細部では思い通りにいっていないなと感じることもあったし、頭でイメージしたプレーをピッチで表現できないことも多かったから。

これには僕なりに思う理由が二つある。一つは、単に公式戦での経験をコンスタントに積めていないことによるコンディションの問題。もう一つは、それに伴うプレーの選択に対する自信のなさ。

これまで自分がベストな状態でプレーしていた時や結果を出せていた時って、基本的に90分を戦い抜ける、走り切れる自信が備わっていて、だからこそ、自然と「大丈夫、このタイミングなら相手を置き去りにできる」「ガツンとこられても耐えられるぞ」というような判断ができたし、プレーの選択にも迷いやブレがなかった。でも正直、アウクスブルク時代を含めてドイツに来てからの約1年半は、そのベースとなる90分間の公式戦を戦い切るフィジカル、体力がまだ完全には身についておらず、ぐらついている状態にある。

しかも厄介なのが、それらが試合でしか積み上げられないということ。こうしてコンスタントに試合に絡めていない今だからより鮮明に感じるけど、練習でそれを補うためにどれだけいろんなチャレンジをしても……無駄とは言わんけど、練習で求められる成長や変化ってあくまでゲームに向かうための積み重ねでしかなく、実戦でしか得られない感覚というのは、残念ながら練習では得られない。

そう思うからこそ、後半戦はとにかくコンスタントに試合に絡まなければ話にならないし、僕の未来が拓けることもないと思う。この『未来』というのはロシア・ワールドカップも一つだし、『プロサッカー選手としての宇佐美貴史』も指す。いや……ワールドカップはサッカー人生の目標に掲げてきたわけではないと考えれば、特に後者かな。

一度目の海外移籍で挫折を味わい、再びチャレンジするために日本に戻って自分を取り戻し、

2018 Feb.

こうして二度目の海外移籍をした自分がいるけど、仮にこの二度目の海外移籍も何もできないまま終わったら？　おそらくプロサッカー選手としての自分に疑問を抱きかねない。この先どうやってサッカーに向き合っていけばいいのかも、わからなくなる気もするしね。一度目の海外での経験を通してそれを確信しているからこそ、今はとにかくこの現状を何がなんでも乗り越えたいし、乗り越えた先に待っているものを見たいと思う。

というと、深刻に聞こえるかもしらんけど（笑）、気持ちのどこかでは「もっと楽にサッカーに向き合えよ」「お前の大好きなサッカーやぞ」という思いもあるから！　必死にならなければいけない自分と、サッカーを楽しむことの両方にうまく折り合いをつけながら、とにかく、自分の中で最大級の覚悟をもって後半戦に臨みます。

ウインターブレイク後、いろんな意味で「勝負の後半戦」と位置付けていた戦いが始まって約1ヶ月半が過ぎた。結論から言うと、ここにきてようやく頭で描くプレーのイメージと、フィジカル面を含めた体がリンクしてきた。

　これは数字にも表れていて、後半戦で初先発したレーゲンスブルク戦ではフル出場し、走行距離が10・4キロ、スプリント回数は23回を記録。翌節のザンクトパウリ戦は途中交代にはなったけど、走行距離は11・4キロ、スプリント回数は27回だった。しかも個人的にはザンクトパウリ戦のほうが「疲れはあるけど、止まっている時間が多かったかも」という感覚でいたにもかかわらず、1キロ多く走れていたからね。これはある意味、90分を戦えるフィジカルがしっかりと備わってきた証拠。また試合中のボー

サッカーなんてもともと遊びから始まった

——藤田俊哉（元日本代表）

ルロストが減っていることや、調子のバロメーターでもあるキックの精度が高まっていることも、試合勘が戻ってきたと実感できる理由でもある。

　特にキックは、パーソナルトレーナーの田辺光芳さんとも重点的に取り組んできた部分。ウインターブレイク後も継続的に個別トレーニングを行なってきた中で、理想に近いキックを蹴れている時、そうじゃない時のフォームを細部まで見直して改善に努めてきた。そうしたら、体勢が良くなるにつれ、キックもバシバシ飛ぶようになったし、それによって最近はプレースキックでも存在感を示せるようになってきた。トレーニングと並行して取り組んできた、スポーツ内科学を踏まえた食事方法の改善による効果も実感しつつある。これについては前回も触れたので簡単に説明すると、食べたものを無駄

なく、消化吸収するために「何を食べるか」ではなく、「いつ、どのタイミングで摂取するか」を意識した食事法。それによって最近は明らかに体の疲労具合や筋肉の張りなどの面で変化が表れてきている。

それらがリンクしてきて、ここ最近の『4試合連続ゴール』にもつながったのかな、とは思うけど、僕自身は意外と冷静で、世間の皆さんが騒がれているような（笑）、『日本代表へアピール！』みたいな感覚は正直、微塵もない。

というのも、ドイツに来て1年半の中で「ああ、俺ってこの程度なんや」ということをようやく自分が受け入れたことで、今はいい意味で自分に諦めがついているから。もちろん、これは希望をなくしたとか、投げやりになっているということでは全然ない。今も変わらず、自分のサッカーのために、やるべきことは全部やろ

2018 Mar.

うって気持ちでもいる。ただ、その向き合い方の部分で肩の力が抜けたというか。向上心を持ってやり切ることでうまくいくことがある一方、向上心を捨てて目の前のことを楽しむことでうまくいくこともあるのがサッカーだと、ようやく理解したって感じ。

実際、今の僕がそうであるように「向上心を捨てて、自分に諦める」ことで始まる、あるいは変化が見られることもあるしね！　ってことを考えながら最近はサッカーに向き合っていた。そうしたら先日、ドイツに来ていた藤田俊哉さんと食事をする機会があった。その時に俊哉さんがふと漏らした「サッカーなんて、もともとは遊びから始まったんだよ」という言葉がスッと腑に落ちた。

そう、だからやっぱり今は、肩の力を抜いて、深く考えずに、純粋にサッカーを楽しもうと思う。

3月26日に次女の桜が誕生した。嫁の蘭と娘の菫《すみれ》は、昨年末から出産の準備で帰国していて、出産の時には僕も立ち会えたらいいなと思っていたけど、日本代表に選ばれて帰国できず。でも蘭と菫が頑張ってくれて、桜を無事にこの世に誕生させてくれた。今はまだ蘭から届く動画や写真を見るだけで、この手に抱いていない分、実感が湧かないけど、菫にも思ったように、我が子ほど可愛いものはない。言い方はどうかと思うけど、どえらいクオリティーの高さ！　世の父親のほとんどが、我が娘に対してそう思っているはずやけど（笑）。

　というわけで僕は愛犬と二人？　二匹？　でドイツ生活を送っていますが、そこに急に飛び込んできたのが、日本代表のヴァイッド・ハリルホジッチ監督解任のニュース。※ ただ正直、さほど驚かなかったというか。もちろん、ハリル

読むな

――西野朗（日本代表監督）

さんとは2015年に日本代表に呼んでもらって以来、いろんなコミュニケーションを取ってきたし、日本代表で戦う面白さを教えてくれた人やから感謝はしている。でも、どの監督も選手も、一瞬にして今いる場所を奪われる時もあるのがこの世界。だからこそ「ああ、そうなのか」という感情しか湧いてこない。

　それに、誰一人として日本代表を確約されている選手はいないと考えれば、選手の立場で代表監督の去就について語るのは違うと思う。それよりも、自分が今やるべきことは、所属チームで自分のプレーの質を高めることと、チームの1部昇格のために力を注ぐことだけ。……って思いで臨んだ直近のハイデンハイム戦はゴールこそ決められたけど、またしても勝てず、悔しい結果に終わった。依然として上位はキープしているとはいえ、気の抜けない状況が続いて

いるしね。だからこそ残りの3試合では、確実に結果を残さなアカンと思っているし、少しでも早く自動昇格圏の2位以内を確定させたいと思う。

そのハリルさんの解任に伴い、ガンバ時代の09〜10年に一緒に仕事をした西野さん（朗）が新監督に就任した。といっても、当時の僕は高校2年生でプロになったばかりで……正直、自分のことに精一杯やった。特に1年目はまったく試合に絡めず、居残り練習をしていた印象しかない（笑）。それでも、西野さんが緊張感のある、いい『空気』を漂わせるのがうまかったことや、突然、抜擢した選手が結果を残すことがあまりに多くて「その閃きはどこからくるの!?」って驚いたのは覚えている。西野さんにしてみれば裏付けがあっての「閃き」だったとは思うけど。

そんな僕もプロ1年目に西野さんの閃き？によってメンバー入りしたことがある。試合に出るはずの選手のケガが思いのほか回復せず、急遽、ミーティングで僕の名前が呼ばれた。ただ当時、1ミリたりともメンバー入りの可能性を感じられない状況にあった僕は、試合に必要な荷物を何も持ってきていなくて。練習後に家に取りに帰りたいと西野さんに伝えたら、冗談交じりに「読むな」と一言。要は、自分がメンバー外だと勝手に読んで行動するな、と。

それを聞いた時に「確かに試合に出る可能性のある、なしを勝手に自分で読んで決めているうちは、まだまだ甘いんやな」と思った……という記憶が、西野さんの代表監督就任のニュースを聞いて蘇りました！

2018 Apr.

※ロシア・ワールドカップ開幕を2ヶ月後に控えた2018年4月9日、日本サッカー協会はハリルホジッチ日本代表監督の解任を発表した

フォルトゥナ・デュッセルドルフでの2017-18シーズンはブンデスリーガ2部優勝、1部昇格という最高の締めくくりになった。しかも僕にとっては海外に来て初の『タイトル』。嬉しさは過去にガンバでタイトルを獲得した時と大きく変わらないけど、達成感は正直、全然違った。

　というのも、本当にゼロからのスタートだったから。自分のプレーはもちろん、チーム内における立ち位置、人間関係まで。すべてをゼロから積み上げながら、海外での4シーズン目にして初めて、試合にしっかりと関わりながら結果を出せたし、苦汁をなめることも多かった分だけ「達成感」は大きかった。

　と言いつつ、アウクスブルクから始まった最初の1年半を思い返すと……正直「よくぞ、まくれたな」って思う。特にデュッセルドルフに

足がもつ限り 復帰を目指す

——宮市亮（ザンクトパウリ）

来てからの最初の半年は、コンディションも上がってこない、何かを変えようとしてもうまくいかない、という連続で、もはやサッカーへのモチベーションさえ失いかけていたから。「サッカーが楽しくない」と思ったのも自分のサッカー人生では初めてで、その自分に戸惑いながら過ごした時期もあった。

　ただ、今になって思えば、それもすべてはコンディション不良が原因だったと思う。選手って、いい時の自分を体感して初めて「ああ、あの時はコンディションが悪かったな」って気づくもので、当時は自分がコンディション不良とは考えもしなかったけど、今は間違いなくそれが原因だったと言い切れる。実際、デュッセルドルフでの最初の半年間で取り組んできたことが、今年の1月頃から効果として感じられることが増え、そうなると動けるようになるし、思

い通りのプレーができるようになるし、点も取れるし……とポジティブな連鎖が起きて、一気に目の前の視界が開けた。

それを受けて、日本代表にも選ばれたけど、正直この半年は代表のことは頭から外し……というか、チームで結果を残すことに精一杯で、ただただ必死に戦ってきただけやったから。選ばれるかどうかさえ考えなくなっていただけに、いい意味で肩の力は抜けている。もちろん、この先、日本を代表して戦うことに対して、どういう感情が湧き上がってくるのかはわからない。でも、現時点では過剰な気負いも、気持ちが引っ張られている感じもない。なぜならこの半年間で結局、選手は常にベストなコンディションを維持し、目の前の試合で結果を残していく先にしか、次の何かを生み出せないと実感したから。そう思うからこそ、今はとにかく目の前の

2018 May.

1試合にしっかりと照準を合わせて準備をし、戦っていきたい。

そんなふうに思ったのは、宮市亮（ザンクトパウリ）からのLINEにパワーをもらったから。彼がケガをした直後にやり取りをした際、「宇佐美の活躍は、俺らの世代はみんな意識しているし、刺激になっているから頑張って」と。どう考えても自分がしんどい状況なのに、そんな言葉をかけてくれた上で、自分のことについても「足がもつ限り、復帰を目指すよ」と。その時点では、長期のリハビリを強いられることを覚悟していた時だったのに。結果的にその後、前十字靭帯断裂ではないとわかって、ホンマに良かったけど、そんなフェニックス（不死鳥）のようなメンタルを持った仲間に刺激になると言われたわけやから。その言葉の奥にある宮市の想いが、僕の心に響かないはずがない。

蓮の花のように

――西野朗（日本代表監督）

生まれて初めて『ワールドカップ』に触れたのは、１９９４年、2歳の時に開催されたアメリカ大会。親父によると、その試合をテレビ観戦していた僕はその場で「代表になる」と宣言していたらしい。といっても、僕自身はまったく記憶がないので（笑）、本当の意味で『ワールドカップ』を理解したのは、そこから8年後、２００２年に開催された日韓大会だと思う。

なかでも、笑顔で楽しそうにプレーしながら、圧巻の技術力とアイデアで攻撃を彩ったブラジル代表、ロナウジーニョの姿が衝撃的で、僕にとって初めてのスーパースターとして記憶に刻まれた。また当時、日本で絶大な人気を集めていたイングランド代表、デビッド・ベッカムも印象に残っている選手の一人。前回、フランス大会の流れもあって、因縁のカードと注目されたグループリーグでのアルゼンチン戦でＰＫのキッカーを務め、チームを勝利に導くゴールを決めたシーンはいまだに鮮明に覚えている。

その02年から16年の年月を経て、僕は今、日本代表の一員としてワールドカップを戦っている。大会を迎えるまでは特別な気持ちの高揚もなく、だからこそ「どんなメンタルになるのかが楽しみ」と話していたけど、正直、ロシアに入ってからも今のところ、気持ちの変化はない。これは日本代表に選出されて以降、いろんな人から「ワールドカップは特別やぞ」という言葉をあまりにも聞きすぎていたからかも（笑）。あとは、初戦のコロンビア戦を終えた現時点ではまだピッチに立てていないからかな。同じ空間で過ごしていても、サッカーにはピッチに立たなければ感じ取れないことがたくさんあり、今はまだ本当の意味でワールドカップを戦っているとは言えない状況やから。

ただ、焦りはない。いつのときも僕らは監督に「選ばれる側」で、選手は結果を出せる自分であるために最高の準備をするのみ。試合に出る、出ないによって、揺り動かされることはない。だからこそ、チームとして白星発進という最高のスタートを切れた今の状態をより加速させていく一人であるために、今後も結果に対する強い執念を持って準備を続けたい。

その上で、ピッチに立つチャンスをもらえたら、02年に見たロナウジーニョのように、ワールドカップの舞台を存分に楽しもうと思う。さすがに、あんなにも笑顔でプレーできる自信はないけど（笑）、サッカーを「楽しむ」ことは、僕のサッカー選手としての原点でもあるしね。

と同時に、西野（朗）監督が以前、ミーティングで話していた『蓮の花』のようにありたい、とも思う。

「蓮の花は、咲いている部分だけを見ればすごく美しいけど、水面下ではドロドロ、ドロドロと、必死に根を伸ばして頑張っている。裏を返せば、それだけ根を伸ばして頑張っているから、水面であれだけ美しく咲くことができる。俺たちもそれぞれが、蓮の花のような自分でいよう」

日本のために、自分のために、必死に根っこを伸ばし続ける意味は、絶対にある。さあ、次は勝負どころのセネガル戦。このコラムが掲載されている頃には試合は終わっていて、どんな結果になっているかはわからんけど、※とにかく今、ここで約束できるのは仲間を信じ、自分を信じて、最後まで戦い続けるということのみ！

引き続き、応援よろしくお願いします！

※グループリーグ第2戦のセネガル戦で宇佐美は87分からピッチに立ち、ワールドカップ初出場。日本は乾貴士と本田圭佑がゴールを奪い、試合は2－2の引き分けに終わる

2018 Jun.

ロシア・ワールドカップの戦いが終わり※、2週間が過ぎた。昨日のことのようで、かなり前のような……いずれにせよ、頭にあるのは、自分に対してより苦しいチャレンジを求めようということ。26歳という年齢で、安定を選ぶ自分であってはならないし、だからこそ、しのぎを削れる場所に身を置いて、4年後を目指そうと思う。

正直、ワールドカップに出場するまで、これほどまでに「魔力」のある大会とは思ってもみなかった。もちろん、まったく意識していなかったわけではないけど、「ワールドカップがサッカー人生のすべてではない」と思っていたのも正直なところ。仮に出場できなくても、自分のやるべきことは変わらないと思っていた。

だけど、実際にあの舞台に立ってその考えは覆された。その証拠に今は、この先、自分のサ

さすがにナーバスになるよな

――槙野智章（浦和レッズ）

ッカーも思考も、変えなければいけないと思っている。これはおそらく、強烈に「4年後、ワールドカップを戦いたい」という考えが、頭にインプットされたからやと思う。では、その「魔力」とは何か。帰国後、嫁との何気ない会話の中で彼女が放った言葉に気づかされた。

「ブラジルやドイツなどの強豪国以外の選手って、なんでワールドカップに出たいって思うの？　優勝できる可能性が限りなく低いと自覚しながら、なんで4年もの時間を注げるの？」

これは、試合前から選手が諦めているということではなく、単純に「勝つ確率がほぼゼロに近いのに、どうしてそんなに全力で向き合えるのかを知りたい」っていう、素人目線ならではの疑問ね（笑）。でも、そう思うのも無理はない。ともすれば、4年にわたって積み上げたものが一瞬にして崩れるのがワールドカップやか

ら。優勝の可能性が限りなく低いとされる国、選手が人生を懸けてまであの舞台を目指す意味がわからないと思うのは、当然のこと。

その答えは……サッカー選手の誰もがワールドカップに恋をしているってことだと思う。たとえ打ちのめされても、一度あの舞台を味わうと盲目的に「また戦いたい」という思いが湧いてくる魔力がワールドカップには潜んでいる。事実、僕もその一人。ロシアの地でピッチに立った時間はそう長くはなかったけれど、あの舞台を肌で感じられたことで、僕は本当の意味でワールドカップに恋をした。そのくらい、自分があの舞台に立つ意味と、4年もの月日を費やしてもいいと思える価値を見出せたロシア大会だった。

そういえば、グループリーグ第3戦（ポーランド戦）の前日、ミーティング後に槙野くん（智章

※ロシア・ワールドカップで日本は2大会ぶりにグループリーグを突破するも、ラウンド16でベルギーに敗戦。宇佐美はグループリーグのセネガル戦、ポーランド戦の2試合に出場した

2018 Jul.

／浦和レッズ）と偶然、エレベーターで一緒になった。6人、先発を入れ替えると伝えられたあとね。あの時の重圧は正直、これまで味わったことのないでかさで……。チームの流れがすごくいい時に6人を変えて、その結果次第ではここまでの4年間を僕ら6人が終わらせることになるわけやから。その重圧を、常にポジティブに前を向いて、チームを盛り上げてくれていた槙野くんはどう感じているのかを尋ねた。「槙野くん、どんな感じ？」と。そうしたら、いつになく神妙な面持ちで言葉が返ってきた。

「さすがにナーバスになるよな」

その素直な言葉を聞いて、自分の感じている重圧は6人全員が背負っているものだと思い、すごく心強かった。あの経験ができたことも僕にとっては大きな宝。それを財産にして、4年後に向けて頑張ろうと思う。

フォルトゥナ・デュッセルドルフでの2シーズン目がスタートした。同じチームで2年目を戦うのは海外では初めてやけど、すごく気持ちは軽い。クラブへの馴染みもあるし、生活にも慣れているし、引越しもしなくていいから生活の環境も整っているし……同じチームでの2年目ってこんなに楽なんか！　って驚いている（笑）。

サッカー面でもコーチングスタッフ、選手はもちろん、スタイルが大きく変わらないというのも、新シーズンを迎える上ですごく大きい。というか、そういう状況下で自分がどんな結果を残せるのかを知りたかったのも、もう1年、フォルトゥナでプレーしたいと思った理由。また自分がピッチで残す結果が、チームの結果をも左右するというくらいの立ち位置でプレーすることで、自分にどんな変化が生まれるのか

好きなだけ家族と過ごしてくれ

——ロベルト・シェーファー（フォルトゥナ・デュッセルドルフ会長）

もすごく楽しみ。また元気くん（原口／ハノーファー）がいなくなったデュッセルドルフでのプレーというのも、僕自身はプラス材料だと捉えている。日本人選手が同じチームにいると、どうしても群れてしまうというか。実際、去年も元気くんとジャスティン（金城ジャスティン俊樹）と僕の3人で話すことが多かったし、もしかしたらそれが見えない甘えになっていたところもあったかもしれないけど、今年は違う。

次女の病気の治療もあって家族が一緒にドイツに来ていないため、練習に行って、食事に出かけて、買い物をして……という中ではまったく日本語を話さずに終わる1日もあるくらいやから。その分、否が応でも自分からアクションを起こすことが増えるし、チームメイトとピッチやロッカールームでドイツ語で冗談を言い合ったり、会話を楽しむのが日常になる。そうい

う状況が自分に与えるプラスの効果もあるはずだけに、それがプレーにどう反映されるのかもすごく楽しみ。

コンディションは思った以上に良くて、自分でも驚いている。チーム合流まで自主トレで体を動かしていたとはいえ、基本的には一人でコンディションを作ることがほとんどだったから。「ボールフィーリングも良くないだろうし、感覚を取り戻すには時間がかかるかもな」と思っていたけど、スタッフにも驚かれるくらい動けているし、ピッチでも切り裂きまくっている（笑）。もっとも、遅れて合流した分のフィジカルはチームとは別に積み上げていかなければいけないと思っているし、試合での動きはまた別物だと考えれば、そこに戻っていくタイミングは監督の判断になるけど、自分としてはすごくいい状態で2シーズン目を迎えられそうな予感はある。

2018 Aug.

そうして気持ち良くシーズンをスタートできているのも、すべては『2年目』による信頼関係があってこそ。事実、クラブは僕が「デュッセルドルフに戻りたい」という意思を伝えた時から次女の体調のことも含めて、すごく親身に対応してくれていたし、ロベルト・シェーファー会長が僕にかけてくれた、「好きなだけ、家族と過ごしてくれたらいい」という信頼を感じる言葉も、すごく嬉しく受け止めた。と同時に、そのことは僕の中の『フォルトゥナのために』という想いを強くしている。あとは、それを結果で示すのみ。ロシア・ワールドカップで得た刺激を自分の大きな財産にしながら、だけど足元をしっかり見て、フォルトゥナの目標であるブンデスリーガ1部残留のために数字を残せるシーズンにしたい。

あれは高校生になる前だったか、アンダー世代の代表選手で集まって話をしていた時のこと。思春期の男子にありがちな「好きな女の子」にまつわる話題で盛り上がった時に、祐希（小林／ヘーレンフェーン）が放った言葉は僕に強烈なインパクトを残した。

ある選手が「好きな子がいるけど、その子には彼氏がいる」とカミングアウト。僕を含めた周りの人間が「それは無理やな」「諦めろ」と言ったのに対し、祐希だけは一人、涼しい顔で違う意見を言い放った。

「じゃあチャンスだよね」

いまいち言葉の真意がわからず、ポカンとしていると、祐希はこうも続けた。

「だって、ライバルは一人しかいないんだろ。そいつに勝てば彼氏になれるなら、楽勝じゃん」

つまり祐希としては、好きな子にもし彼氏がいなくて、周りの男子がこぞって「彼女にしたい！」と思うようなモテる女の子ならライバルは無数にいるけど、彼氏がいるのならライバルは一人だけだ、と。その発想があまりに衝撃で、今でも祐希の顔を見ると真っ先にその言葉を思い出す。

ライバルは1人なんだぜ

——小林祐希（ヘーレンフェーン）

……と前置きが長くなったけど、そんな話を思い出したのは、先週末に祐希と陽介（井手口／グロイター・フュルト）の3人でオフを過ごしたから（笑）。同じホテルを取り、外で買い物をして、食事をして、寝る時間まで一つの部屋に集まってグダグダとしょうもない話で盛り上がり、リフレッシュしてきた次第。ちなみに、二人について報告すると……祐希も陽介も、めちゃ元気でした！　同い年の祐希は、子どもの頃からその考え方もサッカー観もまったくブレることなく我が道を突き進んでいるし、陽介も相変わらず……可愛い（笑）。世の中の皆さんは陽介が去年、海外に移籍して試合に出ていなかったこともあって、勝手に元気をなくしている陽介を想像しているかもしらんけど、彼はめちゃ元気で、悲壮感のかけらもなかった（笑）。

でも僕はそこがある意味、陽介の強みだと思う。どんな状況に陥っても、変わらずに飄々としているというか。英語やドイツ語を話せるわけでもなく、聞けばいまだにチームメイトの名前すらまだ覚えていないような状況やけど（笑）、それでも先日、ブンデスリーガ2部でデビューして、点を決めるわけやから。

そういう動じない心というか、周りに媚びない芯が……というと聞こえがいいけど、ただただ何も考えていない、鈍感な陽介やから（笑）、ワールドカップ出場を決めるような大一番で点を決められるんやと思うしね。そして、だから

2018 Sep.

「最終的に、こいつはとてつもないビッグプレーヤーになっているんちゃうか」って予感もある。本人にしてみれば、本能のままに突き進んでいるだけやと思うけど。

そんな彼らに会って、特に刺激をもらうでもなく（笑）、日常に戻った僕は、先日のブンデスリーガ第3節・ホッフェンハイム戦で今シーズン初のベンチ入りを果たした。もともと、遅れて合流した時から監督には「開幕前に選手全員に課していた走りのメニューを全部こなしてからしか起用しない。貴史の場合は早くて第3節くらいだろう」と言われていたと考えれば、ある意味、予定通りのベンチ入り。当然ながら、コンディションはいいし、いつでも試合に出られる状態ではあるけど、そこは監督が決めることなので、僕としては今の自分をしっかり維持しながら出番を待とうと思う。

考えてみたら、以前は暇さえあればサッカーのいろんな試合、好きなプレーの映像を保存して、繰り返し観ていたけど、最近はまったく観ない。それには僕なりの理由がある。観ることによって、他の選手のプレーや仕掛け方、ドリブルでの抜き方などが自分の頭に刷り込まれてしまい、自分がやりたいプレーやイメージするプレーとこんがらがるから。

もっともこれは、僕はそうだって話。『観る』ことで自分のプレーが邪魔されない選手は、あるいは純粋にサッカーを楽しむためなら、観ることも悪いとは思わない。でも、プレーの感覚的なものを大事に考えるタイプの僕にとって、人のプレーのイメージが入ることは、自分がプレーする上で邪魔でしかない。

事実、ピッチでは0コンマ何秒の間に、瞬時の判断が求められるのに、その僅かな時間に

平和を愛する心

——長沼毅（広島大学教授）

「ああ、あの選手はこういうシーンで、こんなプレーをしていたな」って記憶が蘇ってきてしまったら、自分が本来、その状況に応じて取るべき判断やプレーの選択を間違えかねない。その記憶が0コンマ何秒、自分のプレーを遅らせてしまうことにもなる。

それに、どれだけ同じシチュエーションに見えたとしても、サッカーにおいて二つとして同じシーンはない。まして、映像で観た選手と自分は骨格や足の長さも、筋力も違う。観た通りに真似てみたところで、対峙する相手の足の長さや間合いだって違うわけやから、まずうまくいかない。それなら、自分のイメージするプレーをできるようになるための体作りを考えたほうがずっと身になる。……という理由から、ここ2年はサッカーを観ることをまったくしなくなった。

じゃあ、今まで散々『観る』ことにあててきた時間はどうしているのか？　最近は「人類とはなんぞや？」とか「未来へのタイムトラベルはできても、過去にはできないって科学的に証明されているのはなぜ？」的な話に心を惹かれている（笑）。これは、デュッセルドルフに住む知人と話している時に「科学界のインディージョーンズって呼ばれている、長沼毅さんという面白い人がいる」って教えてもらったのがきっかけ。以来、長沼さんが講義をしている動画は、ほぼ全部観たけど、長沼さんは本来すごく難しい話を、科学の世界に生きていない僕らが聞いてもわかるように、実にわかりやすく噛み砕いて説明してくれる。

例えば、人間は動物界でここまで成長できたのに、チンパンジーや猿はなぜ進化しなかったのか、とかね。しかもその疑問について膨大な

2018 Oct.

研究を重ねたんやから、すごい答えが出てくると思うやん？　そうしたら「人間とチンパンジーや猿のゲノムは99％同じだけど、1％の違いで人間はここまで進化し、チンパンジーや猿の成長は止まったとわかった。その1％が何かと言えば、平和を愛する心だ」ときた。人間は、他者を攻撃するのではなく、思いやる心があったから進化できた、と。え〜〜っ！　結局、メンタルなん？（笑）……とか。

今はそういうサッカーとは関係のない分野の話を見聞きするのが、ひたすら楽しい。そうして得た知識を誰かにひけらかすつもりはないし、サッカーに活きるとも思っていない。というか、活かせられるとは思い難いけど、それがオフ・ザ・ピッチでの至福の時間となり、脳にも刺激を与えてくれていると考えれば……ん？　もしや、サッカーにも影響ある？

11月10日に行なわれたホームでの第11節、ヘルタ・ベルリン戦で今シーズンのリーグ戦での初ゴールを決めた。前半の終わりに相手選手が退場になってから、点を取れそうな気配がチームにも、自分にも漂っていただけに『先制点』でチームを勢いづけられたのは素直に嬉しい。ブンデスリーガ1部ではホッフェンハイム時代の2012－2013シーズン以来、6年ぶりのゴールで「ようやくここに戻ってきたか」という特別な感情もあったしね。

　ただ、一番の喜びはやっぱりチームが勝てたこと。というのも、ここ最近のリーグ戦は6連敗中と流れが悪かったし、そうなると明らかにチーム全体がパニックに陥っていたところもあったから。僕らは今年、2部から昇格したばかりのチームで、しかも戦力も大幅には変わらずに1部の戦いに挑んでいると考えれば、苦しい

もう少し強度をあげよう

——フリードヘルム・フンケル（フォルトゥナ・デュッセルドルフ監督）

戦いを強いられるのは覚悟の上だったはずやのに、実際に『連敗』を突きつけられると、危機感を持つということ以上に慌てる感じもあって……。

　であればこそ、ゴールを決めた時にはあえてオーバー目に喜んでみた（笑）。ハーフタイムにはフンケル監督にも「スタジアムの雰囲気を味方につけるような空気を作り出そう」と言われていただけに、自分がゴールを決められたら、その『空気』を作り出したいとも思っていたしね。その想いにチームメイトも乗っかってくれて一緒に喜んでくれたし、結果的に先制したことで流れを引き寄せられたのも良かった。また、上位を走るヘルタから奪った白星だっただけに、さっきも言った『慌てる感じ』が多少は落ち着けばいいなと思う。

　もっとも、今シーズンはまだ2勝目。しかも

次節はバイエルンとの戦いが待ち受けているため、まったく楽観視はできないけど、個人的にはめちゃめちゃ楽しみ！　ここまでしっかりと試合に絡めている中でバイエルンと対戦するのは初めてやし、コンディション的にもいい状態にある自分がどのくらいやれるのかにも興味がある。

そういえば、ここ最近、コンスタントに先発出場している流れを引き寄せるにあたっては、9月15日のホッフェンハイム戦後にフンケル監督から厳しめに言われた、『もう少し、強度を上げよう』という言葉がきっかけになっている。この一戦は、ずっとベンチスタートが続いていた僕が今シーズン初めて先発を飾った試合やったけど、試合後、監督には「納得していない」とはっきり言われた。

「タカが状態を上げようと思うなら、練習で死

2018 Nov.

ぬほどハードワークすることだ。数値的なことではなく意識的に、だ。それ以外の能力は他の選手より群を抜いているし、本来であればスタートで出るべき能力があるんだから、もっと意識的にハードワークすることを考えろ。じゃないと練習でいいパフォーマンスを発揮できても、試合では示せないぞ」

正直、これは昨シーズンから言われていたことで、僕としては今シーズンも意識して取り組んできたつもりやったけど、監督がそう言うってことは、監督に届くほどの変化ではなかったということ。そう受け止めて、翌日の練習からそれこそガムシャラに……まさに馬車馬のように走りまくっていたら、数試合前から先発で使ってもらえるようになり、ヘルタ戦でゴールを決められた。って考えると「馬車馬」が最低限ってことか。

2018
Another episode
～取材ノートより～

取材・文／高村美砂

プロサッカー選手としての自分に疑問を抱きかねない（P351）

ウインターブレイク中にデュッセルドルフでの取材に応じてくれた宇佐美は、これまで見てきたどんな時よりも晴れない顔をしていた。

「サッカーが面白くない」

そんな言葉を聞いたのも初めてだ。自分が何に向かっているのか、何が自分のサッカーなのか。「サッカーに自分を向き合わせるのに必死」とまでこぼした。

「サッカーは仕事やし、子どももいるからつなぎ止められているけど、もし今、自分が独り身で、どこにも波風立てずにやめられるなら、普通に引退したい。思い通りのプレーが出せないのもあるし、その思い出し方をわからなくなっている気もする。『人生を楽しむ』ということに振り切るなら、サッカーがなくなったほうが全然楽しく生きていける感じもするしね。こんな感覚になったのは初めて。でもだからといって、それを大変なこととは思っていないというか。間違いなく底の底の状態やのに、メンタルは意外とフラットで、ものすごい軽い感じで『やめれるならやめたいな～』って口にできる自分もいる」

これまでのように、『サッカーはなくてはならないもの』ではなくなっているのかと尋ねると、「今は、それすらもホンマにそうだったのか疑わしい」と返ってきた。

「物心がついた時にはもうサッカーをしていたから、自分がホンマにそれを選んだのかすらわからなくなってる。だから、もし今、再起不能になるようなケガをして、サッカーを取り上げられても『マジかよ』とは思わない気がする。むしろホッとするんじゃないかな。『ああ、もう考えなくて済むんや』って。ただ、それでも今は、ここで背を向けるな、目を逸らすなって自分に言い聞かせて、奮い立たせている自分もいる」

それによって自分が目を覚ますのか、もう無理だと思うのかは紙一重だと、正直に胸の内を明かしてくれた。

「多分、俺、サッカーをやりすぎたのかも。これってすごい幸せなことであるはずやのに、今はそう思えない。ここ1、2ヶ月は練習に行くのも、ウォーミングアップもだるいと感じるほどで……初めての感覚やから自分でも戸惑っている。チームが勝てなくなって『あれ？ こんなサッカーをするようになった？』みたいに思っていることも影響しているかも。顔を上げた時に2、3個の選択肢があって、どれかを選んでまた動いて、そうやって点が線になっていくサッカーに楽しさを覚えていたのに、今はそれが見出せないから。それを続けているうちに、自分は何を求めてサッカーをしてるのかわからなくなってきた」

チームの結果が振るわず、現実的に勝ち点を求めるサッカーにシフトしていくにつれて大きくなっていく葛藤に折り合いをつけられなくなっていたのだろう。「二度目の海外移籍で何もできずに終わったら、プロサッカー選手としての自分に疑問を抱く」という不安もあったのかもしれない。結果的にその葛藤の日々を抜け出したと感じたのは、その2ヶ月半後に取材した時だ。

「ようやく自分に諦めがついたから」

そう話した宇佐美は「向上心を捨てて楽しむことにシフトした」と笑顔をこぼした。

——2018年1月取材

達成感は正直、全然違った（P356）

キャリアで最も苦しんだ時期を乗り越えてたどり着いたブンデスリーガ2部優勝、1部昇格は宇佐美が再び『自分』を取り戻す上でも大きな成果となった。

「2部とはいえタイトルが取れて良かったし、これまで海外に来て、何かを成し遂げられたという感覚になったことは一度もなかったけど、今回はそれを達成できた。ガンバ時代に経験したJ2優勝や三冠とも違う喜びというか……ドイツでは苦汁をなめることも多かったからこそ、4年目にしてようやく何かを達成できたという充実感はある。ガンバ時代とは違い、人間関係もサッカーも、生活も、何から何まで全部、一から積み上げないといけないというところからスタートしたことを考えても、このブンデスリーガ2部優勝の達成感は半端ない。自分の中に溜まっていくストレスを消化できずに、どんどん落ちていった時期もあったけど、逆にそれを乗り越えてからは、いい意味で楽観的に自分の力不足を受け入れられたのが良かった気がする」

単純に、本来のコンディションを取り戻せたことも大きかったと振り返った。

「いろいろ悩んでいた時期って結局、コンディション不良やったというか。コンディションが悪い状態って、そこからいい状態を取り戻せて初めて『ああ、あの時はコンディションが悪かっただけなんや』って自覚できるというか。つまり、悪い状態の時に悪いという自覚が持てないことでハマっていくんやな、と気づけたことも大きな収穫。あの時、『とにかくあと半年』と思って自分を奮い立たせて良かった。健太さん（長谷川健太／FC東京監督）とウインターブレイクに会った時に『お前の脳が勝手にやりたいと思う時が来るよ』と言われたけど、ホンマにその通りになった」

事実、後半戦の宇佐美は、チームの戦いにしっかりと自分をリンクさせながら目を見張る存在感を示し、ドイツでのシーズン最多8得点を刻む。苦しみ抜いてたどり着いた栄冠だからこそ、達成感は大きかった。

——2018年5月取材

僕は今、日本代表の一員としてワールドカップを戦っている

（P358）

2018年5月31日。宇佐美はロシア・ワールドカップの日本代表メンバーに選出された。

「我ながらよくまくれたというか。ディープインパクトばりのまくり方やったな、と（笑）。今回はさすがにそううまいことといかんやろと思っていたら、ワールドカップを前にチームでも結果を残せる時期が続いて、日本代表に選んでもらえた。チームメイトにも感謝したい。西野さん（朗／日本代表監督）に選んでもらったのも、自分の歴史を感じます。ただ、西野さんがガンバ時代のサッカーをするなら多少のアドバンテージになるかもしれないけど、まったく違うサッカーをするなら、間違いなく横一列のスタートなので。そのサッカーにどれだけ早く順応していけるかが大事だと思っているし、監督も順応した選手から当てはめていく感じになるはずなので、自分としてはまず、そのサッカーをしっかり受け入れることが先決だと思っています。もちろん、西野さんは僕がどういう選手かくらいは知っているやろうけど、一緒に仕事をさせてもらった時はまだ17、18歳やったから。26歳になった今は変わっているところもあって……というか、変われていないと今の自分はいないはずだと考えても、その今の自分を選んでもらったことにしっかり自信を持って戦いたいと思います」

——2018年6月取材

これほどまでに「魔力」のある大会とは思ってもみなかった （P360）

初めてのワールドカップを戦い終えた宇佐美は、これまで感じたことのない想いを抱いていた。

「ワールドカップで勝つためには、すべてを懸けて臨まないと太刀打ちできないというか。それほどの感覚になったのは初めてのことでした。ただ一方で、自分次第だというふうにも思えたというか。この先の自分次第では、あの舞台で輝けるって確信したし、この先の4年間、すべてを懸けて思いっきりぶつかり続ければ、目の前に立ちはだかる敵をガンガン倒していく自分を見出せるんじゃないかとも感じました。そのチャレンジをするためにも、自分も世界で戦い続けていかないと、とも思いました」

ロシア大会後には長谷部誠（フランクフルト）や本田圭佑（パチューカ）が代表引退を発表。自分たちの世代が中心にならなければいけないという自覚も芽生えた。

「間違いなく、もっともっと軸にならないといけないというか、僕らの世代の誰がやるかに懸かっていると言っても過言ではないと思っています。僕のことを世代の象徴みたいに言ってくる人もいるけど、僕はそう思っていないので。源（昌子／鹿島アントラーズ）とも4年後は俺らがこの借りを返そうぜ、という話をしたけど、僕らの世代は遠藤航（浦和レッズ）だけが全員と仲良く話せるって感じで、それ以外は人付き合いがうまいほうでも、言葉で何かを伝えるのがうまいほうでもない。だからこそ、それぞれが胸に秘めた想いを抱えて4年後に向かっていく気がしていますし、僕もその一員として戦いたいと思っています」

そう思えるほど、「ワールドカップに恋をした」大会だった。

――2018年7月取材

2019

Körpersprache

――フリードヘルム・フンケル（フォルトゥナ・デュッセルドルフ監督）

1月19日にブンデスリーガが再開する。チームの雰囲気はいい。それは中断前のラスト3試合で3連勝して、降格圏を脱出できたのもあるし、自分たちの戦いに自信を持てるようになってきたのも大きい。

　もっとも、僕たちが目指すのはあくまで『残留』やから。この先もしぶとく守り倒して、少ないチャンスでゴールを目指す『残留狙いのサッカー』をすることに変わりはないけど、その守備面に生まれつつある「相手に（点を）取られる気がしない」という自信を継続しながら、愚直に勝ち点を積み上げられれば絶対に残留できると思っている。

　その中で僕自身はコンディション良く過ごせているし、この中断期間も恐ろしく走り込んできた成果を実感しながらプレーできている。実際、1月3日から始まったキャンプは練習試合などを戦いながら13日までオフなしで進んできたけど、まぁ、走った、走った。しかもその都度、血中乳酸値を測ったり、脈拍をチェックされて数値で判断されるからまったく手を抜けない（笑）。おかげで、このハードスケジュールで試合を戦っても疲れ知らずでプレーできているんやと思う。

　というか、これは今に始まったことでもない。事実、中断前の3連勝の皮切りになったフライブルク戦は走行距離が約11・5キロ、スプリント回数は約40回やから！　もっとも、うちの中盤の二人は1試合で13・5キロは走る、えげつないハードワーカーやから。彼らとは比べものにならんけど、個人的には走行距離も、スプリント回数も高い数字を出せているし、その数字が自分の最低ラインになりつつあるのもいい変化だと思う。

これもすべてはフンケル監督に常日頃からかけられてきた「Körpersprache」という言葉のおかげ。直訳すると「体が話す」という意味で、先に説明した数値を取るのも、要は走った成果を数字（体）で確認するため。極端な話、数値が良くないという理由でベンチ外になる選手もいるしね。実際、僕自身も10月の終わりくらいに改めて「技術面は間違いないものを持っているから、あとはとにかく走れ。そしたら自然と体がいい状態になっていく」と言われて以降、馬車馬のように走り続けていたら、今の『走れる自分』にたどり着いた。

ちなみに、フンケル監督はこの言葉を、感情を表せという時にも使う。例えばスライディングで相手選手を止めた時に「Körpersprache!」とかね。要するに「激しく感情を表現すればファンもお前についてくるし、より

2019 Jan.

一層、サポートしてくれるぞ」ってこと。つまり、プレーも気持ちも、体で伝えろってことだと思う。

そんなフンケル監督の今シーズン限りでの退任が発表された……と思ったら、一転、1部残留を条件に契約延長が発表された。それが理由かはわからんけど、一度目の発表の際にはクラブのSNSに「#pro Funkel（フンケルを支持する）」というハッシュタグをつけたサポーターの残留を願う声が多数、届いたらしい。

そんなサポーターの気持ちを考えても、また、僕にブンデスリーガで戦う術を教えてくれた監督のためにも、残りのシーズンは必ず1部残留を実現させたい。そのために僕もチームの一員として「チームのために走り、守備をする」ことを続けながら、攻撃の持ち味をより多く出していこうと思う。

昨シーズン、僕らがまだブンデスリーガ2部でプレーしていた時。シーズン前のキャンプで真司くん（香川／ベシクタシュ）がいるドルトムントと練習試合をしたことがあった。その時に、真司くんが「あいつ、すげーよ。めちゃめちゃいい選手だから絶対に注目して！」と言っていたのが、ドルトムントのジェイドン・サンチョだった。

当時はまだまったくの無名選手で、練習試合ではプレシーズンだということを抜きにしても、さほどすごさは感じなかったというのが正直なところ。ただ、同じチームの真司くんが言うくらいやし、いずれは出てくるんやろうな……と思っていたら！　今シーズンのブンデスリーガで末恐ろしい活躍を続けている。

しかもまだ18歳！　昨年10月にイングランド代表に初選出されたことで注目を集めていたけ

あいつすげーよ

——香川真司（ベシクタシュ）

ど、今シーズンのドルトムントでも現時点ですでに7ゴール13アシストくらいの大活躍で、えげつない才能を見せつけまくってる。プレーのアイデアも豊富だしね！

実際、そのすごさは今シーズンのブンデスリーガで対戦した時に改めて実感した。といっても、ドルトムント戦で僕が任された左サイド、つまり相手の右サイドにはチェルシーへの移籍が決まっているアメリカ代表MF、クリスチャン・プリシッチが先発していて、サンチョは控えメンバーだった。そのプリシッチには僕のサイドからほとんど危ないシーンを作らせずに試合を進められたけど、流れが変わったのは60分にサンチョが出てきてから。

僕らが2－0でリードしていた展開もあって、相手は2枚替えで前線に変化をもたせようとサンチョを右サイドに据えてきてんけど、そのファーストタッチを見て「こいつは嫌やな」と。その予感通り、約20分後には僕とボランチの一人が彼にパパンとかわされ、右サイドからオーバーラップしてきた選手にパスを出された流れから失点もしてしまった。……ってこともあり、試合後はチームメイトの誰もがサンチョの能力に驚き、「あいつ、すげーよ」と絶賛の嵐やった。

サンチョに感じるすごさは、切り返しの鋭さやキレと、切り返してからのスピードにある。足を伸ばして「よし、届く」ってタイミングでも必ず先にボールに触られるし、そこからキュキュンと切り返しながら、ものすごい瞬間的な速さで抜き切れる。去年のワールドカップで話題になったフランス代表のエムバペ（パリ・サンジェルマン）は縦に速くて、裏に抜け出して一本、みたいなプレースタイルやったけど、サンチョはスピードに加え、足元の器用さもプレーのアイデアもある。今年のフォルトゥナ・デュッセルドルフは、チームの立ち位置的に守勢に回る試合が多く、必然的に僕も守備に割く時間が長いため、図らずともいろんな選手の攻撃を体感してきたけど、ブンデスリーガのドリブラーの中では、群を抜いているんじゃないかな。

しかも今の彼を見ていると、ブンデスリーガで通用するという自信が体中にみなぎっている。言い方を変えると、いい勘違いがさらに彼を成長させている感もある。これまでも、試合に出ていなかった選手が急にチャンスをもらって「いける！」という自信をつけた途端、一気にプレーが変わるという姿を何度も見てきたし、なんなら自分もそうやった気がするけど、今のサンチョはまさにその真っ只中にいる。皆さんもぜひ、今後の彼に注目を！

2019 Feb.

アウェー戦の前日に宿泊するホテルで、うちのチームの点取り屋で21歳のドディ・ルケバキオと同部屋になった。その時のことを話す前に、少しドディの説明をすると、彼は今シーズン、プレミアリーグのワトフォードからの期限付き移籍で在籍している選手。国籍はベルギー。187センチの高身長で身体能力も高く、足元の技術、スピードもある。コンゴの血も流れているからか、アフリカ系ならではのバネもあるし、左利きだし、どえらいメンタリティも備えている。

　事実、練習中はまず周りの意見を聞かない(笑)。先日の紅白戦でもハーフウェーライン近くからドリブルで仕掛けて5人くらい一人で抜こうとして相手DFに潰され、「早くボールを離せ!」と味方選手にキレられていたなぁ。ドディは謝るどころか、その選手の指示を遮るよ

STOP

――ドディ・ルケバキオ（フォルトゥナ・デュッセルドルフ）

うに「STOP。俺に指図をしないでくれ」と逆ギレしてたけど。しかも、そのあともチャレンジをやめない彼に味方が束になって文句を言っても絶対に謝らないし、自分を曲げることもない。そして言う。

「STOP。俺なら間違いなく突破できる。今回はうまくいかなかっただけで、本来ならこのくらいのプレーはやれるんだ。だから何も言うな」

　という話をすると、おそらくはほとんどの人がドディについて、めちゃめちゃ我の強い、尖った選手だと想像するはずやけど、ピッチを離れた彼は陽気で優しい、ナイスガイ。ピッチでの姿も悪気があるとか、自分を誇示したいからということでは決してなく、簡単に言えば、生まれ持ってのナチュラルな性格がそうだということ。つまり、彼にとっては「自分のやりたい

ことをやる」とか「周りに指図を受けない」ことがごく自然で、裏を返せば、その図太さのおかげで、今のプロサッカー選手としてのキャリアもあるのかもしれない。

　前置きが長くなったけど、そのことを前泊のホテルで初めて同部屋になった時に実感したって話。というのも、部屋での彼は、僕が寝ていても急に大声で歌い始めるし、大音量でゲームをするし、深夜0時を過ぎても平気で隣のベッドで電話をしていたから（笑）。僕が「静かにしてくれ」と注意しても、「ん？　何の話？」と、まったく悪びれる様子もなく、通話もやめない。そのやりとりが何回か続いたあと、とうとう我慢しきれなくなった僕が言い方を変えて「部屋の外で話してくれないか」と伝えてみたら「ああ、外で電話してほしかったのか！」と、ようやく部屋を出て行った。

2019 Mar.

　その姿から察するに、おそらく彼には僕ら日本人の多くが備えている「周りの人に気を遣う」「空気を読む」という感覚がない（笑）。それはピッチでも同じで、だから先にも書いたように、ただただ思うがままに、自分のやりたいプレーだけを追い求める。そう考えると改めて、育った環境が与える影響力ってすごいよね。

　話は変わり、僕自身はといえば、3月14日に発表された日本代表に選出された。言うまでもなく、日本代表はいつ呼ばれても嬉しい場所。そこだけを意識して毎日を過ごしているわけではないので、選ばれたことによる気持ちの変化はないけど、日の丸を背負う責任はプレーで果たさなアカンという思いはある。それに、2試合のうち1試合は関西（神戸）で試合があるのも楽しみ。ピッチに立つチャンスをもらえたら、プレーでしっかり『挨拶』をしたい。

人馬一体

――坂田篤司（障害馬術騎手）

オフを利用してエムスデッテンに住む、あっちゃんこと坂田篤司くんに会いに行ってきた。エムスデッテンは僕が住むデュッセルドルフから車で1時間ほどの距離にある超ど田舎（笑）。日本の北海道のように、壮大な牧場や畑が広がっていて、天気が良くなると行きたくなるような自然があふれている。この日も気温が21度まで上がり、すごくいい気候だったことから、ふと思い立って車を走らせた。

あっちゃんは、小学3年の時に馬術を始めた障害馬術の騎手で、2013年に馬術の本場、ドイツで学ぶために単身、乗り込んできた。あっちゃんと知り合ってから、初めて『馬術』を知った僕なのであまり偉そうなことは言えないけど、ドイツは2016年のリオデジャネイロ・オリンピックの馬術で最多メダルを獲得したほどの馬術大国らしい。あっちゃんはそのドイツで普段は厩舎で働きながら、専属トレーナーのもとで馬術を学び、大会に出場しながら来年の東京オリンピック出場を目指している。

そんなあっちゃんとは昨年の冬にデュッセルドルフに住む共通の知人を介して知り合った。というのも、その知人と食事をしている時に「宇佐美くんと年齢的にも近いし、ぜひ会わせたいアスリートがいる。でも、彼はデュッセルドルフから少し遠い場所に住んでいるし、年に2、3回しかこっちに出てこないから、いつ会わせられるかわからないな」という話になって。「じゃあ、彼がデュッセルドルフに来る機会があったらぜひ紹介してください」と伝えていたら、なんとその1時間後に偶然、デュッセルドルフで出会うという奇跡が起きた（笑）。それを機に仲良くなって、以来、定期的に食事に行ったり、お互いの家を行き来するようになっている。といっても、極度の人見知りのあっちゃんは最初、二人で食事をしていてもまったく目を合わせてくれなかったけど（笑）。

おかげで僕の人生にはなかった『馬に乗る』というプライスレスな体験を何度かさせてもらったけど、馬術はまあ、奥が深い。だって、考えて！　自分が直接プレーするわけではなく、馬をコントロールして、歩幅を合わせてバーを飛ばせたり、制限時間内にゴールを目指すわけやから。あっちゃんが話す言葉によく「人馬一体」ってワードが出てくるけど、まさに馬と騎手が一つになって戦う時点で異次元の世界よね。……って詳しく語れるほど、馬を乗りこなせたわけではなく、僕は単に馬に乗って、歩いて、少しだけ走らせてみた程度やけど（笑）。でも、それだけでも難しさを実感したし、あっちゃんの話を聞いて、つくづくそう思った。

2019 Apr.

って、ここまで話しておいてなんやけど、馬術とサッカーの共通点なんか見つかるはずがないし、馬術から学んでサッカーに活かせることも当然ない！（笑）無理やり見つけた唯一の共通点は、馬に乗るにも体幹が必要ってことくらい（笑）。

でもそんな田舎町にまでやってきて、馬術を学ぼうとするくらいやから、当然、彼はどこかしら『ぶっ飛んだ』人であるわけで（笑）、僕としてはそういう彼と話すのが、ただただ楽しい。そして、馬の目はやたら優しくて、可愛い。あっちゃんの働く厩舎にいる犬のダルメシアン、ナーラも賢く、可愛い。そして馬術のことはよくわからないながらも、ドイツにまで乗り込んでコツコツと、馬とパカパカと、まさに『人馬一体』となって東京オリンピックを目指す彼を心から応援している。

今シーズンのブンデスリーガも、あと1試合になった。まずはチームの目標だった『残留』を早々に決められて素直に嬉しい。残留を決めるまでは明らかに下位を争うチームにありがちな戦い方だったけど、残留が確定してからはプレッシャーから解放されて、チームとしての内容も良くなったしね。

これは、昨シーズンからチームとして築き上げてきた信頼関係があってこそ。ブンデスリーガではゼネラルマネージャーがベンチに座ったり、試合前のロッカールームに現場スタッフや選手以外の人があふれかえっているクラブも多いけど、フォルトゥナ・デュッセルドルフは監督が信頼を置くスタッフや選手だけで、コンパクトに結束して戦えた。ドイツ語で『監督のチーム』と呼ばれるのは、それが所以でもある。

そういえば以前、テレビ番組の企画でブラインドサッカーを体験したことがあって。実際に目隠しをして、周りの指示の声や音を頼りにボールを蹴らせてもらったけど、その時にブラインドサッカー日本代表GKの佐藤大介選手がすごく興味深いことを言っていた。

信頼なしではこのスポーツは成立しない

――佐藤大介（ブラインドサッカー日本代表）

「信頼なしでは、このスポーツは成立しない」

ブラインドサッカーはフットサルをもとにルールが作られ、GK以外は全員、全盲の選手で構成される。ボールはフットサルと同じ大きさのボールながら、転がると音が出るため、全盲のフィールド選手は、その音を頼りにボールの位置や転がり方を感じてプレーする。

そしてもう一つ、プレーする上で不可欠なのが、味方や監督、スタッフが出す声や音。フィールド選手は自分の目で見て判断して、実行することができない分、常に仲間の声や監督の指示、あるいはゴール裏に立って、選手に声でゴールの位置や距離、角度などを伝える『ガイド』の出す声や音を信頼してプレーする。いや、それを無条件に信頼しなければプレーできないからこそ「信頼なしでは、このスポーツは成立しない」ということになる。

もっとも、この『信頼』はある意味、サッカーにも不可欠なもの。サッカー選手は自分の目で見て判断し、実行できるとはいえ、一人ではプレーできないし、選手間、あるいはスタッフと選手の間に『信頼』がなければ、いい組織は築けない。少なからず今シーズンのフォルトゥナには揺るぎない信頼があって、だから残留を決められたんだとも思う。

一方、個人的に今シーズンを振り返ると、終盤はほとんど試合に絡めなかったことからも「悔しい」の一言に尽きる。僕のプレースタイル的に、前にパワーを割くサッカーのほうが活

2019 May.

きると思いながらも、チームのために献身的にプレーすることを覚えたり、守備に引っ張られながらもなんとかいいポジションを取って、前にスピード感をもって出ていくことを自分に求めながらやれたのは収穫かもしれないけど。ただ、常に『試合に出たらやれる』という自信を抱きながらも、コンスタントに試合に出続けられた1年ではなかったことを考えれば、それを収穫と言うべきではないとも思う。

サッカー選手はピッチでの結果がすべて。それで評価されるべきだと考えれば、リーグ戦で19試合出場1得点という成績は、チームに貢献できたと胸を張れるものでは決してない。ただ、僕の中に積み上げられたものは確かにあるし、今シーズンに感じた課題もまた、自分を前へと向かわせてくれる大事な要素になるとも思っている。

→2024

ガンバ大阪

「僕のサッカー人生は、酸いも甘いもガンバとともに味わってきた。綺麗事に聞こえるかもしれないけど、これは僕のサッカー人生においてすごく幸せなこと。そして、大事なのはこの経験をこの先、ガンバに、自分のサッカー人生にどれだけ還元できるかだと思っています。『三冠』をした時代もそうだったように強いチームには必ずいい25〜30歳くらいの中堅選手がいる。今の僕も中堅として、選手それぞれの個性をつなげるような役割を期待されているんじゃないかと思っていますし、それを自覚しながらピッチ内外で必要な貢献をできたらと思っています。正直に言えば、もう少し自分の価値を上げてガンバに戻ってきたかったというのが本音で、そこの申し訳なさ、歯痒さ、悔しさはあります。それでもこの僕を必要としてくれたガンバをはじめ、ファン・サポーターの皆さんには感謝しかない。その感謝をしっかり結果で返したいし、また『強いガンバ』を応援してくださる皆さんに届けていきたいと思っています」

三度目となるガンバ大阪でのプレーは、そんな決意で始まった。その中で宇佐美がより大きな重責を担ったのが、プロキャリアで初のチームキャプテンに就任した2023年だ。同時に、自らクラブに申し出て遠藤保仁の代名詞だった『7』を背負うことになった。

「毎年のように何かしらのプレッシャーを自分に課して『居心地の悪さ』を作り出さないと、今以上の自分を求められない。結果的に昨年（22年）は右アキレス腱断裂というまったく望んでいない居心地の悪さを強いることになってしまった

第5章

2019—

けど、それを乗り越えた今、じゃあ次は？ と考えた時に『7』しかないなと。ヤットさんがガンバに残してくれたものの大きさを考えれば、今の自分には身の丈に合っていない、ブカブカの洋服を着ているようなもんやけど、それが合う自分になろうとすることで見出せる成長があるんじゃないかと考えた」

もっとも、同シーズンは最終節まで残留争いに巻き込まれ、自身も本来の『右足』を取り戻すのに時間がかかるなど、チームも宇佐美自身も苦しいシーズンを過ごした。

その苦境に立ち向かい、乗り越えることを目指したのが24年だ。再びキャプテンの大役を預かった宇佐美は、開幕戦から3試合連続ゴールでチームを勢いづけると、その後も攻守に圧巻の存在感を示しながらチームを牽引。プロキャリアで初めて誕生日に戦った大阪ダービーでの決勝ゴールはもちろん、チームが勝ちあぐねる最中に決めた北海道コンサドーレ札幌戦での2ゴールなど、『宇佐美が決めればチームは負けない』という不敗記録を継続しながら、35試合12得点と牙を剥き、チームを4位に押し上げる。シーズン終了後、その札幌戦で決めた2点目は『最優秀ゴール賞』を受賞。またリーグで唯一、二度の月間MVPに輝いたほか、15年以来、3度目の『ベストイレブン』にも選出される。『宇佐美のガンバ』を強く印象付けたシーズンになった。

約2年ぶりに、ガンバ大阪に戻ることになった。復帰を決めた理由は二つ。一つ目は昨シーズン、フォルトゥナ・デュッセルドルフで、思うような活躍をできなかったこと。そして二つ目は、フォルトゥナにとってはブンデスリーガに昇格したばかりのシーズンで、守勢に回ることが多く、自分の強みを発揮してプレーできなかったから。もっとも、後者についてはシーズン前からわかっていたことではある。自分たちの立ち位置を考えれば、相手にボールを持たれることを前提にサッカーをしなければいけないのは覚悟していたし、だからこそ、この1年は守勢に回った中でも自分が活きる術、力になれる方法を模索しながらプレーしてきた。

ただ、キャリアも後半に突入した中で、最近は「自分の長所で勝負したい」と考えることが増えていたというか。ボールにたくさん触れて、

もう一回一緒にタイトルをとりたい

——松波正信（ガンバ大阪強化アカデミー部長兼アカデミーダイレクター）

攻撃のイメージがどんどん湧き出てくるような感覚でサッカーをしたいという思いが強くなり、そのタイミングでガンバから話をいただいて、復帰を決めた。

決断にあたっては、純粋に幼少の頃から大好きだったガンバだから、というのは当然ある。ただ、それ以上に、ガンバのサッカーに魅力を感じたことも大きい。最近のガンバの試合を見ていると勝てていない現状はあるにせよ、ボールの回り方や支配率では、そこまで相手にアドバンテージを取られているわけではない。まして、前線の強力な2トップをはじめとする在籍選手のプレーの質を考えても、この中に入って自分の良さを発揮できれば、今はやや孤立した状態にある前線やたくさんの個性といった『点』を『線』として結びつける役割ができるかもしれないと考えた。そうなれば、間違いなく

点は取れるし、結果も出るし、強くもなる、と。

もっとも、これは「自分が戻ればガンバは変わる」と言っているわけでは決してない。今、書いたような役割を果たすには、まずは自分がガムシャラにプレーしてポジションを掴まなアカンし、チームメイトやスタッフの信頼も得なければいけない。とはいえ、今このタイミングで獲得された意味や責任を考えれば「変えなければいけない」とも思う。それが再びガンバのユニフォームを身にまとう責任でもあるから。

と同時に、交渉に際して松波さん（正信／ガンバ大阪強化アカデミー部長兼アカデミーダイレクター）からも言われたように、中堅としての役割も担わなければいけないとも思う。他のチームを見ても、いいチーム、結果を残しているチームには必ず、いいベテラン、勢いのある若手と、それをつなぐ中堅選手が存在する。事実、ガンバが『三冠』を実現した2014年も、ヤットさん（遠藤保仁）や今ちゃん（今野泰幸）らベテランと、僕や晃太郎（大森／FC東京）、阿部ちゃん（浩之／川崎フロンターレ）ら若手をつないでくれていたのは、ヒガシくん（東口順昭）、ヨネくん（米倉恒貴／ジェフユナイテッド千葉）、秋くん（倉田秋）ら『中堅』と呼ばれる選手だった。彼らのおかげで僕らは思う存分プレーできたし、それがチームとしての結束力にもつながって結果を出せた。

そう思えばこそ、27歳でガンバに戻る僕が担う役割は、以前に在籍した時とはまた違うし、それを果たすことで『タイトル』につなげなければいけないとも思う。交渉の時に松波さんに言われた「もう一回、一緒にタイトルを取りたい」という言葉を胸に刻んで、ガンバへの復帰を決めたからこそ。

Jリーグ復帰戦となった名古屋グランパス戦（△2－2）でゴールを決めることができた。チームを勝たせるゴールではなかったけど、自分たちの今の順位（第20節終了時点で11位）から考えても、勝ち点1を持ち帰れたのは大きい。

この試合を迎えるにあたって、シュートやキックの感覚、動きの質の部分はいい感じで戻ってきていたし、だから自信を持ってピッチに立ったけど、そうはいっても練習と試合はまったくの別物やから。実際、いざ試合を戦ってみると、まだまだ詰めていかなアカンなと感じたのも正直なところ。ただ、ツネさん（宮本恒靖監督）が最後まで使ってくれたことに対して、目に見える結果で応えたかったから、ゴールという結果につながって素直にホッとしている。

と同時に、アウェーながらたくさんのサポー

自由でいい

――遠藤保仁（ガンバ大阪）

ターが来てくれて、久しぶりの『宇佐美貴史』のチャントで背中を押してくれたのもめちゃめちゃ力になった。あのチャントはユース時代に、ユースチームを応援してくれているサポーターが作ってくれて以来、ガンバはもちろん世代別代表や日本代表でもずっと聞いてきたからね。かなり愛着を感じているし、やっぱりガンバ・サポーターが歌ってくれる宇佐美チャントはしっくりくるわ！（笑）

その名古屋戦で、ヤットさん（遠藤保仁）の公式戦出場数が999試合になったらしい。なんなん、あの人は（笑）。久しぶりに戻ってきても「ヤットさんの時間ってホンマに動いてる？」って疑うくらい、プレーも見た目も変わっていないのに、次で1000試合って怖すぎるでしょ！（笑）もっとも、僕がガンバのジュニアユースに加入した2005年、すでにヤ

ットさんはガンバの中心選手で、その僕が27歳になったと考えれば、ヤットさんの時間もちゃんと進んでいるはずやけどね（笑）。にもかかわらず、当時も今も変わらない安心感をピッチで漂わせていることに、ただただ驚くばかりです。

そういえば最近のトレーニングではＦＷだけではなく、何度かインサイドハーフでもプレーしたけど、僕の後ろでアンカーに入ったヤットさんの落ち着き払った感じも相変わらずやったなぁ。僕自身、インサイドハーフは新たな挑戦で、それゆえヤットさんとも何度か中盤のバランスについて話をしたけど、返ってくる言葉も安心感しかなかったしね！

「守備の立ち位置は考えるとして……基本、貴史の動きを見て俺が後ろでバランスを取るから、自由でいいよ。そうやって3枚がお互いを感じて臨機応変に動けば、特に何かを決めなくても、

2019 Jul.

結果、一番いいバランスが取れていると思うから」

伝わります？　この言葉の安心感（笑）。というか、僕もインサイドハーフをする時はヤットさんの言う通り、臨機応変に中盤の形を作ることを強みにしたいと思っていたから余計にそう感じたのかもしらんけど、ヤットさんが言う「自由でいいよ」の重みは、桁外れやから！

ただ、あの形ってバランスを崩せば、しっちゃかめっちゃかになる可能性を大いに孕んでいるのも事実で。だからこそ、中盤でプレーするとなれば、リスク管理はしっかり頭に置いてプレーせなアカンけど、その上で個々の持ち味や質をプレーに落とし込んで臨機応変に戦えたら、絶対に面白いサッカーになる。って、メンバーを決めるのはツネさんやから、とりあえず僕はもっともっと自分を研ぎ澄ませていきます！

Jリーグに復帰して3試合を戦った。名古屋グランパス戦（△2－2）、ヴィッセル神戸戦（△2－2）、サンフレッチェ広島戦（△1－1）といずれも引き分け。神戸、広島との試合は先制しながら追いつかれるという悔しい結果で、内容から見ても勝ち点2を逃した印象が強い。特に広島戦は終始、攻撃的にプレーできて、ポジティブに捉えられることも多かっただけに、もったいないの一言に尽きる。また個人的に、こういう試合でチームに勝ち点3をもたらせなかったことへの反省も大きい。コンディションが上がってきているからこそより、そう思う。

実は、この広島戦を迎えるにあたっては、前節の神戸戦から1・5～2キロの減量をして臨んでいた。純粋に過去の2試合を通して、少し体が重く感じたから。今の時期は、練習が17時

まじで頑張ってよ

――今野泰幸（ジュビロ磐田）

に始まることがほとんどなので、朝食はオレンジジュースなどの水分で済ませ、昼飯に必要な栄養素を意識した食事を取って練習に臨み、練習後はプロテインなどで筋肉への栄養を与えた上で夕食も軽食にとどめて、しっかり眠る、と。そうすれば、睡眠によってエネルギーも消費されるし、意外と簡単に体重も落ちる。栄養学の先生曰く「朝を液体類で済ませることで、胃を休めるのは減量にも効果的」らしい。ただし、朝を食べないからといって昼食で暴飲暴食は絶対にダメ。空腹の状態だと胃の吸収力も高くなるし、そこはあくまでいつもの昼食と変わらない量と栄養バランスで食べないと意味がない。

結果、広島戦では体のキレはもちろん、シュートのインパクトなども悪くないなという手応えは得られていただけに、夏の間はこの体重をうまく維持してやっていこうと思っています。

その広島戦では、ガンバ復帰が発表された陽介（井手口）も途中から同じピッチに立った。陽介とは僕のガンバ復帰が決まるまで一緒に自主トレをしていたし、いろんな話をしていたけど、特に僕からは「帰ってこいよ」とは言っていない。彼には彼の考え方があるし、陽介なりにこの1年半、海外にチャレンジしたことで感じたこともあるはずで、それを僕の物差しであれこれ言うのは違うから。

もっとも、陽介が復帰を決めた今は、純粋に一緒にプレーするのが楽しみ。僕が前回、ガンバに在籍していた時は正直、陽介はまだ覚醒前やったけど、僕が海外に出てから目覚ましく成長し、日本代表になり、ルヴァンカップでヤングプレーヤー賞を獲得している姿も見ているから。その陽介のクオリティーがしっかり発揮されれば、間違いなく大きな武器になると思う。

2019 Aug.

しかも陽介がつける背番号15は、大好きな今ちゃん（今野泰幸）がつけていた番号！　僕の中では、ガンバに今ちゃんは欠かせない存在だと思っていたし、それゆえに今ちゃんが泣きながらジュビロ磐田への移籍の挨拶をした時は、もらい泣きをしたほどだったけど、今ちゃんに言われた「まじで頑張ってよ」という言葉は宝物として、しっかりと自分の胸にしまってある。しかも、その番号を陽介が背負うわけやから……って、そこはあまり関係ないな（笑）。プレースタイルは似ている二人やけど、陽介には陽介の良さがあり、陽介なりの「15」を作ればいい。

にしても……移籍直後に今ちゃんがベガルタ仙台戦で決めたヘディングでのゴールは今ちゃんらしい、いいヘディングやったなぁ。僕も負けずに頑張ります。

僕にとっては、2014年のJ1リーグ第24節で戦って以来、5年ぶりとなる『大阪ダービー』が週末に迫っている。

その試合は阿部ちゃん（浩之／川崎フロンターレ）とパンチくん（佐藤晃大／徳島ヴォルティス）がゴールを決めて2－0で勝ったけど、実はそれ以外の対戦も、僕がトップチームに昇格してから戦ったリーグ戦での大阪ダービーには負けた記憶がほぼない。もっと言えば、アカデミー時代の大阪ダービーも然りだし、プロになって初めて戦った10年の大阪ダービーではゴールを決めたいい記憶も残っている。しかも開始早々の2分の先制ゴールというミラクル（笑）。確か同じ年の前半戦に戦ったアウェー戦が、僕にとってプロとして初めて絡んだ大阪ダービーで……。残念ながら、その時は控えメンバーに終わったけど、アカデミー時代とは全然違うスタジアムの盛り上がりに『特別感』を感じ……だからこそ、ホームでの『大阪ダービー』デビュー戦は、いい緊張感もありつつ、すごく楽しかった印象がある。

ダービーには勝点3以上の価値がある

——西野朗（タイ代表監督）

その経験からも、今回の大阪ダービーが、めちゃめちゃ楽しみ。J1リーグの順位ではセレッソ大阪のほうが上だと考えれば、チャレンジャーとして臨まなアカンとは思う（第26節終了時点でG大阪が12位、C大阪が6位）。ただ、このカードにしかない独特の空気を楽しむことも忘れたくないし、何より、何がなんでも勝ちたい。かつて西野さん（朗／タイ代表監督）が言っていた「ダービーには勝ち点3以上の価値がある」からこそ、余計にね。それに、前節のサガン鳥栖戦では7試合ぶりの勝利を掴めたとはいえ、勝ち点はまだまだ足りないし、連勝しないと本当の勢いも出ないから。とにかく結果を求めてアウェーの地に乗り込みたいと思う。

ところで、ダービーってもともとはイングランドのダービーシャー州にある街の名前って知ってた？　その街で行なわれる試合があまりにも激しくて、同じ地域にある二つのチームの対戦を『〇〇ダービー』と呼ぶようになったらしい。そこから派生して、今やサッカー界では『ダービー』だらけ。海外では時に、死者が出てしまうほどサポーター同士による暴動が起こるなど、通常の試合とは別物として考えられている節もある。ファンの中には「ダービー以外の全試合に負けてもいいから、年に二度のダービーだけは絶対に勝利してほしい」と言う人もいるしね。

ドイツでプレーしていた時もブンデスリーガでは『ミュンヘンダービー』を経験したし、個人的にはフォルトゥナ・デュッセルドルフのブンデス2部時代に戦ったデュースブルクとのダービーマッチも印象深い。

2019 Sep.

この試合はフォルトゥナにとって「昇格に向けて是が非でも落とせない」一戦で、僕自身もゴールを決めたけど、試合前から発煙筒が焚かれ、スタジアム全体が異常にピリピリしていたし、警察の数も通常の試合とは比べ物にならないくらい多くて。それだけでも十分、ダービーの威圧感が伝わってきたし、「これに負けたら、ほんまに殺されるかも」って空気を感じた。

でも一方で、それこそゴールを決めた瞬間のゴール裏の熱も尋常じゃないくらい熱く、サポーターもめちゃめちゃ嬉しそうやったからね。あの時のサポーターの表情を思い返しても、今回も絶対に負けられない。いつものアウェー戦以上にゴール裏で僕らの背中を押してくれる、我らがガンバサポーターのために。

実は、長きにわたってPKは『トラウマ』になっていた。きっかけは、3年前の2016年4月に戦った、AFCチャンピオンズリーグ・グループステージの水原三星ブルーウィングス戦。ホーム、パナソニックスタジアム吹田でPKのキッカーに立ったものの、相手GKに止められ、でもGKが先に動いていたから蹴り直しになったのに、2回目も甘いコースに蹴ってしまってセーブされた。しかも、この試合に敗れたことでACL敗退が決まった。

　という苦い記憶があった中で、今年の1月に再び、PKのキッカーを任されるというシチュエーションに直面した。フォルトゥナ・デュッセルドルフに在籍している時に戦ったテレコムカップでのバイエルン戦。90分で決着がつかず、試合はPK戦にもつれ込んだ。

　その際、監督から「タカ、蹴ってくれ」と言

私はPKは蹴らない

——澤穂希（元女子日本代表）

われたものの、ACLの記憶がまだ色濃く残っていた僕は「いや、PKを蹴りたくない」と。結果、「じゃあ、最後でいいから蹴ってくれ」と言われて、5番目のキッカーに指名されてしまい……。「順番が回ってこないでくれ」と思いながら動向を見守っていたけど、そういう時って大抵、きっちり回ってくるやん？　しかも、そのネガティブな感情が自分の中で起きている時点で、負けてるやん？　ということから、バイエルンのGKノイアーを相手に大きくふかしてしまって、敗戦という結末に。傷に塩を塗るような失敗をしてしまったことで「もう二度と、PKは蹴らん」と思っていた。

　これは以前、テレビ番組に出演されていた元女子日本代表の澤穂希さんが似たような話をしているのを聞いたからでもある。なんと、澤さんはいつも「苦手なことには挑まない」という

スタンスでいるらしい。だから、その苦手なことの一つであるＰＫについても、「私はＰＫは蹴らない」と決めているという。それを知っていた「澤さんほどの人でもそんなふうに決めていたんや！」と驚いたのと同時に、アスリートって苦手を克服することが当たり前とされている傾向にあるし、それを美談で語られることが多いけど、考えてみたら必ずしもそうである必要はないな、と考えるようになった。

だから、Ｊ1リーグ第28節の北海道コンサドーレ札幌戦でＰＫの場面を迎えた時には、自分が蹴るなんて考えはさらさらなかったのに、その5日後、同じ札幌とのルヴァンカップ準決勝・第1戦で再びＰＫのチャンスを得た時は、なぜか自然と体が動いた。

いや、仮にリーグ戦でアデ（アデミウソン）がＰＫを外していなかったら、この時もアデに託していたと思う。でもカップ戦では、湧矢（福田）がＰＫを獲得した瞬間、パッと周りを見渡したら、キッカーとしての抗体を持っているなと思う選手がいなかったこと。アデもキッカーのところにはいたけど、そこまで「自分に蹴らせてくれ」という感じに見えなかったこと。加えて秋くん（倉田）に「どうする？」って聞いたら、秋くんがあっさり「貴史、蹴っていいよ」と言ってくれたこと。それで、自分の気持ちもごく自然に「あ、そうなん？　じゃあ蹴るか」って動いた。

結果、ようやくＰＫを決めることができたけど、思い返せば、「しっかり蹴れば決められるやろ」という自信のもとで、ボールをセットし、キッカーに立った時点でトラウマは克服されていた気がする。ああいう場面でものをいうのは、やっぱりメンタルに他ならない。

2019 Oct.

お前の判断あってたんか？

――山口智（ガンバ大阪コーチ）

ガンバ大阪に復帰して約4ヶ月半。今、チームに漂う空気を感じ、いろいろと考えることも増えた中で、僕が17歳だったプロ1年目の名古屋グランパス戦で言われた、智さん（山口／ガンバ大阪コーチ）の言葉がふと、蘇ってきた。

「お前の判断、あってたんか？　バン（播戸竜二）やったんちゃうか？」

　1点ビハインドの中、85分からピッチに立った僕はラストワンプレーという状況下、自分で仕掛け、シュートを打ってギリギリ、枠を外した。視界の端にバンさんを捉えながら。その時は、いろんな状況を踏まえて、自分がベストだと思う選択をしたけど、試合が終わって引き上げる時に、智さんが歩きながらその言葉を投げかけてきた。

　その瞬間、正直、めっちゃムカついた。バンさんより、僕のほうがコースが見えているという確信があったし、自信を持って打ったシュートやったから。と同時に、次の瞬間には心に決めていたのを覚えている。

「次にチャンスが来ても、絶対にパスは出さないで自分で打つ。その代わり、決めてやる。そうしたら、文句を言われることもないやろ！」

　残念ながら、そのシーズンは、そのあと1試合出場しただけで終わったけどね。思い返せば、当時のガンバには、智さんのように各々が思っていることをはっきり口にする空気があって、それが間違いなくチームの強さを支えていた。しかも、誰かの言葉が一方通行になるようなこともなかった。なんていうか……厳しいことを容赦なくバシッと言える智さんらベテランがいて、その言葉にシュンとなるなんてことは一切なく、むしろムカついて、イラっとして「次も打って決めたるわ！」と、反骨心に変えられる僕みたいな若手もいた。しかも、厳しい発言って必ず、言う側も、言われる側も大きなエネルギーを必要とするからね。その一言によって、チームにはより緊張感が張り詰め、それが練習でさえミスが許されない空気になり、勝つことへの執着やタイトルを本気で目指す熱にも変わっていたように思う。

ここ最近、今のガンバに足りないのは、いい意味で血気盛んな、エネルギーのぶつかり合いかもしれないと思っている。考えを伝え合うこと、会話すること、違うと思ったら口にすること。時に、それが温度を上げすぎて一触即発の空気を生んだり、喧嘩になることもあるけど、それって全部、本気の証やから。1対1に競り勝つこと、球際に激しくいくこと、ポジションを奪うこと、勝つこと。本気で取り組むから激

2019 Nov.

しくもなるし、怒りも生む。

考えたら、ドイツでプレーしていた時も、そんなことは日常茶飯事やった。毎日、当たり前のようにピッチ上で選手同士の『ファイト』が起き、自分のプレーに文句を言った選手に対して、言われた選手がどえらい勢いで詰め寄ったり、罵ったりするのも当たり前。そのことにスタッフ、チームメイトが驚くこともなければ、咎めるような雰囲気もなかった。

そんなふうに自然と選手の声が飛び交う空気が生まれ、そうした声がチーム内で浮いてしまうこともなく、みんながそれにポジティブに反応できるようになれば、ガンバはきっともうワンランク上のレベルで戦える集団になれる。そんなことを考えながら、智さんの言葉を思い出し、でも、やっぱり同じ結論にたどり着く。あそこは自分で打って正解やった！（笑）

2019
Another episode
～取材ノートより～

取材・文／高村美砂

もったいないの一言に尽きる（P392）

ガンバ復帰後、初めてのパナソニックスタジアム吹田での試合となったJ1リーグ第21節・サンフレッチェ広島戦は、試合終盤に倉田秋のゴールで先制したものの、アディショナルタイムに同点ゴールを許し、引き分けに終わった。

「秋くんが決めてくれて、このまましっかり締めくくるって気持ちがみんなにあったはずで、決して気を緩めたわけではなかったと思う。でもいろんなところで、いろんな小さいミスが重なって、勝ち点2を失う結果になってしまった。ただ、ポジティブに考えられる部分はたくさんあるし、攻撃的な試合をして相手を凌駕できていたと思うので、これを継続していくだけだと思っています。個人的には、試合をやるにつれてコンディションが良くなっているのを感じますが、結果を出さないと。こういう試合でチームに勝ち点3をつけられる結果を残さないといけないと改めて感じました。インパクトは悪くないので、あとはしっかり枠に飛ばしていくだけかなと。久しぶりのパナスタでの試合だったので、なんとしても勝ちたかったし、最後に追いつかれてしまったのは本当に悔しいの一言に尽きます。でも、僕自身は久しぶりにパナスタの空気を体感できて、またパワーをもらったような気持ちになったので、それを力にやり続けるしかないと思っています」

――2019年8月取材

今回の大阪ダービーが、めちゃめちゃ楽しみ（P394）

自身5年ぶりの『大阪ダービー』を前に宇佐美が思い出していたのは、バイエルン時代に戦ったドルトムントとの『ナショナルダービー』だ。それは衝撃の連続だったという。

「バスでスタジアム入りしたら、窓の色が変わるくらいドルトムントサポーターに唾を吐かれて。たぶん4000人くらいいたんちゃうかな？　そこを通らないと入れないから仕方なく通過したら、ドルトムントサポーターに両サイドを囲まれて、唾を吐かれまくるみたいな。警察はいるけど、唾を吐いているだけやから捕まることもない。あれを最初に見た時はマジで衝撃やった。これ、なんかの儀式？　って思うくらい。それはスタジアム内も同じで、ノイアーが円陣のあと、ゴールに向かって歩いてたら、ゴール裏に3万人くらいいたドルトムントサポーターが一斉にノイアーの守るゴールマウスに向かってバナナの皮を投げつけて、一面、真っ黄色になったから。ノイアー曰く『ピッチがよく滑るように、点がたくさん入るように、という願いを込めたバナナだ』と。あれはもうすごい光景やった。ブーイングとともに真っ黄色のものが宙を舞っていて……紙吹雪とは違って、重さを持った何かがピッチに飛んでくるぞ？　花か？　と思ったらバナナの皮やったから。おかげでいきなり試合が中断して、バナナの清掃が始まった（笑）。

大阪ダービーも日本ではめちゃめちゃ熱のあるダービーやと思っていたけど、上には上がいるって感じ。もちろんケガ人や傷つく人が出るのはもってのほかやけど、そのくらい感情のぶつかり合いがあってこその『ダービー』やと思うから。それも含めて楽しんでもらいたい」

結果的に、宇佐美にとって5年ぶりの『大阪ダービー』は敵地で1－3と敗戦。悔しさにまみれた。

——2019年9月取材

キッカーに立った時点でトラウマは克服されていた気がする（P397）

宇佐美がPKのトラウマを克服したのが、2016年の『あの日』から約3年半を経た2019年10月、ルヴァンカップのプライムステージ準決勝第1戦・北海道コンサドーレ札幌戦だ。0－0で迎えた74分。PKのチャンスにキッカーに立つと、ゴール右隅にぶち込んだ。

「最初から自分が蹴るつもりでした。少し前のリーグでの札幌戦でPKの得点チャンスがあった時にアデ（アデミウソン）が決めていたら、アデに蹴らせたかもしれないけど。カップ戦はヤットさん（遠藤保仁）もいないし、自分しかいないなと。自分を試されてるなとも思っていました。いつかは必ず克服しないといけないこととやったし、お客さんは平日のカップ戦ということもあって8000人強でしたけど、実はめちゃめちゃ緊張したし、ボールをセットする時も、どうしようかなって思いながら歩いてました。ガンバに復帰して一番緊張したシーン。秋くん（倉田）には『どうする？』って聞いたんですけど、ごく自然にスッと『貴史が蹴れば』って言ってくれたのもよかったかも。決めたことでトラウマを克服したというより、ボールを持って、セットするところまで持って行けた時点で、気持ちはもう克服されていたと思う」

——2019年10月取材

2
0
2
0

あけましておめでとうございます。2011年にスタートした『宇佐美日記』も10年目を迎えました。今年もどうぞよろしくお願いします。

僕の年末年始を簡単に紹介すると、12月7日に2019年シーズンの戦いを終えたあと、まず1週間はべったりと体を休めました。これまでの経験上、1週間あれば疲労はしっかり抜き去ることができるし、それ以上休みすぎると体を戻していくのがしんどい、ということを考えての『1週間』です。

そのあと、旅行を兼ねて出かけたハワイでは、ジョギングを中心に体を起こす作業を行ない、帰国後は年末年始をまたいでパーソナルトレーナーのもと、足の裏からお尻、背中までを一つにつなぐことで体の爆発力を高めるための地味なトレーニングをみっちり行ないました。これ

調子が悪い時がそいつの実力

——城福浩（サンフレッチェ広島監督）

は、プレシーズンでケガをしないための体作りと、プレーの出力を上げる際に必要な背中、お尻のパワーを高めるのが目的です。

その上で1月8日にチームとしての始動を迎えましたが、この時期のコンディションということではまずまずの状態かな、と。ここから開幕に向けて、さらにいろんなことを微調整しつつ、コンディションやプレーの感覚を高めていきたいと思っています。

そんな中、J1リーグの開幕戦の相手が横浜F・マリノス（@日産スタジアム）に決まったと発表されました。アウェーで迎える開幕戦は09年以来ですが、ホームで戦える試合数が減るわけでもないので、そこはあまり気にしていません。ただ、ディフェンディングチャンピオンが相手ということでわかりやすく注目される試合になるし、個人的には強い相手と戦いたかった

のでめちゃめちゃ楽しみです。

思えば、昨年、僕が戦ったJ1リーグ14試合の中で一番強いと感じたのがマリノスで、だからこそ優勝も妥当な結果だと思っていました。そのJリーグ王者を相手にどんな戦いができるか。スタートダッシュのためにも、自信を深められるきっかけになるような試合をしたいと思っています。

個人的に描く今シーズンの目標は『二桁得点、二桁アシスト』。二桁得点は過去のシーズンでも達成しているけど、アシストもダブルで達成できたことはないし、昨年からセットプレーのキッカーを任されていることを考えても、そのくらいの数字は狙いたい。これは昨年、セットプレーからの得点がめちゃ少なかったという課題が残ったのもあります。終盤にかけては少し改善されたとはいえ、僕のキックの質、決める側の入り方ともにまだまだ改善の余地はあるからこそ、『アシスト』もより意識していこうと思います。

そして数字とは別にもう一つ、意識しているのが中学生時代、U-15日本代表の城福浩監督（サンフレッチェ広島）が言っていた「調子が悪い時が、そいつの実力」という言葉。当時はそこに付随して「調子が悪い時の状態を上げれば、パフォーマンスアップにつながるぞ」と言われてもピンと来なかったけど、キャリアを積んだ今はその言葉の意味が痛いほどわかる。長いシーズン、いい時ばかりじゃないはずやけど、タイトルを争うレベルのチームが「内容が悪くても結果を出せる」という戦いができるのも、そういうことやと思うから。チームとしても、個人として、そこを求めることで『結果』に結びつけていきたいです。

2020 Jan.

同級生の源（昌子）がチームメイトになった。違和感があるようで、ないようで……。そういや、報道陣に僕のことを聞かれて「飛び級でユースに昇格した時に先輩にタメ語で話していて、追いかけ回されていた」って言っていたらしいけど、そんな失礼やったか!?　さすがの僕もユースの先輩には気を遣っていたはずや！　タメ語で話していたのはきっとジュニアユースでも一緒にプレーしていた二つ上の駿哉くん（菅沼）や翔平くん（大塚）に対してだけや！（笑）

そんな僕もプロになってからは、ピッチでは先輩にもまったく遠慮はしなくなった。そうなるまでに丸1年かかったけどね。それまでは……プレーも、内面的にもとにかく遠慮していたというか。アピールせなアカン立場だと自覚しつつ、日々チャレンジ精神のないプレーばかり選択していて、何の手応えもない毎日を過ごしていた。「これじゃあアカン」と思って翌日の練習では仕掛けようとするけど、ボールを取られ、周りの選手に「もうちょっと簡単にやれ」と言われて、「あ、違ったのか」と思ってまたプレーが小さくなる、みたいな。

貴史、それでいいんだぞ

——西野朗（タイ代表監督）

そんな自分から抜け出せたのはプロ2年目、高校3年生になってから。そこに、どんな変化があったのかといえば、結局、メンタルやったと思う。1年目を終えた時に「このままじゃ僕のサッカー人生は終わってしまう」と危機感を覚え、「自分らしく勝負をする」と心に誓って臨んだら、どんどん自分のプレーの選択が変わっていった。あの時の自分は、「フタさん（二川孝広／FCティアモ枚方）やハシさん（橋本英郎／FC今治）に遠慮していても、自分が飯を食えなくなるだけや」という思いが強すぎて、先輩を敵視してしまうほどギラギラしていた。

そんなある日の練習で、カウンターから3対2の数的優位な状況が生まれ、そのまま自分でシュートまで持ち込んだら、外国籍FWの二人にめちゃキレられたことがあった。でもそれを無視して自分のプレーを続けていたら練習後、西野朗監督が近づいてきて「貴史、それでいいんだぞ」って言ってくれて。「あれを決めたらいいだけだ。そうしたらブラジル人も文句を言わない」と。その言葉を聞いて、ゴールが決まらなかったから自分の選択は『間違い』になったけど、プレーの選択自体は間違いじゃなかったと思えたし、そのくらいの気持ちを出して初めて人に伝わるんだと学び、そこから一気に自分のプレーが変わっていった。

なぜ、そんな話をするのかというと、今のガンバの若い選手が1年目の僕とすごいダブって

2020 Feb.

見えるから。練習でも遠慮しているのか、ほとんどの選手が終始、無難でセーフティーなプレーばかり選択している。「いつ、その殻を破って『自分』で勝負するんかな」って見ていても、そんなチャレンジをしているのは一人か二人くらい。それ以外はなんていうか……普通。

でも考えて。僕はポジションを譲る気はさらさらないし、他の選手だって、それは同じはず。試合に出ている選手がそう思って毎日を過ごしているのに、試合に出ていない選手が「普通」で対抗してポジションを取れるのか？　しかも若手って、未来が広がっているように見えるけど、ダメだったらステージを落としていくしかない立場にあるからね。J1でプレーしている今を「普通」に過ごしていたらもったいなくないか？　そのことにさえ気づけたら、一気に未来は変わると思うけどな。

コロナ

——世界中の人たち

毎日、携帯を見ても、テレビをつけても、新聞を読んでも、同じ言葉が目に、耳に飛び込んでくる。

『コロナ』

世界中でこれだけの騒ぎになっているんやから、当然か。新型コロナウイルスの影響でJリーグも再延期※になったけど、こればっかりは仕方がない。それに再延期になっただけで、サッカーを取り上げられたわけでもないしね。自分が今やれることにしっかり向き合って、気を緩めずに練習を続けていくしかない。

といっても、チーム作りやコンディション作りの過程に、定期的に公式戦が入ってこないことで、緊張感をマックスの状態に維持しておく難しさは正直、感じている。どれだけ公式戦をイメージし、いろんなことを意識して練習や練習試合を行なっても、それが『想定』したものである以上、メンタル面を公式戦とまったく同じレベルに持っていくのは不可能やから。公式戦があるときは普段の練習からそこを意識して、体や気持ちを徐々に100%の状態に高めていくことができていたけど、その必要がなくなったら無意識のうちに緩んでいる部分もあるはずやしね。実際、再延期になった今は、長いキャンプが続いているような感覚の毎日を過ごしている。

ただ、永遠にこの状況から抜け出せないわけじゃないから。今は、Jリーグが再開した時に「メンタルさえ合わせていけば大丈夫」という状態にしておくために、体のコンディションを整えておくのみ。ファンの人たちもこの状況にやきもきしているようで、SNSなどのメッセージを通して「ガンバ不足です！」「ガンバの試合がないと週末にエネルギーを燃やす場所がない」といった声が届いている。今はそのエネルギーをたっぷり蓄えておいてもらって、再開した時にしっかり爆発させてほしい。そんなふうに今、僕ら選手やファンの方たちがお互いに溜めているエネルギーを、再開と同時に一気に爆発させることができたら、中断していたのを忘れるくらいJリーグはきっとすごい盛り上がりを見せるはずやしね！

じゃあ、コロナ、コロナの渦中にある今をどう過ごすか。活動が制限され、できることが限られるほど人って恐怖心に苛まれることもあるし、人生を有意義に過ごせないストレスがどんどん大きくなっている人も多いやろうけど、僕は今のこの時間を、コロナウイルスに関する事態が収束した時にアウトプットできるものを多く蓄えるための時間だと捉えてる。サッカーも然り、私生活も然り。

※2020年2月25日、Jリーグは新型コロナウイルス感染拡大を受けて公式戦全試合の延期を発表。その後もリーグ再開の目途は立たず、最終的に6月末まで延期された

2020 Mar.

家族としての結束を強める時間にするとか、普段はゆっくり観られなかった映画鑑賞をしたり、読書をする時間にするとか。軽率に動き回ることはできないにしても、家の中でできる運動だってあるし、普段はなかなか行き届かない掃除をすれば、体も動かせて家の中も綺麗になる！　つまり、今はたくさんのことをインプットする時間と捉えてポジティブに過ごすべきってこと！　そのほうが、不満やストレスを抱えて心が不健康になるよりずっといい。

これは、家族と一緒に決めたこと。今の状況をしっかり受け止め、手洗い、うがいなどやれることは徹底した上で、だからといって過敏になりすぎずにポジティブに楽しく今の時間を過ごそう、と。まあ、うちの娘たちは大好きなパパがいつもより長く家にいて、たくさん遊んでくれるってだけで満足そうやけど（笑）。

危機感を持て

——倉田秋（ガンバ大阪）

1日のほとんどを家で過ごす毎日。トレーニングの一環で外を走るとか、山の麓まで車で行ってアップダウンのある山道をロードバイクで1時間程度、往復するくらいのことはしているけど、コンディションを維持するためのトレーニングは基本的には家の中か、庭やからね。それによって改めて、僕の精神って、人と一緒にボールを蹴ることですごく助けられていたんやなって実感している。このブランクによる影響は、チームの練習が再開したときにモロに感じるはずやと想像できるだけに不安を感じないこともないけど、今はみんなが我慢の時。やれる範囲のことをやって、乗り切るしかない。世界中の人たちとともに。

そんな中、4月3日から11日連続でいろんな選手と1時間のインスタライブを続けてきた。自分のSNSやメディアを通して世の中のいろんな人が現状にすごく不安を感じていると知ったから。新型コロナウイルス感染症にかかるのではないかという不安に限らず、この先生きていけるのか、商売を続けられるのか、などの不安も含めてね。そんな人たちに対して、これまでならサッカーをプレーすることでメッセージや元気を届けられたらいいなと思っていたけど、それができない今、少しでも楽しい時間を提供できたらなと思い、やってみた。実は近々、YouTubeを始めようと準備中で、何をすればファンの皆さんに喜んでもらえるのかを知りたかったのもある。と同時に、シンプルに僕自身が仲間に会って話せない寂しさを紛らわすために、普段はなかなか聞けない話を聞いてみる時間に変えようとも考えた。

結果、11人チャレンジを終えて思ったのは、それぞれの素顔が見えて、面白かったってこと！　ファンの皆さんからも日々、「精神安定剤になってます」「選手の素顔が見られて楽しいです」みたいなコメントをもらったけど、何より僕自身もすごく楽しませてもらった。中でも印象に残ったのは……甲乙つけがたいけど、最終回の秋くん（倉田）。過去最高の５０００人を超える人たちに視聴してもらえて、秋くんの素の部分もめちゃめちゃ出ていたし、今の若手選手に向けた「危機感を持て」という言葉にも深く共感できた。

視聴していない人のために簡単に説明すると、アマチュアからプロサッカー選手になるための階段を登るには危機感なくしては無理で、秋くんも僕もその危機感を持てた時に初めて自分が変われた、って話。であればこそ、今のガンバ大阪U－23でプレーしている若手にはもっと本物の危機感を持ってほしい、って結論やってん

2020 Apr.

けど、僕も二つ前のこの連載で書いたように、以前から似たようなことを感じていただけに、その答え合わせができたという意味でも心に刺さった。

もっといえば、その危機感というのは正直、こうしてキャリアを重ねた今も持ち続けている。自分らしい言葉に置き換えるなら、危機感というより、「臆病でいること」を僕はすごく大事に考えているというか。プロとして戦っていく上で自信は絶対に必要やけど、一方で「今日できたプレーが明日はできなくなるかもしれない」というような臆病な自分もすごく大事で、それが自分を突き動かし、進化を求める力にもなってきたと感じているだけに、余計にそう思う。であればこそ、僕は現状に不安を抱くことも、臆病でいることも、決して悪いことじゃないと思っている。

UPまだ?

——宇佐美蘭(妻)

5月6日。自分の誕生日に、YouTube チャンネルを開設した。

新型コロナウイルス感染症の影響で活動休止になってから家で過ごす時間が長くなり、携帯電話を触ることも増えていた中で、せっかくならその時間を有効に使おうと思ったのがきっかけ。有効に、と言ったのはもちろん自分が楽しく過ごすためでもあり、画面の向こうにいる顔の見えない誰かを楽しませるため、でもある。

僕に限らず、最近はいろんな人がインスタライブをやったり、YouTube を開設しているので、「もう少し時期をずらしたら?」とアドバイスをくれる人もいたけど、僕はこういう時期にやることに意味があると思ったし、今だからできることだとも思いました。また、YouTube を始めるにあたっていろんな人とインスタライブをやった中で、ファンの人たちから「先行きが見えず眠れない毎日ですが、宇佐美さんが話しているのを聞くと安心します」「コロナのことで不安しかなかったけど、宇佐美さんのサッカーの話を聞いて、再開後に希望を持てるようになりました」といった声が届いたことにも背中を押してもらった。人と人との直接的なつながりが遮断されている今だからこそ、心でつながれる場所を持つ必要性を感じました。

もちろん、僕はプロサッカー選手で、常々、プレーで結果を残し、応援してくれる人たちをプレーで楽しませることが一番の仕事だと思っている。そのために今もいろんなことをサッカーに捧げて日々の生活を続けているしね。ただ最近は、YouTube という世界に流通しているビッグコンテンツを利用することで、プレーを通して自分を知ってもらうだけではなく、宇佐美貴史を通してサッカーに興味を持ってくれる人を増やしたいと考えるようになったというか。いや……もっとぶっちゃけると、単純に、プレー以外の部分で僕という人間を好きになってくれる人を増やしたいとも思っている（笑）。さらにいえば「宇佐美って面白いな」「なんか好きやわ」って言ってくれる人を増やす努力をすることで新しい自分に会えるかもしれない、という期待もあります。

といっても、繰り返しになるけど、僕はプロサッカー選手だし、将来的には指導者というビジョンも描いているからね。それを邪魔するような内容にはしたくないし、サッカーを傷つけることも絶対にあってはいけないという自覚もある。だからこそ、画面の向こうにはたくさんの人たちの目があることを意識しながら、やるからには自分も楽しんで配信していきたいと思っています。そういえば、第一回のゲスト、チームメイトの康介（小野瀬）との動画をアップした翌朝、嫁の蘭が早速「次のアップは、まだ？」と聞いてきた。でもって、そういう声をよりたくさんの人から聞きたいと思い、15万人強のフォロワーを持つ彼女のインスタでも宣伝してもらうことにした。一回の宣伝につき、蘭へのマッサージ付きで（笑）。これまでも、家事や子育てを頑張ってくれていることへの感謝から、蘭にマッサージをお願いされた時には肩を揉んだり、足をほぐしたりしてきたけど、最近はYouTubeをアップするたびに自発的にやっている！（笑）

2020 May.

おかげで僕のフォロワーにはいなかった層の人たちがYouTubeのチャンネル登録をしてくれているのも嬉しい限り。そんな新たなつながりが生まれることで、サッカーやJリーグが盛り上がっていけばいいなと思っています。

救われてます

——宇佐美貴史 YouTube チャンネル登録者

SNSを利用していると、嬉しいコメントやダイレクトメールがたくさん届く。その言葉に励まされたり、力をもらったり。「楽しい動画に救われています」と言ってもらったこともある。

思えば、僕がSNSを始めたのはプロになってすぐ、17、18歳の頃だった。僕たちアスリートは時にたくさんのメディアの人に囲まれることもあり、そこで話すことがそのまま自分のイメージになっていくことに違和感を覚えたのがきっかけ。メディアの中には懇意にしている人もいれば、初対面の人もいる。前者なら信頼関係も築けているので、こちらの言いたいことをしっかりと汲み取ってもらえるけど、正直、そうじゃない人もたくさんいる。しかも、それを楽しむ側の人たちが、僕とメディアの方との信頼関係まで加味して見聞きしているとも限らない。にもかかわらず、世の中に出回る僕の言葉や発言はすべて、自分のイメージになっていく。果たして、それで『宇佐美貴史』を正しく知ってもらえるんかなと考えるようになり、ブログで自分の思いを伝えるようになった。

近年は特にインスタグラムやYouTubeなどのツールを利用して、自分から発信することが手軽になった。僕に限らず、多くの芸能人やアーティスト、アスリートがSNSを利用して発信しているのも、めちゃいいことやと思う。それを見ることで、相手との距離を近くに感じたり、人生や生活のハリや楽しみになっている人も多いはずやから。僕も他の人のSNSを見てそんなふうに感じることもあるしね。

ただ、一方でその手軽さが招く、残念なこともある。書き込みやダイレクトメッセージによる誹謗中傷。名前はもちろん、顔もわからん人から一方的にひどい言葉で罵られる。書いている人は1対1で送っているつもりでも、その数が増えれば、送られる側は集団に囲まれて罵詈雑言を浴びせられているような気持ちになるはずで……少なからず、僕も過去には経験がある。でも、だからといって言い返そうとは思わない。年齢、性別、その人のバックグラウンドも知らずに何かを言い返すことで、今度は僕が相手を誹謗中傷することになりかねないから。ましてや、そこからさらに誹謗中傷が生まれるようなマイナスな連鎖も望んでいない。

それに僕にはサッカー選手としての目標があって、自分を見失ってもいない。自分の人生も、近くにいる家族や仲間、応援してくれる人たちの人生も大切にしたいという当たり前の感情もある。人に心を傷つけられる痛みを知っているからこそ、人を傷つけようとも思わないし、その感覚を理解してもらえない人と同じ土俵に立つつもりもない。

2020 Jun.

ただ、だからといって「有名人は批判されるのが仕事でしょ」とか「嫌ならSNSをやめればいい」という考えには全力で異を唱える。皆さんがそれぞれに自分の仕事があるように、僕はサッカーをするのが仕事で、見えない相手からの誹謗中傷を受けるのは仕事じゃない。誹謗中傷を書き込む人に何かしらの事情があったとしても、真っ当に生きてきた人間が、目に見えない誰かに寄ってたかって言葉の暴力を浴びせられ、死を選ばなければいけなかったほど傷つけられたのなら、やっぱり傷つけた人は罰せられるべきやと思う。いや、それ以前に言葉の暴力がなくなるように、一人ひとりが自分の言動に責任を持って行動する世の中になればいいなと思っています。

Jリーグが再開し、3試合を戦った。結果は1勝1分け1敗。決していい内容とは言えないながらも、名古屋グランパス戦、清水エスパルス戦は千真さん（渡邉）のゴールに救われて勝ち点を積み上げられた。

その3試合に先発出場した中での個人的な手応えは……残念ながらまだまだ。その証拠に点も取れていないし、ゴールを作り出す回数もシュート数も少ない。

ただし毎年、シーズンオフのあとは2ヶ月くらいかけてチームを作り、開幕戦を迎えるのに対して、今回はシーズンオフよりも長い約2ヶ月間休んで1ヶ月で再開を迎えたわけやから。この序盤は『上がり切らないコンディション』と付き合いながら戦うことも、そうした個々のコンディションが、チームとしての戦いや機能性に影響することも覚悟していたし、今は個々

僕からのプレゼント

――オ・ジェソク（名古屋グランパス）

が少しずつ我慢してチームを助けながらプレーすることが必要な時期やから。その中でゲームを戦うことでしか積み上げられない個人のコンディションとか、どこに出す、どこに動く、どこにボールをつける、といった、感覚的なものが研ぎ澄まされていけば、自ずと結果はついてくるんじゃないかな。

そんなふうにチームを高めていくにあたって、昨シーズン終盤のサッカーがそれぞれの記憶に残っているのは大きい。それによって「こうしたらいいよね」「あの時はああだったよな」みたいな比較もできるし、その分、修正も早い。実際、清水戦では、相手にボールを持たれる時間も長かったとはいえ、セレッソ大阪戦、名古屋戦で出た課題を修正できたからこそ生まれた展開もあった。その修正するスピード感は、今後の戦いでも活きると思う。

ともあれ、まずは個人のコンディションとゲーム勘！　序盤戦はいつも試合をしながら体重を微調整したり、ゲームでの細かな感覚を研ぎ澄ませていくけど、その継続の先には必ずグッとコンディションが上がる瞬間がある。その日が少しでも早く来るように、逆に連戦という状況を活かして自分を高めていこうと思う。

というように、ようやくJ1リーグが再開し、ここからまたみんなで！　というタイミングでジェソク（オ）がガンバを去った。「マリノス戦で勝ち星をつけられたのは、僕からの最後のプレゼント」というメッセージを残して。

ジェソクとは2014年の『三冠』も含めてたくさんの喜びを共有したし、一方で今シーズンに入ってから彼が苦しい時間を過ごしているのも近くで見てきた。ただ、彼はどんな時もプ

2020 Jul.

ロフェッショナルで、愚直にサッカーに向き合い続けていたし、だからこそ、今年の開幕戦でジェソクがスタメンを飾った時は、誰もが「ジェソクと一緒に勝とう」という気持ちでピッチに立った。

結果、その試合で僕たちは勝つことができたけど、まさかあれが一緒に戦う最後の試合になるとは思ってもみなかっただけに正直、寂しい。これだけ長く在籍し、こんなにサポーターやチームメイトに深く愛されたという意味では、ガンバ史上最強の外国籍選手だったと思うしね。

だからこそ、ジェソクが残してくれた開幕戦での1勝を絶対に無駄にしたくない。それを心に留めて、この難しいシーズンを『タイトル』に向かってしっかり戦っていこうと思う。ジェソク、カムサハムニダ！

J1リーグの第9節を終えて、6勝1分け2敗で2位につけている。残念ながらルヴァンカップはグループステージ敗退が決まったけど、若い選手で臨んだ第3節・湘南ベルマーレ戦は少ないチャンスを翔自（唐山）がきっちりとゴールに収めて2－1で勝ち切った。リーグ戦の勢いをつなげてくれたのはチームにとっても大収穫。

にしても翔自の2ゴールは素晴らしかった！　そもそも翔自は普段の練習から「自分はまだ高校生やから……」というような遠慮がまったくないし、自分が結果を出してやる、という気持ちがめちゃめちゃ伝わってくる。それはプロの世界で結果を残す上ですごく大事なもの。加えて、U－23で育んできた「俺がエースや」というマインドを湘南戦でもそのまま出せたことがゴールにつながったんやと思う。

人として

——鄭大世（清水エスパルス）

そうした若手の勢いも含め、今シーズンは誰が出ても遜色のないチームができつつあることが、スタートダッシュにつながっている理由の一つやと思う。事実、紅白戦でもいい凌ぎ合いができているというか。単なるバチバチ感ではなく、お互いにいい問題提起をしながら高め合っている雰囲気があるのもいい。『みんな』でやれている感じもすごくあるしね！

これは去年からメンバーが大きく変わっていないことに加え、新しく加入した選手が生み出してくれているプラス効果でもある。同い年の裕二（小野）や源（昌子）ら、即戦力クラスの選手が各ポジションに加わっていい競争が生まれているし、年齢的にも「核にならなアカン」という自覚もあってか、精神的な安心感をチームに与えてくれている。

ちなみに、その二人は中学生の時から知っているけど、こうして初めてプロとして同じチームでプレーしてみると、改めて大人になったよなって思う。当時は僕ら自身が子どもやったのに、今ではみんなそれぞれに子どもがいるパパやしさ（笑）。代表チームとは違う、キャラクターが見えるのも面白い。といっても、三者三様で、そんなに口数多く話すわけでもない。というか、試合前に「ああしよう」「こうしていこう」と言っているのはほぼ裕二と源で、僕はほとんど言葉を発してない気もする（笑）。でも互いに認め合い、信頼し合っている分、「お前ならもっと、やれるやろ！」「もっとやってくれ！」みたいな刺激を投げ合っている感じはすごくある。

という状況の中、第10節のサガン鳥栖戦の中止が発表された。そのこと自体には特に何も思わないというか……新型コロナウイルス感染症

2020 Aug.

にかかった人に対して「体は大丈夫かな？」って心配するくらい。今シーズンはそういうアクシデントが起きるのも覚悟していたし、そもそも、チームも個人も、何かを理由に結果を出せないようではアカンでしょ。そういえば、鳥栖や島根県の立正大淞南高校でのクラスター発生について、取材で一緒になった鄭大世さん（清水エスパルス）がすごくいいことを言っていた。「世の中の人が最初に『大丈夫かな？』って思えないこと、人として相手を慮ったり、愛情を注げなくなっている現状に違和感を覚える」

まさにその通りやと思う。もちろんそんな人ばかりではないと思うけど、人の命に関わることが起きているのに、相手を心配するどころか、まるで悪のように言うのは絶対に違う。それぞれに大変な事情はあるかもしらんけど、人に優しく。僕はどんな時もそうありたいな。

必ず強くなって戻ります

――小野裕二（ガンバ大阪）

7月の再開から2ヶ月間でJ1リーグ、ルヴァンカップを合わせて13試合を戦い、9月の戦いに突入した。今でこそ少し気候が和らいだけど7、8月は連戦に加えて、連日の猛暑で……。過去に、AFCチャンピオンズリーグと国内戦を並行して戦うなどのハードな連戦を経験したことのないチーム、選手には特に厳しい2ヶ月になったんじゃないかと思う。

そんな中、今年からチームメイトになった同い年の裕二（小野）が、右膝前十字靭帯損傷という大ケガを負った。練習中の出来事で、その時はそこまでひどいケガとは想像していなかったというか。接触して絡みながら倒れたとはいえ、裕二自身も「テープを巻いてやろうかな」って感じやったから正直、心配していなかった。

それもあって、チームからの発表前に裕二から電話をもらった時も、ケガについて尋ねるわけでもなく……。僕が今年から個人的に使用しているアイシングマシンについての使用感を教えてほしいっていう連絡やったから、自分の感想を伝えていたら、最後の最後に「それなら俺も購入しようかな。ただ届くまでに少し時間がかかりそうだから、それまで貴史のを貸してもらうことはできる？」と。その言葉に初めて違和感を覚え「なんかあった？」と尋ねたら「今日のケガ、靭帯切れちゃってたんだよね」と返ってきた。

本人にとっては、スタンダール・リエージュ時代とは逆足だけど、二度目の前十字靭帯損傷。その診断を聞いただけで、どれほどの重さか想像できるし、本人の心中を察すれば、かける言葉も見当たらない。今はただ、本人がSNSで発信していた「チームの力になれず申し訳ありません。手術、長いリハビリが待っていますが必ず強くなってピッチに戻ります」という言葉を信じて、再び同じピッチに立てる日を待つのみ。そして、必ず強くなって戻ってくる裕二に負けないように、自分もしっかり戦い続けようと思う。

今シーズンはある意味、そうしたケガがいつ誰に起きてもおかしくないスケジュールでシーズンが進んでいる。特に夏場の連戦では、疲労の蓄積によって、本来なら相手をかわせているシーンでかわせなかったり、いつもとは違う変な体重が膝にかかってしまったり、という経験をした選手も多かったんじゃないかな。実際、ガンバでも裕二に限らず、猿田（遥己）ら数人、ケガ人が出ているし、ここにきて他のチームからもケガ人の話がよく聞こえてくるのは、酷暑の中、タイトな日程で連戦を戦ってきたことのダメージの蓄積による影響も少なからずあるよ

2020 Sep.

うに思う。

かといって、試合は次々にやってくるし、対策があるわけでもない。裕二も然り、ちゃんと自分の体に向き合ってやってきた選手でもケガをしてしまうことはあるわけで……。となれば、より自分の体にしっかり耳を傾けて進んでいくしかない。

といっても、僕自身は今のところ、ほとんどの試合で先発しながらも疲労は感じていないし、どこにも痛みは感じていない。アウェー戦は、移動がある分、体が重く感じることもあるけど、それ以外は中3日で試合をすることに疲労どころか、リズムが出てきたようにも思う。ただ「チームを勝たせる」プレーがまだまだ少ないのは何よりも、不甲斐なさを感じている部分。9月から先の戦いでは「チームを勝たせる自分」をより強く求めていきたい。

子どもの頃からガンバの試合でヤットさん（遠藤保仁／ジュビロ磐田）を見ない日はなかった。ガンバのユニフォームを着て、ど真ん中で戦っているのが当たり前すぎて、その景色は永遠に続く気がしていた。といっても、ヤットさん自身は、チームのど真ん中にいるつもりも、大黒柱だという自覚もなかった気がする。ヤットさんはただヤットさんらしく、サッカーをしていただけなんやろうな、と。

誤解を恐れずに言うならば、僕らプロサッカー選手というのは全員が消耗品だと思う。いいパフォーマンスを発揮できなくなったら、お払い箱。ネガティブな意味では決してなく、それがある意味、プロの世界で、選手はそれを自覚しているから、「どれだけ長い時間いいパフォーマンスを維持できる消耗品でいられるか」にこだわって、今を過ごす。そのためにチームを

いい時のイメージは捨てる

——遠藤保仁（ジュビロ磐田）

変えることだって当然、あるしね。それを理解しているから、ヤットさんがいなくなったことに寂しさはあっても、喪失感はない。戦う場所を変えただけで、ヤットさんの賞味期限が来たわけではないし、あの高性能な価値をまだまだピッチで示してくれるのなら、こんなに嬉しいことはない。

というように僕にとってのヤットさんは、めちゃめちゃ思い入れのある選手やのに、実はチームメイトになってからも、幼少の頃の憧れとか、いちファンとしての感覚が抜けず、気軽に近づくことができなかった。もちろんそれは、テレビを通して観ていた以上に、生身のヤットさんがすごすぎたからでもある。決してどぎついキャラでもなく、むしろ空気のようにそこにいるのに勝手に存在が輝いてしまうというか……そのオーラは一緒にプレーしている間、一

度も色褪せなかったのも驚きやった。

そんなわけで、残念なことに7年近く一緒にプレーしていながらピッチ以外で、サッカーについての深い話をしたこともほぼない。言葉はなくともプレーで受け取れるものが十分あったしね。ただ昨年に一度だけ、ヤットさんが公式戦1000試合出場を達成した時にテレビ番組に一緒に出演させてもらい、勇気を振り絞って尋ねた。

「サッカー選手には誰にでもいい時、悪い時がありますが、ヤットさんは自分のプレーがうまくいかないなって感じた時に、どんなマインドでいるんですか?」

すると、返ってきた答えがめちゃめちゃ深かった。

「その時々のプレーが自分の精一杯だと思って、いい時の自分のイメージは捨てる」

2020 Oct.

僕はこの言葉を、いい時の自分のプレーにすがりすぎるな、という意味だと受け止めた。実際、アスリートっていい時の自分ばかりをイメージしていると、現状に対して否定的な感情が生まれ、今の自分を肯定できなくなってしまう。そうならないためにも「今の自分にできるのはこれが精一杯」と割り切り、自己肯定してあげられる状況を作って前に進め、と。いやぁ、やっぱりもっと話しておけばよかったな(笑)。

そんなヤットさんの磐田でのデビュー戦も、当然、フルタイムで観た。そこには僕が子どもの頃から見てきた、楽しそうにサッカーをするヤットさんがいて、めちゃめちゃ嬉しかったし、おかげで今後はジュビロの試合を見ることが僕の楽しみの一つに加わった。今ちゃん(今野泰幸)や晃太郎(大森)もいるしね! まあ、晃太郎はおまけやけど(笑)。

12試合続いた無敗記録が、J1リーグ第27節のベガルタ仙台戦での敗戦で途切れた。長いリーグ戦を戦っていれば、黒星を喫する日は必ず来る。無敗記録が続くほど、黒星のインパクトが強く残るけど、34試合のうちの1試合であることに変わりはない。大事なのはこのあとの6試合をどう戦うか。どんな時も連敗はチームのブレーキになるだけに、絶対に避けなアカン。仙台戦で0－4という大敗をしたあとの試合だからこそなおさら、次の試合の持つ意味は大きい。しかも、そのあとには川崎フロンターレとの上位対決も控えていると考えても、今一度チームとして一枚岩になって戦いたい。

12試合を『無敗』で戦い抜く力になったのは、チームとしても局面でも耐え切れるようになったことが大きい。1点は必ず取れる、という自信があればこそ、90分を通して我慢してコンパ

断然いややった。

――清武弘嗣（セレッソ大阪）

クトに守り切る意思を徹底できる。自分たちらしい内容かと言われればそうではなく、もっとボールを持ちたい、攻め続けていたいって思いはもちろんある。ただ、現実的にそういう展開にならないことが多いのも理解しているし、何より今の戦いが結果につながっているという事実が、いい割り切りにもつながっているように思う。

　その中で僕自身はといえば、正直、今シーズンは思うようにいかないことも多いけど、ここにきて少し自分の中での役割も明確になってきた。それは前線に張るだけではなくある程度、中盤に落ちて攻撃の『作り』に関わっていくこと。もちろん、ツネさん（宮本恒靖監督）には「下がりすぎるな」と言われているし、自分でも下がりすぎるのは良くないとは思う。ただ、セレッソ大阪戦の後半然り、ヴィッセル神戸戦

然り、ある程度、自分がゲームメイクやビルドアップを助けながら前線に入っていかないと、結果を求めるのは難しいというのも現実やと思う。それに前でボールを待つことより、チームとして前にボールを運ぶことが大前提にないとシュートチャンスも見出せないしね。

その部分については今シーズン、自分の中であれこれ考えを巡らせながらやってきたけど、セレッソ戦後に相手のキヨくん（清武弘嗣）とのコミュニケーションの中で、さらっと言われた言葉でより明確になった。

「貴史が下がってボールを触りながら前に運ばれた後半のほうが、俺は断然、嫌やった」

これは相手の戦い方にもよるけど、いずれにしても相手選手が嫌がるプレーをするのは結果を求める上で大事というか。実際、神戸戦もそこを意識してプレーしたらいい形で攻撃をできることも多かったしね。久しぶりにスタンドから試合を見た仙台戦でも、改めてその必要性を実感した。

2020 Nov.

もちろん、そうはいっても、チームあっての自分やから、監督の考え方、チームとしての戦い方、自分の役割は第一に頭に入れている。でもピッチで感じること、対峙する相手との関係性でその都度、必要な変化をもたらしていくのもピッチに立つ責任でもあるから。特に今の4－4－2システムは、相手にしてみたら一番「食いやすい」システムで、相手との噛み合わせが良すぎると、完全にパスコースがなくなって攻撃が停滞するのは目に見えている。だからこそ、残りの試合でもダブルボランチの近くに下りたり、サイドに張るなど、各ポジションで数的優位を作る潤滑油になりながら、FWとしてゴールも狙い続けたいと思う。

2020 Another episode ～取材ノートより～

取材・文／高村美砂

個人的には強い相手と戦いたかったのでめちゃめちゃ楽しみです（P404）

ガンバ復帰後、2シーズン目となる2020年の開幕を前に、宇佐美は練習試合でもゴールを重ねるなどキレの良さをうかがわせていた。自分への期待を膨らませて開幕を迎えられそうかと尋ねると、印象深い言葉が返ってきた。

「プロになってからずっとそうですけど、ファンの皆さんより、チームスタッフやチームメイトより、誰よりも僕が僕に一番期待している。だからこそ取り組んでいることに対しての跳ね返りがない時は自分にムカつくし、日常生活を含めて何も楽しくない状況になってしまう。変な言い方ですが、自分が自分に一番期待して、自分が自分に一番結果を求めている、という想いの強さによって自分がすり減っていくのを感じますが、そのすり減らしていくことが自分を研ぎ澄ませているところもある。その結果、ピッチで表現するプレーで喜んでもらう循環を作るのが僕の仕事だと思っています」

得点に限らず、前線からの守備意識を含めて理想のFW像に近づけている手応えはあるかとの問いには、「自分への期待を含めて、まだまだこんなもんじゃない」と言い切った。

「攻撃では臨機応変にいろんなプレーを周りに引き出してもらいながら、逆に自分も引き出しながら、いい感じでできているし、フィニッシュで顔を出せることは多いです。ただ守備ではまだまだやれると思っているので。一番前で攻撃をリードしている選手が守備でハードハークを見せることは、チームを鼓舞するという意味でも、味方への影響力が大きい。だからこそ、そういうところは大袈裟なくらいにやっていきたいと思っています」

意気揚々と新シーズンに臨み、チームとしても開幕戦の横浜F・マリノス戦に2－1で勝利するなど上々のスタートを切ったが、世界的に新型コロナウイルスが蔓延したことを受け、Jリーグは2月25日～6月26日まで約4ヶ月にわたって公式戦を中断。リーグ再開後、最初の試合となった7月4日のJ1リーグ第2節、パナスタでの大阪ダービーは無観客での『リモートマッチ』で行なわれた。

――2020年2月取材

僕の精神って、人と一緒にボールを蹴ることですごく助けられていたんやなって実感している （P410）

新型コロナウイルスの感染拡大を受け、ガンバは2020年4月1日から5月25日までチーム活動を休止した。宇佐美は「最初の1週間から10日間がメンタル的に一番しんどかった」と振り返る。

「基本的に僕は家の中でじっとしていられないタイプ。何かやることがあるとか、いろんなものに多少は追われていたいタイプなので、それがなくなってすごく時間があるとなった時の時間の使い方がわからず……。トレーニングは変わらずにやるとして、それ以外のところでいうと、DIYを始めたり、部屋の壁紙を変えたり。時計が好きなので、工具を買ってきて時計のベルトを自分で交換したり……そんなふうに集中していると、あっという間に2、3時間は経つ感じだったので助かりました（笑）。あとはギターを弾いたり、子どもとおままごとをしたり……そういう生活が体に馴染んでからは全然平気になりました」

またトレーニングについては、自主トレ以外に、チームから与えられた一人でグラウンドを使える約1時間を有効活用。10～15分はウォーミングアップを兼ねた有酸素運動、さらに20～25分は止めて・蹴るといった基礎的な感覚、ドリブル時のボールタッチの感覚を研ぎ澄ませる練習を行ない、最後の20〜25分間は、有酸素のトレーニングをするか、肩で息をするくらいの180〜190の脈拍を狙ったトレーニングをするか、体の状態を踏まえて使い分けていた。またこの期間には食生活の見直しも図った。

「何を食べたら次の日の体の反応が悪いのか、毎日、同じメニューと向き合っていたからこそわかりやすく感じられた部分もあった。これまでも僕は乳製品の全カットなどはやっていたけど、そうやってしっかりとした食生活を送っていても、なぜか試合になると体が重く感じることはあって……。体にいいものを食べても重かったり、悪いものを食べたのに軽かったり、ちょっとあやふやでしたしね。でもこの期間を通じて、天ぷらなどの揚げ物や、脂分の多い肉は翌日の体のだるさにつながるなと思ったら、それを実際に全カットして反応を見たり……というように、自分の体を使った実験がしっかりできたのは今後の自分に活かせると思っています」

――2020年5月取材

2
0
2
1

1月18日に新シーズンが始動した。コロナ禍の影響で外国籍選手の合流が遅れていることから、全員が揃って、というわけにはいかず、特に代わり映えのしない顔ぶれやったけど（笑）、やや久しぶりにみんなと会えて「ああ、始まるな」という感覚になった。

ツネさん（宮本恒靖監督）から言われたのは「昨年の悔しさを晴らすシーズンにしよう」ということ。これは、元日に味わった悔しさ※というだけではなく、僕自身は、戦いの中身に対する悔しさという意味もあると受け止めている。J1リーグでは2位になれたけど、1位とあれだけ勝ち点差が離れていたら正直、上位を争ったという達成感もないしね。特に攻撃を預かる一人としては、一つひとつの試合で自分たちらしい攻撃ができた時間帯が短かったのも悔しかった。

今年はいい一年になりそうだ!!

——新里亮（V・ファーレン長崎）

また、自分自身のパフォーマンスも一言で表すなら……ものすごい言葉は汚いけど、自分のことなので思い切って言うと「クソ」やったな、と。チームがどういう状況にあろうとも、数字という結果を残さなければいけないのが自分の役目だと考えても、まったくもって物足りなかった。その悔しさを晴らすためにも、今シーズンはサッカーへの向き合い方や取り組みなど、すべてを昨年とは変える……どころか、昨年の宇佐美とは全部違うな！　ってくらいの変化が必要だと思っている。

という考えもあって、背番号も33から39に変更した。「変えたい」というのが第一の理由やけど、単純にこの数字が好きなのと、かなりのこじつけながら、次女の桜をサク（39）と呼んでいるから（笑）。いずれにしても大事なのは、背番号じゃなく結果なので、しっかりピッチで輝けるようにしたいと思っています！

　そんな新シーズンを始めるにあたり、1月2日にめちゃいいことがあった。昨シーズン限りでガンバを離れることが決まっていた亮くん（新里／V・ファーレン長崎）の送別会を兼ねて、ヒガシくん（東口順昭）、康介（小野瀬）とゴルフに行った時のこと。なんと、亮くんが目の前でホールインワンを出しました！　僕を含め、その場にいた全員が初めて見るホールインワンで、まさに衝撃の極み。亮くんとは1年間しか同じチームでプレーできなかったけど、シーズンを通して、苦しみながらもずっと真摯にサッカーと向き合う姿を見てきただけに、最後にみんなで喜べて、はしゃぐことができて、めちゃめちゃ嬉しかった。また、亮くんが言った「今年はいい1年になりそうだ！」という言葉が、亮くん自身にはもちろん、一緒にいた僕らにも当て

2021 Jan.

はまる気がして、幸せな2021年のスタートになった。

　サッカー界に身を置く僕らはこの時期、決まってチームスタッフや選手の顔ぶれが変わり、必然的に『変化』を求められる。何度経験しても、別れはやっぱり寂しいけど、亮くんをはじめ、ガンバを去った仲間が勇気を持って新しい一歩を踏み出したように、変わらずガンバにいる僕も、この環境で変化を求めていかなアカン。それができなければ、この世界には生き残っていけないしね！

　1月16日には大好きな、ばあちゃんが他界し、家族がみんな元気でそばにいてくれることが、決して当たり前ではないと改めて実感しただけに、今年も周りに感謝して、サッカーができる幸せをしっかり噛みしめて、戦っていこうと思う。

※2020シーズンの天皇杯でガンバ大阪は4年ぶりとなる決勝進出を果たすも、2021年1月1日に行なわれた決勝では川崎フロンターレに0－1で敗れた

東日本大震災から10年。毎年、3月11日が近づくと決まって思い出すのが、震災直後の復興支援チャリティーマッチでゴールを決めたカズさん（三浦知良／横浜FC）の姿。高校2年生でプロになった僕にとって、2011年はプロ3年目のシーズンだったけど、その時は正直、まだカズさんの本当のすごさを理解していなかったというか。もちろん存在は知っていたとはいえ、カズさんの歩んできたキャリアや活躍にダイレクトに影響を受けた世代ではなかっただけに、どことなくピンと来ていなかった。

ただ、あのチャリティーマッチでゴールを決めた姿や、カズダンスに沸き返る日本中の熱狂に魂が震えるような強烈な印象を受け、「この人、やっぱりすげえカッコいいな」と大きなリスペクトを抱くようになった。その時に初めて被災した方たちや街を想う気持ち、もっといえ

ゴールというものの力を改めて思い知らされた

――三浦知良（横浜FC）

ば国を想う気持ちの熱量でプレーが変わることや、ゴールが生まれることもあると知り、「これが、キングカズと呼ばれる理由か！」って思ったのも印象に残っている。

あれから10年が過ぎ、先日、カズさんがあの時のゴールについて、「ゴールというものにあんなに力があるのかと、僕自身も思い知らされた」みたいなことを話されていたけど、まさに僕もあの時、そう思い知った一人やった。

もっとも、当時の僕はまだ19歳やったからね。カズさんをはじめ、海外でプレーしていた槙野くん（智章／浦和レッズ）や篤人くん（内田）らがサッカーを通してメッセージを送る姿を見て「カッコいいな」とは思っても、自分は何も行動できず……。それでも、実はあの時、見て、感じたことに影響を受けたことはたくさんある。

例えば、キャリアを重ねる中で「プロサッカ

ー選手たるもの、サッカーだけをしていたらいいわけじゃない」と思うようになったのも、2016年の熊本地震や、昨年から続くコロナ禍など、逆境を目の当たりにした時に、苦しんでいる人たちがそれを乗り越える力になりたいと思うようになったのも、間違いなく、カズさんたちの背中から学ばせてもらったから。それもあって3月11日が来るたびに身が引き締まるような感覚を覚えるのかも知れない。

それは、新型コロナウイルスの感染によりガンバが活動休止※となっている今も然りで……。昨年から続くコロナ禍において、僕たちの試合を見てくれた人たちの気持ちが少しでも晴れれば、と思ってピッチに立ってきただけに、誰もがこの状況を申し訳なく思うとともに、言い知れない悔しさも感じている。個別の自主トレが

2021 Mar.

続いている今、いつ活動が再開できるのか。いつになったらみんなと一緒にボールを蹴れるのか。応援してくれる人の前で試合ができるのか、不安もあるしね。サポーターの皆さんもいろんな気持ちを胸に抱えて他のチームの試合結果を見ているんやろうな、と想像すると胸が痛む。

ただ、僕はガンバには逆境を乗り越える力があると信じているから。成績の振るわなかった前半戦を覆して『三冠』を実現した14年も、逆境を糧にして強くなったように、この出来事も自分たちが強くなるチャンスと捉えてやっていくしかない。

そして、再びピッチに立てる日が来たら僕もカズさんのように想いを込めたゴールを取ってみせる。そのために、今自分にできることを、全力でやり続けようと思います。

※2021シーズン開幕直後に新型コロナウイルスのクラスター（集団感染）が発生したガンバ大阪は、チーム活動を2週間休止。3月のリーグ戦全6試合が延期となった

というわけで、証明しました

――アンドリュー・ワイルズ（数学者）

僕はもともと脳が理系なのか、宇宙や科学、数学の話にめちゃめちゃ興味がある。細かい説明は省略するけど『フェルマーの最終定理』とか『ポアンカレ予想』とか……。もっとも、興味を惹かれるきっかけはそれを導き出した方の人物像というか。例えば、『フェルマーの最終定理』を証明したアンドリュー・ワイルズは、フェルマーの没後、330年間、どの数学者も証明できなかったことを証明した人。その発表の仕方がめちゃめちゃカッコよかった！

大学での数日間にわたる講演で、事前にそのことを告知せずに講義を続け、数学者の間で「この話の流れだと、もしかして彼は証明したんじゃないか？」と噂になり、最終日にはたくさんの数学者で教室があふれかえる中で、あたかも当たり前のように「というわけで、証明しました」やから。ちなみに、この『フェルマーの最終定理』の証明に至る過程には『谷山・志村予想』と呼ばれる「すべての有理数体上に定義された楕円曲線はモジュラーである」という主張が大きく影響したらしく、つまりは日本人が関わっていたことにも感銘を受けてんけど……いずれにせよ一般的にはきっと「は？」って話よね（笑）。

ただ、なぜか僕は不思議なことに、こういう宇宙や数学についての話を本で読んだり、動画などを観ると、めちゃめちゃ引き込まれてしまう。ワイルズがフェルマーの最終定理を証明するに至る動画を観ていても、決してその中身は半分も理解できていないのに、驚くくらい気持ちがすっきりして、自然と口角が上がってニヤついている、みたいな……。その感覚はある意味、部屋がきれいになった時のように、爽快感極まりない（笑）。

　以前、この連載でも触れたことがあるけど、実は僕は潔癖症……とまではいかないけど、家にいる時はやたらと掃除をする。育ち盛りの娘二人が遊んでいる時は部屋が散らかるのも全然気にならないのに、娘が幼稚園などに出かけた瞬間、一気にスイッチが入り、部屋の掃除が始まる。リビング、棚の整理整頓、水回り、バルコニー、ガレージや庭まで。やり始めたらとことんやらないと気が済まないため、気がついたら2時間近く没頭していたりもする。

　しかも、単に家をきれいにするだけではなく、できれば自分の思う形に物を整頓したくなるから厄介（笑）。テレビやエアコンのリモコンは頭を揃えておくとか、ティッシュなどの四角いものは、テーブルの四角に沿うように置く、とか。「部屋のこのラインと、テーブルの縦の線

2021 Apr.

は揃ってないと気持ち悪い」なんてこともある。もっとも、コロナ禍の今は家でも清潔第一のため、こうした僕の掃除好きも奥さんにありがたがられているけど、問題はあくまで僕の整理整頓が「自分の思うように」が基本であること。つまり、僕の思う「きれい」が奥さんの思うそれとイコールとは限らない（笑）。なのに、それをいつも「はいはい、どうぞ」と好きにさせてくれて……感謝です。

　ってなんの話やねん！　という感じやけど、要するに部屋がきれいになると数学が解けた時のように頭がすっきりして落ち着くし、集中してサッカーに臨めるよね、って話。余談ですが、僕の人生ナンバーワンとも言えるSF映画『インターステラー』は宇宙や物理のことと、家族の絆などの話が織り交ぜられた、めちゃめちゃ面白い作品です。皆さんもぜひ。

サンフレッチェ広島戦の敗戦後、ツネさん（宮本恒靖前監督）の解任が発表された。今シーズンのJ1リーグ、10試合を終えた時点でのクラブの決断で、僕ら選手に伝えられたのはツネさんがクラブを去ったあとだったので直接話はできなかったけど、まずは2019年6月にガンバに復帰してからの約2年間、一緒に仕事をさせてもらえたことに感謝の気持ちを伝えたい。同時に、僕を含めたチーム全体の力不足の責任をツネさん一人に背負わせてしまったことを申し訳なく感じている。

僕自身、ホッフェンハイム時代には1シーズンで監督が三度も交代するという経験をしたけど、プロの世界はある意味、チームの結果に対して真っ先に責任を担うのはほとんどの場合、監督になる。そのことを理解していながら、10試合で白星を一つしか挙げられなかったこと、

リーダーとして引っ張っていってほしい

――宮本恒靖（前ガンバ大阪監督）

自分自身もわずか1得点しか取れなかったことがホンマに情けない。責任を感じるとともに、その責任は今シーズンの戦いを託されている僕ら選手がしっかりと担っていかなアカン、とも思う。

この先の僕らにできることは、これまでとは違う新しいガンバを結果で示していくことに他ならない。そのために、以前からツネさんに言われてきた「ピッチの内外でリーダーとしてガンバを引っ張っていってほしい」という姿を表現できる自分でありたいとも思っているし、それがツネさんへの恩返しにもなるんじゃないか、と思う。

じゃあ、具体的にどこから変えていくのか、何を浮上のきっかけにしていくのか。正直、今のチーム状況を考えると、その唯一の手段はとにかく一つ、スカッと勝つことしかないと思っ

ている。周知の通り、チーム作りには『過程』が大きく反映されると考えれば、シーズン中の監督交代が劇薬になるとは限らないわけで……先に書いたホッフェンハイム時代にも痛感した通り、ともすればマイナスに働く可能性だってある。もちろん、これまでやってきたことが何かの拍子にカチッと噛み合えば一気に変わる可能性もゼロではないけど、勝負の世界はそんな甘くはないという危機感のほうが大きい。

直近の浦和レッズ戦を振り返ると、新監督に就任した松波さん（正信）が一つ、軸に据えてくれた「シンプルにゴールに向かう姿勢」という部分では、アタッキングサードにボールを運ぶ回数や、シュートを打つ回数は格段に増えた。ここ最近の試合で見られたボールを受けること、持つことに対しての恐怖心みたいなものがチームから払拭されたのも手応えとして感じられた

2021 May.

部分。でも、結果は0－3。これではチームとしての自信は積み上がっていかない。特に今はまだ、日々のトレーニングの中で培う自信やテンション、プレーができる充実感みたいなものが試合で爆発する、という循環を見出せていない状況やからね。なおさら、勝利しか根幹にあるモヤモヤ感を払拭することはできないとも思っている。

浦和戦では実際にチャンスもあっただけに、ゴールを決めなアカンかったし、それを勝利につなげなアカンかった。ただ、時計の針は戻せないからこそ、前を向いて「何がなんでも」という思いをピッチで表現していくしかない。その上で、やはり今はとにかく点を取ってスカッと勝つこと。それによって本来、ガンバが備えるべき自信、力を自分たちでみなぎらせていきたい。

Jリーグの戦いから一時離れ、ここからしばらくはウズベキスタンでのAFCチャンピオンズリーグに臨む。個人的にウズベキスタンでの試合はU－16日本代表として戦った、2008年のAFC U－16選手権以来。あれから約13年経ってウズベキスタンがどんな変化をしているのかを見るのも楽しみやし、久しぶりに国際試合を戦えるのもめっちゃ楽しみ。今回は集中開催のため、約1ヶ月近い時間を同じ場所で過ごすことになるけど、サッカーだけに集中できる環境で共同生活をして、行動をともにする時間をACLでの結果はもちろん、その後のJリーグにもつなげていけるような期間にしたい。

ACLは主に中2日でタイトな試合日程が組まれていることから、チームの総力が問われる大会になる。そのことを全員が念頭に置いて、

厳しくやろうと思ってます

——松波正信（ガンバ大阪監督）

モチベーションをしっかり保った状態で大会期間を過ごせるかが、まずもってのポイントやし、いろんな選手が試合に絡む中でもその都度、マックスのチーム力を発揮できるかどうかも結果を引き寄せるカギになる。チームメイトには海外チームとの対戦自体が初めての選手もいて、目の前の敵に感じることも違うはずやけど、それをチームのバラつきにしないのが大事というか。そのためにも僕を含めたACL経験者が知っていることをできるだけチームに落とし込んだ上で、試合に臨みたい。

例えば、レフェリーの『笛』の基準の違いもそうやし、チームごとにスタイルは違っても韓国やタイといった『国の色』は同じで、それが戦いに表れるということも事前に伝えられる情報の一つ。また、国内では考えられないようなことに直面しても、それを含めてACLやから。

それを自分が率先して笑い飛ばすくらいの感じで向き合いたいと思っている。

ウズベキスタンに向かうにあたってチームの雰囲気はすごくいい。松波さん（正信）が監督に就任して練習の強度も上がり、やるべきことが明確になって、みんなが「サッカーをした！やりきった！」という充実感を覚えながら日々を過ごせている。また戦術的にも、以前は『ボールを持つこと』に固執しすぎていたけど、「ボールを持つことは、あくまで前にボールを運ぶ手段の一つ」という考え方が徹底されるようになって、状況に応じてロングボールとの使い分けをできるようにもなってきた。日々の練習の中で「いいプレーだ！」とか「今のは違うぞ！」という松波さんの声がよく響いているのもいい緊張感を生んでいるというか。それによって選手の役割、やるべきことが明確になったことも、チームとしてのプレーの判断を良くしているように感じる。

もっとも、新体制になってまだ1ヶ月も経っていないわけで、まだまだ熟成させせなアカンところはあるけど、戦い方に対するいい意味での割り切りと意思統一が、結果を近づけていると いう手応えはある。あとはそれを、ACLの期間を通してより深みのあるものに変化させながらチーム力を高め、勝ちにつなげていきたい。

ちなみに僕自身は、松波さんと『監督と選手』の立場で仕事をするのはユース時代以来。といっても、僕も大人になったからか（笑）、当時とは違う感覚、距離感で仕事ができている し、それがどこか嬉しくもある。あとは、就任前に電話をもらった際に言われた、「厳しくやろうと思っています」という言葉を僕なりにしっかり受け止めてやっていきます。

2021 Jun.

僕が初めて戦ったAFCチャンピオンズリーグは2009年、グループステージ第6節のFCソウル戦。チームとしては、すでに1位突破を決めていたので大きくメンバーを変えて臨むことになり、僕も先発メンバーに選んでもらった。

当時のことで強烈な印象として残っているのが、試合の前日か、前々日に同じく先発する予定だった松代さん（直樹／ガンバ大阪GKコーチ）に言われた言葉。

「ACLはJリーグとはまったく違う戦いになる。いつも通りの感じで試合に入ったらケガもするし、覚悟して臨まないと痛い目にあう」

普段、あまり先発で試合に出ていない、ACL経験の少ない選手が数多く出場する中で、あえてチームを引き締める狙いもあったと思うけど、僕はまだ高校2年生で、選手だけで集ま

覚悟して臨まないと痛い目にあう

——松代直樹（ガンバ大阪GKコーチ）

ってミーティングをしたのも初めてやったからね。試合前夜には、その言葉がかつて味わったことのないプレッシャーに変わったけど、その時にACLを戦うイメージみたいなものが出来上がった気がする。

そんなことを思い出しながら今回、5年ぶりのACLを戦った。周知の通り、セントラル開催になったことで、これまで戦ったどのACLとも違う大会に思えたのは正直なところ。ただ、ピッチコンディション、暑さ、中2日の連戦、ホテル、食事など、初めての環境を受け入れながら、予測のつかない相手と試合を戦っていく厳しさに変わりはなく、試合それぞれに違う難しさを感じたし、2勝3分け1敗でグループステージ敗退という結果が示す通り、それを乗り越えられる強さがチームとして足りなかったと認めざるを得ない。初戦のタンピネス・ローバ

ース戦、2点差を追いついた全北現代モータース戦を含め、大会への入りは悪かったとは思わないけど、チェンライ・ユナイテッド戦が2分けに終わった事実からも、勝負どころをしっかりと勝ち切る力が足りなかったのは明らか。チームとしての策、それをピッチで遂行する力でも、相手を上回れなかったということやと思う。

ただ、その現実は受け止めつつも、試合を戦う中で攻撃をどう組み立てていくのか、どうすれば点が入るのか、どんな個々のクオリティーが必要か、というイメージは備えられた部分もあったし、タフな環境、日程を戦いながらフィジカル面で積み上げられたこともあった。また、中2日で6試合を戦うと体がどういう状態になるのか。それを回復させるにはどれだけのケアと準備がいるのかも含めて、教訓になった部分も多い。Jリーグから参戦した4クラブのうち、

2021 Jul.

ガンバだけ突破できなかったという現実を突きつけられて芽生えた危機感、自分たちへの腹立たしさ、物足りなさも含め、すべてをこの先、約2ヶ月続く、中2〜3日での連戦の力にしていくしかない。

また、個人的にも、6試合中5試合に先発してゴールが「0」に終わったこと、チームの結果を引き寄せるための圧倒的なパフォーマンスを示せなかった現実に対して、単に悔しいで終わるのではなく、今後の戦いに活かしていくしかないと思っている。

試合数の違いはあるとはいえ、ガンバは今、J1リーグの降格圏にいる。ここから這い上がっていくためには間違いなく、ギリギリの試合をものにする、劣勢の試合でも勝ち点を拾うといった勝負強さが不可欠になる。そのことを心して、全員で立ち向かっていきたい。

メッシ！　パリ・サンジェルマン！　いやあ、びっくりした！　……けど近年、彼にまつわる移籍話がメディアを騒がせ始めた時から、個人的には「違うユニフォームを着たメッシを見たい」と思っていたので、正直、嬉しかったりもする。単純に、メッシの才能がバルセロナ以外でどう輝くのかが楽しみだし、入団会見で言っていた「僕はまだ野心を持っている。クラブもそうだ。僕らはすべてを勝ち取る準備ができている」という言葉通り、ワンクラブマンで終わらずに挑戦を続ける姿にも、ただただ心打たれる。

　メッシと聞いて思い出すのは……いや、全時代の、全メッシやわ（笑）。「あの時代のメッシは輝いていたよね」「この試合のメッシは印象に残っているな」ではなく、全時代、全メッシ！　でも、それが彼のすごさやと思う。だって毎シーズン、40～50点取り続ける選手とか、他にいる？　3試合……いや2試合、点を取れなかっただけで騒ぎになるくらいのプレッシャーの中で、よ。そんな重責を背負いながら、普段は家族と笑って過ごせるなんて、逆にキャパシティを疑うわ（笑）。

僕はまだ野心を持っている

——リオネル・メッシ（パリ・サンジェルマン）

　しかも、そんなプレッシャーしかない生活を20年近く続けて、他を寄せつけない世界的な名声を手に入れながら、34歳でまたクラブを変え、すべてを投げ打って挑戦するわけやから。中村俊輔さん（横浜FC）や、ヤットさん（遠藤保仁／ジュビロ磐田）にも似たようなことを思ったけど、いやはや、現役レジェンドたちはマジでカッコ良すぎるでしょ！　もっとも、バルサの会見によると、今回の移籍はクラブの財務的な問題が一番大きかったみたいやから、メッシにしてみたら理想的な古巣との『別れ』ではなかったのかもしらんし、バルサファンの喪失感も尋常じゃないレベルだとも思う。それでも、何をどう慮ってみても……やっぱり僕はいちサッカーファンとして、ワクワクしか感じない（笑）。

これは、時代の流れとともに、近年のバルサでのメッシはピッチでの役割が増えすぎているなと感じていたからでもある。かつてイニエスタ（ヴィッセル神戸）、シャビ、ブスケツ（バルセロナ）が中盤で作り出す流れをメッシが得点で仕上げていた時代とは違い、近年は同じ絵を描いてサッカーをしている選手がブスケツくらいになっていたというか。それでも、変わらずに大量得点を続けてきたのはすごいけど……でも、いちファンとしては「それなら違うチームでサッカーをするほうが楽しいんちゃうか」とか、「そのほうがメッシはより輝くんじゃないかな」って想像していたから。それにバルサだって、

2021 Aug.

この先も次々と才能あふれる選手が出てくるはずやし、『脱・メッシ』によって新たなバルサを楽しめそうな気もしている。

しかも、メッシの行き先が、パリというのがまた面白い！　というか、もはや『リアル・ウイイレ』の世界やけど、僕はパリで輝くメッシが想像できる。個人的には、パリのメッシがバルサ戦で点を取って、『ノーセレブレーション』のパフォーマンスを早く見たい。

そういえば、僕はバイエルン時代の2011年に、アウディカップでバルサと対戦したことがあって。イニエスタ、ビジャ、チアゴ・アルカンタラ（リバプール）、ブスケツ、ピケ（バルセロナ）らは先発で出場していたのに、メッシはアルゼンチン代表戦の影響で帯同すらしていなくて……ピッチで『バルサ・メッシ』を感じられる機会を逃したのが心残りです。

AFCチャンピオンズリーグから続いていた長い、長い21連戦が終わった。ウズベキスタンでのACLを終えた時点でかなりチームが疲弊した状態だったと考えても、チームの誰一人として国内戦に戻ってからの15試合をフレッシュに戦えた選手はいなかったと思う。次から次へと試合がやってくる状況ではうまく疲労を回復できず……試合を戦うほど、そのしわ寄せが大きくなって、どんどん体と頭が重くなり、自分の思い描くプレーができない、したくても体がついていかないようなことも正直あった。

またチームとしても、試合間はコンディション回復が主な目的となり、全体で練習する時間を取れなかったため、戦術やコンビネーションを深められない状況にも陥った。チームとしての最低限の約束事はあるとはいえ、練習もしな

悲惨な髪型だぞ

——トニ・クロース（レアル・マドリード）

いまま、それを毎回、違う相手との公式戦ですぐに体現できるのかといえば、そんな甘くはない。ましてや毎試合、その時々のコンディションをもとにメンバー、システムを変えて『結果』を目指さなければいけない難しさも相当なもんやった。

もっとも、それらはなんの言い訳にもならない。どんな状況でも結果を求めるのがプロ。誰もがその思いで戦っていたし、勝利を求めていた。裏を返せば、体が苦しい状況だからこそ、せめて勝って気持ちだけでも楽になりたいというのが本音やった。そう言う意味では、連戦の終盤に勝ちあぐねたことも、『大阪ダービー』で大敗を喫したことも、とてつもなく悔しく、重くのしかかった。

でも、それを払拭するのは試合でしかない。「連戦が終わったからコンディションが戻りま

した」とか、「自分たちの戦いができるようになりました」ってなるほど、この先の戦いは簡単ではないと思うけど、打たれても、打たれても何回でも立ち上がる『リバウンドメンタリティ』はなくしたらアカンし、そうやって戦い続けることでしか先には進めない。ケガ人も徐々に戻ってきて、チーム内でのポジション争いもより熾烈になる状況を各選手が刺激にしながら、粘り強く勝ちを求める姿を示していきたい。

さて、連戦後、久しぶりの連休をひたすら体を休めることに費やしながら、最近のニュースをまとめ読みしていたら、遅ればせながらトニ・クロース（レアル・マドリード）がドイツ代表引退を表明したのを知った。クロースといえば、バイエルン時代、スーパーな選手の中で際立つすごさを示していた選手。最近は、ボランチとしてゲームメイクに徹している印象やけど、

2021 Sep.

バイエルン時代のクロースはトップ下を預かっていた中で、トラップはすべてピタリと止めるし、パスはバシバシと通すし、シュートもバンバン決めるし、守備もするし、1ミリの隙もない選手やった。

一方、口の方もバシバシで（笑）、思ったことは躊躇なく言葉に変えていたのも印象的。僕がDFBポカールのインゴルシュタット戦で初ゴールを決めた時も、インタビューを受けていたらパッと後ろに立ち、「お前、悲惨な髪型だぞ。大丈夫か？」と言われた（笑）。当時の髪型は、ちょっと長めの『ツーブロック』で、なぜかスタジアムにドライヤーがなかったという悲劇も重なって、シャワーを浴びたままの状態で取材を受けていたから、確かに悲惨やったんやけど（笑）。……という話をクロースの代表引退を聞いて思い出しました。

一時期は連戦の疲れからか、コンディションが上がらずに苦しんだけど、最近はかなり体のフィーリングがいい。最たる理由は、通常の試合スケジュールに戻って、チーム練習はもちろん、それ以外の自主トレや生活のところで自分に必要な『強度』を求められるようになったから。

　連戦の最中は次から次へと試合がやってくる状況だったため、どうしても『体を休ませて、回復させること』に時間を割かざるを得なかったけど、今はコンディションを上げるためにいろんな取り組みも、トレーニングもできる。実際、連戦の時期に比べて、個人的な取り組みも倍の強度でやっているというか……イメージとしては、練習後のプラスアルファのトレーニング、食事、睡眠の3つの強度と質を倍にして、この三角形を全体的に大きくしている、みたい

睡眠の質にこだわりましょう

——田辺光芳（たなべスポーツ鍼灸院）

な。なかでも、食事と睡眠はより変化させた。

　まず食事。以前は基本的に1日3食で済ませていたところを、今は1日3食プラス2補食の『5食』で栄養摂取を心がけている。

　簡単に説明すると、朝食は通常通りに食べ、練習後、自主トレの筋トレなどを行なった上で、シャワーすら浴びずにすぐ……それこそ2分後くらいにクラブが用意してくれている第一次昼食を取る。これは練習によって失った栄養素をできるだけ早く取り入れて体を回復させるため。ただ、ハードに動いた直後でたくさんは食べられないため、そこでは0・5食分＋プロテインくらいの感覚で済ませて家に帰り、14時〜15時くらいにお腹の空き具合や第一昼食で摂り切れなかった栄養素を考慮して、サンドイッチやうどん、プロテインバー、ナッツ類などで不足していた栄養素を補う。

そして、夜ご飯は18時頃から普通に食べ、最後、寝る前に1日の栄養バランスや体からの要求に応じて、プロテインなどでたんぱく質の不足を補う軽食で締めくくる。

もっとも、食事回数を増やして体重増加につながったらアカンから、1日5回くらい、体重計に乗ってその推移を気にしながらね。そもそも、食事の回数を増やすことで「トレーニングをしっかりやらないと太るぞ」という意識が強まるから、結果的に一石二鳥でコンディションの充実につながる感じもある。

あとは睡眠！　これまでもピッチ外ではいろいろな取り組みをしてきた中で『睡眠』はノータッチやったけど、「これ以上、何ができる？」って考えていた時に、パーソナルトレーナーの田辺光芳さんから「トレーニングは最大限のことをやっているからこそ、それをより効果的に

2021 Oct.

行なうために、体のケアと睡眠の質にこだわりましょう」と言われたことにヒントをもらい、水素ボトルを活用するようになった。これが、めちゃめちゃいい。寝る前に1時間〜1時間半くらい水素ガスを鼻から粘膜吸引すると、寝付きだけではなく寝起きもいいし、体が爽快感を感じながら動き出せる感じもある。水素には血流が良くなるとか、疲れにくい体になる、老化を防ぐなど、いろんな効果効能があるしね！　しかも『睡眠』の質が上がり、プレーする際の体の軽さや回復具合が変わってきたのもいい。

この先、年齢的なことを踏まえても、よりいろんなことにこだわった準備やケアが必要になるなと思っていただけに、睡眠はかなり効果的な見直しやった。昔から「寝る子は育つ」と言うけど、まさにその通り。皆さんもいい睡眠を！

J1リーグ第35節の大分トリニータ戦に勝利し、最低限の目標だった『J1残留』が確定した。個人的にはJリーグでは初めての残留争いで、優勝を争ってきたシーズン以上のプレッシャーを感じていたのが正直なところ。

「この試合は是が非でも落とせない」という試合では必要以上の緊張感に襲われたし、そこで負けようものなら、チームにとてつもない悲壮感が漂うのも感じた。正直、いつもなら聞こえてこないようなネガティブな声が聞こえてくることもあったしね。そうでなくとも、結果が出ていない時はチームの雰囲気も決して良くはないのに、さらに空気が重たくなっていく感じもした。

また、特に9月以降の戦いでは、常に自分たちより上の順位で、いいサッカーをしているチームを相手にすることへの恐怖心みたいなものも感じていた気がする。その過程で味わうプレッシャーもドイツ時代に経験した残留争いとはまったく質が違ったというか……自分にとって特別なクラブであるガンバをJ2に降格させてしまったら、キャリアも含めていろんなことが大きく変わるだろうし、この先もずっとその十字架を背負っていくんやろうな、ってことまで考えて眠れない夜を過ごしたこともあった。

このままではアカン

——倉田秋（ガンバ大阪）

そうした戦いが続いた中で、J1残留を引き寄せるカギになったのは第28節・ベガルタ仙台戦だったと思う。AFCチャンピオンズリーグからの21連戦を終えたあと、自分たちよりさらに下位に低迷していた相手に2－3で打ち負けたことで、本当の意味でみんなが「このままだと降格してしまう」と受け入れることにつながった。弦太（三浦）がケガで離脱してからキャプテンを担ってくれていた秋くん（倉田）を中心に、仙台戦後には選手ミーティングもしたし、ヒガシくん（東口順昭）、源（昌子）らを含めて練習前後に繰り返し話をしながら、チームに向けて発信することが増えたのもこの頃。それに伴い、僕自身も練習や試合前に自分の考えを伝えることが多くなった。これは秋くんが繰り返し言っていた「このままではアカン」って思いを受けた発信というだけではなく、自分自身に役割を強いるものでもあったように思う。

それでもすぐには結果を出せなかったけど、第31節・北海道コンサドーレ札幌戦の1－5での大敗によって、みんなが戦い方を割り切れるようになり、「今の自分たちはガンバであることを捨てなアカン」ということに覚悟を持てるようになったというか。「ボールポゼッションで優位に立って試合を進めることはできない」

2021 Nov.

という事実を受け入れた上で、『堅い守備で耐え凌ぎ、一つか二つのチャンスをゴールにつなげるサッカー』に気持ちを揃えて戦えるようになり、しぶとく結果を引き寄せられた終盤の3連勝につながった。

結果、J1残留は決まったけど、同時に来シーズンに向けて自分たちが「ガンバであることを取り戻す戦い」も始まったと思っている。タイトルも残留も懸かっていない状況で戦う試合だからといって、結果がどうでもいいはずがない。たくさんの悔しさを味わったこのシーズンを本当の意味でチーム、個人の糧にしていくためにも、最後まで『勝つこと』にこだわらなアカンし、練習を含めた今の時間を絶対に無駄にすべきじゃない。少なからず僕自身はそれを念頭に置いて、残りの3試合では来シーズンへの期待感を煽れるような試合をしたいと思っている。

2021
Another episode
～取材ノートより～

取材・文／高村美砂

セントラル開催になったことで、これまで戦ったどのACLとも違う大会に思えた（P440）

ウズベキスタンで開催されたAFCチャンピオンズリーグの大会期間中、宇佐美は本を10冊ほど読んだ。しかも「これまであまり手に取ったことのなかった小説を読むようになった」のは変化だという。

「スマホをずっと触っていると目に良くないよと、体のケアに通っている治療院の人に言われて、スマホを触らない時間をどう過ごそうかを考えていた中で、読書にしようと思い、書店に行ってみた」

そこで東野圭吾の新刊『白鳥とコウモリ』に出会い、一度読んでみようと買ってみたら、あっという間に小説の虜に。以来、1ヶ月で15～16冊のペースで読んでいるという。

「小説ってどう読めばいいのか、なかなか掴めなかったけど、『白鳥とコウモリ』を読んでから、読み方がわかったんです。といっても、ちょっと独特というか、僕だけの読み方なので参考にはならないかもしらんけど、基本的にセリフとセリフの間の地の文は読まずに、カッコ書きで書かれたセリフだけ読んでいくと、すらすら読み進められる。もちろん、セリフとセリフの間でここは大事かもって思ったところは読むけど。なので500～600ページくらいの小説なら、集中すれば1日で読み終わります。ただ、表紙を気に入って買ったものの、開いた1ページ目にまったく自分の価値観と合わない言葉が書いてあったら、その場で読むのはやめる！　この間もいきなり、『華々しい失敗より、地味な成功を選ぶ人生を』的なことが書いてあった本とは、1ページ目でサヨナラしました」

そんな宇佐美が、最近読んで面白かったと教えてくれたのは、東野圭吾の『宿命』『秘密』、辻村深月の『緩慢と善良』など。小説以外では『残酷すぎる成功法則　9割まちがえる「その常識」を科学する』（エリック・バーカー著）も面白かったそうだ。

――2021年7月取材

2
0
2
2

弱みが強みに変わる事は100%ない

――森岡毅（株式会社刀代表取締役兼CEO）

新シーズンが始まり、5日が経ちました。今年のガンバは、カタさん（片野坂知宏監督）以下、コーチングスタッフも大きく入れ替わり、選手も全体的に若返ったけど、雰囲気はめっちゃいい。

今はまだ戦術練習に入っていくための体を作っている段階とはいえ、誰かが「これをやろう！」と言うことに対して、全員が同じ方向を向いて取り組もうとする空気があるし、チーム全体の風通しの良さも感じる。これから全員がカタさんのもとで新しい戦術を共有していく意味では、既存の選手を含めた全員が同じスタートラインに立っているわけで、それがいい刺激、モチベーションにつながっている感じもあるしね。あとはこの雰囲気を続けながら、チーム力を高めていきたいと思う。

個人的には30歳を迎える節目の年とも意識している。もともと自分の感覚として18〜22歳が若手、23〜29歳までが中堅、30歳以降がベテランというイメージがあった中で、その30代に突入するわけやから。プロサッカー選手としてのキャリアを考えても、間違いなく折り返し地点も過ぎた。だからこそ、この先の1年1年を悔いなく過ごすためにも、体のこと、栄養の摂り方や日々の過ごし方、サッカーへの意識、練習前後のケアには、これまでの2〜3倍、注意を払ってやっていかなアカンと思っている。

またプレー面では、昨年の課題として残った『得点力不足』をチーム、個人として克服していくために、改めて自分の強みは何かを考え直そうと思っている。過去の自分から考え直すのではなく、自分を一度更地に、ゼロにしたところからね。自分はドリブラーなのか、シューターなのか、パサーなのか、もっと言えばFWか

DFかさえもわからんくらいまで一旦、叩き潰して、自分に何が残るのか、どんな武器が見えてくるのかを知りたい。

思えば昨シーズンはチームとしても苦しい戦いが続いた中で、ある意味、自分の役割以外のところにも気がいくような試合が続いたけど、そもそもサッカーは、同じピッチにいる11人が持ち味を際立たせながら互いを機能させることが基本やから。例えば、前線の役割をするのなら、ボールを運ぶところの仕事は周りに任せて、自分は仕留める部分に集中するほうがチームにもプラスに働くはずだし、そういう機能を見せられるチームになっていくことが自分の結果にもつながっていくんじゃないかとも思う。

これはユニバーサル・スタジオ・ジャパンを倒産寸前から立て直した人として知られる森岡毅さんが話していた「弱みが強みに変わることは100%ない」という言葉に刺激を受けたからでもある。USJの再建やグリーンピア三木をネスタリゾート神戸として再生させるにあたって、森岡さんはバランスのいい仕掛けではなく、強みを生かした飛び抜けた仕掛けを作ることを考え、赤字を黒字に転換させたらしいけど、これはどの業界でも、どんな人にも通じる話やと思う。

2022 Jan.

実際、能力の高い選手ばかりが集まったプロの世界では、弱みを伸ばすことを考えて平均値くらいまで高めたところで、そのくらいの能力を持った選手はゴロゴロいる。だからこそ、改めて自分の強みが何かを整理し、磨き上げ、際立たせていくことをチームの結果につなげるシーズンにしたい。

新型コロナウイルスの感染者が多数出て、一時的にチームが活動休止になってしまったけど、無事、練習が再開。新シーズン開幕に向けて準備を続けてきた。個人的には、活動休止によるコンディションへの影響は感じていない。もちろん、チームとしてプレシーズンマッチが中止になったとか、開幕に向けてさらにギアを上げたい時期に限られた人数でしか練習ができなかったのはマイナスやけど、コロナ禍ではそういうアクシデントも含めてサッカーやと思って向き合っていくしかない。

カタさん（片野坂知宏監督）のもとで1ヶ月強の準備期間を過ごしてきた中で、チームとしての仕上がりは……ん～、ボチボチかな。むしろどのシーズン、どのチームも、開幕から100%の状態で臨めることはないと考えれば、大事なのは公式戦を戦いながらどう積み上げていくかやし、その点についての不安はない。戦術はもちろん、ポジショニングやボールの動かし方などの『狙い』が明確に提示されている中で選手も迷いなくプレーできているし、「この戦術を自分たちのものにして表現できたら、面白いサッカーができるやろうな」という期待感を持ちながらプレーできているのもいい。

これは、チーム戦術の中で選手の特徴、個性が置き去りにされていないのも大きい。戦術のことやからあまり多くは話せないけど、例えば僕自身に求められている役割も去年とは大きく違うとはいえ、それが自分のブレーキになることは一切ない。結果、自分自身もプレーに『幅』を見出しながら動けているし、それがチームとして攻撃を構築する上でもプラスに働いていく予感もある。もっとも、公式戦となれば、最初からすべてがうまくいくとは思っていない。

残ることを決断してくれてありがとう

——片野坂知宏（ガンバ大阪監督）

ただ仮に、うまくいかなかったとしても、『やることが明確=足りていないことも明確』やから。その『足りていないこと』を、それぞれがしっかり感じ取ることさえできれば、修正にかかる時間も減るし、よりチーム作りもスムーズに進むんじゃないかな。

そのカタさんとの仕事は、今シーズンで三度目になる。最初の出会いは自分がプロになりたての2009年。その時も、僕がドイツから復帰した二度目のガンバ在籍時代も、いずれもコーチと選手という立場やったけど、今回は初めて監督と選手として仕事をしている。とはいえ、最初に仕事をした時から10年以上の年月が流れた今も、カタさんの人間性のベースはまったく変わっていない。その間にコーチとしてたくさんのタイトルを獲得され、指導者としての経験値も実績も大きくなっているのに、よ。サッカーへの情熱、選手との向き合い方を含め「ああ、カタさんってこんな人やったよな」って思い出すシーンは多いし、そのマインドや指導に学ぶことがすごく多いのは、サッカーの楽しさを思い出すことにもつながっている。

そういえば、始動前に偶然、クラブハウスで顔を合わせた時に「ガンバに残ることを決断してくれてありがとう」と声をかけてもらったのも素直に嬉しかった。※ 監督と選手という立場もありながら、面と向かってそういう想いを伝えてくれるあたりに、カタさんの人間性が集約されている気がしたし、それは僕にとって「ああ、ガンバに残ってよかったな」って思えた瞬間でもあった。今もその感覚を継続してサッカーができているのは幸せです。

2022 Feb.

※ 2021年シーズン終了後、川崎フロンターレから獲得オファーが届いたが、宇佐美はガンバ残留を決断した

3月6日の川崎フロンターレ戦で右アキレス腱を断裂しました。ケガをした瞬間、後ろから誰かにフルスイングで足を蹴られてかかとが吹っ飛んだような衝撃で……。チームメイトに「誰かと当たった？」と聞いても「誰も当たってない」と。その瞬間に「アキレス腱か」と受け入れました。

幸いだったのは、メディカルスタッフの尽力のおかげで翌日には手術をしてもらえたこと。気持ちの整理をする間もなく事が進み、検査して、手術室の前にいて、麻酔から目が覚めて、翌日にはリハビリが始まったという感じで、落ち込む暇もないスピード感で今に至っているのは良かった。

ただ、あの時の残像が強烈に残っているのは事実で、正直あの試合を映像で見返すことも、思い出すことも今はまだしたくないというか、

がんばれアミーゴ 愛してるよ

——パトリック（ガンバ大阪）

できない。後半が始まって間もない時間帯で、スプリントした瞬間だったのならまだしも、アキレス腱をフル稼働させたプレーでもなかったのに、あれだけの痛みを足首に感じたことへの恐怖心も拭えていないしね。しかも前兆があったわけでもなかったというか。むしろ、シーズンが始まってコンディションも良く、公式戦を重ねることでようやく自分らしく動けるようになってきたなと思っていたし、川崎F戦も近年の対戦では一番、自分がボールを触りながらいい感じで戦えているという感触があっただけに、衝撃が大きすぎた。

ただ、ケガは基本、自分に落ち度があると思っているので、落ち込む必要はないというか。これまで取り組んできた体作りの何かが間違っていたということやから、その原因を見つけて正していくのみ。自分のせいで起きたケガやか

らこそ、自分で取り戻していくしかないと思う。

それにアキレス腱自体は、手術でしっかりつなげてもらって最強になったわけやから。あとは、メスを入れた弊害というか、周りの足首の筋肉が硬くなってしまったり、可動域が狭くなったり、という状況をいかに早く元通りにするかだし、何より、プレーすることへの恐怖心をいかに自分から払拭できるかやと思っている。それに、30歳になるタイミングで選手生命を脅かすほどのケガをしたのは、ある意味、自分を試されているとも思うから。「ここからもう一回、お前はピッチに戻れるのか？　自分のプレーをできるんか？」と突きつけられた気もしているので、そのことにしっかりと向きあって、いつかこのケガをして良かったなと思えるくらい、受傷前よりいい状態の自分になることが今の目標です。

2022 Mar.

……ってことを考えていたら、朝の6時半にスペインにいる丹羽ちゃん（大輝／セスタオ）から「ブエノスディアース！（スペイン語でおはようの意味）」と陽気な電話が。相変わらず朝からテンション高いなあと思ってたんやけど（笑）、それ以外にも、日本語で「僕も膝をケガして、さらに強くなった。あなたもさらに強くなって復帰できることを願っています。がんばれアミーゴ　愛してるよ」というメッセージをくれたパト（パトリック）をはじめとするチームメイト、他チームの選手や海外にいる仲間ら、ホンマにいろんな人が連絡をくれている。ガンバのSNSなどを通してファン・サポーターの皆さんにもいろんなメッセージをもらったしね。そんな皆さんをもう一度、喜ばせるためにも頑張らなアカン、逃げ出すわけにはいかん。今はそんな気持ちです。

アキレス腱断裂の手術から1ヶ月が過ぎた。経過は順調……なんかな？（笑）ドクターには「傷口の治りがいい感じ」とか「腫れがスムーズに引いてきている」と言われているし、いろんなことがスムーズに進んでいるのは間違いないけど、患部の腫れもまだ完全には引いてないし、足首に重さをかけられない分、血液の循環が悪くなって、ふくらはぎは常にパンパン。よく『第二の心臓』と呼ばれるふくらはぎは、歩くことによって下に降りてくる血液を上に持ち上げる役目を担っているらしいけど、まだ足を引きずりながら歩くのがやっとの状態にある僕はその循環がうまくいっていないらしく……。

おかげで、家でソファーなどに座っている時でさえ、サポーターでふくらはぎを圧迫しておかないとすぐにむくみ始めるし、そうなると次

自分で切れるぐらいならスポーツを変えた方がいい

――森本将太（オペの執刀医）

に立ち上がったときに足首がより固まってしまう感じもする。実際、ちょっと気を許してサポーターを外そうものなら、見る見るうちにふくらはぎがブワーッと膨らんでパンパンになるから、血の巡りはすこぶる悪いんやろうな。聞くところによれば、ふくらはぎをしっかり使って歩けるようになるまではこの状態が続くらしい。……という現状から、順調なのか疑わしい限りやけど、ドクターが順調と言うんやから順調よな、と自分に言い聞かせています（笑）。

もっとも、アキレス腱そのものに対する不安はない。15針も縫ったから足首の周りの筋肉も固まっているし、傷口と筋肉も癒着しているから、アキレス腱周りはめちゃめちゃ張っているけど、執刀医の森本将太ドクター曰く「断裂した箇所は、糸でものすごいきつく結んであるから、むしろ、この糸を自力で切れるくらいのパ

ワーがあるならスポーツを変えたほうがいいよ」とのこと（笑）。

裏を返せば、そのくらいきつく結んでいるからこその弊害が出て当然らしいしね。実際、張りはあっても痛みはまったくないから、今は毎日、2時間半くらいかけて、筋肉の癒着を剥がす動作のリハビリをしたり、患部そのものをほぐしたり、ふくらはぎやアキレス腱を使うような負荷をかけてふくらはぎの筋トレをしたり、ということを地道に続けている。

気持ち的なテンションは……当然、めっちゃポジティブってことはないけど、かといってネガティブでもない。当たり前のことながらサッカーをしていれば、刺激を受けたり、気持ちの抑揚があったり、いろんなストレスにさらされる時もあるけど、今はとにかく1日中気持ちがフラットな状態やから。そんなノーストレスな

2022 Apr.

日々が面白いかと言われたらそうでもないけど、今はこれが自分の現実として素直に受け入れている。

復帰については、今は何も描いていない。昨年7月に僕と同じように試合中、まったく接触のない中でアキレス腱を断裂したイタリア代表DFのスピナッツォーラ（ローマ）がつい先日、戦列に復帰していたけど、受傷した時は復帰まで4ヶ月とも言われていた彼が結果的に、9ヶ月半くらいかかっているわけやから。

今の時代、アキレス腱断裂は4ヶ月で治るケガだと言われているとはいえ、それはあくまでケガが治るだけの話。元通りに動けるか、ましてやサッカーができるかとなればまた別の話だと考えても、あまり自分に過度な期待はせず、だけどしっかり前に進むことを意識してやっていこうと思っています。

5月6日で30歳になった。いつもの誕生日と違ったのは、周りにかなり驚かれたこと。いろんな人から似たような言葉を何度もかけられた。

「あの宇佐美さんがもう30歳ですか!?」

「あの貴史が30歳なんや!」

「宇佐美が30歳?」

おかげで、より30代に突入したことを実感できたけど、後輩からの「あの宇佐美さんがもう30歳ですか」は、なんか重かった（笑）。「あのって、どういうこと?」と聞くと、「高校生の頃からずっと見ていた、あの宇佐美さんが30歳なのかって驚きです!」らしい。また、若くしてプロになったせいか『卓球の愛ちゃん（福原愛）』的な感覚で僕を見ていてくれていた人も多いようで……ありがたいようで、複雑やった（笑）。

あの宇佐美が30才?

——ありとあらゆる人

そんな僕は、30歳をどう感じているのか。少なからず自分がプロになったばかりの頃に思っていたような「30歳はもうおっさんやな」って感じは微塵もない（笑）。また当時、ちょうど30代に差しかかろうとしていたヤットさん（遠藤保仁／ジュビロ磐田）らを見て「30代でやるサッカーってどんな感じなんやろう」「あんなにしんどそうやのに、なんでサッカーを続けているんかな」って思っていたけど、いざ30歳が近づくにつれ、その理由が少しずつわかってきたというか。歳を重ねる、イコール現役でいられる時間が減っていく中で、だからこそ、その時間をより大事にすること、サッカーに注ぐことが増え、それによって見える景色、楽しめるサッカーがあるんやと思うようになった。

それに、ベテランの人たちがよく言っていた「歳をとるほどサッカーが面白くなる」という感覚も今ならすごくわかる。それはおそらく、自分のことしか考えていなかった10代の頃より、後輩のことやチームのこと、もっといえば家族や子どもの将来など考えることが増えて、目に入るものも多くなり、それによって様々なことに気づけるようにもなって、いろんな角度から『サッカー』を見られるようになったから。

ただ一方で、その「考えることが増えたこと」は、ともすれば守りに入りかねない気もしている。自分がしたいことだけをしていればよかった10代とは違って背負うものが増え、自然と自分にいろんな制御がかかってしまうということか。それが臆病さや思い切りのなさにつながることもあるのかな、と。だからこそ、そっちの思考に巻き込まれず、いかに守りに入らずにプレーできるかで、この先のキャリアや結果が変わっていくんじゃないかとも思う。

2022 May.

……なんてことを、昨今、ガンバで先発出場を続けているアカデミーの後輩、18歳の仁郎（中村）を見て思った次第。自分で言うのもなんやけど、「誰かが変えてくれるのを待つ」のではなく「自分が変えてやる」というメンタリティで戦っている仁郎は、まさにかつての自分。その姿に「いいぞ、そのまま行け、行け！」と応援しつつ、「俺も試合に出始めた頃は、あんなマインドでピッチに立っていたよな」と懐かしく当時を思い出し、勝手に気持ちをリフレッシュさせてもらいました。

そんな最近の僕は、ようやくほぼ足を引きずらずに歩けるようになり、うまくいけば、5月中にランニングを始められそう。っていうと、決まって周りは「早いな！」と言うけど、僕にしたら普通に歩けなくなってもう2ヶ月やから。早くもなんともないわ！（笑）

ボスはすごいです

——井手口陽介（セルティック）

シーズンを終えて帰国していた陽介（井手口／セルティック）と久しぶりに会い、いろんな話をした。お互いの近況や、陽介のセルティックでの日々について。といっても、僕は相変わらず、日々ちょっとずつ、ちょっとずつ前に進んでいる感じで大した変化はないから、ほぼ一方的に陽介のことを聞きまくった。

生活はどんな感じなん？　食事には困ってないの？　日本食屋さんはあるん？　家族で生活するのは大変じゃない？　スコットランドは英語に訛りがあると聞くけど、実際はどうなん？　日本人選手たちとは仲良くやってるの？

……って、オカンか！（笑）　いや、陽介のキャリアは、どこか自分のそれと重なる部分も多いせいか、ガンバを離れた後輩の中でも一番動向を気にして見ていたから。年齢的にはさほど離れてないし、弟って感じでもないけど、なんていうか……ちょっとした親心？（笑）

実際、セルティックに移籍してすぐの頃から、試合に出たかな？　出てすぐのケガは悔しいよな、復帰したかな？　練習はちゃんとやってるかな？　周りの選手とのコミュニケーションはうまく取れてるかな？　などと常々気にしていたしね。もちろん、どうするべきかは渦中にいる本人が一番わかっているはずやから、それをいちいちＬＩＮＥで尋ねたり、電話をすることもなかったけど、さすがに顔を合わせると、つい尋ねまくってしまった。

その中で印象に残ったのが「監督はどうなん？」と尋ねたときのこと。ケガから復帰後もあまり起用されてない状況もあったから、どんなふうに答えるんかなと思っていたら即答で「ボス（ポステコグルー監督／セルティック）はすごいです」と返ってきた。一昔前の陽介なら……

っていうか、ほとんどのプロサッカー選手がそうやと思うけど、自分が試合に使われていない悔しさもあって「まあまあっすね」みたいに言いそうなところで、「すごいです」と素直に言えるあたりに、陽介のセルティックでの日々が垣間見れた気がした。

おそらく、そう言い切れるのは、監督から求められていること、それに対して自分がやらなければいけないと感じていることを、きちんとリンクさせて考えられているから。それを踏まえて陽介なりに我慢の時期だと捉えてセルティックでの時間を過ごしているんやろうなと思ったし、ポステコグルー監督のチーム作り、選手とのコミュニケーション、練習内容をトータルして「この人を信じてサッカーをやっていたら成長できる」と思っているんやろうなと受け止めた。

2022 Jun.

しかも今シーズンのリーグ優勝を受けて、セルティックは来シーズン、UEFAチャンピオンズリーグの本戦にストレートインできるからね。すなわち、それは陽介にもその舞台に立つチャンスがあるということ。それをモチベーションの一つにしながら、今のオフシーズンを過ごせている状況を素直にすごいなって思ったし、僕自身は……バイエルン時代は別として、ヨーロッパでそんな世界を見ることはできなかったからこそ、CLのアンセムを聞けるチャンスがあることを、ただただ、うらやましいなって思った。

というわけで、陽介には「来シーズンのセルティックのユニフォームは絶対に持ち帰って、俺にプレゼントしてくれ」と頼んだ次第。その上で今日も僕は自分のやれることを全力でやり、そして、コツコツと歩きます。

アキレス腱断裂から4ヶ月が過ぎた。これまで『多少痛みはあっても無理をして刺激を入れていく』という方法でリハビリを続けてきた中で、1日1歩……どころか1日1ミリ以下くらいながら、常に前進してこれたのは、自分なりにポジティブに捉えられている。途中でリバウンドが出るとか、「今日は痛すぎてリハビリができない」という状態に陥ることもなかったしね。また、気持ちの面で落ち込むことがなかったことにも我ながら驚いている（笑）。

　これは多分、ケガをした瞬間から、プロサッカー選手としての電源をオフにしてきたから。説明が難しいけど、少なからず半年以上プレーできないということが明らかになった時点で、サッカー選手の自分とか、プレーしたいと思うことを一切やめて、リハビリに向き合ってきたというか。実際、つい最近まで、サッカーをす

右耳が聞こえるから なんとかなるでしょ

——大津祐樹（ジュビロ磐田）

る自分を想像したこともなかったしね。歩けない時は歩ける自分を目指し、歩けるようになったら走れる自分を目指し、走れるようになったらもう少し速く走ることを目指し、と、ただただ目の前のことをコツコツやることだけを考えてきた。

　といっても、電源をオフにしていたことを自覚したのは、つい最近の話。数日前のトレーニングで、ただ走ることから「もう少し速くスプリントをすること」や「高強度のステップを踏むこと」を目指そうという段階に入り、ケガをしてから初めて「あぁ、俺はサッカーがまたできるんや」と思ったら、グッと込み上げるものがあり……。無意識に自己防衛本能を働かせて、サッカーをすることを想像する回路をショートさせていたと気がついた。

　そう考えると、僕のもともとの性格に助けら

れていたのかも。実際、僕は何事に対しても、想像しても無駄なことは考えることすらしないタイプ。海外で家族と離れて暮らしていた時も「家族に会いたい」と思ったところで物理的に会えないのであれば、「会いたい」と思う気持ちそのものをオフにしておく、みたいな。それと同じで、ケガをした瞬間からサッカー選手としての電源をオフにできたから過度に自分に期待することもなくなり、結果、それがいろんなことを乗り越えることにもつながったんやと思う。

加えて、常に寄り添ってくれる家族、仲間、メディカルスタッフがいてくれるのも大きい。実際、ケガをした瞬間から、同じケガを経験したサッカー仲間をはじめ、いろんな人が連絡をくれたし、その人たちと交わした言葉が僕に力を与えてくれている。

2022 Jul.

ジュビロ磐田の大津祐樹くんもその一人で、僕がケガをしてすぐに、「同じアキレス腱断裂を経験したから」と連絡をくれ、「僕にできることがあったらなんでも言って」と声をかけてくれた。それもあって、つい最近、大津くんが突発性難聴を患った時にはすぐに連絡し、まさに大津くんに言われたのと同じことを伝えたら、「左耳は何も聞こえないけど、右耳が聞こえるからなんとかなるでしょ！」と返ってきて。あぁ、大津くんも自分の置かれた状況で戦うしかないと腹を括っているんやなと思ったし、だからこそ完治の連絡をもらった時は、ほんまにめちゃめちゃ嬉しかった。

というわけで、このまま順調にいけば、次のコラムではもっとサッカー選手らしい話ができる予感！　それまでもう少し、ガンバのリハビリ組の長として頑張ります（笑）。

アキレス腱断裂という大きなケガを負ってから、常に「誰一人としてケガをしてほしくない」という思いが胸にある。誰かがちょっとした接触で倒れるたびに「大丈夫かな？」と心配になるのも、おそらくそのせい。自分に縁のある選手はもちろん、まったく話したことのない選手のケガまで気になり、その後の情報を追いかけて「あぁ、大したことなくてよかったな」と安堵する、みたいな。そんな中、E－1選手権での宮市亮（横浜F・マリノス）の負傷は、言葉にならないほど衝撃だった。

　宮市との付き合いは、13歳くらいに遡る。JFAエリートプログラムU－13が最初の出会いで、その世代で結成されたU－13日本代表でも、杉本健勇（ジュビロ磐田）、高木善朗（アルビレックス新潟）、柴崎岳（レガネス）、内田達也（ザスパクサツ群馬）らとしのぎを削った。同世代って不思議で、決して頻繁に連絡を取り合うとか、しょっちゅう食事に行くわけでもないのに、常に動向や活躍が気になるというか。実際、今回のE－1も宮市が日本代表に復帰したから、とテレビ観戦していた。

もう一回頑張ろうと思ってるよ

――宮市亮（横浜F・マリノス）

　その中での大ケガ……。最近はマリノスでも試合に出ていたし、これからさらにコンディションが上がっていきそうやなって思っていた矢先の出来事で、その日はとにかく「どうか大きなケガにならんように」「歩いているから大丈夫よな」と自分に言い聞かせてもいた。なのに、2日後にはクラブから右膝前十字靭帯断裂と発表されて……。それを受けて電話をしたら、宮市から驚く言葉をかけられた。

「お前、アキレス大丈夫？　どんな状態？」

　そんな大変な時に他人のことを心配できる宮市の人間性に驚きつつ、危うくそれに巻き込まれて自分の話をしそうになったけど、「いやいや、そうじゃなくて」と切り返した。

「俺のことちゃうねん、お前や！」

正直、もし宮市が「もうサッカーやめるわ」と言ったら、「そうか、頑張ったもんな」と言うつもりやった。これだけ何度も大ケガをして、乗り越えてきたあいつがもう続けられないと思うなら、宮市の考えに寄り添って「お疲れさま」と言うしか自分にはできないと思っていたから。だけど、あいつは、チャレンジを選択し、前を向いていた。

もっとも、ケガをした瞬間は「もう引退や」と思っていたらしい。これまで散々聞いてきた『嫌な音』が膝から聞こえてきた瞬間に断裂は覚悟していたらしく、ピッチを離れる時は引退の二文字しか頭になかった、と。そこから自分

2022 Aug.

なりにいろんなことを整理し、消化して、もう一度復帰を目指すという。それについて安易な言葉では語りたくはないけど……とにかく、リスペクトしかない。しかも、いろいろ話したあと、電話を切る時には「早く復帰してよ。もう一回、プレーを見せてよ」と言ってくれた。いやもう、返す言葉がないとはこのことでしょ！

そんな僕は、受傷から5ヶ月が過ぎ、復帰が近づいてきた感はある。ここにきて、張りを感じる、患部に痛みを感じる日もあって、「あぁ、進まんなぁ」というような『ステイ』の時期もあったけど、そこから少しトレーニングの方法を変えて新しい刺激が入るようになり、ここ1週間くらいでグッとまた進んだ感触もある。このまま順調にいけば、いよいよフィジカルトレーナーのトレーニングに移行できる予感。宮市に負けてられん。やるしかない。

9月13日にチームに完全合流ができた。右アキレス腱の手術をしてから、長らく田中雄太フィジオセラピストとのリハビリを続けてきたけど、8月の終わりにいよいよ、矢野玲フィジカルコーチとのトレーニングに昇格。2週間くらいかけて実戦復帰をするためのフィジカルコンディションを高めた上で、足の状態を見ながら部分合流をし、晴れて完全合流となった。

いやぁ、ここまで長く……はなかったな（笑）。自分でもびっくりするくらい、きつかった感覚もない。もちろん、厳密には、受傷から6ヶ月もの時間をリハビリにあてたわけで、決して長くないはずがないけど、以前にこの連載でも書いた通り、プロサッカー選手としての自分の電源をずっとオフにしてきたから。スマートフォンでいうところの『スリープモード』みたいな感じ？　先を見すぎても自分が苦しくなるし、一足飛びに復帰できるケガではないからこそ、歩けるようになったら走れるように、走れるようになったらスピードを出せるように。目の前のことを一つひとつクリアしながら進んできたことで『6ヶ月』を長く感じることなく、今にたどり着いた気がする。

どこも悪くない人みたいだよ

——松田浩（ガンバ大阪監督）

もっとも、それは完全合流したこの先もしばらくは変わらないというか。できることなら今シーズンのうちに復帰したいって思いはあるし、チームが苦しい状況にある中でほんのわずかでも力になれるのなら、ピッチに立ちたいとも思う。

でも、この先、みんなと一緒にボールを蹴る中で自分の体がどう反応するのか、自分が何を感じるのかはわからないから。先日、シュート練習をしていたら、マツさん（松田浩監督）に

「貴史、どこも悪くない人みたいだよ」って声をかけられたけど、そんなふうに外から見るとナチュラルに動けているところもある一方で、対人プレーなどが入ってきた時に感じるものは絶対に違うはずやしね。

ケガをした時に恐れていた「怖さ」の部分も、今は驚くくらい感じていないけど正直、「怖くないからこそ動きすぎてしまうのでは？」って怖さはある。そのへんは、ホンマに自分でも未知数やけど、すべてはプレーをしながら一つひとつ解決していくしかないから。この先も、あまり先を見すぎることなく、ここまでの我慢を無駄にしないように、自分としっかり向き合ってやっていこうと思っている。

というわけで、ようやくチームのことを話せる状況までできたので、少しだけ僕が感じていることを話すと……まず、マツさんに監督が交代して、チームの雰囲気はいい。もちろん、残留争いに巻き込まれている現実は誰もがしっかりと受け止めているし、危機感もあるけど、それが悲壮感になっている感じはない。マツさんによって自分たちのサッカー、スタイルが明確に示されたことによって、それぞれが自分に求められる役割を理解し、全うすることにまっすぐに気持ちを注げている雰囲気もある。

2022 Sep.

ただ、勝負の世界に正解はないからこそ、今チームに漂っているいい雰囲気が、自分たちの現実的な目標である『J1残留』を確実に引き寄せるものになるのかは正直、わからない。言えるのは、それを正解にするために、自分たちは目の前の試合にすべてをぶつけて、勝利を引き寄せていくしかないということ。そのために、僕自身も今の自分の最大限をガンバのために注ぎたいと思う。

10月1日の柏レイソル戦で約7ヶ月ぶりに先発で戦列に復帰し、続く横浜F・マリノス戦もフル出場できた。正直、チームに完全合流してからも、残りのリーグ戦4試合は「途中から出場して、ポイントで何ができるか」という役割になるかなと思っていただけに素直に嬉しい。

そのマリノス戦後には、同じケガを負った南雄太さん（大宮アルディージャ）がインスタグラムで「勇気と希望をたくさんもらいました！」というメッセージを書き残してくれた。リハビリの不安や苦しさがわかるからこそ、同じケガを負った人たちがリハビリを頑張るための勇気になっているのだとしたら、僕も頑張って良かったなと思う。

もっとも、本音を言えばプレーする怖さをまったく感じていないわけではない。戦列に戻った今も、練習前、試合前は慎重に右アキレス腱を動かすところから始めているし、日々、右アキレス腱のことは意識下にある。ケアも過保護にやり続けているしね。ただ、ボールフィーリング自体は問題ないから。自分にできる範囲で、チームのためになる役割を、精度を意識しながらプレーしている感じ。特に、これまで試合をスタンドから見ていた中で、GKからセンターバック、ボランチ、前線とボールをつないでいくうちに、トラップが失敗して、パスがずれて、バウンドがついて、とボールが『汚れていく』のが早いなと感じていたし、それが効果的にフィニッシュに持ち込めない理由だと感じていたから。仮にそういう流れになっても、僕がボールを触ることで、汚れたボールをまたきれいな状態にしてつなぎ直すような役割ができたらいいなと思っている。

勇気と希望をたくさんもらいました

——南雄太（大宮アルディージャ）

幸い、これだけ長期離脱をしていても、そのための技術は失っていないというか。なんならキックに関してはケガ以降、決してボールを蹴り込んできたわけでもないのにうまくなっている気すらするしね（笑）。それを武器にガンバの攻撃に変化を与えたいし、ゴールにつながる状況を作り出せたらいいなと思う。

また、この2試合はキャプテンの秋くん（倉田）がピッチにいないこともあって、キャプテンマークを巻かせてもらっているけど、その責任も自分なりに感じながら戦っている。正直、今シーズンは、副キャプテンに任命された時から、自分のことだけじゃアカンと思っていた中で3月に離脱してしまい……。以来、復帰までは自分のことで精一杯やったけど、今は自分のことはもちろん、チームがその時々でどういうメンタリティにあるのかを感じながら、熱量を

2022 Oct.

コントロールしていく必要も感じている。特に今のガンバは若い選手が多くて、厳しい言葉で鞭を打たれて何くそ、と頑張れるタイプの選手はあまり多くないから。どちらかというと、いいプレーを大袈裟に褒めてテンションを上げてあげることで、彼らを思い切りよくプレーさせてあげたいとも思う。実際、自分が若い時はそうしてもらったほうが気持ちも乗っていけたからこそ、ね。

実際、最近はそんな声を出し続けているせいか、試合後にちょっと喉が痛いなって感覚を初めて味わっているけど（笑）、それも僕なりに楽しいと感じられているから。そういうプレー以外のタスクも刺激にしながら、まったくチームの力になれなかったこの7ヶ月の分もピッチで仕事をしたい。何がなんでもガンバをJ1に残留させるために。

2022 Another episode
～取材ノートより～

取材・文／高村美砂

皆さんをもう一度、喜ばせるためにも頑張らなアカン（P459）

右アキレス腱断裂の手術から4日目。電話口の向こうから聞こえてきた声は、意外なほど明るかった。

「ざっくり切れてたわ」

川崎フロンターレ戦の後半に「かかとの肉が全部吹っ飛んだような衝撃」を受けて以降、担架でピッチの外に運び出され、ロッカールームで翌日に手術を行なうと告げられ、翌日になると手術前の検査に臨み、手術が終わって――と、ケガについて考える猶予すら与えられないほど、慌ただしく動いたことが幸いしたのかもしれない。

「心の準備も何もないまま、気がつけば手術室の前にいたような感覚だったので。麻酔を打ちますと説明されたのは覚えてるけど、気づいたら手術が終わってベッドの上にいたような感じでした。意識が朦朧としていた時に『嫁はいますか?』と尋ねたら、蘭が『ここにいるよー』って顔を見せてくれて。その瞬間、自分でもよくわからないまま勝手にぶわーッと涙があふれてきたけど、今になって思えば、いろんなことをスピーディーに進めてもらえてよかったです。『ホンマにアキレス腱断裂したっけ?』って疑うくらい、寝て起きたらアキレス腱がつながっていて、落ち込む暇もなかったから。術後の自分の足首を見て、ああ、現実なんやとは思ったけど」

受傷直後からチームメイトや元チームメイト、スタッフ、友人など、国内外から激励の言葉が届く中で最も驚いたのは、JFLの鈴鹿ポイントゲッターズに所属するカズこと三浦知良から病院に花が届けられたこと。名前を見た瞬間、20回ほど「マジで!」と繰り返したそうだ。

「病室に花が届いて、名前をみたら『三浦知良』とあって、え!? と。一人興奮して『マジかよ！』って繰り返してました。だって僕、これまで一度もカズさんと話したこともなかったし、子どもの頃から一方的に崇めるだけの人やったから。僕だけじゃなくて、見回りに来たナースの人まで『これって、キングカズですか!? カズさんから花が届いたんですか!?』って、めっちゃ興奮していました（笑）」

それに対し、偶然、ケガの瞬間を映像で観ていたというカズは、いてもたってもいられず、花を贈ることで宇佐美に心を寄せた。

「これまでもVTRやニュースなどでアキレス腱を切った時のプレーを見たことはあったのですが、生放送で試合を観ていて、ああいった瞬間を目の当たりにするのが実は、僕も初めてで。宇佐美くんが倒れた瞬間に『あ！』と思い、すごくショックを受けて、試合が終わってすぐに（元チームメイトの）康介（小野瀬）に連絡をしました。今年はワールドカップイヤーだと考えても、きっと宇佐美くんも日本代表、ワールドカップにもう一度、という決意で臨んでいたシーズンだったと思うんです。報道を通してオフに川崎フロンターレからオファーが来ていたという話も知りましたが、それでもガンバで戦うことを選んでシーズンをスタートさせ、ここからという時に大ケガをして……。彼のショックは計り知れないなと考えたら、僕自身もすごく心が痛かった。ここから先、まだまだ時間はかかるだろうし、かけたほうがいいとも思う。でも、とにかく元気に頑張ってもらいたいという気持ちを込めて、ガンバ色の花を贈らせてもらいました」（カズ）

この時、受け取ったガンバの青が入ったプリザーブドフラワーを、宇佐美は今も自宅で大切に保管している。

――２０２２年3月取材

「誰一人としてケガをしてほしくない」という思いが胸にある（P468）

右アキレス腱断裂を経験して以降、宇佐美が頻繁に口にするようになった「誰一人としてケガをしてほしくない」という言葉。実際、チームメイトはもちろんのこと、自身に関わりのある選手がケガをするたびに、自分のことのように心を痛め、寄り添った。

「ケガをして長期離脱になるしんどさを知ってから、ケガをした選手にはつい勝手に彼らのしんどさを想像して、電話してしまう。でもこれは『あの時、やっぱり電話しておけばよかったやん』って自分が後悔しないで済むためやから（笑）。そんなお涙頂戴の話ではなく、ある種の自己防衛本能かもね」

その一方で、自分のケガについては他の選手に背負ってほしくないとも語った。

「僕がケガをした時に、チームメイトの何人かが『お前の分も戦う』ってメッセージをくれたけど……気持ちは嬉しいけど、僕の分までは戦わなくていい（笑）。勝手に俺を背負わず、どうか自分のために、自分のサッカーのために、ガンバのために戦ってくれたら十分です」

――2022年8月取材

プレーをしながら一つひとつ解決していくしかない（P471）

ガンバのメディカルスタッフ陣に宇佐美について尋ねると、決まって「貴史ほど、自分の体の変化を繊細に、的確に感じ取れる選手はいない」という答えが返ってくる。

「例えば、ふくらはぎの膝から何センチくらいのところが、こんなふうに痛む、と説明できるのも貴史だけ。選手によっては『なんかこのへんが、痛い気がする』くらいにしか自分の体のことを感じ取れない選手もいるけど、貴史はそうじゃない。というか、彼の言葉通りの箇所を触ってみると、確かに指摘された箇所がピンポイントで微妙に張っていることも多いですしね。それだけ普段から自分の体に耳を傾けているということだと思います」

これは宇佐美の長いリハビリ生活を支えた田中雄太フィジオセラピストの言葉。それはリハビリの過程だけではなく、戦列に復帰してからも変わらず、宇佐美は日々、体の隅々まで耳を傾けながらコンディションを管理し、それをプレーにつなげている。すべては「自分が頭で描いたプレーをそのままピッチで表現するために」。

――2022年10月取材

「途中から出場して、ポイントで何ができるか」という役割になるかなと思っていただけに素直に嬉しい (P472)

2022年10月1日に行なわれたJ1リーグ第31節・柏レイソル戦。約7ヶ月ぶりに戦列に戻ってきた宇佐美をホームサポーターは耳馴染みのあるチャントで迎え入れた。

「アップの時からチャントを歌ってもらって、『本当に帰って来れてよかった』と思わせてもらった。感謝しかない。そんな気持ちにさせてもらって、チームとしても素晴らしい後押しをしてもらっている以上、なんとしても結果で返したい。改めて自分はこのクラブ、チームをJ1に残留させるという仕事をしっかりやっていきたいと思いました」

73分までの出場でゴールネットは揺らせず、チームとしてもスコアレスドローに終わったが、宇佐美復帰のニュースは残留争いに巻き込まれているチームを明るく照らす材料になった。

「どんな点でもいいし、どんな勝ち方でもいいから勝ち点3を取りたかったし、試合中はそのことしか頭になかった。前半は僕が入ったからこそのボールの動かし方や、攻撃を出せていたと思いますが、後半は縦に入るボールとか斜めにつけるクサビのボールがに少なくなってしまい、相手のブロックの外でボールを回している状況になってしまった。そういう時に全体でどう打開していくのかという工夫やアイデアをしっかり出せなかったことが、相手の守備を崩せず、勝ち切れなかった理由の一つだと思う」

久しぶりの公式戦を楽しめたのかと尋ねると、少し考えあぐねて言葉を続けた。

「勝ち以外は欲しくなかったので残念な思いもあるけど、個人的なことで言えば、戻って来れた喜びとか、ケガなく無事に試合を終えられた安堵感はもちろんあります。1試合戦えたことで、この先、自分のコンディションは上がっていくはずだし、上げていかなアカンと思う。そういう意味では僕個人にとってはポジティブに捉えられることばかりだと思うので、それを残りの3試合でしっかりチームに還元していきたい」

チームが残留争いに巻き込まれている状況で、「自分自身を起爆剤にしたい」と語気を強めた。

――2022年10月取材

2
0
2
3

プロ15年目を数える2023年シーズンは『7』を背負うことになった。ガンバの『7』といえばヤットさん（遠藤保仁／ジュビロ磐田）で、そのヤットさんがガンバを離れてからはずっと空き番号になっていたけど、クラブが永久欠番にしないのならつけたいと思い、自分からクラブに申し出た。

これは、ヤットさんへのリスペクトがあってこそ。ヤットさんがジュビロ磐田に完全移籍をして2年が過ぎ、もし新たに加入してきた選手が「7が好きだからつけたい！」と希望したら？　と想像した時に、誰にも譲りたくなかったというか。ヤットさんがこれまで築いてきたガンバでの歴史、偉大な功績をクラブに刻み、受け継いでいくには『7』を意味のある番号にしていかなアカンと思ったし、そのためにはヤットさんの『7』の歴史をつぶさに見てきた自分がつけるべきやと考えた。

いいよー

——遠藤保仁（ジュビロ磐田）

もっとも、その考えは昨日今日で浮かんだわけではなく、実は昨年、アキレス腱断裂を負った自分が、残り4試合で戦列に戻った時から考えていたことやった。自分に向けられる期待やプレッシャーを全部、引き受けて、残留争いに巻き込まれてどん底の状態にあったガンバを残留させられたら、少しは自分の力を信じてもいいんじゃないか、と。結果、ギリギリながらそれを達成できたこと。なおかつ、そうした終盤戦の戦いを通して、自分にプレッシャーを課す必要性を改めて実感して「よし！」と踏み切った。

というのも、19年夏にガンバに戻って以降、自分がこのクラブに感じている愛着、居心地の良さに危機感を覚えていたというか。選手にとってのそれは、時に甘えにつながったり、成長のブレーキになってしまうからこそ毎年、何かしらのプレッシャーを自分に課して居心地の悪さを作り出さないと、今以上の自分を求められないと思っていた。結果的に、昨年はアキレス腱断裂というまったく望んでいない『居心地の悪さ』を自分に強いることになってしまったけど、それを乗り越えた今、じゃあ次は？　と考えた時に『7』しかないな、と。ヤットさんがガンバに残してくれたものの大きさを考えれば、今の自分には身の丈に合っていない、ブカブカの洋服を着ているようなもんやけど、それが合う自分になろうとすることで見出せる成長があるんじゃないかと考えた。

そんな思いをヤットさんに説明しようかなとも考えたけど、あの人の性格的にまったく興味がないやろうなって想像できたのと（笑）、かしこまって言うのは違う気がしたので、一緒に

2023 Jan.

焼肉を食べに行った際、タンを焼いている最中に「7をつけていいですか？」と尋ねたら、「いいよ〜」とヤットさん。次の瞬間にはあっさり、違う話題に飛んでいました（笑）。

ちなみに『7』をつける僕をまだイメージできない人も多いかもしらんけど、実は僕にとっては、小学生の時に所属していた長岡京SS時代につけていた馴染みのある番号でもある。憧れの先輩、家長くん（昭博／川崎フロンターレ）がつけたことでチームのエース番号になり、「僕もつけたい！」と目指して、数年後にはつけさせてもらった次第。その背番号をガンバで背負うことに当時とはまた違う覚悟を持ちながら、それが似合う自分になるだけではなく、『ガンバの7』がこれまで以上に特別な輝きを放ち、いろんな人に目指してもらえる番号にしていきたいと思う。

ボールを走らせるために正しいポジションをとる

——ダニエル・ポヤトス（ガンバ大阪監督）

2023年シーズンのJ1リーグ開幕に向けて、1月9日の始動から1ヶ月が過ぎた。ダニ（ダニエル・ポヤトス監督）のもとでチーム作りを進めてきた中で、練習試合等を含めてチームとしていろんなものを積み上げてこれた手応えはある。特に、今年のサッカーのベースになる『ボールを保持する』ことに関しても、自分たちが意図的にそれをできる時間が格段に増えた。

もちろん課題はまだまだあって、例えば、崩し切るとか、相手に前からプレッシャーに来られた時に剥がすとか、守備の圧力をどうかけるか、みたいなところは、チームとしてもっと洗練していかなアカンとは思う。また、ダニはベースとなるサッカーを築きながらも、ポジションごとの役割に選手を当てはめるのではなく、ピッチに立つ選手の特性をそのベースに落とし込んでパターン化せずにチームの形を作ろうとしているからね。それぞれの特性がよりスムーズに表現できるようになっていけば、もっと面白いサッカーができるようになるんじゃないかって期待もある。

ただ、いずれにしてもチーム全員が同じ方向を向き、それぞれが『今年のガンバはこのサッカーをする』と明確に言語化できる状態にあることは、ポジティブな部分。例えば練習試合でうまくいかなかったことがあったとして、それを試合後に分析ビデオを観ながら監督に伝えられたときに、チーム全員が瞬時に同じ絵を描いて修正を図るイメージを持てるのもいいことやと思う。

また、僕個人のところでも、これまでとは少し違う役割を求められている中で、攻守でポジションを変えながら自分のところでボールを収める、テンポを良くするということはできているから。あとは、そこから肝心のゴール前にいかに顔を出していけるかだと思っている。そういうと、中盤から前線を走り回っているように聞こえるかもしらんけど、全然そうではない。僕に限らずやけど、「とにかくがむしゃらに1試合で11〜12キロを走れ」とは求められていないしね。ダニ曰く、サッカーにおける『走る』とは、走行距離を何キロ出す、ということではなく、試合の展開に応じて正しいポジション、スペースを見つけて、そのポジションに正しく自分を移動させるということ。つまり「ボールを走らせるために正しいポジションを取ることが、サッカーにおける走る」やから。実際、ピッチに立つ全員が意図を持って走ることができれば、必然的にゴールに近づいていける予感もある。

2023 Feb.

あとは、そうして積み上げてきたサッカーを公式戦でも勇気を持って体現できるか。開幕戦の柏レイソル戦は、プレシーズンで積み上げてきたものがどのくらいまで形になっているのかを確認する試金石ともいうべき試合になるけど、仮にそこでうまくいかなくても、この先の時間を通して積み上げていけばいいだけやから。実際に、ダニからも常に「やっているサッカーを変えることは絶対にない。この先はやっていることを良くしていく以外の選択肢はない」と言われているしね。

ただ、そうは言ってもスタートダッシュができるに越したことはないし、今、感じている手応えを自信として深めていくには、やっぱり結果も必要やから。勝つことでチーム作りのいろんなスピードも変わっていくと考えても、開幕勝利を狙いたいと思う。

右アキレス腱断裂から1年が過ぎた。ケガした時は長い戦いを覚悟したけど、意外とあっという間やったなって思う。と同時に、復帰までもっと時間を要するアスリートもいると考えれば、自分はすごく順調に来たんやなと思う。支えてくれた皆さんに感謝します。

といっても、正確にはケガをする前と同じ体ではない。足首はいまだに右のほうが左より1センチくらい細いし、スプリントもマックスではできていない気がする。実際、アキレス腱断裂って単に腱が切れるだけではなく、その周りの細胞や神経なども一緒に断裂しているってことやから。それがすべて元通りになることはなく、どれだけトレーニングをしても、右足首を鍛えようと、やったらやった分だけ筋肉に変えるのは難しいらしい。

だからこそ、今は右のほうが弱いと自覚した

体のバランスを確認する

——家長昭博（川崎フロンターレ）

上で左とのバランスを取るようにしているというか。負荷のかけ方などを自分なりに調整しながらうまく付き合っている。例えばケガをする前の左右のバランスが5対5やったとしたら、今は、6対4とか7対3の状態やから……説明が難しいけど、右足で支えて左足で地面をかく、みたいな？ あくまで感覚的な問題やから見た目には絶対わからんはずやけど（笑）、自分としてはこの両足のバランスを5対5に近づけるくらいにまで持っていって、出力やスプリント力を安定させたいと思ってる。これは時間も必要やから今日明日でどうこうというわけにはいかんけど。

ただ、そんな体の変化を自覚しながらも足元の技術とかボールタッチの感覚は失われないもんやな、と驚いている。というか、むしろ前よりうまくなった？ って思うくらい（笑）。人

間の体って、年齢とともに必ず何かは落ちていくし、毎日同じ体を維持するのは不可能やのに、技術だけは自分を決して裏切らない、素晴らしい友達です。

だからこそ、今の自分が一番大事にしているのはボールフィーリングと、毎日フレッシュな体の状態でいることと、同じ体重を保つことの3つ。特に30代という年齢からも2つ目と3つ目はすごく意識している。

というのも、そもそも運動やスポーツってある意味、体の組織を壊す動きやから。僕らアスリートは、その壊れた組織をなんとかその日のうちに、ケアや食事で元通りの状態に近づけ、翌日のトレーニングに臨むというサイクルを繰り返しているけど、日々、少しずつ体が削られていっているのは間違いないから。

ゲームの『ジェンガ』に例えるなら、積み上

2023 Mar.

げたパーツを、一つ二つと抜き去っていくうちに、ほんの少しずつバランスが崩れていく感じ？　しかも、それを放置していたら「どんどんバランスが悪くなって最後は完全に崩れてしまいました！」って状態になりかねない。だからそうなる前に、毎日の練習で生まれた小さなズレや歪み、疲労をできるだけ早く取り除いて、フレッシュな体で翌日を迎えられるように、心がけている次第。

そういえば先日、家長くん（昭博／川崎フロンターレ）も西大伍さん（北海道コンサドーレ札幌）のYouTubeチャンネルで「技術的なミスが起きた時は体のバランスを確認する」みたいな話をしていて。いいプレーは、いい体の状態があってこそ、と思っている今の僕は、いたく同意。

というわけで、今日も健やかにフレッシュに過ごしましょう（笑）。

ダニ（ダニエル・ポヤトス監督）のもとで新シーズンがスタートして約2ヶ月。リーグ、カップ戦を併せて12試合を戦った中で、勝ちを掴めたのは、リーグ戦の1試合とカップ戦の2試合のみ。試合によって相手の出方も、内容も違うから一括りにこれが良くて、これが悪いという言い方はできないけど、どの試合もいい時間や理想的にゴールを目指せた回数はまだまだ少ない。それが安定して結果を出せない理由にもなっている。

自分たちが今取り組んでいるサッカーの成長速度や完成度を速めるためには、勝ちを並行して手に入れることが理想で、そこは目指し続けているけど、J1リーグはそんなに甘いステージではないから。それは試合中に僕らがうまくいっていない時間帯、エリアを突かれて勝ち点を失うことが多いことからも明らかやと思う。

本当にサッカーが変わりましたね

——福岡将太（ガンバ大阪）

そう考えてもやっぱり今はダニを信じて、とにかくいい時間、回数を増やすためにトレーニングと試合を重ねていくしかない。ある意味、こういう結果になることも覚悟してシーズンをスタートしたしね。

「覚悟して」と書いたのは、近年とは180度違うサッカー、プレーに取り組んでいることはもちろん、新しいポジションにチャレンジしている選手が多いから、というのもある。僕がインサイドハーフをしているのもそうやけど、例えばダワンやヒデ（石毛秀樹）、悠樹（山本）がインサイドハーフをするとか、亮太郎（食野）がウイングをするのもそう。

わかりやすくダワンを例に挙げると、彼はこれまで同じ中盤でもダブルボランチを担うことが多かったと考えれば、今のインサイドハーフは、感覚的に一つポジションが高くなっているわけで……。ダブルボランチの時より、背中からプレッシャーを感じることも増えるし、ボールを受けたあとの視界やゴールまでの距離感も当然、違う。その中で、長年のキャリアで備わったボールの受け方、プレーの癖に修正をかけながら、与えられたポジションにアジャストしていくのは簡単じゃない。まして、そのポジションで起きる事象に対する経験値も低いとなれば、試合で初めての対応を迫られることも出てくるはず。

そう考えても、とにかく今は回数を重ねて、ポジションの経験値を増やしていくしかない。実際、ダワンも練習や試合を重ねてきたことで最近は明らかにポジションにアジャストした感じがするしね！　それと同じで、それぞれの選手がポジションでの経験値を積み上げ、頭で考えずとも体が勝手に反応できるようになっていけば、また、それによって生まれる心身両面での余裕がそれぞれの個性を活かし合う連動につながっていけば、チームが機能する時間も増えるはずやし、ひいては結果を出せるようにもなると思う。

2023 Apr.

ということを、先日、第8節の京都サンガFC戦でともに控えメンバーになった将太（福岡）が試合を見ながら漏らした、「いやあ、本当にサッカーが変わりましたよね」って言葉を聞いてリマインドしたというか。僕の中では今のサッカーがすでに当たり前になりつつあって忘れそうになっていたけど、僕らは今、去年までとはまったく違うサッカーをダニとともに作っている最中やから。苦労するのも、ミスが出るのも当たり前だと受け止め、強いチームになるには今の時間が必ず活きると信じてやり続けようと思う。

チームあっての自分

——小嶋重毅（長岡京SS監督）

Jリーグ30周年、おめでとうございます。1992年生まれの僕と『Jリーグ』はほぼ同い歳で、言うなればJリーグの歴史とともに人生を歩んできた。事実、実家にあるアルバムには1歳になったばかりの僕がガンバのミニフラッグを持って仁王立ちしている写真が残っている。両親によれば、万博記念競技場での初観戦も1歳の時らしい。両親に抱っこされていたから試合はほぼ見ていないはずやけど（笑）。

アルバムのページをめくっても、とにかくガンバ、ガンバ。ガンバの年表を作れるくらい、当時の所属選手との写真やサッカーボールを持って嬉しそうに笑う自分の姿が並ぶ。ガンバファンの両親と試合にも足繁く通っていたから、手すりにへばりついて試合を見ている写真もちらほら。両親はきっと応援に必死で、写真どころじゃなかったのか、スタジアムで撮影した写真は少ないけど（笑）。その頃には僕も物心がついていたからスタジアムの風景や、ゴール裏に漂っていた飲食店の匂いまで、しっかり覚えている。そんな記憶を思い返しても、自分がJリーグとともに生きてきたのがよくわかる。

初めてJクラブに所属したのはジュニアユースに加入した2005年。子どもの頃から応援してきたガンバのエンブレムを身につけられるのが誇らしく、憧れの家長くん（昭博／川崎フロンターレ）と同じユニフォームを着られるのが嬉しかったなぁ。ただ、小学5年生の時に、関西では群を抜いて強かったガンバジュニアユースに「入りたい。入らなアカン」って思うようになった頃から、意外と現実的にいろんなことを考えるようになった。狭き門をくぐり抜けてプロになるにはどうすればいいのか。何を磨けばいいのか。それぱっかり考えて毎日を過ごし、ユースに昇格し、念願のプロになった。

そんな過去を思い返しても、僕が生まれた時代にJリーグがあってくれてよかったなって思う。もちろん、これは両親がJリーグにハマってくれたおかげでもあるけど（笑）、物心がつく前から明確に目標を描ける舞台があったことや、いつの時代もそのキラキラした場所を身近に感じられた事実は、間違いなく僕のサッカー人生に大きな影響を与えた。

そして、そんなふうに昔も今も変わらず子どもたちがスタジアムに足を運び、楽しめるJリーグであることは日本のサッカーの発展を支えてきた要素の一つだと言っても過言ではない。また、クラブごとにいろんな趣向を凝らして地域密着に力を入れてきたことでファンにとっても、Jリーグが身近な存在であることも。そのおかげで将来にプロを描ける子どもが増えたんじゃないかな。

2023 May.

そんな僕がJリーグで描く未来は……残りのキャリアも短くなってきた中で、とにかくもう1回、Jリーグで優勝したいってことしか頭にない。得点王、MVP、ベストイレブンなどの個人タイトルより、とにかくチームのタイトル。これは小学生の時に所属した、長岡京SSの小嶋重毅監督に口酸っぱく言われた言葉がずっと頭にあるからかもしれない。

「京都選抜になりたい、関西選抜に入りたいなんて考えるな。まずはチームあっての自分やぞ」

実際、僕はプロになってからも、個人タイトルを目標に据えたことは一度もない。それよりも、チームのタイトルのために点を取れる自分でいたいと思っている。僕がJリーグの未来に描く夢は今、それだけかな。

ユニフォームを交換しよう

——アンドレス・イニエスタ（ヴィッセル神戸）

初めて対戦した時に驚かされたのは、脱力のすごさ。ボールを持った時の姿勢も良く、ボールを蹴るにもパスを出すにも、相手をかわすにも、どれもまったく力みがない。つまり『柔』か『剛』かで言えば、間違いなく『柔』やのに、対峙すると手の力もすごいし、対面で背負われた時もガシッとした体の重さを感じるし、体の芯も強い。ミドルレンジからのシュートもバチンと飛ぶしね。すなわち、『剛』の要素をきちっと備えながら極限まで『柔』の選手。それが、同じピッチに立つイニエスタ（ヴィッセル神戸）に抱いた印象やった。

今年の初め、沖縄キャンプで直にプレーを見た時もなんでこんなに力が抜けているんや？と改めて驚いたのを覚えている。どう説明すればいいのか……対戦したことのあるJリーガーはわかるはずやけど、とにかく、ピッチ上でのふにゃふにゃ感がすごいのよ！　ドリブルしている時も、ボールはほぼ見ずに相手の動きや表情だけで判断しているしね。以前、元神戸の那須大亮さんに、イニエスタが「考えてサッカーをしたことがない。無心でピッチに立ち、ボールが来た瞬間に思いついたことをプレーで表現する」って言っていたって話を聞いたけど、意味がわからん（笑）。そもそもあの異次元のプレーを、相手もいる公式戦でそのまま表現できるって、説明がつかんでしょ。これまで、世界のサッカー史にはそれこそジダン、ロベルト・バッジオ、ルイ・コスタなど神と崇められた選手がたくさんいたけど、おそらくイニエスタは、その誰もが及ばない域で神なんじゃないかと思う。

そんなイニエスタのプレーに直に触れて以来、あの力みのなさがスーパープレーにつながっている気がして、どうすれば力を抜けるのか考えてみたけど……結論から言って無理やった！（笑）というか、あれこれチャレンジして思ったのは、キックがうまい、シュートがうまい、というのと同じレベルで彼が『脱力できる』才能の持ち主だということ。そして、その才能を持っている選手は世界を見渡しても……少なくとも自分が直接、対峙したことのある選手ではイニエスタしかいない。おまけに、あのボールタッチの柔らかさやから！　あんなにもボールをぬるっと止められる選手は見たことがないし、すべてをひっくるめて、うまいじゃ片付けられない、美しく、エレガントな選手やった。

そんな選手とJリーグで対戦できただけでも光栄やのに、実は彼とはピッチ外でユニフォーム交換もさせてもらった。アキレス腱断裂で離脱していた去年、ホームでの神戸戦の試合前に、

2023 Jul.

控えメンバーだったイニエスタと偶然会って、「ケガは大丈夫か？」と声をかけてもらったのがきっかけ。元ガンバのフィジカルコーチで、スペイン人のトニ（ヒル・プエルト／神戸）を交えて話をして、「すごく尊敬しています」と伝えたら、お世辞やと思うけどイニエスタも、「対戦した時にすごくうまかったのを覚えている。ユニフォームを交換しようよ」と言ってくれて。さすがに僕のはいらんやろ！　と思ったから「ぜひ、ください！」と伝えたら、「いやいや、交換だ」と。

で、後日。ホンマにイニエスタのユニフォームがクラブハウスに届いたから僕も送り返し、郵送でのユニフォーム交換が成立したという奇跡。やっぱり神はどこまでも神やった、ということを思い出しつつ、イニエスタの神戸退団を寂しく思っているという話でした。

当たり前のことながら、人と話をするときは、相手の言葉だけじゃなくて、表情や醸し出している雰囲気みたいなものから相手の考え方や思いを汲み取ろうとする。サッカー界に限らず、おそらくはどの社会も、他者とうまく共存していくためには、自分が思っていることと、感じていることを全部、ダイレクトに言葉にできるわけではないし、やっていいとも思っていない。であればこそ、自分も相手の言葉の奥にある考えや本心みたいなものを察しながら、話をするのかもしれない。

特に、キャプテンに就任した今は、そういう『察する』みたいなことがより増えた気もする。キャプテンだからというよりは、ベテランと呼ばれる年齢になったからか？　いや、そもそも、サッカーは個人スポーツではなく、チームスポーツだという競技性もあってか、子どもの頃か

表情をもっと見ないと

――坂田篤司（障害馬術騎手）

らチームメイトが醸し出す表情や空気みたいなものを自然と汲み取ろうとする癖は少なからずあったようにも思う。もちろん、今ほど敏感ではなかったけど（笑）。

そんなことを考えていたら、友人で、障害馬術の騎手をしている友人のあっちゃんこと、坂田篤司くんのことを思い出した。このコラムにも5年くらい前に登場したことがあるので、覚えている人もいるかもしらんけど、僕がフォルトゥナ・デュッセルドルフに在籍していた時代に、共通の友人を通じて知り合った、あっちゃんです。今はもう日本に帰国していて、時々、試合も見にきてくれるんやけど、彼は仕事柄もあって、馬とのコミュニケーション能力に抜群に長けていた。

実際、彼は騎手である一方で、人間になかなか懐かない馬を訓練し、乗馬ができるようにす

るために人との信頼関係を作る、あるいは人に慣らすということを仕事にしていたほど。「言葉」というものを介してコミュニケーションが図れる人間同士でも、信頼関係を構築するのは簡単じゃないのに、その「言葉」が通じない……話しかけることはできても相手の思いは「言葉」で受け取れない動物にどう接して、心を開かせるのか。不思議に思っていたら、あっちゃん曰く、「人間と同様に、馬の表情や醸し出している空気を注意深く観察しながら向き合う」らしい。

一度、彼が障害馬術をしている後輩に指導している姿を見たことがあるけど、その時もしきりに「馬の表情をもっと見ないと。今のタイミングで、そういうことをしたら今後、言うことを聞いてくれないし、信頼もしてもらえなくなるよ」「今、彼（馬）は、その指示を受け入れられる状態じゃなかったはずだよ。もっと馬の気持ちに寄り添わないと」というような言葉を繰り返していた。それを聞いて、競技者としての能力もさることながら、そうやって察する力、言葉を発せない馬の意図を感じ取れる力も馬術という競技には不可欠なんやろうなと思ったのを覚えている。

と考えると、言葉でコミュニケーションが取れる人間同士は、より相手を知り、慮れる生き物であるはずやけど、そこが意外と難しく……。喋れるからこそ簡単なようで、喋れるからこそうまくいかないこともあるというのが人間社会。仮に、馬が言葉を喋れたら、あっちゃんもそこまでうまくコミュニケーションを取れていたかもわからんしね。実際、僕から見たあっちゃんは、人間との付き合いがうまくないほうやと思うから（笑）。

2023 Aug.

どこまでもすごい男やな、と思いました。J1リーグ第24節のヴィッセル神戸対柏レイソル戦で大ケガを負った未月（齊藤／神戸）のことです。リプレイで見返しても目を覆いたくなるような大ケガで、翌々日にクラブから発表されたリリースには、もはや思考が追いつかないくらいの診断名が並んでいたのに、送ったLINEには鬼の速さで返事が来て、「頑張ります！　だいぶ時間はかかりますが、ゆっくり治します」やから。世の中に向けて発信された彼のSNSにも、いかにも未月らしい言葉が並んでいて……いやもう、「すげえな」って言葉しか出てこなかった。

未月とチームメイトとしてプレーしたのは去年の1年間だけやったけど、初日から「こいつ、すごいな」と思わされた選手やった。彼の強さはプレーもさることながら、なんといってもあのメンタリティ。自分の考えを伝えることにまったくビビらないし、臆さない。年齢に関係なく誰に対してまっすぐに向き合って、時にはぶつかることも怖がらない。この世界ではよく「性格がプレーに出る」って言われるけど、未月ほど自分の考えや気持ちをそのままプレーに出せる選手はいない気もする。

ゆっくり治します

——齊藤未月（ヴィッセル神戸）

昨シーズンの僕は、開幕直後の第3節という早い段階でアキレス腱を断裂し、リハビリに費やした時間も長かったため、同じピッチで戦えた時間は少なかったけど、チーム内での振る舞いや、チームメイトから漏れ伝わってくる話を総合しても、彼がピッチ内外で不可欠な存在だというのは明らかで……。時にヒートアップしすぎることもあったとはいえ（笑）、それも未月の魅力と思えるほど、見ていても気持ちいいし、一緒にプレーしていてもホンマに清々しい選手やった。

　そのメンタリティが、あれだけの大ケガを負ってもなお、寸分も揺らがず、受傷から1週間も経っていないのに、すでに前を向いてポジティブな発信を続けているわけやから。もはや、すごいを通り越して驚きでもある。

　もっとも、去年の受傷直後の自分を思い出すと、半年を超えるような長期離脱を強いられると先々を考えること自体が無意味に感じたというか。少なからず僕は「先が見えなさすぎて、考えてもしゃあない」って思考になったから、もしかしたら未月も今、そういう感情なのかもしれないし、本当の胸の内は正直、わからない。でも少なからず僕が知る未月は、先にも書いた通りで、上辺だけで行動するタイプでは絶対にない。つまり、自分の中にそういう気持ちが芽生えない限り、行動に移すことはしないと断言

2023 Sep.

できるほど、芯の太さをしっかり備えた男だと信じられる。だからこそ彼は今、ホンマに今回のケガを自分なりに消化して、向き合って、戦いを始めたんやと思っている。

　そんな未月やから、僕からのアドバイスなんて必要ないやろうけど、長期離脱を経験した一人として言えることがあるとするなら、ここから先は、良くなった自分とか、こういうプレーができるようになるやろうな、ってことを含めて先を想像せず、いい意味で現実逃避をし続けてほしい。

　アスリートである以上、リハビリに充実感を覚えることは絶対にないだけに、毎日のリハビリを頑張るためのプライベートや生活に充実を求めるというか。リハビリを頑張るための現実逃避をしながら、今だけを見つめて過ごしてほしいと思う。未月、ゆっくりな！

ルヴァンカップ準々決勝・浦和レッズ戦に敗れて『タイトル』の可能性が潰えた。J1リーグはタイトル争いとはほど遠い順位で戦っている現状があるし、天皇杯も敗退してしまった今、ルヴァンに懸ける思いは強かっただけに悔しい。

目の前で対峙した浦和には正直、うまさ以上に『強さ』を感じた。AFCチャンピオンズリーグを制しただけのことはあって、勝ち方を知っているというか。ボールを保持され、コンビネーションで崩されて、という感じではなかったけど、守備を固めるときはバチッと固め、ここぞというところで確実に仕留めるしたたかさもあった。いかに失点しないかという戦い方をベースに、相手の出方に応じて守備と攻撃の割合を変化させて試合を進められるのも強さの理由かもしれない。センターラインの個の強さと、

時計を交換しよう

——高木善朗（アルビレックス新潟）

チーム戦術のバランスもマッチしていたしね。

その浦和然り、今シーズンのJリーグは、相手の出方に応じたリアクションサッカーをしながら『どうゴールに近づけるか』という武器を持っているチームが上位を走る傾向にある。唯一、横浜F・マリノスは主体的にアドバンテージを握って戦う印象もあるけど、実はリアクションで攻め切る強さも併せ持っている。仮に相手チームに対策されてボールを持たれても、縦への速いカウンターから攻め切れているのもその証拠だと思う。

それに対してガンバや川崎フロンターレ、アルビレックス新潟のようにボール保持率の高いチームは、残念ながら上位に食い込めていない。実際、ガンバもボールを持つことに固執していた時より、守備で粘ってカウンターでゴールを奪った試合のほうが結果に結びつくことが多か

った。だからと言って、リアクションサッカーが楽しいのかと問われれば、そう言い切れないのが難しいところで……。当然、アクションサッカーのほうがボールを持てるし、触れる回数も多いし、プレーする面白さは大きい。でも、勝てなくてOKなのかといえば、そうじゃないからこの世界は難しい。

いずれにせよ言えるのは、近年は世界を見渡してても……例えば、インテルやリバプールにしても、強豪チームの最大の強みは実は、カウンターの鋭さだったりもするから。バイエルンが2019‐2020シーズンに三冠を達成した時も、前で奪ってショートカウンターで攻め切って、結果を導き出していたしね。すなわち今の時代、ボールを保持するアクションサッカーで勝ち切るには、選手個々の質、組織の完成度、戦術の熟成をかなりの高レベルで表現できないと難しいということなのかもしれない。個人的にはそれを突き詰めた先にどんな景色が見えるのかがめっちゃ楽しみやけど。

2023 Oct.

その浦和戦後に戦ったJ1リーグ第27節・新潟戦で久しぶりに高木善朗（アルビレックス新潟）に再会した。善朗とは小学生の時に都道府県選抜チームで対戦して以来、23年ほどの付き合いになる。近年はコロナ禍や、お互いに大ケガを負ってリハビリをしていた時期が重なっていたこともあって会えていなかったけど、この日の試合後は久しぶりに二人で食事をして、いろんな話ができた。その中身は自分たちの間だけに留めておくけど、最後は善朗の提案で、僕のブンデスリーガ2部の優勝記念の時計と、善朗のJ2リーグ優勝記念の時計を交換して、再会を約束した。それを含めて、自分にとってはいろんな刺激をもらったいい時間でした！

2023
Another episode
～取材ノートより～

取材・文／高村美砂

ヤットさんの『7』の歴史をつぶさに見てきた自分がつけるべきやと考えた（P480）

宇佐美が『7』を背負いたいという想いを告げた際、「いいよー」と受け入れた遠藤保仁はのちに、その胸の内を明かした。

「基本的に僕自身は番号にこだわりがないタイプだけど、さすがにガンバに20年以上在籍して、そのほとんどの期間でつけてきた背番号となれば、どうしても僕のイメージが強いというか。10年くらい空き番号になっていたら話は違ってくるかも知れないけど、まだ2年強ではサポーターの皆さんの間でも7番、イコール僕というイメージが残っているのかなと。だからこそ、他の選手はつけづらいかもなと思っていたし、かといって、それを一緒にプレーした選手につけろ、と言ったところで断られそうだし、それぞれに定着した番号もあるので。そう考えると……貴史しかいないだろうなっていうのは勝手に想像していました。

というのも、貴史は今、在籍している選手の中でも1、2を争うほどクラブを想う気持ちが強い選手だし、背番号を抜きにしても『ガンバ＝宇佐美』と認められた存在でもある。その貴史が背負えば、一番スムーズに7番の新しい歴史が作られるだろうな、と思いました。といっても、貴史にも自分の考えがあるだろうし、7番は僕の所有物ではないので、まあ好きにして、と思っていたら（笑）、貴史からそんな話を振られて、『いいよー』と。そういう意味では、心から出た言葉でした。もっとも、サッカー選手は背番号でプレーするわけじゃないし、貴史もきっとそう思っているはずだから。貴史は今のまま、自分らしくあってほしいし、その結果として、7番がガンバの歴史の中で重みのある番号になっていけばいいなって思う。それで、ゆくゆくはガンバで育ったアカデミー出身の選手に受け継いでいってもらえたら嬉しいかな。10番がフタ（二川孝

広）から秋（倉田）に受け継がれたみたいに」（遠藤）

――2023年3月取材

意外とあっという間やったなって思う（P484）

2023年3月12日に行なわれたJ1リーグ第4節・サンフレッチェ広島戦。1点のビハインドを追いかける展開で迎えた70分に宇佐美がゴールネットを揺らした瞬間、パナソニックスタジアム吹田はこの日一番の歓喜に沸いた。福田湧矢から絶妙のタイミング、軌道で出された縦パスを受け取ると、カットインからゴール前に持ち込み、右足を振り抜いた。

「湧矢からのパスがすごく良かったし、前半からあそこを狙っていたという意味では、ゴールだけに限っていうと理想的な得点でした。今シーズンはポジションがテッペンではないので、攻撃を作りながら点を取る、ゴールに関わるというのがテーマで、2列目から飛び出していく形は今、自分が一番求めている形でもある。ただ、もっともっと絡んで、もっともっとチャンスを作って、ということはできると思いますし、自分自身もチームも修正していかなければいけない部分はまだまだあると思っています」

広島戦は、右アキレス腱断裂を負った『あの日』から約1年後の試合。「今はもう、あの時のことを思い出すことはそんなになくなった」と話す通り、宇佐美の思考はピッチでより良いパフォーマンスを示すこと、ガンバの勝利につなげることだけに注がれており、ネガティブな感情が顔を出すことはない。それでも『あの日』以来、初めて決めた右足での一撃は、彼の中で意味を持つ得点だったに違いない。

――2023年3月取材

2
0
2
4

ガンバにヤットさん（遠藤保仁）が帰ってきた。嬉しい。ご本人からその事実を伝えられたのは、1月9日にリリースが出されるほんの少し前。ヤットさんと僕が所属しているマネージメント事務所の方の結婚式で、「ガンバ、帰るわ」と言われた。その時は、焦って「マジですか!?　え？　選手？　え？　コーチ？　え？　それって引退ってことですか？」とあたふたしてしまったけど、ヤットさんは「コーチよ」とあっさり。しかも引退会見すらしないと聞いて、この人はどんだけ、ヤットさんなん!?　と（笑）。あれだけ偉大な功績を残した人が、こんなにサラッと引退していいのかと驚く反面、まあヤットさんらしいよな、と納得したのを覚えています。

それから数日後の始動日に、マジでヤットさんはガンバにいました。いることが自然すぎる

ガンバ帰るわ

――遠藤保仁（ガンバ大阪コーチ）

空気感で。残念ながらもう選手ではないので、僕らと着ているウェアも違うし、一緒のロッカーで着替えるわけでもないけど、醸し出すオーラも、その身に纏う空気も選手時代のまま。そこにいるのがあまりに自然すぎて「コーチ番号もあることやし、俺、『7』を譲る？　返す？　ヤットさんなら誰も文句言わんやろ」とも思ったくらい。結果、それをいろんな人に伝えて、本人にも話して……って考えていたら面倒になり、言わないままシーズンが始まった（笑）。

そんなヤットさんがコーチになって10日が過ぎ、沖縄キャンプも始まって、ようやくその姿に目が慣れてきた。早くも練習中、ヤットさんが中盤の選手にサラッと伝えている「今のシーンは前に通せたかもなー」とか、「ワンタッチで出せたらもっとよかったかもー」という言葉を聞いて、勝手に考えさせられていることは多

い。「そうか、あのシーンをワンタッチで、って感覚なら動き出しはこっちがいいか」とかね。そんなふうに戦術とか練習メニューの指示以外のところで、感覚的なことを言葉で伝えてくれるのは、僕に限らずいろんな選手の新しい引き出しを開けていくことにつながっている気がする。選手時代のヤットさんにはおそらく言葉で伝えるとか、プレーで見せるという概念はなく、ひたすら自分が思ういいプレーを選択することで周りを動かしていた気がするけど、それが今は言葉として伝えてもらえるわけやから。こんなにありがたいことはない。そういう意味で、また同じエンブレムをつけて戦えるのが楽しみです。

というように、すでにコーチとしての姿を見ているから今さら感があるけど、ヤットさんの偉大なキャリアにリスペクトを込めて選手時代の思い出話を。

2024 Feb.

同じピッチで戦った中で、一番印象に残っているのは、僕がキャリアの節目で決めたゴールのほとんどをアシストしてくれたこと。プロになってJ1リーグで初めてゴールを決めた時も、その後の自分を勢いづけてくれた2点目、3点目も。2013年夏にバイエルンからガンバに復帰し、初出場したJ2リーグのヴィッセル神戸戦もヤットさんのアシストからゴールを決めて乗ることができたし、逆にゴールを奪えずに苦しんでいる時に「PKを蹴りに行け」って譲ってもらったこともあった。

そう考えると僕のキャリアそのものを、めちゃめちゃ助けてもらったし、あの優しくて正確なパスのおかげで何度もゴールに迫ることができた。そのことはこれからも僕の自慢です。現役生活、お疲れさまでした！

2024年のJ1リーグが開幕し、開幕戦はアウェーでFC町田ゼルビアと対戦した。結果は1－1。僕自身は55分から途中出場し、84分に直接FKをゴールに沈めることができた。シーズン開幕を前にかつての恩師、長谷川健太さん（名古屋グランパス監督）に言われた、「そろそろお前のゴールが見たいな」という言葉を思い出していたのも良かったのかもしれない。

健太さんはいい部分、悪い部分をはっきり指摘してくれる人。特に低調な時ほどチームにも、個人にもズバリと切り込んでくる監督やった。14年のシーズン前の宮崎キャンプでは「なんで、そんなにちんたらプレーしてんの？」と言われ、15年のシーズン前にもチーム全員に似たような言葉を投げかけた上で、「そんな練習で代表を狙えるような活躍ができると思ってんのか？」

そろそろお前のゴールが見たいな

——長谷川健太（名古屋グランパス監督）

と檄を飛ばされた。

といっても、自分としてはプレシーズンで結果を残せていることが必ずしも開幕後の活躍につながるとは思っていなかったというか。正直、頭のどこかでは「今、決めてもしゃあないやろ」という思いもあったから、プレシーズンでゴールを奪えていないこと自体はまったく気にしていなかった（笑）。ただ、そういう健太さんの言葉が心のスイッチになることは多く、だから今も自分の中に残っているんやと思う。

実際、今シーズンもプレシーズンの出来は気にしていなかったし、参考にすべきじゃないとも思っていた。いうまでもなく、練習試合と公式戦はまったくの別もの。だからこそ、個人的には、開幕前最後の練習試合で6～7本、シュートを外していても、打てている事実をポジティブに受け止めていた。チームとしてもプレシーズンで大事なのは、結果じゃなくて、どれだけ危機感を募らせられるかだと思っていたしね。

これは昨年の反省をもとに改めてリマインドしたことでもある。思い返せば、昨年のプレシーズンは新しいサッカーに取り組む中で、練習試合でも結果が出ることが多かった。なんなら誰もが『このサッカーができていたらタイトルにも近づけるんじゃないか』くらいに思っていたけど、いざ開幕したら、これも通用しない、ここも足りない、ということばかりやった。

その経験からも、今年のプレシーズンは何ができなくて、何が足りないのかをできるだけたくさん明らかにして、みんなでああでもない、こうでもないと話し合うことを大事にしてきたというか。あえて働きかけなくても、昨シーズンに結果を出せなかったことで、選手それぞれが自分たちは決して強いチームじゃないという

2024 Mar.

事実を甘んじて受け入れて、練習や練習試合に向き合ってこれた気もする。実際、自分も含めて選手それぞれから「まだ足りない、もっと良くしたい」という声が聞かれることも多かったし、プラスアルファを求めて取り組む姿もあちこちで見られた。

とはいえ、開幕戦を見ての通り、内容も結果も、まだまだ理想とはほど遠い。それぞれに今年のサッカーを表現しようとする姿勢は見せられた部分もあったとはいえ、大事なのはそれをいかに結果にリンクさせて、自信に変えていけるかだとも思う。特にこの序盤はどういう形であれ、結果によって深まる結束や信頼、得られる自信があるだけにね。

ただ、欲を出す必要はないと思ってる。僕らは昨年16位で終わったチーム。その現実をしっかり受け入れて、謙虚に進んでいこうと思う。

開幕からの3試合で、チームは2勝1分け。個人的にも全試合でゴールを決めるなど、いいスタートを切れている。それもあって代表ウィークによるリーグ中断期間も、いい雰囲気で、いいトレーニングを積めている。

ただ、リーグ再開後のアウェーでのサンフレッチェ広島戦は、この3試合と同じように戦えば勝てる、とは思っていない。少しでも「プレシーズンマッチで対戦した時は勝てたから」とか、「同じような戦いをすれば結果を得られる」と思っていたら、間違いなく足元をすくわれる。プレシーズンでの結果はチームの良し悪しを図るものではないし、今シーズンの広島の好調ぶり、完成度を見ても、ここ3試合以上の強度、団結がないと相手を上回ることはできないはずやから。

個人的には継続して結果を残せていることで

辛かった事はあんまりないな

――遠藤保仁（ガンバ大阪コーチ）

「調子がいい」「乗っている」と見られることが多いけど、この世界は、一瞬の気の緩みで一気に崩れる世界。キャリアの中でそれを何度も痛感してきたし、そもそも、常に現状維持は後退だと考えているので、好調だとか、結果が出ているから楽しいという感覚は微塵もない。プロになってからはずっと、プレーすることに対して、幼少期のような純粋な楽しさを覚えたことはないから、自分としてはそれも不思議じゃないけど。

だから先日、ガンバの公式YouTubeチャンネルでヤットさん（遠藤保仁コーチ）と対談をさせてもらった際、ヤットさんに現役時代に感じていた、辛さと幸せの割合を尋ねたら「辛かったことはあんまりないな」と返ってきたのには驚いた。これまで何人かのプロアスリートに似たような質問をしたことがあるけど、そんな答えをした人はおらんかったから。おそらく、そこには生まれ育った環境やそもそもの性格も影響しているはずやけど、一方で、才能である気もする。そういう感情の浮き沈みがなく、常に淡々と目の前の試合に向き合えてきたからこそ、ヤットさんの素晴らしいキャリアがあったはずやしね。

対して僕は、常に苦しさ、辛さが9割以上を占める中でサッカーをしている。結果が出た時には、その一瞬だけ解放されるけど、また試合が近づけば危機感や緊張感が大きくなるし、瞬間的に感じた楽しさや喜びもあっという間に消え去る。そのせいか、日々、あれもやらな、こはまだやれていないな、ってことばかり。

チーム練習は必然的にコーチングスタッフから制限がかかるけど、自主トレは無限にやれる

2024 Apr.

わけで、自分で無理やり「今日はここまで!」と線引きをすることも多い。やりすぎが疲労につながっては元も子もないし、それはケガのリスクにもつながるしね。唯一、2年前に痛めた右アキレス腱周りだけは別で、常に刺激を入れておかないと右ふくらはぎの筋肉がすぐにヨボヨボになるから。強弱や回数、方法の違いはあるとはいえ、1日たりとも休ませたことはない。

ただし、そういったことも含めて、この辛さ9割のサッカー人生が、特別に大変だとは思わない。結果が残せなければ簡単に排除されてしまうこの世界で、むしろ生き続けるためには当たり前のこと。その先にある、ほんの一瞬の喜びが自分に与えてくれるものの大きさも知っているしね。だから、どんな時も現状に一喜一憂せず、ひたすらやり続けるだけだと思っている。

過去の対戦成績をもとに、対戦相手との相性みたいな言葉をよく聞く。連勝しているから相性がいいとか、長らく勝っていないスタジアムやから鬼門やとか。正直、まったく気にしていない。

当たり前のことながら、毎年、チームには選手の入れ替わりがあるし、場合によっては監督が交代してスタイルが変わることもある。試合当日の天候やピッチコンディションも試合ごとに違って、まったく同じ環境で戦うことはまずない。と考えても、対戦成績だけで相性を語るのは強引やと思う。

だけど、攻撃の選手にとって相手GKとの相性の良し悪しみたいなものはあるような気がする。「このGKはフィーリングがいいな」とか、「このGKにはバチッと合わされてしまいそうやな」とか。特に後者は厄介。シュートの成功

一流のGKが加われば勝ち点15は変わる

——ジョゼ・モウリーニョ（前ローマ監督）

率には、いろんな要素が関係しているとはいえ、実際にそういうGKと対峙した時には、入ると思ったシュートを止められることも多い。そういう意味でもモウリーニョが言っていた、「一流のGKが加われば勝ち点15は変わる」という言葉にはすごく頷ける。

近年のJリーグでいうと、僕にとってはサガン鳥栖のGK朴一圭さんが一番、「バチッと合わされてしまいそうやな」と感じる選手。過去には、朴さんがゴールを守る鳥栖から点を決めたこともあるとはいえ、対峙するたびに「すごく嫌なGKやな」って思う。

4月14日のJ1リーグ第8節の鳥栖戦でも、改めてそれを感じた。56分にウェルトンが相手のペナルティーエリア付近で倒されて得た直接FKのシーン。キッカーの僕がゴールマウスの左上を狙ったボールは、朴さんの素晴らしいセ

ービングによって防がれた。あれはちょっとびっくりした。自分としてはキックのフィーリングも良く、蹴った瞬間、完全に決まったと思ったから。

なのに決まらなかったのは間違いなく、朴さんのGKとしての資質、能力の高さがあってこそ。実際、いいGKは横に飛ぶとか、バッと前に飛び出してくるとか、そういう反応はもちろん、ステップの刻み方とか、横への移動も含めて、基本的にすごくスピードを感じることが多いけど、まさに朴さんもそう。最後のところで無理が利くイメージもあるし、試合中もやたらと止めそうな空気を出している。僕は、その空気も本人が歩んできたキャリアとか、人としての振る舞いが反映された技術だと思っているけど、それを含めた総合的なGKの能力では、自チームのGK陣を除いて断トツで嫌なGKなのは間違いない。でもだからこそ、また次の対戦が楽しみ。

2024 May.

ちなみに、「キックのフィーリングがいい」という話をすると、すぐにその言葉が一人歩きして、すべてのプレーがキックのフィーリングの良さだけで片付けられがちやけど（笑）、キックのフィーリングだけを切り取ってみれば今年に限らず、なんならずっといいから。もっといえば、基本的にプロになれた選手なんて、大体みんないいはずやし！　ただ、それを試合というシチュエーションの中でどう発揮するかとか、自分の体の状態、コンディションなどにいかにリンクさせるかが肝なわけで、そこが結果を左右するものにもなっていく。そういった側面も含めて『キックのフィーリング』として楽しめるようになれば、サッカーの見方もまた少し視点が変わって面白いかも。

もともとインドア派の僕がアウトドア派に変わったのは、ドイツでプレーしたのがきっかけやった。

バイエルン時代、チーム関係者の方に「天気がいい日は、外に出て太陽の光を浴びないと」と教えられ、アウトドアで過ごす楽しさを知った。ドイツの冬は寒くて太陽が出ない曇天の日が多く、出かけられる日が限られてしまうため、夏場とか、天気がいい日は決まってみんなで外に出かけるらしい。以来、少しずつオフの日に出かけることが増え、湖のほとりや緑に囲まれた場所で過ごすようになった。

その究極形が最近、ハマっているソロキャンプ。やってみたいな、という興味から実際に始めてみたら、これがかなり楽しい！　誰かにやり方を学んだわけでもなく、とりあえずキャンプ用品を売っているお店に行き、「薪を割るには薪割りがいるな」「着火剤がないと火をつけられないな」みたいな感じで、一通り用具を揃え、回数を重ねるうちに使いやすさ、便利さを考慮してバージョンアップさせることを繰り返しているうちに自分なりのソロキャンプの形が出来上がった。

あんたおじいちゃんにそっくりやな

——宇佐美美紀（母）

ちなみに『ソロ』であることにこだわったわけではないけど、僕が興味を持つことに、ことごとく奥さんや娘らの興味が合わずに『ソロ』になった感はある。僕は意外と普段から多趣味で、キャンプ以外にもサウナや銭湯、古着屋巡りをはじめ、ビンテージ家具や雑貨を見に行くのも好きやったりするけど、それらに家族が興味を示すことはまず、ない（笑）。

というのもあって平日は家族と、週一回のオフは一人で過ごすことが増えた。試合の日も、終わったあとはアドレナリンが出すぎて眠れないから、家族が寝静まったあと、日をまたいで深夜営業をしている銭湯に行ってゆっくり湯船に浸かることも多い。そのあと、そのまま近くのサービスエリアに車を停めて、1〜2時間だけ仮眠を取って早めにクラブハウスに行き、チーム全体での回復トレーニングの前に筋トレやパーソナルトレーニングを済ませてしまう、みたいな。

　ソロキャンプやサウナ、銭湯で過ごす時間は、頭の中を空っぽにするのに最適だったりもする。これは、普段から僕が頭の中を仕事に支配されるタイプやからかもしれない。実際、以前の僕は、サッカーが人生のすべてで、サッカーがうまくいっていないと人生そのものを楽しめない、みたいな感じやった。でも、趣味に没頭する時間の中で「サッカーも人生の一部」だと考えられるようになった。仮にサッカーで悩むことが

2024 Jun.

あっても、いい意味で「まぁ、いいか」と割り切れるようになった分、引きずらなくなったしね。それは、自分を客観的に見れるようになったことにつながっているようにも思う。

　ちなみに、この多趣味な性格は、おそらく母方の血を受け継いだ模様。というのも、オカンによれば、オカンの父、つまり僕のじいちゃんは、ふらりと出かけて1週間くらい帰ってこないなと思っていたら、いつの間にかボウリングにハマって大会に出て、トロフィーを持って帰ってくる、みたいな人だったとか。いわゆる没頭癖というのかな？　面白いと思ったことはとことん追求するあたりも、オカンによれば「あんた、おじいちゃんにそっくりやな」と。早くに亡くなったから僕はほとんど会ったことはないけど、骨格からキャラクター、まとっている雰囲気まで極似やって。ルーツって面白い。

昨年末、ガンバアカデミーの後輩、小谷光毅（鎌倉インターナショナルFC）が起業したと連絡をくれた。『Athdemy』という会社で、「アスリートの人生に伴走して、価値の共創に取り組む」らしい。詳しいことは会社のホームページで調べてもらうとして、小谷曰く「紹介したい人がいる」とのこと。それが、AthdemyのCCO、中山知之さんだった。アスリートの思考にアプローチをしてパフォーマンスの向上をサポートする、わかりやすく言うとメンタルトレーナー的な仕事をしているという。

「宇佐美くんはこういう話はあまり好きじゃないかもしれないですけど、絶対にプラスになると思うので、ぜひ紹介したいです。一度話してみませんか？」

　僕が好きじゃないとわかっていながら連絡してくるとは、よほどやなと思い（笑）、実際に

こうなったらいややな、と思う未来を考えて

——中山知之（株式会社 Athdemy CCO）

中山さんと話をしてみたら、これが面白い！小谷が察していた通り、もともと僕は昔から、メンタルトレーニング的なものをあまり信じていなかったというか。正直「僕が経験してきたことは自分にしかわからんのに、なんで自分のことを大して知りもしない他人にメンタルを教わらなアカンねん」と思っていた派。ところが中山さんは、僕が考えていることを一切、邪魔するでもなく、答えを押し付けるでもなく、でも、話していると頭の中を整理するきっかけになってすごく楽しい。

　昨年終盤、苦しい状況にあった時期も「自分がこうなったら嫌やな、と思う未来を考えてみてください」と投げかけられて、自分の考えが整理されたというか。細かい説明は省くけど、最終的になりたい自分になることを阻害しているマイナスの要素と、できているプラスの要素

を明確にした上で、後者だけを自分の中に残していくという思考になれたことで、考えが整理され、今シーズンに向けてもやるべきことが明確になった。

もっとも、今もメンタルなんて結局、自分次第と思っているのも事実なので（笑）、たまに連絡を取って話をする程度やけど、先日、久しぶりに連絡をもらった時に、すごく興味深い話を聞かされた。

それが「スポーツメンタル学的には、体の状態を上げることが、心の状態を良くすることにつながる」という話。僕自身、これまでは精神面の充実がパフォーマンスの向上につながると思って行動してきたけど、実は逆らしい。中山さんによれば「宇佐美さんの今の活躍も、体の充実があってこそだと思います」とのこと。実際、自分の『目的』のもとに得られる筋肉痛や

2024 Jul.

体の疲労は体から快楽物質のようなものを生み出し、それが人をポジティブにさせるということも科学的に実証されているとか。だからこそ、アスリートは特に、心は一旦、置いておいて、トレーニングにしっかり取り組んで自分の意思で体を疲れさせ、パフォーマンスに手応えを得られる状態を作るのがいいらしい。

実際、そう言われてみれば、今シーズンの僕は図らずともオフシーズンから体に特化した取り組みに専念してきた。体重を減らしたり、足りていないと感じた部分の強化にあたったのもその一つ。それによって「動ける！　走れる！」という体ができ、それが公式戦での結果につながることでメンタル的な充実も図れてきた感覚もある。『心身』という言葉は『心』が先にくる分、誤解されがちやけど、アスリートの皆さん、まずは体です！

こだわらないわけがない

——三浦淳寛（元日本代表）

ここ数年はメーカーと契約せずに自由にスパイクを履いている。もともとスパイクにはめちゃめちゃこだわりがあって、その時々で自分の体の状態、体重、やりたい動きなどに合わせてスパイクを選ぶのが理想なのに、契約するといろんな縛りが出てきてしまうから。それもあって数年前に10代の頃から履いていたアディダスとのスパイク契約をお断りし、自分で購入するようになった。

実際、体重の増減に応じて足指の太さや甲周りの厚みが変われば、スパイクのフィット具合も変わってくる。天候や汗のかき具合によっても革の伸び方に変化が生まれ、微妙に馴染み方が変わる。もちろん、メーカーと契約していた時は、自分の足型に合わせて作ってもらっていたけど、さっきも言った通り正直、足型を取ったとして日々、体や天候は違うため、完全にはフィットしない。何より、ようやく自分の足に合うものになってきたなと思ったタイミングでメーカーから「新しいモデルが出たのでこっちを履いてください」となれば、それにまた一から合わしていく作業を始めなければいけないのも結構、ストレスだったりもする。

ということで、自由に好みのスパイクを履くことにしてんけど、これがかなり快適！　そうは言っても、最初からシンデレラフィットをすることはまずないから、スパイクを買ったらまずはそれを自分で『育てる』ところから始めなアカンけど。

そのやり方としては、靴擦れするほどジャストサイズのスパイクを少しの間だけ我慢して履いて、自分の足に合わせて自然と革が伸びるのを待つのみ。そのうちにスパイクの中で『足は動かないけど、めちゃめちゃわずかなスペースが生まれる』のと、プレーしていてグリップがよく効いているなって感覚になったら、それが旬。その状態から汗をかく量が多い夏場は5〜6試合、それ以外のシーズンなら6〜7試合の周期で履き替える。もちろん、練習用のスパイクは別でね。その買い替えのタイミングで、体の状態や求めたいプレーに応じて、メーカーやモデルを見直すって感じかな。

となると、結構な頻度でスパイクを買うことになるけど、僕にとってはめちゃめちゃ大事なファクターやから。その昔、三浦淳寛さんが「スパイクはサッカー選手がピッチに持ち込める唯一の武器。こだわらないわけがない」と言っていたけど、まさにその通り。もしかしたらスパイク次第で劇的にプレーが変わる可能性もあるしね。だからこそ、自分への必要な投資だと思っているし、そもそも僕の場合、使わなく

2024 Sep.

なったり、合わなかったスパイクはユースチームにプレゼントしているので、無駄になっているわけでもない。メーカーと契約しないことで、例えば、チームのユニフォームサプライヤーであるヒュンメルのランニングシューズやウェアを着られるというポジティブな面もあるしね。

というようなことを総合的に判断して、今年はずっとアディダスのスパイクを履いている。これは単純に現行モデルが今の体に合っているのと、今年はスタート時からギアを出すことに重きを置いたトレーニングを続けてきた中でそれを手助けしてくれる感覚があるから。ちなみに久しぶりのアディダスやから周りから原点回帰か？　とか言われるけど全然違う（笑）。履いているうちに違うフィットを求めたくなったら、自然と違うスパイクを履いていると思います！

J1リーグ第33節・北海道コンサドーレ札幌戦で決めた2ゴールで、ガンバでのJリーグ（J1、J2リーグ）の総ゴール数が99を数え、ヤットさん（遠藤保仁／ガンバ大阪コーチ）を抜いて歴代最多になったらしい。正直、周りに言われて知ったくらいで、全然意識していなかったけど。嬉しいかと聞かれても正直、微妙（笑）。記録って、日々を積み重ねてきた結果に他ならず、その時々で、チームを勝たせたい、そのための仕事をしたいと取り組んできた過程の先にある副産物のようなものやから。唯一、7番を継承させてもらって、ヤットさんの記録を抜けたことには物語性を感じるし、一つくらいは超えられるものがあってよかったなとは思う（笑）。

『99』を語る上で、忘れられないゴールが二つある。一つ目は、Jリーグの枠からは外れるけど、プロ2年目の2010年、AFCチャンピオンズリーグ・水原三星ブルーウィングス戦で決めた決勝点。1－1で迎えた後半アディショナルタイムに、クロスボールをダイレクトで押し込んで決めたシーンね。というのも、あのゴールを決められたことで、リーグ戦に使ってもらえるようになったから。前年のプロデビュー戦になったACL・FCソウル戦でゴールを決めた時は、チームとしても消化試合で、正直、決めたとて、みたいな感じやったけど、水原戦のゴールは本当の意味でガンバの戦力として数えられるようになっただけに、めちゃめちゃ印象深い。二つ目は、ドイツで結果を残せず13年夏にガンバに帰ってきて、復帰戦となったJ2リーグ第25節・ヴィッセル神戸戦での2ゴール。日本に戻って、大した活躍もできないようなら引退やなと危機感を募らせていた中で、神戸戦

なんか、分かるようになってきたんですよね

——唐山翔自（ロアッソ熊本）

で点を取れたことが、ハーフシーズンで19ゴールを挙げることにもつながったし、自分のキャリアもつなげられたと思っている。

そういえば、その『点を取る』ことに対して類まれな才能を感じている選手がいる。ガンバからロアッソ熊本に期限付き移籍中の唐山翔自。ユースチーム所属の高校2年生時に、J3リーグでハットトリックを決めた頃から見てきたけど、まあ、点を取る！　というか、取らせてもらっていると言うほうが相応しいかも。その証拠に試合を見ていてもとにかく、彼のもとにすべてのこぼれ球が集まってくる。ポストに2回当たったボールが翔自の足元に転がってくるとか、そんなところに飛ぶ？　ってボールが翔自に入って決定機を迎えるとか。

J1で一緒にプレーするようになってからもその印象はまったく変わってなくて、練習でも

2024 Nov.

試合でもとにかく、翔自にばかり決定機が訪れる。あれこそが「点を取る星のもとに生まれてきた選手」っていうんやろうな。彼がしっかりこぼれ球に詰めていたから、どころの話ではなく、ボールが翔自に吸い寄せられているんじゃないか、ってレベルやから！

それもあって一度、翔自に「あれってたまたま？　あんなにお前のところばかりにこぼれるもの？」と聞いたら、「J3時代はたまたまも多かったけど、最近はなんか、わかるようになってきたんですよね」と。その言葉を聞く限り、翔自に実績が乗っかって自信が膨らめば、もはや俺の記録なんて軽々と飛び越えるくらいバンバン、ゴールを量産するはず。なのでぜひ、彼にはその才能がどう結実するのかを見せてほしい。僕も、あいつに引導を渡されてユニフォームを脱ぐのが本望だと思っているので（笑）。

先日行なわれた2024Jリーグアウォーズで、優秀選手賞とベストイレブンに選んでいただきました。ありがとうございます。おまけに僕にとっても印象深い、J1リーグ第33節・北海道コンサドーレ札幌戦で決めた決勝点を最優秀ゴール賞に選んでいただいて、嬉しい限りです。

ベストイレブンは2014、15年の受賞に続いて三度目やけど、当時と今とでは自分のチーム内での立ち位置とか、担っている責任みたいなものも違うせいか、そこまで嬉しくてたまらん！　って感じではなく……。いや、嬉しいんやで！　嬉しいけど、自分の中では「これを取るために頑張ってきた」という感覚のものではないし、あくまで1年間を戦い抜いたあとの副産物のようなものに過ぎないからこそ、手放しに喜んでいる感じでもない。自分自身は常日頃から、こうした評価を求めてというよりは、もっと細かく枝分かれしたプレーの深い部分にこだわって自分を磨いてきた中で、その一つひとつに目をやれば、まだまだ足りていないところがあるのも自覚しているしね。

PK抜いたら10点いってない

——遠藤保仁（ガンバ大阪コーチ）

それに、今回のアウォーズで功労賞を受賞されたヤットさん（遠藤保仁／ガンバ大阪コーチ）が、報道陣の方に僕について尋ねられて話していた通りやとも思う。

「周りがどう思っているかはわからないですけど、今年の貴史が特に調子が良かったということではなく、本来の姿を見せただけ。得点数にしてもPKを抜いたら10点もいってないわけで、貴史ならもっと取れた」

実際、12得点8アシスト程度の数字で喜んでいる場合じゃないし、チームを勝たせられるような活躍がどれだけできたのかを考えても、まだまだ足りない。今年も『タイトル』には届かなかったしね。って考えると、受賞はありがたく受け止めながらも、自分の中ではすでに過去の話になっているし、この先の自分はどうあるべきか、どんな変化を求めるべきか、に気持ちが向いている。

特に今シーズンは、メンタルトレーナーに言われた「体の状態を上げることが心の状態を良くすることにつながる」という言葉を信じ、まずは体の充実を図ることに重きを置いて、いろんなことに取り組んできたけど、それがすごくしっくり来たシーズンやったから。キャリアの後半に差しかかって、こうすれば心身をバランス良く充実させながらシーズンを送れるんや、という基準を見つけられたのは自分にとって、めっちゃ大きな収穫やった。その手応えを持って来年に向かえるのがすごく楽しみでもある。

2024 Dec.

一方で、最優秀ゴール賞のほうは思っていた以上に嬉しかったかも。チームとしても9試合勝ちなしという苦しい状況下で戦ったパナソニックスタジアム吹田での試合だったし、90＋4分にPKを決めて同点に追いついた4分後のゴールやったから。VARチェックなどで時計が止まっていたことを踏まえてレフェリーに、「あと何分ある？」と確認したら「2分」と返ってきて、それなら十分取れると思っていた中で決めることができ……。得点の瞬間は、スタジアムの重い空気が一気に弾けるような感覚をリアルに感じて、自分自身もキャリアで一番感極まったシーンでもあった。そういう意味では、自分の全キャリアを通してもベストゴールだと胸を張れる一撃に、最優秀ゴール賞という花を添えていただけて嬉しかった。一緒にあのシーンを作り出してくれたチームメイトに感謝！

2024
Another episode
～取材ノートより～

取材・文／高村美砂

始動日に、マジでヤットさんはガンバにいました（P502）

遠藤保仁コーチが就任した2024年シーズン。1月12日の始動日に、宇佐美は体重を3キロ落として現れた。12月20日に自主トレをスタートしてから動かない日は1日もなく始動を迎えたという。

「体にかかる負担やシーズンが始まった中での体の変化を想像して、少し絞ろうかなと。去年は結果で引っ張ることができなかったし、それ以外の面でもチームの力になれなかったことを思えば、同じことをしていても去年以上の自分は求められない。大きな変化を求めるためにも、自分にたくさんの刺激を与えたシーズンオフでした」

具体的に取り組んだパーソナルトレーニングは大きく分けて二つ。より正しく足の筋力を使うことやパフォーマンス向上を求めた足指のトレーニングと、お尻、ハムストリング、腸腰筋を鍛えるトレーニングだ。パーソナルトレーナーと課題や必要なことを明確にした上で、与えられたメニューを着実に積み上げてきた。

「足指トレーニングは地味かつ地道すぎて、心が折れそうやったけど、より動ける体になるにはやるしかないと思い、無の境地で黙々と乗り越えました」

始動日には新加入選手が13人加わって大きく顔ぶれが変わったチームの先頭に立ったが、特別な気負いはあえて持たないようにしているという。

「去年は正直、いろんなものを背負いすぎたというか。好んで背負ったとはいえ、それに自分ががんじがらめになっていた気もしたので。今年も当然、ガンバというクラブで戦う責任、プレーする覚悟、応援してもらうことへの感謝の気持ちは変わらずに持ち続けながらも、気負いすぎずに、がいいのかなと。それに、まずは何よりピッチ上の『結果』で引っ張るのが一番だと思いますしね。今シーズンはそこも意識しながら、本来の自分らしい姿を取り戻すシーズンにしたい。目標は二桁。近年はずっと同じ目標を掲げながら実現できていないので、今年こそはと思っています」

そのために、決定力を高めたいと決意を語った。

「去年……だけじゃなくてそれ以外のシーズンも、決定的なシュートシーンをすべて決めていれば、二桁に届いたはず。『いいシュートは飛んでいるのに入らないな』というシーンも多かったですしね。でも、それは質のいいシュートや速いシュートが飛んでいる証拠。仮にヘナヘナのシュートを打っていたらそういう印象は残らなかったはずなので。今年はその最後のところのアイデアや落ち着き、精度の部分をしっかり求めて、枠に入れることをより意識していきたい」

「サッカー人生の底の底」だと振り返った2023年シーズンを経て、逆襲のシーズンが始まった。

——2024年1月取材

直接ＦＫをゴールに沈めることができた（P504）

アウェーの地で戦ったFC町田ゼルビアとのJ1リーグ開幕戦。直接FKでの同点弾について宇佐美は、「自分史上ナンバーワンのFK」だと振り返った。町田がペナルティーエリア内に築いた壁は、192センチの大型DF、望月ヘンリー海輝を含めて高かったが、宇佐美の右足から放たれたボールはそれをものともしない弧を描き、ゴール左上を捉えた。

「前日の練習でもいい感覚で蹴れていたので同じようなイメージで……と思いながら、つま先のどのへんにボールを当てるのか、とか感覚的なことを大事に考えていました。ジャンプすれば2メートルを超える壁でしたが、自分の中では正直、気にならなかったです。狙ったところに理想通りに縦に落とす弾道のボールを蹴れば入るやろうなと思っていました」

子どもの頃から自分がやりたいプレー、いいと思うプレーを観察して、盗むことを続けてきた上で生まれたシーンだった。

「ヤットさん（遠藤保仁）という名手のキックは何十回、何百回と近くで見てきたので。コーチになられてからも体の倒し方、つま先への当て方は観察していて、それを練習後の自主トレや遊びの時間に何回か試していました。僕の場合、誰かの体の角度、蹴り方、足の抜き方みたいなコピーはすぐにできるんですけど、それだけでは試合では使えないし、完全に自分のものにはできないので。体との相性というか、足の癖や形、筋肉量なども考えながら、自分にとって一番いい状態を探って、あとはそれを公式戦特有の緊張感の中でも出せるかでしたが、今回はうまくいきました。キャリアを振り返っても、自分史上ナンバーワンのFKだったかも。勝ちにつながらなかったのが残念ですが、自信になるゴールでした」

このゴールを機に『開幕3試合連続ゴール』を決めた宇佐美は、1997年にエムボマ、松波正信が打ち立てたクラブ記録に並んだ。

――2024年3月取材

7番を継承させてもらって、ヤットさんの記録を抜けたことには物語性を感じる （P516）

J1リーグ第33節・北海道コンサドーレ札幌戦、宇佐美は1点を追いかける状況の65分からピッチに立った。後半アディショナルタイムの90＋4分にPKのチャンスをゴールに沈めると、その4分後、90＋8分に決勝ゴールを叩き込む。半田陸が左サイドからダワンとのワンツーで中に仕掛け、前線の山田康太につなげると、ワンタッチで落としたボールが宇佐美に渡る。「頭はめちゃくちゃ落ち着いているけど、心はすっごい慌てている状態」で豪快に右足を振り抜いた。

「股を抜くまでは良かったんですけど、自分の中ではそのあと、打つか、切り返すかのせめぎ合いがあった。あの瞬間は、打つか、切り返すか、打つか、切り返すか、と5、6回は繰り返したんじゃないかってくらい悩んでいました。ただ最後の最後まで見極めた結果、相手DFがスライディングしてくるのがわかったので切り返すしかない、と。また切り返したあとに後ろから人が来ているのも感じていたので、相手に引っかからないところにタッチを戻して……ってところまではすごく冷静でした」

試合終了のホイッスルが鳴った瞬間はピッチに崩れ落ち、両手で顔を覆った。

「泣いていました。僕だけじゃなくて全員が本当に苦しかったと思いますけど、そのたびに逃げずに立ち向かい続けようと話をして、何度負けても、どんな罵詈雑言を浴びせられても、心苦しいことを言われたとしても、やり続けようと繰り返していました。でもそうやって言いながら正直、自分も苦しかったというか。結果で示さないといけないという思いと、チームに言葉をかけるとしたら何がいいだろうとか、いろいろ考えながら過ごしてきた中で、今日は一番はっきりした姿をチームに示すことができたと思っています」

この二つのゴールにより、宇佐美は2015年以来、9年ぶりの二桁得点を達成。シーズンのゴール数を11に伸ばし、これによりガンバでのリーグ総得点数を99として、遠藤保仁が持っていたクラブ最多得点数98を上回り、トップスコアラーに名乗り出た。

――2024年10月取材

受賞はありがたく受け止めながらも、自分の中ではすでに過去の話になっている

（P519）

宇佐美のベストイレブン選出は、2014年、15年に続く3回目。ゴール数は15年の19得点には届かない12得点に終わったが、一方でアシストは8と、チームが挙げた49得点中、20点に絡む活躍が評価につながった。

残念ながらシーズン最終盤は、天皇杯決勝・ヴィッセル神戸戦の直前のトレーニングで右ハムストリングを負傷。ピッチには立てなかったが、ホーム最終戦セレモニーではキャプテンとして挨拶に立つと、宇佐美節を炸裂させる。「ここ数年で一番挨拶をしやすい環境を整えてもらってありがとうございます。今日はブーイングはなしですね？（笑）」と切り出した。

「新シーズンがスタートして、3分の1ほど選手が入れ替わった不安も多少ありましたが、新加入選手の陽気なキャラクター、既存の選手の受け入れようとする姿勢もあり、スタートしたその日からいい空気で1年間進んできました。その中で今年のキーワード、『熱量』という言葉が自然発生的に生まれ、『技術や戦術、試合に負けることはあっても、熱量だけは負けないように』と全員が言い合って進んできました。ポヤトス監督から『頭ではなく心で戦うんだ』という言葉をもらい、僕たちは頭ではなく心で戦ってきたつもりです。ただ、タイトルにはあと一歩届かなかったし、リーグ戦もこのチームならもっと上に行けたと、全員が悔しい想いを抱えていると思います。来年、僕らは引き続き、頭ではなく心を熱く燃やして戦える集団になっていきます。今シーズンのような熱いサポートをお願いしたいですし、僕たちも来年は最高の景色を見せられるように頑張ります。今シーズンのサポート、ありがとうございました」

その挨拶とともにガンバの2024シーズンは終了。開幕前にクラブが掲げた『7位』という

目標を上回るリーグ戦4位、天皇杯準優勝で幕を閉じた。

――2024年12月取材

おわりに

ようやくこのページにたどり着いた皆さん、お疲れ様でした。あまりに膨大な量で、飛ばし読みをした方も多かったのではないかと思います。大丈夫です。次は、前回とは違うページを中心に飛ばし読んでください（笑）。

今回、書籍化の話が持ち上がった時、声をかけていただいたことを嬉しく思うと同時に、多少の不安もありました。自分の言葉には常々、責任を持って生きてきましたが、連載を始めたのは14年も前です。10代のヤンチャだった時代も含め、今さら掘り返していいのか!?　と思案した自分もいました。

でも、結果的に僕は今、この日記を書き残してきてよかったと思っています。それは自分のサッカー人生の答え合わせができたような気持ちになっているからかもしれません。

20歳の時、僕は「リベリーと同じ29歳になった時には、間違いなく彼を超えられている……はず！」と考えていました。はい、超えられていません。ただ、超える可能性を見出して、チャレンジしたことはよかったと思っているし、その事実も嫌いじゃないです。

プロになったばかりの頃は「武器のドリブルで勝負する！」と意気込んでいた割に、早い段階で「ドリブル、パス、シュートの中で一番いい選択をしよう」と考えるようになっていました。「精神的な余裕や体力を考えても、1試合で1得点が精一杯」と言っていたのに、気がつけば、複数得点を狙える自分を見出していました。かつては「サッカー選手はうまさ、速さ、強さの三拍子が揃わなければコンスタントに力を発揮できない」と信じて疑わなかったのですが、今なら「感情を、頭でコントロールできるようにならなアカンから、頭と心も合わせて5つやな！」と思っている自分がいます。

つまり、何を言いたいのかというと、その都度、精一杯考え尽くして出した答えは、正解か不正解かにかかわらず、すべて今の自分につながっているということです。そして、どんな困難に直面しようと、90%の苦しみから生まれる10%の充実は、今も僕を大好きなサッカーに向かわせてくれています。

この日々がいつまで続くのか正直、僕にもわかっていません。誤解を恐れずに言うならば、この世界において『選手』は所詮、消耗品です。いらなくなったら、捨てられる。その覚悟は常に持っています。だからこそ、今はただキャリアを終える瞬間まで、より良い消耗品でいられるように、応援してくださる皆さんの記憶に残るプレーを増やしていくだけだと思っています。

最後になりましたが、ここにまとめた日記は、長きにわたり『サッカーダイジェスト』に掲載していただいたものです。僕が底の底に沈んでいる時も見限らず、14年にもわたって、です。ありがとうございます。この先も『宇佐美日記』として連載を続けさせてもらえるようなので、この際、僕がこの世界から捨てられるまで面倒を見ていただけたらと思います（笑）。

僕の長い、長い日記を読んでくださった皆さん、ありがとうございました。

2025年1月22日

宇佐美 貴史

宇佐美 貴史

Takashi Usami

1992年5月6日生まれ。京都府出身。ガンバ大阪のジュニアユース、ユースでプレーし、高校2年時にトップチーム昇格。１１年夏にはドイツの名門、バイエルン・ミュンヘンに移籍。翌シーズンはホッフェンハイムでプレーし、13年にガンバへ復帰。14年シーズンには、リーグ、リーグカップ、天皇杯と三冠達成に貢献。その後、アウクスブルク、デュッセルドルフでプレーし、19年に再びガンバへ帰還。23年よりチームキャプテンに就任し、遠藤保仁がつけていた背番号7を継承。24年シーズンは12得点8アシストを記録し、クラブ史上初のガンバ大阪でのリーグ通算100得点を達成。14年・15年以来、3度目のJリーグベストイレブンにも選出された。日本代表としてロシアワールドカップなど国際Aマッチ27試合出場。

フットボーラー
宇佐美貴史

2025年2月22日　初版第１刷発行
2025年4月　8日　　　　第2刷発行

著者
宇佐美貴史
発行者
三輪浩之
発行所
株式会社エクスナレッジ
〒106-0032 東京都港区六本木7-2-26
https://www.xknowledge.co.jp
問合先
編集 TEL.03-3403-1381 FAX.03-3403-1345
info@xknowledge.co.jp
販売 TEL.03-3403-1321 FAX.03-3403-1829